So wie die Gerechten
im Jenseits selbst für ihre geringsten
Verdienste belohnt werden,
so werden es die Bösen im Diesseits.

Babylonischer Talmud, *Traktat Taanit*

Schon als Kind hatte Vittorio Segre das Glück auf seiner Seite: „Ich war wohl noch keine fünf Jahre alt, als mein Vater mir um ein Haar in den Kopf geschossen hätte: Er war gerade dabei, seine Dienstpistole, eine Smith & Wesson Kaliber 7.65, zu reinigen, doch wie der Schuß sich löste, wurde nie geklärt." Der Schauplatz: das piemonteser Schloß der angesehenen jüdisch-italienischen Familie Segre Mitte der zwanziger Jahre. Der Vater ist Ehrenbürger von Govone und der jüngste Bürgermeister Italiens. Und er ist ein aktiver Anhänger Mussolinis. Jude und Faschist – das war in Italien normal. Bis 1938: Vittorio Segre ist 16 Jahre alt, als Mussolini seine Judengesetze verkündet. Das Unheil ahnend, gibt er seine heile Welt auf, verläßt die Familie und erreicht mit einem der letzten Schiffe Palästina. Er lebt zunächst in einem Kibbuz, tritt 1941 in die britische Armee ein und kehrt auf der Seite der Sieger 1945 nach Italien zurück. Vittorio Segre erzählt hier ein moralisches, ein existentielles Abenteuer. Daß sich seine aufregende Lebensgeschichte vor dem düsteren Hintergrund des Holocaust abspielt, läßt ihm sein kaum faßbares Glück jedoch für immer zum stummen Vorwurf werden.

Vittorio Segre, 1922 in Govone bei Turin geboren, flüchtete 1938 nach Palästina. Nach dem Krieg kehrte er als Soldat der britischen Armee nach Italien zurück, studierte Jura und diente dem israelischen Staat viele Jahre als Diplomat. Er war Professor an der Universität Haifa und Nahost-Korrespondent verschiedener italienischer und französischer Zeitungen. Vittorio Segre lebt heute in Jerusalem und Piemont.

Vittorio Segre

Ein Glücksrabe

Die Geschichte eines italienischen Juden

Aus dem Italienischen von Sylvia Höhler und
aus dem Englischen von Hanni Ehlers

Deutscher Taschenbuch Verlag

Die Kapitel 1–4 wurden von Sylvia Höhler nach der
italienischen Ausgabe übersetzt, die Kapitel 5–11
übersetzte Hanni Ehlers nach des Autors eigener
englischer Fassung.

Ungekürzte Ausgabe
Dezember 1996
Deutscher Taschenbuch Verlag GmbH & Co. KG,
München
© 1985 Gruppo Editoriale Fabbri, Bompiani, Sonzogno,
Etas S. p. A.
Titel der italienischen Originalausgabe:
Storia di un ebreo fortunato
Bompiani, Milano 1985
© der englischen Ausgabe:
1987 Dan Vittorio Segre
Titel der englischen Ausgabe:
Memoirs of a Fortunate Jew. An Italian Story
Peter Halban Publishers, Ltd. 1987
© der deutschsprachigen Ausgabe:
1993 Vito von Eichborn GmbH & Co. Verlag KG,
Frankfurt am Main
ISBN 3-8218-4101-X
Umschlaggestaltung: Costanza Puglisi, Klaus Meyer
Gesetzt aus Korpus Old Style Monotype
Gedruckt auf säurefreiem, chlorfrei gebleichtem Papier
Satz: Buchdruckerei Greno, Nördlingen
Druck und Bindung: C. H. Beck'sche Buchdruckerei,
Nördlingen
Printed in Germany · ISBN 3-423-30576-2

Erstes Kapitel

DIE PISTOLE

Ich war wohl noch keine fünf Jahre alt, als mein Vater mir um ein Haar in den Kopf geschossen hätte: Er war gerade dabei, seine Dienstpistole, eine Smith & Wesson Kaliber 7.65, zu reinigen, doch wie der Schuß sich löste, wurde nie geklärt.

Mein Vater saß an demselben Tisch, an dem ich jetzt schreibe. Ein massiver Eichentisch, maßgeschreinert für die großen Hauptbücher, in die er mit seiner klaren, leicht nach rechts geneigten Schrift die täglichen Ausgaben, die Vieh- und Saatgutkäufe, die Einkünfte aus den Trauben- und Getreideverkäufen, die gezahlten Steuern und auch die kleinen Beträge eintrug, die er Bizir, seinem Bernhardiner, in den Beutel am Halsband steckte. Dieser haarige, gutmütige Hund, den alle im Dorf kannten, war dazu abgerichtet, ihm ganz eigenständig seine Toscani zu besorgen. Wenn ihm der Tabakwarenhändler nicht die richtige Zigarrenkiste gab, dann nur, damit die Dorfbewohner, schwankend zwischen Verblüffung und Bewunderung, den dressierten Hund ihres Bürgermeisters und Dienstherrn empört knurren hören konnten. Auf dem Tisch, auf dem früher noch kein Platz war für das heute übermächtige Telefon, steht ein Foto, das meinen Vater mit seinem Bernhardiner zeigt, der ihm zwei Pfoten auf die Schultern legt. Ein vergilbtes Foto, das genauso nach Tabak riecht wie die Schubladen, die noch voll sind mit allerlei alten Gegenständen — Pfeifen, Stahlmeßbändern, Radiergummis, rostigen Kompassen, einem Federhalter, einem eingetrockneten Tintenfaß —, mit Dingen, für die ich keine Verwendung mehr habe, die ich aber als Überbleibsel meiner kleinen, vertrauten, inzwischen untergegangenen Welt aufbewahre.

Am Tag, an dem der Schuß fiel — es war im sechsten Jahr der faschistischen Revolution —, hätte mich mein Vater, wenn er die Waffe etwas tiefer gehalten hätte, bestimmt erschossen. Ich hatte mich in sein Arbeitszimmer eingeschlichen, während er die Pistole putzte, mich unbemerkt vor ihn hingesetzt und mich in dem Moment, als der Schuß sich löste, aufgerichtet. Die Kugel sauste haarscharf über meinen Kopf hinweg, versengte mir — so hat man es mir zumindest hundertmal erzählt — eine Haarsträhne und blieb in dem Empiremöbel, das hinter mir stand, stecken.

Es war eines jener Möbel mit aufklappbarer Vorderseite, die wir zu Hause *serre-papiers* nannten und die ich, zu Hausbars umfunktioniert, heute hin und wieder in den Schaufenstern von Antiquitätenhändlern ausgestellt sehe. Meine Frau, für die Möbel, genau wie Blumen, eine eigene Würde besitzen, ärgert sich jedesmal über eine solche Zweckentfremdung, die für sie eine Perversion darstellt. Auch wenn ich ihre Meinung nicht teile, bin ich bei diesem Möbelstück doch auch davon überzeugt, daß es über eine gewisse Persönlichkeit verfügt. Ich frage mich manchmal, wie dieser Schrank, der um ein Haar Zeuge meines Todes geworden wäre, mein Begräbnis wahrgenommen hätte: ein kleiner weißer Sarg in der Mitte der Bibliothek meines Vaters, die nun als Aufbahrungskammer hergerichtet worden wäre. Aus Turin wäre der Rabbiner gekommen, mit dem achteckigen Hut auf dem Kopf; ihm wären vielleicht die mit unserer Familie befreundeten Barmherzigen Schwestern gefolgt, mit ihren riesigen Hauben und den Rosenkränzen zwischen den Fingern. Zum Friedhof hätte man mich auf einem Wagen gebracht, der von zwei oder vielleicht vier Pferden gezogen worden wäre. Die Pferde wären mit Federbüschen und Satteldecken geschmückt gewesen: die letzteren, ähnlich wie auf den Bildern Paolo Uccellos, mit einem Schachbrettmuster bestickt. Viele hätten geweint: Annetta mit der schwarzen Kleiderschürze und dem weißen Häubchen; Cecilia, die Köchin, mit den Pralinen, die sie für den Donnerstagstee meiner Mutter zubereitete; Vigiu, der Kutscher, mit Zylinder und Fasanenfeder; unsere beiden Collies, der graue Kater, meine Zinnsoldaten und selbstverständlich sämtliche Mitglieder meiner tieftrauernden Familie. Ihr Schmerz war mir gleichgültig. Ich habe mich ohnehin schon immer gefragt, inwieweit man überhaupt den Schmerz anderer teilen kann, wenn doch ein eingewachsener Fingernagel einem mehr Schmerz verursacht als der Tod von tausend Chinesen. Es gibt nur wenige Dinge im Leben, die man durch Einfühlung bewältigt, in einer Welt, in der die Telegramme, mit denen man anderen seine »tiefe Trauer« oder seine »aufrichtige Freude« zum Ausdruck bringt, weniger kosten, wenn man dem Amt gleich die entsprechende Kodenummer des Vordrucks nennt, auf dem die Identifikation mit dem Nächsten so außerordentlich persönlich formuliert wird. Niemand hat je etwas aus dem Leiden anderer gelernt, selten etwas aus dem eigenen. Nur wenn man den liebevollen Ausdruck in den Augen eines treuen Hundes oder die Angst im Blick einer verletzten Gazelle sieht, kann man einen winzigen Bruchteil des Schmerzes in dieser Welt erahnen.

Ein solches Gefühl innerer Verbundenheit habe ich über Jahre für jenes Möbelstück empfunden, das an meiner Stelle verwundet wurde. Ich behaupte nicht, daß es für mich gelitten hätte. Aber ich denke, daß sich zwischen uns eine merkwürdige Beziehung herausgebildet hat. Dieses alte, glänzende Stück Nußbaum hatte etwas Eigenartiges, Lebendiges an sich — so, als hätte sich ein Teilchen meines Schicksals in ihm festgeklemmt. Das kleine runde, saubere und unauffällige Loch, außen sorgfältig gefräst und von innen mit grünem Stoff überzogen, hat mir in all den Jahren immer wieder zugezwinkert. Lange bevor eine Kartenlegerin es mir sagte, hatte dieses

Loch mich davon überzeugt, daß ich unter einem Glücksstern geboren bin. Er gehört nicht zu jenen Sternen, die, wie ich es mir gewünscht hätte, Ruhm, Geld und gesellschaftlichen Erfolg garantieren. Es ist vielmehr ein kleiner Stern, der vor Leben nur so sprüht und mir jedesmal wieder Mut einflößt, wenn ich mich in den immer häufigeren Stunden des Zweifels und der Niedergeschlagenheit an ihn erinnere.

Einmal, Ende der fünfziger Jahre, begleitete ich einen algerischen Sultan nach Nazareth. Seine Visitenkarte wies ihn als direkten Nachkommen des Kalifen Abu Bakr aus. Er wollte das Pförtnerhaus des Klarissenklosters besuchen, in dem sich der Vicomte de Foucauld, von der Gnade Gottes angerührt, auf seine Missionstätigkeit unter den arabischen Bewohnern der Sahara vorbereitet hatte, wo ihn dann der Großvater meines Sultans schließlich ermorden ließ. Die Nonnen von Pater Foucaulds Orden, die hier ein eigenes Kloster eingerichtet hatten, empfingen meinen Reisegefährten mit der Begeisterung, die einem Menschen gebührt, dem im göttlichen Plan eine besondere Rolle zugedacht wurde.

Wir saßen in einem großen, hellen, frisch getünchten und ordentlich aufgeräumten Zimmer, das auf zwei Seiten zum schattigen, stillen Garten hin offen war, auf niedrigen Korbschemeln und plauderten. Ein sanfter Windhauch wehte uns immer wieder den Duft der blühenden Orangenbäume zu, während wir leise, als seien es die Perlen eines muslimischen Rosenkranzes, gemessene Worte aneinanderreihten, mit verständnisinnigem Lächeln, das erwärmt wurde von erloschenem Haß und gealterten Eitelkeiten. Die Verschiedenheit im Hinblick auf Religion, Politik, Kultur und Interessen hatten wir vor den dicken Klostermauern zurückgelassen. Von draußen drang nur ganz gedämpft der Verkehrslärm herein, und der Duft der Blüten vermischte sich mit dem Geruch der irgendwo unter Hammelfett glimmenden Holzkohle. Die Geschichte hatte das Zeitgefühl verloren, und wir waren wie von selbst auf den Tod zu sprechen gekommen. Der Sultan meinte, das Leben sei nichts, was aus sich heraus existiere, sondern eine Energie, die sich in ständigem Widerstreit mit dem Tod befinde. Das Sein sei nur ein Lichtschein, der für kürzere oder längere Zeit aus der dunklen Trägheit der Materie aufleuchte. Der Nachkomme des Kalifen, dem die Franzosen einmal die Kontrolle über den algerischen Teil der Sahara hatten anvertrauen wollen, fand an diesem Ort des Friedens und des Glaubens, der so weit weg war von meinem Dorf in Piemont, ungefähr dieselben Worte wie mein Vater, als dieser mit mir, zwei Wochen vor seinem Tod, zum ersten und letzten Mal von seiner Seele sprach.

Von der Höhe unseres terrassenförmig angelegten Gartens blickten wir in das sanft und grün zum Tanaro hin absteigende Tal, das einmal zum Besitz meiner Großeltern väterlicherseits gehört hatte. Zu unserer Linken zogen sich, einer Karawane ähnlich, die braunen Dächer und weißlichen Mauern der Häuser von San Defendente entlang, oberhalb der Weinberge, die bereits von herbstlichem Rot gesprenkelt waren. Die alte, regelmäßige Ordnung in der Anlage von Bauernhöfen und Dreschplätzen stand im Gegensatz zu dem Chaos, in dem die Bauern mittlerweile lebten. Von der Kuppe des Hügels wachten sie über ihre Gewächse, die an den Wechsel der Jahreszeiten gebunden waren. Gelegentlich bemerkte man, daß hier Menschen tätig waren, die, gestern noch Sklaven von Trockenheit und Hagel, sich heute das Land mit Raupenfahrzeugen unterwarfen, Pflanzen aus kleinen Flugzeugen mit chemischen Substanzen besprühten und entwesten und das Klima durch neue Pappel- und Eschenanpflanzungen veränderten. Auch hier würden wie im Orient immer häufiger die Wunden zutage treten, die die Gewalt des Neuen dem Alten schlägt. Doch am Ende der fünfziger Jahre hatte das Tal noch das Gesicht bewahrt, das mir seit meiner Kindheit so vertraut war wie das meines eigenen Vaters. Über die Felder verstreut gab es Nußbaumhaine und einzelne Anpflanzungen schmächtiger, noch unsicher dastehender Platanen, und man sah Obstgärten, deren Pfirsiche, Feigen und Aprikosen bereits abgeerntet waren. Das von den Mühen des Sommers erschöpfte Land lag über die Abhänge der Hügel hingegossen da wie ein von der Liebe ermatteter Körper. In der tiefen Stille hörte man die Grillen zirpen, und durstige Vögel schwirrten zwischen den Bäumen umher. Duftendes Heu trocknete auf den Wiesen, und einige Weintrauben faulten vor sich hin, während im Schatten der vom Kupfersulfat fleckigen Blätter die Wespen summten.

Es war, als wehte uns aus allen Richtungen eine Abschiedsbotschaft zu. An diesem sonnenheißen Frühherbsttag spürte mein Vater, wie sich eine große Kälte seiner bemächtigte. Er erklärte mir ruhig, wie der Tod langsam in seinen Körper eindrang, und er wunderte sich selbst, daß ihn das nicht erschreckte. Es schien ihm, als gehörten die Knochen, die Nerven und die Muskeln, die ihn trotz seiner Jahre noch aufrecht hielten, schon nicht mehr richtig zu ihm. Er spürte, ja, er glaubte zu sehen, wie das Leben aus seinem Körper wich, als wäre es eine von den Schlacken seines Erdendaseins geschwärzte Flamme. Früher oder später würden sich diese Schlacken im Nichts auflösen, und dann würde die Flamme seiner Seele — so sagte er — vielleicht unter großen Mühen zu dem Ort aufsteigen, von dem sie herabgekommen sei.

Er sprach langsam von sich — wie zu sich selbst —, den Kopf leicht zur Seite geneigt, als wollte er aus dem Rascheln der kaum vom Wind bewegten Blätter in den Weinbergen, die er in jungen Jahren hatte anpflanzen lassen, eine Zustimmung heraushören. Sein Blick wanderte zwischen den Rebstöcken hin und her, von den Häusern zu den staubigen Straßen, vom Himmel zum Tal; er liebkoste die Schluchten, machte bei jedem Meilenstein der Landstraße halt und folgte den Pfaden, auf denen er so oft geritten war und Hasen gejagt hatte; er glitt die grüne Linie der Pappeln am Tanaro entlang, unter denen er so viele Male Rast gemacht hatte, um etwas Wein zu trinken und das mit Öl und Knoblauch getränkte Brot seiner Bauern zu kosten.

Ich sah, wie sich seine violett geäderten Hände um das Geländer der Treppe klammerten, die vom Garten zur Bocciabahn hinabführte, dieselbe Treppe übrigens, von der aus er einmal die Dorfjugend aufgefordert hatte, sich in jenem Krieg niedermetzeln zu lassen, der Italien Trient und Triest einbringen und der Welt den immerwährenden Frieden bescheren sollte. Aber nicht aus diesem Grund war er der jüngste Bürgermeister Italiens geworden, sondern weil die Leute ihn als Juden in Geldangelegenheiten für ehrlicher hielten als die anderen. Aus dem Ausland schickten die ausgewanderten Dorfbewohner ihm Geld, damit er Messen für das Seelenheil ihrer Toten lesen ließ; denn sie vertrauten ihm mehr als dem Pfarrer. Seinen Bauern hatte er Land verkauft, ohne Zinsen zu verlangen, und ihre Rückzahlungen hatte er immer wieder gestundet. Wenn ihn jemand fragte, ob er ein Pfand brauche, antwortete er, daß es ihm genüge zu wissen, wie viele Münder der Käufer stopfen müsse. Als er 1916 beschloß, sich freiwillig zu melden, folgten ihm viele Dorfbewohner, weil sie überzeugt waren, daß der Krieg ihres jüdischen Bürgermeisters kurz und ruhmreich sein werde. Doch der Krieg war lang und qualvoll, und nur wenige kehrten zurück. Obwohl es im Dorf nicht einmal ein halbes Dutzend Sozialisten gab und niemand auf ihn persönlich böse war, hatte es doch zu viele Tote gegeben, als daß man ihm seine mit soviel Verve vorgebrachten interventionistischen Ideen hätte nachsehen können. Man beschmierte seine Hauswände mit beleidigenden Graffiti, fällte seine Pappeln am Tanaro und schrie ihm unflätige Wörter nach, wenn er, in seiner Uniform in der Kutsche sitzend, vorüberfuhr. Die Leute konnten sich auch nicht für den Parco della Rimembranza erwärmen, den er zum Gedächtnis an die Gefallenen im Garten des Schlosses hatte anlegen lassen. All dies verletzte meinen Vater zutiefst.

Wie viele Grundbesitzer damals war er überzeugt, daß die »bolschewistische Hydra« nur durch ein neues patriotisches Regime aufgehalten werden könne. Dieses Regime werde auch dafür sorgen müssen, daß die Drückeberger merkten, welche Opfer die Kriegsteilnehmer für ihr Land gebracht hatten. Die gesellschaftlichen Veränderungen, die der Krieg zwangsläufig mit sich gebracht hatte, konnte er nicht akzeptieren. Und so war er — eher aus Zorn als aus ideologischer Überzeugung — nach Turin gegangen, um der von Polizei und Armee unterstützten faschistischen Partei beizutreten. Im Marsch auf Rom im Jahre 1922 sah er den Triumph der Ordnung über die Anarchie, ohne seine politischen Konsequenzen abzusehen oder die dahintersteckenden Interessen zu erkennen. Später hatte er sich mit Begeisterung auf die Elektroindustrie geworfen und den gesamten Erlös aus dem Verkauf seiner herrlichen Ländereien in den Bau eines Staudamms investiert. So hatte er sich doppelt ruiniert — einmal politisch und dann in dem wirtschaftlichen Chaos, das der Börsenkrach von 1929 auslöste. Doch dies war alles schon Vergangenheit — im Laufe der Zeit angesammelte Erinnerungen. Die Erinnerungen aus jüngerer Zeit, an die Zeit der Verfolgung aus rassischen Gründen, waren in ein mildes Licht getaucht, weil dieselben Bauern, die ihn am Ende des Ersten Weltkrieges gezwungen hatten, aus dem Dorf zu fliehen, ihm so sehr geholfen hatten. Im Zweiten Weltkrieg hatten sie nämlich ihr Leben riskiert, um ihn, zusammen mit dem Rest der Familie, vor den Deutschen zu retten. In diesen Erinnerungen spielte ich keine Rolle. Unsere Wege hatten sich zu früh und für zu lange getrennt, als daß wir noch über eine gemeinsame Sprache oder über gemeinsame Lebenserfahrungen verfügt hätten. Wenn mein Vater sich jetzt dazu hinreißen ließ, über sich selbst zu reden — was er noch nie zuvor getan hatte —, dann nur deshalb, weil er spürte, daß er diese Welt bald endgültig verlassen würde.

Während ich ihn über die Seele sprechen hörte, vermeinte ich, unter seiner etwas schäbigen grauen Schirmmütze das Lebensflämmchen hervortreten zu sehen, von dem er mir erzählt hatte. Ein schwaches, zitterndes, bläulich-violettes Licht der Enttäuschungen und Mißerfolge. Im Grunde war ich sein einziger Triumph — aber unter falschen Vorzeichen. Wir waren beide unversehrt aus dem Krieg hervorgegangen, in dessen Verlauf ein Drittel der italienischen Juden ausgelöscht worden war und er sein Vaterland — Italien — verloren, ich aber ein neues — Israel — gewonnen hatte. Ich war als Sieger in fremder Uniform heimgekehrt; er hatte — nach sechs Jahren, in denen er als Bürger zweiter Klasse gelebt hatte, und nach zwei Jahren, die er als Gehetzter in den Bergen überlebt hatte — die Niederlage seines Landes mit ansehen müssen. Gedemütigt von dem König, dem er persönlich gedient hatte, und verfolgt von dem faschistischen Regime, zu dessen Aufstieg er beigetragen hatte, gab es jetzt nur eines, worauf er stolz sein konnte, und das war mein Engagement für die zionistische Sache, die er als italienischer Nationalist so hartnäckig bekämpft hatte.

Ich spürte seine Verlegenheit schon im Augenblick unseres Wiedersehens nach fünfjähriger Trennung. Nachdem ich erfahren hatte, daß er noch lebte, aus dem Untergrund aufgetaucht und wieder in sein altes Haus in der Gegend von Alba gezogen war, fuhr ich am Ende des Krieges, im Mai 1945, mit meinem *command car* durch die Gegend, um auf Straßen, die infolge der Partisanenkämpfe und der Bombardierungen durch alliierte Flugzeuge teilweise zerstört waren, nach ihm zu suchen. Ich empfand eine Art arroganter Freude daran, die Fahrzeuge, die mir im Wege waren, brutal zur Seite zu drängen und die erstaunten und verängstigten Blicke der Dorfbewohner zu sehen, die zum erstenmal eine britische Uniform zu Gesicht bekamen. In unserem Dorf angelangt, hielt ich unter dem äußeren Torbogen des Gutshauses an, unsicher, wie ich mich verhalten sollte. Hinter mir spürte ich das respektvolle, betretene Schweigen der Leute, die sich hier versammelt hatten — angelockt von einem Ereignis, das die Eintönigkeit eines kleinen, von der Geschichte vergessenen und vom Krieg verschonten Ortes durchbrach. Aber ich wagte nicht weiterzugehen, weil ich befürchtete, daß eine unerwartete Begegnung meinen Vater zu sehr mitnehmen könnte.

Sosehr ich mich auch bemühte — es gelang mir nicht, mir sein Gesicht ins Gedächtnis zurückzurufen. Mich erschreckte der Gedanke, daß er mich als erster erkennen könnte und mir dann anzumerken sein würde, daß ich ihn nicht mehr erkannt hatte. Wir hatten uns seit Jahren nicht mehr geschrieben. Die letzte Karte des Roten Kreuzes stammte aus dem Jahr 1941. Mein Vater konnte nicht wissen, daß ich mich inzwischen zur britischen Armee gemeldet hatte. Ich fragte mich, wie er wohl reagieren würde, wenn er mich in fremder Uniform sah (wo er sich für mich doch immer eine militärische Laufbahn in Italien erträumt hatte!), und wenn er erfuhr, daß ich in Palästina ohne seine Erlaubnis die landwirtschaftlichen Studien aufgegeben hatte, für die er sein letztes Geld geopfert hatte. Unterdessen hatten sich die Leute um meinen italienischen Fahrer gedrängt, ihn mit Fragen bestürmt und begriffen, wer ich war. Ohne mich umzusehen, merkte ich, daß sie mit dem Finger auf mich zeigten, meinen Namen und den meines Vaters nannten und ihre Kommentare abgaben, ohne sich näher heranzuwagen. Ich war für sie die neue Obrigkeit, der Repräsentant jener Alliierten, die den Krieg gewonnen, die sie aber noch nie gesehen hatten. Da trat Pinin, einer unserer Halbpächter, aus dem Innenhof heraus. Ich erkannte ihn sofort an seinem großen, herabhängenden Schnauzbart und dem schwarzen Halstuch über dem kragenlosen Hemd, das er schon zu den Zeiten getragen hatte, als er mir noch aufs Pferd half. Ich sagte ihm, wer ich war, und erkundigte mich nach meinem Vater. Als Pinin sagte, daß er in seinem Arbeitszimmer sitze und bei guter Gesundheit sei, daß auch meine Mutter lebe und zusammen mit meiner Schwester immer noch in einem benachbarten Kloster wohne, bat ich ihn, meinem Vater mitzuteilen, daß ich da sei. Ich war sehr aufgeregt. Beim Militär hatte ich mir einen barschen Befehlston angewöhnt, der mir unter diesen Umständen das Gefühl gab, Theater zu spielen.

Ich wartete, zusammen mit den Leuten, die sich hinter mir zusammendrängten, unter dem Torbogen vor dem zum Innenhof weit offen stehenden Tor, das zu durchschreiten ich nicht den Mut hatte. Neben mir die Eisenkette der Torglocke aus dem achtzehnten Jahrhundert, die eigentlich jemand mir zu Ehren hätte läuten sollen, ringsum eine Atmosphäre wie im Theater, das Flair der Fortsetzungsromane, die mein Vater in seiner Bibliothek gesammelt hatte. Mich hielt auch eine instinktive Scham zurück, ohne Erlaubnis die Schwelle zu einer Welt der Gefühle und Hoffnungen zu überschreiten, die nicht mehr die meine war, mit der mein Vater mich aber wahrscheinlich noch immer assoziierte. Es war das vage Vorgefühl, daß sich zwischen uns ein Graben aufgetan hatte — tiefer als der, den die Zeit geschaffen hatte: ein Graben zwischen einer zusammengebrochenen israelitischen, italienischen Welt und der Keimzelle einer neuen jüdischen Welt, in der ich nun, um es mit Murat zu sagen, der erste meiner Ahnen sein würde.

Mein Vater hatte den Weg von seiner Bibliothek fast im Laufschritt zurückgelegt — ich merkte es an seinem leichten Keuchen — und blieb unvermittelt vor mir stehen, als wollte er sich vergewissern, daß man ihm keinen bösen Streich spielte. Wir musterten uns einen Augenblick lang mißtrauisch, weil wir uns äußerlich sehr stark verändert hatten. Ich, mit der über ein Ohr heruntergezogenen Militärmütze, einem flachsblonden Schnurrbärtchen unter der Nase, das Seidentuch der britischen Spezialtruppen um den Hals geknotet und mit einer Pistole, die mir vom Gürtel herabhing — ich unterschied mich zweifellos von dem Jungen in der marineblauen Jacke mit dem Leinenkragen, den er 1939 nach Triest begleitet hatte. Er, mit dem langen weißen Bart, den er sich während seiner Wanderjahre hatte wachsen lassen, den gelichteten, aber immer noch schwarzen Haaren, dem schmächtiger gewordenen Körper, der in einem Anzug aus grobem Barchent steckte, dazu ein kragenloses Hemd — er hatte ein mir völlig unbekanntes patriarchalisches Aussehen. Nur die seitlich zugebundenen Stiefel kamen mir vertraut vor. Er streckte mir nicht die Hand entgegen, und auch ich bewegte mich nicht mit einer liebevollen Geste auf ihn zu. Wir waren beide erstarrt in den Bildern, die wir in all den Jahren auf dem Grund unserer Augen, in den verborgenen Falten unserer Herzen voneinander bewahrt hatten. Wir waren dieselben und doch andere; wir waren uns nah und doch fern; wir waren durch Blutsbande miteinander verknüpft und doch durch gegensätzliche Erfahrungen voneinander getrennt. Die Versteinerung dauerte, wohlgemerkt, nur einen Augenblick. Doch unser beider Gemütsbewegung war groß. Er brach als erster das Schweigen und fragte mich, welchem Regiment ich angehörte. Ich antwortete: »Freiwilliger im Palestine Regiment.« Wahrscheinlich verstand er nicht, was das bedeutete. Doch erst nach dieser Antwort streckte er mir seine Rechte entgegen und zog mich dann mit der Linken an seine Brust. Hinter uns wurde laut geredet, vielleicht klatschte auch jemand. Aber ich kümmerte mich nicht um die Leute. Wir drehten uns um, damit niemand unsere Rührung sah, überquerten langsam, nebeneinander hergehend, den Innenhof und strebten dem unkrautüberwucherten Garten zu. Mein Vater hatte mir einen Arm um die Schultern gelegt. Schweigend blieben wir auf dem breiten Absatz der Treppe stehen, die zur grasbewachsenen, völlig vernachlässigten Bocciabahn hinunterführte, um in das Tal zu blicken, das einmal ihm und meinen Großeltern gehört hatte.

Das Tal hatte sich nicht verändert, bis auf den Flugplatz, den die Armee unweit vom Tanaro angelegt hatte. Mit diesem Tal waren viele gemeinsame Erinnerungen verknüpft, und bei unserer letzten Begegnung schien es uns, als könnten wir uns wortlos miteinander unterhalten, wenn wir in dieses Tal hinabsahen, und dabei jene Kluft überbrücken, die sich zwischen uns, unserem Denken und Hoffen, aufgetan hatte — etwas, was uns ansonsten nicht gelungen war. Deshalb wußte ich, als mein Vater zwölf Jahre nach Kriegsende plötzlich anfing, von seiner Seele zu sprechen, daß sein Ende nahte. Da er überzeugt war, bei der Aufgabe, meinen Lebensweg zu lenken, versagt zu haben, hatte dieses für ihn sicher nicht leichte Gespräch keinen anderen Zweck, als mir zu zeigen, wie man dem Tod mit Würde und Gelassenheit entgegentritt.

Auch ich ertappe mich mit zunehmendem Alter öfter dabei, daß ich an den Tod denke, wenn ich von der Terrasse, die zum Bocciaplatz führt, meine Blicke den Schatten folgen lasse, die die Sonne auf die Ufer des Tanaro zeichnet. Dennoch gelingt es mir nicht, mir meine Seele als ein Flämmchen vorzustellen, das mit den Schlacken meiner Vergangenheit kämpft. Es kommt mir vielmehr so vor, als sei sie ein Lichtreflex eines unbedeutenden Sterns, eines jener Sterne, auf denen Saint-Exupéry seinen Kleinen Prinzen hätte reiten lassen. Eines fröhlichen, geselligen Sterns, der mich mindestens einmal dem sicheren Tod entrissen hat.

Es war ein regnerischer Februarabend in der von den alliierten Truppen besetzten Hafenstadt Bari. Ich suchte einen Wollpullover in dem Seesack, den der König von England mir samt Inhalt geliehen hatte, um mir das Kriegführen zu erleichtern. Er enthielt zwei Unterhem-

den und Unterhosen, zwei Winter- und drei Sommerhem-
den, zwei paar Hosen, eine Stoff- und eine Lederweste,
ein Klappmesser, Schuhe, ein Etui mit Nähsachen, Ga-
maschen, dazu das Arsenal von Hosenträgern und kleinen und großen Jutebeuteln, die uns, zusammen mit dem
flachen Helm, in dieser modernen Welt das Aussehen
antiker Krieger geben sollten.

Auf dem Boden des Sackes lag ein großkalibriger
Revolver, den ich in einem beschlagnahmten italienischen Waffendepot an mich genommen hatte. Er war
schwer und sperrig, und ich hatte vergessen, daß ich ihn
geladen hatte. Ich zog ihn aus dem Sack und legte ihn
achtlos auf die Bettkante, gegen die ich dann, als ich mich
bückte, mit dem Knie stieß. Die Waffe fiel mit dem Griff
nach unten auf den Betonboden. Sie fiel ungefähr einen
halben Meter tief. Doch der Aufprall genügte, um den
Schlagbolzen zu lösen. Dieser fiel auf die Zündpille, und
ein Schuß ging los.

Ich hatte mich gerade zu der Waffe hinabgebeugt. Die
Flamme, die mich einen Moment lang blendete, erschien
mir wie eine Feuersbrunst. Selbst nach so vielen Jahren
erinnere ich mich genau an den ohrenbetäubenden Krach,
und ich wundere mich noch immer, daß ich keine Angst
empfand, obwohl ich von Natur aus ein äußerst ängst-
licher Mensch bin. Ich sehe mich noch mit gekrümmtem
Rücken dasitzen, als hätte ich das Schafott bestiegen —
ein Bild wie aus jener dreibändigen *Storia degli uomini
illustri,* die in der Bibliothek meines Vaters im zweiten
Regal links stand.

Als Kind hatte ich ganze Tage damit zugebracht, in
diesen Büchern zu blättern, die mich wohl mehr als alles
andere mit romantischen Gefühlen und einem Sinn für das
Heroische infiziert haben. Jedes der schlecht gemalten,
naiven Aquarelle war von einem Blatt Seidenpapier
geschützt, dessen Ecken zerknittert und dessen Ränder
mit Rostflecken übersät waren. An sie mußte ich denken,
während ich wie versteinert auf den Rostflecken auf dem

Lauf des Revolvers starrte, der jetzt, wie nach Luft ringend, heiß und trivial vor meinem Feldbett lag.

Ich erinnere mich nicht, wieviel Zeit verging, bis ich die Kraft fand, ihn wieder in die Hand zu nehmen, um die restlichen Kugeln aus dem Magazin zu entfernen. Drei Sekunden, zwei Minuten, drei Stunden? Ich weiß nur, daß ich, als ich mich im Spiegel anblickte, der über dem Waschbecken mit den schwärzlichen Schmutzrändern schief an zwei Haken an der Wand hing, ein bleiches Gesicht sah, das nicht das meine war, und ein angesengtes Haarbüschel über einem Paar Augen, die, ohne zu schauen, etwas von dem gesehen hatten, was uns außerhalb dieser Welt erwartet.

Im Quartier herrschte absolute Stille. Unten, in der Kantine, schien man den Schuß nicht gehört zu haben. Wäre ich getroffen worden, hätte man sicherlich an einen Selbstmord geglaubt. In einem gewissen Sinne wäre das auch nicht falsch gewesen. Ich hatte nämlich den Eindruck, meinem tödlichen Schicksal entronnen zu sein und mich selbst nicht wie einen Fremden zu betrachten, sondern wie ein Wesen, das unsterblich geworden ist. An dieses besondere Schicksal glaubte ich eigentlich bis zu jenem Tag, an dem jemand in meiner Abwesenheit beschloß, das Loch in dem Empiremöbel, das das erste Geschoß hinterlassen hatte, zuzustopfen. Dort drinnen, tief in diesem Loch, tief in diesem Holz, schlummert vielleicht die letzte Spur meines merkwürdigen Schicksals.

Zweites Kapitel

DIE GRUFT

Von meinem Vater habe ich eine **Gruft** auf dem jüdischen Friedhof von Turin und das Gästehaus eines Schlosses in der Nähe von Alba geerbt. Seit seinem Tod ist die Gruft ständig im Wert gestiegen, das Haus hat dagegen ständig an Wert verloren. Ich habe für beides Kaufangebote bekommen, konnte mich aber nie dazu durchringen, mich von dem einen oder dem anderen zu trennen, auch wenn ich das Geld gut brauchen könnte.

Es ist merkwürdig, daß auf dem jüdischen Friedhof von Turin das Getto der Toten nach weniger als zwei Jahrhunderten an die Stelle des Gettos der Lebenden getreten ist. Während sich die piemontesischen Juden, die noch auf Erden wandeln, in immer rascherem Tempo über alle Länder, Kulturen und Religionen verstreuen und sich so immer weiter von ihren Wurzeln entfernen, müssen die piemontesischen Juden unter der Erde jedes Jahr näher zusammenrücken, denn das Areal kann nicht mehr erweitert werden. Aus diesem Grund klettern die Preise der Gräber ständig in die Höhe — Gräber sind wohl die einzigen Güter, deren Wert sich unabhängig vom Preis des Öls entwickelt, das auf dem Friedhof ohnehin niemand mehr braucht.

Der jüdische Friedhof von Turin — direkt neben dem christlichen gelegen — ist in zwei Karrees geteilt, in den alten und den neuen Friedhof. Auf dem alten, wo viele Grabsteine bereits ins Erdreich eingesunken und die Namen unlesbar geworden sind, ist in den Kapellen der verwelkte Ruhm heute unbekannter Familien verewigt, die einstmals reich und mächtig waren. Es gibt Grabmäler von Baronen, Konsuln, Bankiers und hohen Militärs. Alle waren den Inschriften auf den Grabsteinen zufolge ehrenwert, vorbildlich und ihren Familien treu ergeben; es waren Leute, die Pferde und Kutschen besessen hatten, ehe sie auf Automobile umstiegen. Heute beweisen nur noch diese Epitaphe, zusammen mit den Todesanzeigen in den Zeitungen, daß sie wirklich gelebt haben. Bei uns Juden erinnert man an die Verstorbenen nicht mit jenen ovalen Fotografien unter konvexem Glas, wie man sie auf den christlichen Friedhöfen Italiens oft sieht. Offensichtlich wirkt bei uns das Bilderverbot noch zu stark nach. Doch auch ohne Porträts genügt eine Jahreszahl — 1840, 1861, 1914 —, um zu bezweifeln, daß es heute noch ein Glied dieser alten Familienketten gibt, deren Namen auf ferne und nahe Ursprünge schließen lassen. Es sind Familien, die aus Frankreich oder aus Biella, aus Korfu oder Vercelli, aus Spanien oder Mantua stammten.

Zu den liebsten Büchern in meiner Bibliothek gehört ein »offizielles und endgültiges« Verzeichnis der piemontesischen Adelsfamilien aus der Zeit Umbertos I. Unter den Hunderten von Herzögen, Markgrafen, Grafen und Baronen befindet sich auch ein halbes Dutzend frisch geadelter jüdischer Familien, als deren Herkunftsland »Palästina« angegeben wird. Nach zwanzig Jahrhunderten einer mehr oder weniger obskuren Existenz im Schoße des Judentums scheint keiner den neuerworbenen nichtjüdischen Titel auch nur ein Jahrhundert überlebt zu haben. Der in der modernen Welt und außerhalb des Gettos erlangte Ruhm scheint — selbst im Falle der Rothschilds — die stammeseigene Vitalität der Juden zerstört zu haben.

Sicher, in der Friedhofsmauer selbst erinnern zwei Gedenktafeln an die vierundfünfzig im Krieg 1915–1918 gefallenen Turiner Juden und an die fünfhundertdreißig jüdischen Bürger der Stadt, die zwischen 1943 und 1945 von den Nazifaschisten ermordet wurden. Doch die Grabsteine dieser Familien, von denen es inzwischen keine

Nachfahren mehr gibt, haben immer wie ein zweiter Tod auf mich gewirkt — als erinnerten sie an die Tatsache, daß der wesentliche Beitrag, den die »lieben Verstorbenen« den »untröstlichen Hinterbliebenen« und der Außenwelt gegenüber geleistet haben, darin bestand, als gesellschaftliche Konkurrenten ausgeschieden zu sein. Als Rivalen in einem Wettkampf, der bei einem so alten Volk wie dem jüdischen vielleicht mehr als bei anderen das Andenken an die Toten verblassen läßt und auf ein paar flüchtige Erinnerungen reduziert.

Jedenfalls haben auf dem alten Friedhof fast alle Gräber keine Zukunft: Die Nachkommen haben sich in den Stürmen des Lebens verloren oder sind auf der anderen Seite der Mauer, auf den christlichen Friedhöfen, gelandet. Das Viereck des neuen Friedhofs dagegen gibt — wenn ich das so sagen darf — gewisse Lebenszeichen von sich. Die Gräber sind besser gepflegt; in den Vasen stehen frische Blumen, und es kommt sogar vor, daß jemand außerhalb der üblichen Zeiten seinen Toten einen Besuch abstattet.

In diesen Teil des Friedhofs zieht es mich öfter, wenn auch nicht aus religiösen Gründen. Bei uns Israeliten gibt es keinen Totenkult, denn, wie der Psalmist sagt: »Nicht die Toten werden dich preisen, o Herr.« Wenn wir sterben, legt man uns auf eine Marmorplatte und gießt abwechselnd einen Eimer eiskaltes und kochendheißes Wasser auf unseren Leib, um auszuschließen, daß wir nur bewußtlos sind. Dann hüllt man uns in ein Schweißtuch und bedeckt uns mit dem Tallit, dem Gebetsschal, von dem die Zizit, die vier Quasten an den Ecken, die uns als Lebende an unsere Pflichten erinnern sollen, entfernt wurden, und legt uns in die Erde.

Eine Cousine von mir, eine Marchesa, will mir partout nicht glauben, daß sich der noblere Brauch, als Gedächtnisstütze Knoten ins Taschentuch zu machen, von dieser jüdischen Sitte herleitet. Wie dem auch sei — wir Juden gelangen in dieser Aufmachung zum »Rest des Volkes«, wie es in der Bibel heißt, ohne daß dort näher ausgeführt würde, was uns im Jenseits erwartet.

Je nach Ort und Zeit ändern sich natürlich die Sitten. In Israel tritt man seine letzte Reise auf einer Tragbahre an, an deren Seiten sich die Freunde abwechseln — sofern der Verstorbene überhaupt noch Freunde hat. Den Rest erledigen die Mitglieder der Chewra Kaddischa, einer Bruderschaft, die sich auf diese Weise Heilsvorteile im Jenseits und ein bißchen Geld im Diesseits verdient.

In Europa dagegen kennt man Särge, die mit einem Bahrtuch ausgeschlagen sind. Wie die anderen Verstorbenen werden auch die jüdischen Toten in Leichenwagen zum Friedhof gefahren; allerdings werden zuvor das Kreuz vom Dach des Wagens und die Engelchen an den Seiten abmontiert. Es ist ein schneller, praktischer Transport, der den Tod noch nicht so mystifiziert, wie es in Amerika üblich ist; aber er hat die Trauerfeierlichkeiten, die früher eine so wichtige Rolle gespielt haben, wesentlich verkürzt. In unserer Zeit stirbt ohnehin niemand mehr: Man verschwindet aus dieser Welt durch Unfälle, die nicht passiert wären, wenn alles programmgemäß verlaufen wäre. Ich erinnere mich, daß der Chirurg, der meine Mutter an Krebs operiert hatte, auf ihren plötzlichen Tod erstaunt, ja empört reagierte: »Ich verstehe das nicht«, sagte er zu uns, »sie hatte gar keinen Grund zu sterben.«

Bei den modernen Begräbnissen vermisse ich — im Orient wie im Okzident — schmerzlich jene schönen Leichenwagen, die von mindestens zwei schwarzgeschmückten Pferden gezogen wurden, denen Musikanten vorangingen und Fahnenträger folgten. Diese Totenprozessionen waren die Spektakel, die ich als Kind in den italienischen Dörfern am meisten bewunderte. War der Verstorbene eine bedeutende Persönlichkeit, so gingen dem Wagen Musiker, psalmodierende Frauen, die irgendwelchen religiösen Vereinigungen angehörten, und Geistliche voraus, Kränze wurden vor ihm hergetragen, und hinter ihm gingen die trauernden Verwandten und festlich gekleidete Leute. »Es hat sich gelohnt zu sterben«, sagte mein Vater dann manchmal. Bei den Juden und den Muslimen hat es diese Art von Pomp nie gegeben. Die Leiche wird in keinen Sarg gelegt, und die Menge drängt sich völlig undiszipliniert um die Bahre. Dennoch vermag diese Vertraulichkeit nicht den Schrecken zu mildern, den die Zuschauer empfinden, wenn die Leiche plötzlich in dem frisch ausgehobenen Loch in der Erde verschwindet. Memento mori lautet die brutale Botschaft dieser semitischen Begräbnisse.

Ich habe mich oft gefragt, ob die Unterschiede in der Art und Weise, wie Beerdigungen vorgenommen werden, nicht manchem Israeliten eine zusätzliche Entschuldigung für seinen Religionswechsel geliefert haben.

Unsere Gruft auf dem »neuen« israelitischen Friedhof von Turin steht im Einklang mit den örtlichen Sitten und Gebräuchen. Es handelt sich um einen großen, unterirdischen, wasserundurchlässigen betonierten Raum mit zweiunddreißig Grabnischen in den Wänden. Der oberirdische Teil ist ganz im modernen Stil gehalten — vornehm, elegant, ja fröhlich aufgelockert durch die Rosen, die sich an den vier Ecken um quadratische Säulen emporranken. Ich setze mich gern auf die Grabplatte und betrachte meinen Namen — übrigens derselbe wie der meines Großvaters väterlicherseits —, der in schönen schmiedeeisernen Lettern in den Stein eingelassen ist, der seit Jahren auf mich wartet. Ich streiche über diese schlichten polierten Lettern, die an das Erdenleben eines Vorfahren erinnern, den ich selbst nicht mehr gekannt habe. Dabei empfinde ich dasselbe angenehme Gefühl wie früher, wenn ich mit dem Daumen über die Visitenkarte strich, auf der einst mein Titel eines Botschaftsrats eingeprägt war. Damals war ich überzeugt, daß Träume Wirklichkeit werden können; jetzt weiß ich, wenn ich meinen Namen auf der Grabplatte betrachte, daß die so mühsam konstruierte Wirklichkeit zum Traum wird.

Wenn man bedenkt, mit welchem Geschick meine Eltern es geschafft haben, ihr beträchtliches Vermögen in gescheiterte Unternehmungen zu stecken, so beweist unsere Gruft, daß mein Vater wenigstens in dieser Angelegenheit sein Geld wirklich erfolgreich investiert hat. Sicher, als er beschloß, all diese Grabnischen für Eltern, Kinder und Enkel offenzuhalten, war er noch davon überzeugt, die Verantwortung für eine große Familie zu tragen. Doch diese Familie gibt es nicht mehr. Nach einigen Konversionen und Mischehen und der Zerstreuung in alle Welt wird die Gruft im Jahre zweitausend nur etwa ein Dutzend Leute beherbergen, darunter sogar entfernte Verwandte in aufsteigender und absteigender Linie. Da niemand in der Familie Anspruch auf die leeren Grabnischen zu erheben scheint, begreife ich mich als Besitzer einer Art »Residence«, deren Wert jedes Jahr allein schon wegen der Anfragen steigt, die ich von außenstehenden potentiellen »Bewohnern« erhalte.

Ich habe mich aber bis heute nicht dazu durchringen können, einen Fremden aufzunehmen, nicht einmal jene achtzigjährige Freundin, die mich gebeten hatte, ihr eine Nische abzutreten, weil sie hoffte, in meiner Gruft bessere Bridgepartner vorzufinden als in der ihren. »Es ist schon schwer genug, das Leben mit öden Menschen zu verbringen, aber die Vorstellung, mich in alle Ewigkeit langweilen zu müssen, macht mir wirklich angst«, sagte sie mir das letzte Mal, als wir über dieses Thema sprachen. Nachdem ich viele Länder besucht habe, in denen die Existenz der Lebenden von der der Toten abhängt, glaube ich, daß meine Freundin im Grunde recht hat.

Der für die jüdisch-christliche Tradition so kennzeichnende Bruch zwischen Diesseits und Jenseits ist kein universelles Phänomen. Bei den Howa im Hochland von Madagaskar etwa verhält es sich so: Je reicher und bedeutender der Verstorbene war, desto mehr fühlt seine Familie sich verpflichtet, ihn aus dem Grab zu holen, um ihn in prächtige Kleider zu hüllen und in den Mittelpunkt gemeinsamer Feste zu stellen. Auch wenn die französische Kolonialmacht den Brauch abgeschafft hat, selbst in der größten Hitze eine verstorbene Großmutter auf dem Dach eines Autobusses oder einen — natürlich toten — Onkel auf der Fahrradstange zu transportieren, gibt es in diesem Land der Weisen keinen anständigen Menschen, der nicht, bevor er den Mund aufmacht, die Toten um Erlaubnis bittet, sprechen zu dürfen, und sich im voraus für seine möglichen Lügenmärchen entschuldigt. Wir dagegen legen den Toten — vor allem jenen berühmten, die wir nicht persönlich gekannt und deren Gedanken wir oft nicht begriffen haben — die merkwürdigsten Dinge in den Mund. Es ist ein unhöflicher Brauch, der vor allem bei Politikern und Professoren sehr beliebt ist. Diese sollten sich an der Weisheit der Regierung von Madagaskar ein Beispiel nehmen: Sobald das Land in die Unabhängigkeit entlassen worden war, beschloß sie, der offizielle Wohnsitz der Lebenden habe sich direkt neben den Wohnstätten der Toten zu befinden, damit die Verstorbenen insbesondere in Fragen, bei denen es um die Besteuerung und die Einberufung der Wehrpflichtigen geht, Mitverantwortung tragen können.

Freilich muß man nicht bis zum Indischen Ozean reisen, um beredte Beispiele für den vertrauten Umgang zwischen Lebenden und Toten zu finden. In meinem Dorf im Albese, wo die Grabnischen aus Platzmangel übereinander angeordnet sind und diese Mauern bis zu zehn Metern hoch aufragen, sind die teuersten Plätze die, die — wie die Lebenden sagen — den »schönsten Ausblick« bieten. Aus unserem Dorf stammte auch ein Kardinal, der eine schöne Grabstelle auf dem Dorffriedhof besaß. Der Friedhof liegt unterhalb eines Weinbergs, der einst einem Arzt gehört hatte und von dem der beste Wein der Gegend kam — dank der Kranken, wie die Leute sagten, denen der Besitzer des Weinbergs stets so eifrig half, ins Reich der Toten zu gelangen. Unter Berufung auf seine kirchlichen Rechte bestand der Kardinal darauf, nach seinem

Tod in der Pfarrkirche beigesetzt zu werden. Leuten, die sich wunderten, daß er, ein ansonsten so schlichter und bescheidener Mensch, auf ein mittelalterliches Privileg pochte, entgegnete der Kirchenfürst mit entwaffnender Aufrichtigkeit, daß er zu seinen Lebzeiten stark unter rheumatischen Schmerzen gelitten habe und daß man ihm nicht zumuten könne, als Toter auf ein warmes, trockenes Plätzchen zu verzichten.

Ich bin überzeugt, daß meine alte Freundin, die Madagassen und der Kardidal recht hatten — wie wahrscheinlich auch Luigi, der Koch meines Onkels, der glaubte, daß die Verstorbenen unter bestimmten Umständen etwas, was zu ihrer früheren, irdischen Existenz gehört hatte, wahrnehmen können.

Luigi stammte aus Bari und war ungeübt im Schreiben. Als ich das Formular der Volkszählung für ihn ausfüllte, forderte er mich auf, als seinen Beruf »Butterkünstler« anzugeben — ein Titel, der ihm übrigens voll und ganz zustand, denn er hatte eine lange Lehrzeit in den Küchen fast aller Höfe des Balkans durchlaufen. In jenem Teil der Welt, der von den Küchenherden aus mit Argusaugen beobachtet wurde, hatte er sich eine ganz persönliche Meinung über die Mächtigen gebildet, die von der Beletage ihrer Paläste aus über das Schicksal der gewöhnlichen Sterblichen entschieden. So hatte er begriffen, daß Speisen — genau wie Kleider, Frisuren und die Mode allgemein — Ausdruck tiefer und beständiger Beziehungen sind, ohne zu ahnen, daß Lévi-Strauss eines Tages ein berühmtes Buch über das »Rohe« und das »Gekochte« schreiben würde. Und er wußte, daß die Händel, die in der Küche zwischen Küchenjungen und Köchen über eine besondere Art von Borschtsch ausgetragen wurden oder darüber, ob der Kaffee nun »türkisch« oder »griechisch« sei, ganz genau jene Diskussionen widerspiegelten, die die Herrschaften bei Tisch über Prinzipien, Kulturen und Religionen führten — von den politischen Problemen ganz zu schweigen. Er erinnerte sich nicht mehr, bei welchem Waffenstillstand die rumänischen Köche sich geweigert hatten, die Hühner in den Töpfen der Bulgaren zu kochen, und die serbischen Spüljungen verlangt hatten, daß von nun an die Mazedonier das Geschirr zu spülen hätten. Die im oberen Stockwerk erzielte politische Einigung wurde unten von einer Übereinkunft der Köche der verschiedenen Delegationen nachvollzogen, die beschlossen, ihre Saucen in Eintracht zu fabrizieren. Ein weiterer Ausdruck ihrer Verständigung war das Sahneeisdessert, das mit kandierten Früchten in sämtlichen Nationalfarben verziert wurde. Das ganze Kunstwerk — so sagte Luigi und strich sich dabei über den Schnurrbart — sei von einem riesigen Zuckerstern gekrönt worden, den niemand zu essen wagte, weil keiner wußte, was er repräsentieren sollte. Jeder Diplomat fürchtete, die Gefühle der anderen zu verletzen und gleichzeitig mittels der Geheimsprache der Köche irgendeinem faulen Kompromiß zuzustimmen, wenn er davon kosten würde. Aber es war ausgerechnet Luigi, der brave Italiener, der in diesem Hickhack miteinander verfeindeter Nationen als Neutraler beiseite stand, der diesen Zuckerstern kreiert hatte — in Erinnerung an die Krippe in seinem Heimatdorf.

Luigi war ein weiser Mann und auf seine Art ein Romantiker. Er hielt es für sein Vorrecht, Trinkgelder in Empfang zu nehmen, wurde aber wütend, wenn ich einmal auf dem trockenen saß und trotzdem das Geld ablehnte, das er mir leihen wollte. »Ich habe dem Michele so viel geborgt« — das war jener König, der zweimal den rumänischen Thron bestieg und wieder verlassen mußte —, »und der hat es bestimmt weniger dringend gebraucht als Sie«, sagte er mir. Obwohl er sicher recht hatte, nahm ich seine verführerischen Angebote nie an. Nur ein einziges Mal, als ich bei Kriegsende irgendwie Geld auftreiben mußte, um meiner Schwester ein angemessenes Hochzeitsgeschenk machen zu können, fragte ich ihn, ob er nicht ganz diskret nach jemandem Ausschau halten könne, der bereit wäre, die Pistolensammlung zu kaufen, die ich in der Zeit angelegt hatte, als ich von einem ehemaligen Waffenlager der Truppen der Achsenmächte zum anderen gezogen war. »Kein Problem!« rief er aus, »da ist doch der Fürst Soundso, dem ihr ›Engländer‹ die Waffen beschlagnahmt habt. Der sucht nach einer Möglichkeit, seine Bestände wieder aufzufüllen.« Ich gab ihm zwei Mauser, eine Präzisionspistole mit langem Lauf und eine P-38. Er verstaute sie in seiner Einkaufstasche und überreichte mir zwei Tage später ein Bündel italienischer Banknoten. Es war das einzige private Waffengeschäft meines Lebens, und ich frage mich noch heute, ob ein Hochzeitsgeschenk das wert war.

Luigi war ungefähr zu der Zeit in unsere Familie gekommen, als Mussolini meinen Onkel gebeten hatte, zur Verwirklichung seiner auf wirtschaftliche Autarkie abzielenden Politik beizutragen und in Carbonia auf der Insel Sardinien ein zweites Ruhrgebiet zu schaffen. Im Gegensatz zu meinem Vater, der Anwalt und Landwirt war, hatte mein Onkel kein Studium absolviert. Er war nach Deutschland gegangen, um Deutsch zu lernen, und hatte dann am Aufbau der Fiat-Werke mitgewirkt. Nachdem Agnelli ihm auf gut Piemontesisch erklärt hatte, daß »im Hühnerstall kein Platz für zwei Hähne« sei, schied er aus der Firma aus. Beim Ausbruch des Ersten Weltkrieges war er bereits beim Credito Italiano die Karriereleiter ein gutes Stück emporgeklettert. Nach seiner Einberufung zeichnete er sich als Pionieroffizier aus, stieg auch in der Militärhierarchie rasch auf und verdiente sich italienische, französische und englische Tapferkeitsmedaillen. Er war an der Abfassung des Friedensvertrags mit Österreich beteiligt und dann in den Skandal der Miniere Alpine verwickelt. All das katapultierte ihn nach oben, und sein Erfolg machte ihn innerhalb weniger Jahre zum Herrn über ein Wirtschaftsimperium, dessen Zentrum in Triest lag. Lange Zeit war er der begehrteste Junggeselle der Stadt. Da ich sein einziger

Neffe war, ließ er mich im Alter von sechs Jahren in einer Marmorbüste verewigen. Doch später lernte er eine geschiedene Frau — eine Österreicherin und Christin — kennen, die er zum großen Verdruß der ganzen Familie im Alter von fast fünfzig Jahren heiratete.

Von seiner Küche aus hatte Luigi den Aufstieg meines Onkels verfolgt und eine immer größere Anzahl von Gängen für dessen Bankette mit Politikern und Finanzleuten kreiert. Von der Küche aus hatte er auch betrübt, aber keineswegs überrascht miterlebt, welches Unglück seinen Herrn später infolge der Rassengesetze traf. Weder seine Verdienste um das Vaterland und das faschistische Regime noch seine späte Taufe hatten verhindert, daß er von 1938 an aus sämtlichen Firmen, die er gegründet hatte, ausgeschlossen wurde. Doch für Luigi, der ganze Throne hatte stürzen sehen, gehörte der Verlust von zehn- oder zwanzigtausend Arbeitern zum Spiel jener Großen, die er bekochte. Die Mißgeschicke seines Herrn hatten seine Ergebenheit nur noch gesteigert. »Auch wenn alle ihn im Stich gelassen hatten«, sagte er mir, um mir zu erklären, warum er so lange am heimischen Herd ausgeharrt hatte, »irgend jemand mußte doch schließlich für ihn kochen.« Beim Einmarsch der Deutschen in Italien hatte sich mein Onkel in den Vatikan geflüchtet, den er nach der Ankunft der alliierten Truppen als todkranker Mann verließ. Er starb kurz vor Kriegsende in Rom. In der Hoffnung, daß er schon bald seine letzte Ruhestätte in Triest werde finden können, legte man ihn vorläufig in das Grab seines Kochs auf dem Verano-Friedhof in Rom.

Vor der Überführung der Leiche nach Norden bat Luigi mich eines Tages, ihn zu begleiten, weil er von seinem Herrn Abschied nehmen wollte. Wir hatten uns auf der Piazza dell'Esedra verabredet, in einem Café unter den Kolonnaden, wo er oft mit den Dienern anderer römischer Familien Tarock spielte. Ich trug noch die Uniform der Alliierten, die auf diese Dienerschaft keinen großen Eindruck machte, denn sie kannten sich in puncto

Livreen bestens aus und waren gewohnt, Generälen Hand-
schuhe und Mützen zu reichen. Einer von ihnen wollte
wissen, warum ich auf dem Ärmel ein Abzeichen trug,
ähnlich dem, das die Deutschen den Juden als Schand-
zeichen aufgezwungen hatten. Ich mußte ihm erklären,
wo mein Regiment herkam; daß es aus jüdischen Freiwilligen aus Palästina zusammengesetzt war; daß wir
dieses Abzeichen — weiß und blau mit dem Davidstern —
zu Ehren eines gewissen Herrn Herzl gewählt hätten,
eines Wiener Journalisten, der vor einem halben Jahrhundert auf die Idee gekommen sei, einen Staat für die
Juden zu gründen und ihnen eine Flagge mit dem Davidstern zu geben. Dieser Herr Herzl, sagte ich, würde sich
wundern, wenn er wüßte, daß die Deutschen, auf deren
Hilfe er bei der Verwirklichung seines Traums so gehofft
hatte — so sehr, daß er sich nach Jerusalem begeben
hatte, um dort den Kaiser während seiner Reise ins
Heilige Land zu treffen —, daß also ausgerechnet diese
Deutschen sich in die schlimmsten Feinde der Juden
verwandelt hatten. Luigi hörte nachdenklich und verblüfft zu. »Vielleicht werdet ihr mir nicht glauben«, sagte
er zu uns, »aber diesen Herrn Herzl habe ich gesehen, wie
er mit dem Kaiser sprach.« Unzusammenhängend und
bilderreich, wie es seine Art war, erzählte er, während
er an einer halben Toscano kaute, daß er 1898, als er noch
keine zwanzig und Küchenjunge irgendeines Fürsten im
Gefolge Wilhelms II. gewesen war, wie die anderen Dienst-
boten den Befehl erhalten hatte, hoch zu Roß zu reiten,
um beim Einzug des Kaisers in Zion die kaiserliche
Eskorte zu verstärken. Der Sultan hatte eigens für den
Gast beim Jaffa-Tor eine Bresche in die Mauer schlagen
lassen, weil dieser weder vom Pferd absteigen noch den
Kopf senken wollte, und mit seinem hohen Helmbusch
paßte er nicht durchs Tor. Ein Kuriosum, das sich nicht
ganz mit der historischen Wahrheit deckt, aber den
Touristen noch heute bei jeder Jerusalem-Führung erzählt wird.

Luigi konnte nicht reiten. Man setzte ihn auf einen Esel, der nicht nur zahm war, sondern auch ein weißes Fell hatte. So zog er unter dem Beifall der Menge in die Stadt Davids ein. »Der Messias! Der Messias!« rief man und zeigte lachend auf ihn. »Da habe ich den Leuten zugewunken«, beschloß Luigi seine Erzählung.

In der Trambahn, die uns ratternd zum Verano-Friedhof brachte, dachte ich über die kleinen Geschichten nach, aus denen sich die sogenannte große Geschichte zusammensetzt. Luigi, ein Küchenjunge im Gefolge eines Kaisers, der sich für den mächtigsten Herrscher der Welt gehalten hatte, saß jetzt neben mir, einem italienischen Juden in britischer Uniform, der in die Verschwörungen gegen die Londoner Regierung verstrickt war. Eine Regierung, die die Verwirklichung des zionistischen Traums zunächst mitgetragen und dann bekämpft hatte — die Verwirklichung eines Traums, die Herzl ursprünglich den Deutschen anvertrauen wollte, welche später planten, das »Judenproblem« in den Gaskammern zu lösen. Wir beide wollten das Grab meines Onkels besuchen, den weder seine Auszeichnungen im Krieg noch seine einflußreichen Beziehungen, noch seine Taufe, noch sein Reichtum vor seinem Schicksal als Jude bewahrt hatten. Der Gipfel der Ironie war, daß er jetzt im Grab seines Kochs lag, der seinen Herrn, den Kaiser und viele andere Große dieser Welt, für die er einst Gänse gerupft und Saucen komponiert hatte, überlebt hatte.

Luigi trug ein in Zeitungspapier gewickeltes Päckchen bei sich. Er hielt es in beiden Händen, als wollte er sie daran wärmen. Diese Haltung ließ seine Gestalt an diesem lauen römischen Morgen noch grotesker erscheinen — eingemummt, wie er war, in seinen schwarzen Wintermantel mit dem samtumrandeten Kragen, dem Schlapphut auf dem Kopf und seinem angegrauten Hitler-Bärtchen.

Sobald er am Grab angekommen war, stellte er das Päckchen auf die Marmorplatte, auf der schon sein

Name und sein Geburtsdatum standen und die nur noch auf das Datum seines Todes wartete. Mit einer gemessenen Geste zog er eine kleine, gebogene, in Silber gefaßte Bürste aus der Tasche, ähnlich der, die bei meiner Mutter immer auf dem spitzenbedeckten Toilettentisch gelegen hatte. Die Bürste erinnerte mich an die beiden Drehknöpfe des Kippspiegels, die ich nicht berühren durfte, wenn Mamma sich frisierte, weil die Bewegung ihres Spiegelbildes ihr sofort Schwindelgefühle verursacht hätte. Regungslos bewunderte ich ihr zartes, schönes Gesicht, das so gar nichts gemein hatte mit jenem späteren, vom Krebs entstellten, dessen Augen ich an einem anderen lauen Märzmorgen schloß. Die Mamma meiner Kindheit sehe ich immer in demselben langen, tiefdekolletierten Abendkleid vor mir, mit einer seidenen Rose, die mit einer saphirgeschmückten Nadel am Busen befestigt war und die ich bis heute aufbewahrt habe. Es war eines der seltenen Male gewesen, daß sie meinen Vater hatte überreden können, zu einem Galaabend einen Smoking anzuziehen. Das war noch in der Zeit, bevor er sein ganzes Geld verlor und als er Mamma noch ins Teatro Regio in Turin begleitete. Vigiu, der jetzt als Autochauffeur fungierte, ließ mich, während wir auf meine Eltern warteten, auf seinen Knien sitzen und das Lenkrad halten. Von der Limousine, einem Fiat 509, ist nur das Mahagonikästchen übriggeblieben, in dem meine Mutter zwei Flakons — eines enthielt Riechsalz — und die kleine Bürste aufbewahrte, mit der sie meinem Vater die Schuppen vom Kragen entfernte, bevor sie aus dem Auto stiegen. Jetzt fegte Luigi die Blätter, die von den benachbarten Hecken auf den Marmor der Grabplatte gefallen waren, und die Staubkörnchen weg, die nur sein geübtes Auge sehen konnte. In meinem Gedächtnis ist diese Szene inzwischen von anderen Erinnerungen überlagert — es sind Bilder, die in der Stille des bombenverwüsteten römischen Friedhofes zum kaum wahrnehmbaren Rhythmus der leise wogenden Zypressen flimmern.

Ich verspürte das Bedürfnis zu beten, wußte aber nicht, in welcher Sprache und nach welchem Ritus ich für meinen Onkel beten sollte. Ich konnte den Kaddisch, das jüdische Totengebet, nicht aufsagen, weil das unentbehrliche Quorum von zehn Juden fehlte und mein Onkel zudem zum Christentum übergetreten war. Ich erinnerte mich nicht an die Worte des Vaterunsers, eines alten jüdischen Gebets, weil ich es immer nur auf Lateinisch gehört hatte. So hielt ich es für das beste, das Göttliche beiseite zu lassen und das Bild meines stets freundlichen, lächelnden und dennoch gefürchteten Onkels auferstehen zu lassen, der in der Familie wegen seines angeblich immensen Einflusses in Industrie und Politik vergöttert und zugleich kritisiert wurde.

Ich hatte nur wenige Erinnerungen an ihn. Wir Kinder mußten ihn, wenn wir überhaupt in seine Nähe kommen durften, artig begrüßen und dann ganz rasch wieder verschwinden, um den Großen ja keinen Augenblick der kostbaren Zeit zu stehlen, die mein Onkel ihnen widmete. Ich hatte den Eindruck, daß bei diesen Begegnungen, bei denen die Erwachsenen den Kleinen die ihnen zustehende Zeit raubten, niemand von meinem Onkel das bekam, was er sich von ihm erhofft hatte. Wenn sie ihm folgten, während er sich mit seinen Pflanzen beschäftigte, merkte man ihnen an, wie wenig sie sich für die Blumen interessierten, die seine Frau mit ihren feinen Handschuhen aus flämischem Leinen ausgesät hatte. Wenn im Sommer Boccia gespielt wurde, konnten die Gäste es kaum erwarten, bis mein Onkel aufhörte, sich auf die Holzkugeln zu konzentrieren, und sich ihnen zuwandte. Bewunderten sie mit Ausrufen des Entzückens die neueste Erwerbung in seiner Sammlung von Schnupftabakdosen — eine der schönsten in ganz Europa, wie man uns sagte —, geschah es immer mit einem neidischen Unterton. So wie die Leute hofften, an den Schnupftabakdosen irgendeinen Makel zu entdecken, hofften sie auch Brüche in der erfolgreichen Laufbahn meines Onkels zu finden, der gern über seine Unterredungen mit Mussolini und seine Audienzen beim König sprach, ein Diner in Wien oder Paris schilderte, wo gerade ein Vertrag unterzeichnet, ein Geschäft angebahnt oder neue, einflußreiche Freundschaften geschlossen worden waren. Diese Gespräche, die sich bei den seltenen Familientreffen in Monologe meines Onkels verwandelten, denen die ärmeren Verwandten verzückt und interessiert lauschten, wurden im Laufe von Wochen, manchmal von Monaten, gefiltert und zu Sätzen kondensiert, die so eingeleitet wurden: »Mein Bruder hat mir gesagt . . .«, »Mein Schwager ist überzeugt . . .«, »Der Commendatore hat durchgesetzt, daß . . .«. So gelangten sie dann den Chauffeuren, Gärtnern und Hausmädchen zu Ohren, die ständig auf der Suche nach Vergünstigungen für ihre von der Weltwirtschaftskrise arg gebeutelten Freunde und Verwandte waren.

Das erste Mal, daß ich ganz allein mit meinem Onkel zusammensaß, war am Nachmittag des 4. September 1939, in Triest. Am Abend dieses Tages sollte ich mich auf dem Schiff einer Firma, deren Präsident er vor der Zeit der Rassengesetze gewesen war, nach Palästina einschiffen. Mein Vater hatte mich zu ihm begleitet, war aber nach Turin zurückgefahren, mit der Entschuldigung, daß es mittags einen sehr bequemen Zug gebe und daß er meine Mutter nicht so lange allein lassen könne. In Wirklichkeit hatte er weder den Mut noch die physische Kraft besessen, so lange zu warten, bis das Schiff ablegte und ich mich endgültig von ihm löste. Am Abend zuvor waren wir in der zweiten Klasse in Turin abgefahren und hatten die letzte ermäßigte Fahrkarte benutzt, auf die er als Offizier außer Dienst Anspruch hatte. Die Hoffnung, daß man ihm dieses kleine Privileg, auf das er so großen Wert legte, weiterhin gewähren würde, hatte er aufgrund der bereits geltenden Rassengesetze begraben müssen. Wir waren die ganze Nacht in einem fast leeren Waggon gereist und hatten es vermieden, über die Dinge zu reden, die uns am meisten am Herzen lagen, um unseren wenigen Mitreisenden nicht zu verraten, daß wir Juden waren und ich genau aus diesem Grund auswanderte. Der Chef der Bahnpolizei, der mit aufmerksamem und mürrischem Gesicht den Fahrkartenkontrolleur begleitete, hatte, als er den Militärausweis meines Vaters sah, die Hand zum römischen Gruß erhoben, ohne zu ahnen, daß er vor einem Bürger zweiter Klasse stand, dem er keinen Respekt mehr schuldete. Mein Vater hatte ihm mit einer Traurigkeit geantwortet, die die Mitreisenden offenbar als höfliche Bescheidenheit eines mächtigen Funktionärs des Regimes interpretierten, denn von da an war er von einem grotesken Nimbus des Respekts umgeben.

Wir verbrachten eine unruhige Nacht bis zur Morgendämmerung, als ich beim Umsteigen in Mestre die fernen Häuser Venedigs sah, die durch die Nebel der Lagune zu geistern schienen. Ich erinnerte mich, mit welch starker innerer Bewegung und mit welchem Stolz ich in der dritten Klasse des Gymnasiums Fusinatos Worte über die Belagerung Venedigs durch die Österreicher im Jahr 1848 vortrug, nachdem ich erfahren hatte, daß der Präsident der Venezianischen Republik einer jüdischen Familie entstammte: »Die Seuche wütet, es gebricht uns an Brot, über der Brücke flattert die weiße Fahne.« Wie konnte es geschehen, daß jetzt mein Vater, schweigsam und traurig, angesichts meiner bevorstehenden Ausreise die weiße Fahne der Kapitulation über den Hoffnungen der Familie und seinem Stolz als italienischer Nationalist schwenkte? Ich begriff es nicht, aber ich wußte, daß er es mir weniger als jeder andere hätte erklären können. Aus diesem Grund war ich ihm dankbar, als er mir sagte, er könne mich nicht zum Schiff begleiten, und glücklich über die Gelegenheit, einmal mit seinem Bruder allein zu sein.

Mein Onkel hatte mich dann wie seinesgleichen behandelt. Er hatte mir einen Platz ihm gegenüber angeboten, an dem langen Tisch, an dem schon so viele berühmte Persönlichkeiten gesessen hatten. Jetzt waren wir zwei

allein, oder vielmehr war er allein mit mir. Eine Haus-
angestellte, die er offensichtlich trotz der neuen Rassengesetzgebung hatte behalten können, bediente uns genauso
aufmerksam wie früher, als er noch ein großer Mann war.
Schweigend stellte sie mit behandschuhten Händen die
Teller aus feinstem Porzellan auf den Tisch und zog sich
dann so leise zurück, daß man nur die gestärkte Schürze
rascheln hörte, die sie über ihrer Serviererinnentracht
trug, einem schwarzen Seidenkleid mit Kragen und Manschetten aus weißem Piqué.

Mein Onkel ging mit keinem Wort auf die neue politische Lage ein, die sich durch den soeben begonnenen
Krieg ergeben hatte. Ohne das Wort »Palästina« in den
Mund zu nehmen, stellte er mir Fragen über die dortige
Landwirtschaftsschule, bei der ich mich, wie er wußte,
bereits angemeldet hatte. Ich antwortete ihm mit der
Unbekümmertheit eines Jungen, der an irgendein vor-
nehmes Internat in der Schweiz oder in England geht, um
seine Fremdsprachenkenntnisse zu verbessern. Aus dem
Fenster blickte ich in den großen, blühenden Garten mit
den Nachbildungen der Rodin-Statuen und der Fontäne
in der Mitte des Bassins, in dem die kleinen roten und
gelben Fische so weiterlebten, als wäre nichts geschehen.
Nichts hatte sich verändert, nur der Eindruck, daß wir
beide von der Wirklichkeit, die uns umgab, weit abgeho-
ben waren — seltsame Reisende in einem Raumschiff à la
Jules Verne, in dem sich unser normales — verfeinertes
und opulentes — Leben in einer neuen Dimension, eben
in der Gefangenschaft, fortsetzte. Wenn es meinem
Onkel auch so vorkam, muß es für ihn eine wahrhaft
fellineske Erfahrung gewesen sein; für mich dagegen war
es ein Moment vollkommenen Triumphes, in dem der
neue Antisemitismus der Faschisten keinen Platz hatte.
Was in diesem Augenblick für mich zählte, war meine
Reise in ein fernes Land. Und ich war der einzige der
ganzen großen Familie, die auf der Suche nach Visen und
Zufluchtsorten war, der beschlossen hatte, in dieses Land,

nach Palästina, auszuwandern. Dank dieser Entscheidung fühlte ich mich dem reichsten und mächtigsten Mann, den ich bis dahin kennengelernt hatte, ebenbürtig. Daß das nur aufgrund seines gesellschaftlichen und politischen Ruins hatte geschehen können, störte mich dabei nicht. Seiner Katastrophe verdankte ich meinen Stolz; denn nur so hatte ich ihm gegenüber an Bedeutung gewinnen können. Es war die erste von vielen Gelegenheiten, bei denen ich hätte feststellen können, daß das Glück des einen immer das Unglück eines anderen voraussetzt. Doch damals fragte ich mich nicht so wie heute, warum mein Schicksal so sehr von dem der anderen abwich; denn jetzt blicke ich auf die Ruinen jener Welt zurück, in die ich hineingeboren wurde und zwischen deren Trümmern die Hälfte meines Volkes versprengt lebt. Ich finde keine Antwort und kehre in Gedanken immer wieder zu jenem letzten Tag in Triest zurück, an dem sich beim Frühstück im Hause meines Onkels in einem gewissen, symbolischen Sinne zwei Schicksale an einem Scheideweg befanden.

Am Nachmittag kam es zu einer weiteren, für mich nicht weniger bedeutsamen Begegnung. Mein Onkel nahm mich mit zu Lionello Stock, dem Gründer der berühmten Spirituosenfirma und einem glühenden Zionisten. Er sollte mir ein Empfehlungsschreiben für einen seiner Bekannten, einen Industriellen in Haifa, ausstellen. Es war übrigens ein Mann, der sich im Palästina des Jahres 1939, als das Land noch unter der Weltwirtschaftskrise litt und von Flüchtlingen überschwemmt wurde, davor hütete, einen Finger für mich krumm zu machen. Das nehme ich ihm nicht übel, doch daß er mir trotz der Hitze, die an dem Tag meines Besuches bei ihm herrschte, nicht einmal ein Glas Wasser anbot, habe ich ihm nicht vergessen. Mit großer Rührung jedoch erinnere ich mich an die Begegnung der beiden jüdischen Triestiner Magnaten, die sich wahrscheinlich seit Jahren nicht mehr gesehen hatten.

Ich glaube — aber ich bin mir nicht sicher —, daß Lionello Stock einen Schnurrbart hatte. Ganz sicher aber trug er einen dunklen Anzug und eine Uhr mit goldener Kette in der Westentasche. Mein Onkel war dagegen wie stets in elegantes Grau gekleidet. Es paßte sehr gut zu Stocks nüchternem Arbeitszimmer, das man über den Hof der Fabrik erreichte.

Die beiden Männer kannten sich seit langem. Im Mosaik des jüdischen und nichtjüdischen Triest der Vorkriegszeit repräsentierten sie zwei verschiedene Welten: Der eine war im Gefolge des italienischen Sieges aus Piemont hierhergekommen, der andere aus dem untergegangenen österreichisch-ungarischen Kaiserreich; der eine war Exponent des wirtschaftlichen Erfolges des autoritären Italien, der andere ein Vertreter des wirtschaftlichen Erfolges des traditionalistischen Veneto; der eine getauft und Faschist, der andere tiefgläubiger Jude und Zionist. Gemeinsam war ihnen nur ihr Schicksal als Juden und ihr momentanes Interesse an meiner Person. Mir war das bewußt, und ich fühlte mich in ihrer Gegenwart wie ein Versuchstier, das keinen Anlaß zu Experimenten, sondern zum Zusammenprall gegensätzlicher Meinungen gab.

Lionello Stock sagte, daß kein Jude sich seinem Schicksal entziehen könne. Mein Onkel, der gegen meine Auswanderung war, erwiderte, daß der Sturm sich legen werde, daß man Vertrauen zu Mussolini haben müsse, der den Juden seit jeher freundlich gesinnt sei. Wir müßten uns nur ein wenig bedeckt halten. Stock meinte, wir hätten keine andere Chance, als möglichst fest zusammenzuhalten; wir könnten uns jetzt auf niemanden mehr verlassen und müßten das bißchen Freiheit, das den Juden in Italien noch zugestanden werde, nützen, um zu fliehen und so viele Glaubensbrüder wie möglich aus den Klauen der Deutschen zu retten. Mein Onkel antwortete ihm, daß die Juden ihren eigenen Untergang herbeiführten, weil sie als besondere Gruppe in Erscheinung träten. Um seinen Kindern ein tragisches, unlogisches und ungerechtes Schicksal zu ersparen, sei es sein Wunsch gewesen, sie in der Religion der Mehrheit zu erziehen, die sich von der unterschied, in die er selbst hineingeboren worden war. Stock konterte, daß das vielleicht eine Lösung für einzelne sei, aber nicht für die Masse; der Fall meines Onkels beweise jedoch, daß auch der einzelne Jude sich nicht immer seinem Schicksal entziehen könne. Ging Hitler mit seiner Definition dessen, was ein Jude sei, etwa nicht bis auf die Großeltern väterlicher- und mütterlicherseits zurück? Man addiere heute die Abstammungsviertel genauso, wie man früher die des Adels zusammengezählt habe. Angesichts der Absurdität der Rassengesetze müsse die jüdische »Aristokratie« — in diesem umgekehrten Sinne verstanden — so wie einst der Adel ihre Verpflichtungen erfüllen. Ich täte gut daran, wenn ich abreiste. Die Zukunft der Juden liege außerhalb Europas, in Amerika oder noch mehr in Palästina, wo man ihnen eines Tages nicht mehr verwehren könne, eine normale Existenz wie alle anderen Völker zu führen. Mein Onkel beharrte auf seiner Meinung, daß die zionistische Bewegung zwar theoretisch verständlich, politisch aber eine Schwärmerei sei. Sie lasse die Realitäten der modernen Welt außer acht. England und Frankreich seien zwei im Niedergang begriffene Länder. Sie könnten den Marsch von mächtigen, demographisch und militärisch expandierenden Nationen wie Deutschland und Italien nicht aufhalten. Vielleicht sähe das Schicksal für die Juden Palästinas anders aus, wenn Italien nach dem Ersten Weltkrieg ein Mandat über diesen Teil des Osmanischen Reiches erhalten hätte. Italien, das mit der islamischen Welt verbündet sei, habe kein größeres Interesse am Zionismus als England, das die Juden Palästinas bereits im Stich gelassen habe, um sich bei den Arabern beliebt zu machen. Statt mein Leben zu retten, würde ich in eine Falle tappen. Er begreife nicht, daß mein Vater mir die Auswanderung nicht ausgeredet habe. Aber wir lebten bereits alle in einer Zeit, in der niemand, schon gar nicht ein Jude, überblicken könne, was in Kürze geschehen werde. Jedenfalls werde aus dem Krieg eine neue Ordnung hervorgehen, und wehe dem, der sich dann außerhalb oder im Gegensatz zu dieser Ordnung befinde — er sei dem Untergang geweiht. Stock, der wußte, daß er meinen Onkel nicht überzeugen konnte, hörte ihm zu und schüttelte seufzend den Kopf. Als er sich von uns verabschiedete, sagte er traurig zu mir, er hoffe, mich in glücklicheren Zeiten wiederzusehen, damit ich bezeugen könne, wem die Zukunft recht geben werde — ihm oder meinem Onkel.

Es ist merkwürdig, daß mein Onkel sich fünf Jahre später in allen Einzelheiten an dieses Gespräch erinnerte. Er lag auf einem großen Bett in seiner Wohnung in der Via Bruxelles, gegenüber der Villa von Marschall Badoglio, in einer Gegend, die damals zu den ruhigsten und elegantesten von ganz Rom gehörte. Das Zimmer war vom Hauch des Todes erfüllt, eines Todes, vor dem mein Onkel immer Angst gehabt hatte, den er jetzt aber mit demütiger Ergebenheit akzeptierte. Nur hin und wieder weinte er ohne erkennbaren Grund. Die Ärzte sagten, es handele sich um die typischen Symptome eines Herzkranken, und tatsächlich hatte mein Onkel immer Probleme mit dem Herzen gehabt. Die Ängste der letzten Jahre, die Flucht in den Vatikan sowie die Trennung von Frau und Kindern hatten seiner Gesundheit mehr zugesetzt als der wirtschaftliche Ruin. Allerdings war es ihm gelungen, einen beträchtlichen Teil seines Vermögens zu retten, aus dem jetzt berühmte Ärzte wie Frugoni und andere Koryphäen der Wissenschaft finanziert wurden. Jemand hatte geglaubt, die Wirksamkeit der Behandlung dadurch steigern zu können, daß man ihm lange Wollstrümpfe um den Hals wickelte, die der geistliche Berater der Familie von Schwester Pasqualina, der persönlichen Bedienerin des Papstes, erhalten hatte. Es hieß, der Papst habe sie selbst benutzt, und sie könnten deshalb vielleicht jenes Wunder bewirken, an das die Ärzte nicht glaubten. Der Halswickel ließ die Gestalt dieses Mannes noch mitleiderregender erscheinen, der einst so mächtig gewesen war, daß man ihn mir immer als leuchtendes Beispiel vorgehalten hatte, dem ich folgen sollte, um es im Leben auch zu etwas zu bringen.

Mein Onkel hatte sich über das Wiedersehen mit mir gefreut. Er wollte, daß ich die britische Armee, mit der ich Anfang 1945 nach Rom gekommen war, möglichst bald wieder verließ. Ich weiß nicht, ob er mit vollem Bewußtsein oder unter dem Einfluß von Medikamenten sprach, aber er schilderte mir mit keuchendem Atem die neuen Möglichkeiten, die sich dem vom faschistischen System befreiten Italien eröffneten.

Im Dämmer seines Zimmers hörte ich ihm zu. Ich beobachtete seinen von Atembeschwerden gequälten Körper, den ich von unseren Besuchen in seiner Villa in den Bergen als so massig und vital in Erinnerung hatte und der jetzt zum Skelett abgemagert war, während seine Beine vom Wasser geschwollen waren. Er verschwand fast in dem Alkoven, auf den ein schwacher, durch die schweren Vorhänge gefilterter Lichtstrahl fiel. Nur mühsam atmend, sprach er mit mir über Indien, das er gleich nach Kriegsende besuchen wollte; über die Wälder in Polen, die er verloren hatte; über seine Gespräche mit Suvich und Attolico; über eine Flotte von Fischerbooten, mit der ich mich sofort nach Beendigung des Krieges befassen sollte, und darüber, wie wichtig es sei, stets geputzte Schuhe zu tragen, denn — so wiederholte er mehrfach — »Schuhe machen Leute«.

Einmal umriß er die Grenzen des Finanzimperiums, das er geschaffen hatte. Es hatte sich von seinen Bergwerken in Lothringen bis zu Wäldern in der Gegend von Danzig erstreckt, von seinen Lebensmittelfirmen in Triest zu den Wasserkraftwerken in der Carnia. Doch der Verlust all dieser Reichtümer schien ihn weniger getroffen zu haben als die Rückgabe einer Puppe, die er einmal anläßlich des Geburtstags einer der Töchter des Herzogs von

Aosta ins Schloß von Miramare geschickt hatte. Die große Schachtel war mit einem Brief voll kalter Ablehnung zurückgekommen. Auch jetzt, nach dem Tod des Herzogs, litt mein Onkel darunter, daß er nicht einmal in den Augenblicken seiner größten Macht Zugang zum Hof der Savoyer gefunden hatte. Er hätte sich bestimmt nicht träumen lassen, daß sich vierzig Jahre nach der Vertreibung der Savoyer aus Italien einmal der Prince of Wales bei seinem Sohn in seiner Villa in der Carnia aufhalten würde. Keine der Persönlichkeiten, die er im Europa der Zwischenkriegszeit kennengelernt hatte — Gualino und Paderewski, Balfour und D'Annunzio, Rathenau und Marconi, Balbo und Dollfuß —, konnte ihn für diesen Affront entschädigen, der nicht einmal dadurch aus der Welt geschafft werden konnte, daß Mussolini ihm beinahe ein Adelsprädikat verschafft hätte.

Während Luigi das Grab sauberfegte, erinnerte ich mich an einen unerwarteten Besuch, den mein Onkel im Winter 1937/38 meiner Mutter abstattete. Ich hatte ihn nie so zufrieden gesehen; das verschmitzte Lächeln, zu dem er die Lippen zu verziehen pflegte, schien gar nicht mehr von seinem Gesicht weichen zu wollen. Er hatte mir einen Fünfziglireschein geschenkt, obwohl er mir kurz zuvor bereits einen zu meinem Geburtstag geschickt hatte. Er hatte meine Schwester gefragt, was sie sich zu ihrem Geburtstag, der in den April fiel, wünsche, und hatte dann angefangen, mit Mamma in großer Heimlichkeit zu tuscheln. Als er in seinem langen Lancia mit den auf die Wagentüren auflackierten Initialen und dem livrierten Chauffeur davonbrauste, war die Luft von Wohlgeruch und Geheimnis geschwängert. Letzteres lüftete meine Mutter sofort, indem sie meinen Vater anrief. Ich belauschte das Gespräch hinter der Tür.

Er — das heißt Mussolini — habe meinem Onkel mitgeteilt, daß er sich beim König dafür eingesetzt habe, ihn zum Grafen und Senator des Königreiches zu ernennen. Er habe ihm auch gesagt, daß er schon einmal an ein

Wappen denken solle. Es sei klar — sagte meine Mutter am Telefon —, daß dieses Wappen nichts mit den »45« zu tun haben dürfe. Das war die Zahl, mit der meine Familie in Anwesenheit des Personals das Wort »Jude« umschrieb. Die Angestellten kannten genausowenig wie wir die geheimnisvolle alte Bedeutung dieser Zahl. Im Hebräischen haben die einzelnen Buchstaben des Alphabets auch einen Zahlenwert: So ist 45 die Summe der Buchstaben, aus denen sich das Wort »Adam« zusammensetzt, das soviel wie »Mensch«, also Jude bedeutet (denn die Juden halten sich für »mehr Mensch« als die anderen). Dennoch wäre es nicht schlecht — habe mein Onkel zu ihr gesagt —, wenn das Wappen irgendeinen Hinweis auf das Geschlecht der Segre enthalte. Kein leichtes Problem angesichts der Tatsache, daß meine Vorfahren erst 1849 das Getto von Ivrea verlassen hatten, wo sie mit einer Sondererlaubnis Stoffe verkauft hatten. Diese Genehmigung hatte sie auch berechtigt, sich jeden Dienstag außerhalb des Gettos aufzuhalten. Jedenfalls wünschte mein Onkel, daß mein Vater, ein Heraldik-Experte, sich über das Wappen Gedanken machte. Es war wirklich schade, daß das Dorf in Piemont, wo mein Großvater ein Schloß besessen hatte, ein Lehen des Hauses Savoyen war. Es wäre großartig gewesen, wenn das Kreuz und die Getreidegarbe auf den Etiketten des Barberaweins, den mein Vater ausschließlich zum eigenen Verbrauch in Flaschen abfüllen ließ, nun auch auf einem Wappen erschienen wären. Mein Vater nahm die ganze Sache aber nicht ernst, und er tat gut daran; denn es vergingen keine sechs Monate, und Mussolinis Bündnis mit Hitler machte die Hoffnungen seines Bruders, in den Adelsstand erhoben zu werden, für immer zunichte.

Mit einem Herzen, das bei diesen Erinnerungen stärker schlug, und völlig leerem Kopf stand ich nun vor dem vorläufigen Grab meines Onkels und sah, wie die arthritischen Finger seines Kochs mit den Knoten der Schnur kämpften, die um das Päckchen gebunden war. Aus der Papierhülle kam schließlich ein kleines rundes Glasgefäß zum Vorschein, das wohl irgendwann einmal Marmelade enthalten hatte. Darin befand sich eine gelbliche Flüssigkeit, die Luigi mit einer feierlichen Geste langsam auf den Marmor träufelte. Ihr entströmte ein durchdringender, aber sehr angenehmer Geruch nach Rum, und sie hinterließ auf der Grabplatte leicht schäumende braune Flekken. Ohne die halbe Toscano aus dem Mund zu nehmen, murmelte Luigi halblaut, damit ich ihn verstehen konnte: »Commendatore, der Zabaione ist so, wie er Ihnen immer geschmeckt hat.« Von mir abgewandt, wischte er sich mit dem Rücken der linken Hand, in der er den Deckel des Glases hielt, eine Träne ab.

Ein leichter Wind fuhr durch die Zypressen. Ich ertappte mich bei dem Gedanken, daß sie nichts gemein hatten mit den Bäumen, die Respighi besungen hat. Sie waren plump, an einigen Stellen weiß vor Staub und ließen ihre Äste über das gelbliche, verdorrte Gras herabhängen. Gleichgültig gegenüber dem Tod und dem Schmerz, schienen sie Leben aus den Gräbern zu saugen — Zeugen von allem und nichts in diesem Garten für alle.

Schweigend verließen wir den Verano-Friedhof, Luigi in seinem dunklen Mantel, ich in meiner zerschlissenen Uniform. Die rote Ringbahn kam. Schweigend drückten wir uns die Hand. Wer uns beobachtet hätte, hätte uns für zwei Drogenhändler halten können, die soeben einen Deal getätigt hatten.

Drittes Kapitel

RELIGION
UND
LANGEWEILE

Meine als Jüdin geborene Mutter liegt wie mein Onkel auf einem christlichen Friedhof begraben. In ihrem Fall scheint mir das Schicksal wirklich sein Spiel mit meiner Familie getrieben zu haben. Sicher, sie reiste lieber als mein Vater, aber niemand hätte sich vorstellen können, daß ausgerechnet sie, die als Reaktion auf meine Auswanderung nach Palästina unter großem Aufsehen zum Christentum übergetreten war, nach zweitausend oder mehr Jahren das erste Mitglied unserer Familie sein würde, das sich, wie es nur unter den frömmsten Juden Brauch ist, zum Sterben ins Heilige Land begab. Meine Mutter hat ihre letzte Ruhestätte auf einem kleinen Klosterfriedhof in Ein Karem gefunden, in jenem Ort also, wo den Evangelien zufolge die Begegnung zwischen Maria und Elisabeth stattfand. Sie liegt im Schatten hoher Zypressen in einem Geviert begraben — umgeben von hohen Mauern, die den Blick ganz selbstverständlich nach oben lenken. Wilde Geranien und träge Eidechsen bewegen sich, den Sonnenstrahlen folgend, um die Granitplatte, die ihren mittlerweile von der Erde absorbierten Körper bedeckt. Der Rosmarinduft erinnert mich immer an den schwarzen behauenen Stein aus dem Maghreb, unter dem Albert Camus in seinem kleinen provenzalischen Friedhof ruht. »Heimat«, so schrieb er, »ist die Erde, die die Gebeine der Ahnen bedeckt.« Wenn das zutrifft, muß ich zugeben, daß ich dank meiner christlichen Mutter im Lande meiner Vorväter zwar wieder Wurzeln geschlagen habe, daß dieses Land mir aber trotz der fünfzig Jahre, die ich nun schon dort lebe und in denen ich mich dafür eingesetzt habe, noch immer nicht hundertprozentig vertraut ist.

Bestimmt hätte sich zu Beginn dieses Jahrhunderts niemand diese Entwicklung vorstellen können. Damals war meine Mutter nicht nur eines der schönsten jüdischen Mädchen in Piemont, sondern auch eine der besten Partien von Turin. Ich brauche nur die Miniatur zu betrachten, die anläßlich ihrer Heirat gemalt wurde: das vollkommene Oval ihres Gesichtes, die Masse kastanienfarbener Haare, die der Mode entsprechend oben zu einem Kranz geflochten waren, der lange, gerade Hals, geschmückt von einer dreireihigen Perlenkette, die sie über den Spitzen ihres Mieders mit einer zarten Hand berührt, welche bereits so aussieht, als hielte sie die Perlen eines Rosenkranzes. Oder ein anderes Porträt, das sie am Vorabend des Ersten Weltkriegs in einem japanischen Kimono im hölzernen Gartenpavillon zeigt; an ihrer Seite Signora Petrella, eine Künstlerin, die in den Theatern der Provinz einen flüchtigen Augenblick des Ruhms erlebt hatte. Diese arme Frau beschloß ihre Tage übrigens in einem Altenheim, das, bevor es in den sechziger Jahren saniert und umgebaut wurde, eine Art Bruchbude war, wo die Insassen aus Blechnäpfen essen und ihre Betten oft als Tische benutzen mußten. In den fünfziger Jahren teilte die Petrella das Elend und den Schmutz ihres Zimmers mit zwei anderen verhutzelten Alten. Als ich sie einmal besuchte, erzählte sie mir von den Empfängen, die meine Mutter in den Salons unseres Landhauses gegeben hatte. Heute könnte sich niemand mehr deren glanzvolle Vergangenheit vorstellen, so unmöbliert, wie sie heute sind, so muffig riechend, mit den wurmstichigen Türrahmen, deren Vergoldungen längst verblaßt sind. Und doch trafen sich in jenen Räumen — viele Jahre vor meiner Geburt — die Bischöfe von Cuneo und Alba in der gastlichen Atmosphäre des Hauses des jüdischen Bürgermeisters mit dem Grafen von Mirafiori, der einer morganatischen Verbindung Vittorio Emanueles II. entstammte, um sich dort über die Wahlen zu unterhalten. Wenn aber die nichtgeistliche Prominenz des Bezirks kam, um über den Wein, das Vieh oder den Kampf gegen die Zwerglaus zu diskutieren, war es meine Mutter, die bei solchen Begegnungen für den guten Ton sorgte, indem sie etwas am Spinett spielte und immer wieder Gäste bat, ein Lied vorzutragen. Die Petrella schwelgte mit Vorliebe in den Beschreibungen dieser ländlichen Gesellschaft, die sie als Sprungbrett in die inzwischen untergegangene Welt des postumbertinischen Italien mißverstanden hatte. Bei dem Gedanken an den mit weißer Seide ausgekleideten Landauer, in dem sich meine Mutter von ihr nach Alba oder nach Asti begleiten ließ, weil sie etwas von der städtischen Mode verstand, überkam sie noch immer die Rührung. Die Petrella beriet sie, welche Kleider und Accessoires für ein bestimmtes Theaterstück oder eine Soiree »en famille« geeignet wären, wenn die Damen Rommé und die Herren *tressette* spielten, bis man sich versammelte, um die Wunder der Laterna magica zu bestaunen.

Meine Mutter mochte das Landleben nicht, in das sie durch die Heirat mit meinem Vater hineingeraten war. Sie konnte nicht so gut reiten wie er, teilte seine Jagdleidenschaft nicht, interessierte sich weder für die Gespräche mit den Bauern noch für die Manöver der Lokalpolitik. Sie empfand nicht einmal Begeisterung, als der Zirkus von Buffalo Bill nach Asti kam und der Colonel Cody meinen Vater aufforderte, seine Fohlen gegen die seinen ins Rennen zu schicken. Fern von Turin, langweilte sie sich in dem goldenen Käfig, in den mein Vater sie gesperrt hatte. Sie war über zehn Jahre ohne Nachwuchs geblieben und beneidete ihre Freundinnen, die Kinder hatten, sich in der Stadt in den Theatern vergnügten und sich an den Klatschgeschichten der immer noch vom Hof dominierten Turiner Gesellschaft weideten.

Die jüdische Gesellschaft hatte kaum eine Generation zuvor das Getto verlassen. Mein Urgroßvater väterlicherseits war noch im Getto von Ivrea aufgewachsen, meine Urgroßeltern mütterlicherseits in dem von Turin. Sie gehörten nicht zu den Familien, die sich in den Kriegen des Risorgimento besonders hervorgetan hatten. Sie hatten die Judenemanzipation gepriesen und waren dem Haus Savoyen treu ergeben, denn Carlo Alberto hatte im Jahre 1848 mit dem berühmten Albertinischen Statut die Gleichstellung der Juden mit den übrigen Piemontesen bestätigt. Im Lauf von dreißig Jahren hatten sie, zusammen mit den Ängsten und politischen Leidenschaften, die mit der Einigung Italiens verbunden waren, den Glauben und die Wertvorstellungen ihrer Väter vergessen. Was blieb, war nur die rein formelle und sporadische Befolgung der jüdischen Riten: Schon meine Großeltern konnten kein Hebräisch mehr, das in der vorhergehenden Generation noch fast alle piemontesischen Juden mehr oder weniger flüssig gelesen und geschrieben hatten. Nur meine Großmutter väterlicherseits pflegte morgens und nachmittags die rituellen Gebete in gekürzter Form zu lesen, ohne freilich ihren Sinn zu verstehen. So hat sie siebzig Jahre lang auf Hebräisch auch den morgendlichen Segen rezitiert, mit dem dem Ewigen dafür gedankt wird, daß er einen »als Mann auf die Welt kommen ließ«.

Das italienische Judentum war in jener Zeit den brisanten Auswirkungen der Emanzipation ausgesetzt, und zwar aus denselben Gründen wie überall in Westeuropa; aber es spielten auch ganz spezifisch italienische Faktoren eine Rolle. Zuerst einmal war es eine Frage der Quantität. Ende des vorigen Jahrhunderts gab es etwas mehr als dreißigtausend Israeliten in Italien — ein Zehntel der jüdischen Bevölkerung Frankreichs und ein noch kleinerer Bruchteil der jüdischen Bevölkerung Österreich-Ungarns. Italien besaß damals — wie eigentlich auch noch heute — keine wirkliche Hauptstadt, in der sich die Energien des Landes bündelten und in der die Zahl der Juden — wie im Fall von Paris, London oder Wien — groß genug gewesen wäre, um religiöse Institutionen am Leben zu erhalten. Jahrhundertelang hatten die Juden über viele Gemeinden verstreut gelebt, die manchmal nur aus einem Dutzend Familien bestanden — in kleinen Orten der Halbinsel wie Alatri, Orvieto, Sermoneta, Castiglione, Nemi und Pavia, deren Namen sie auch oft angenommen hatten. In diesen israelitischen Gemeinden oder *università* hatten sich im Laufe der Jahrhunderte eine aktive Tradition perpetuiert und ein Interesse an der Kunst herausgebildet, das sich keineswegs mit dem der Gemeinden in Osteuropa vergleichen ließ. Mitglieder dieser italienischen Gemeinden wurden jetzt von den urbanen Zentren, den ehemaligen Haupstädten der Staaten, welche durch die nationale Einheit zu bloßen Provinzen herabgesunken waren, angelockt. Infolge dieser sozialen und topographischen Veränderungen war die tausendjährige Struktur eines noch im achtzehnten Jahrhundert intakten, blühenden Judentums mit dem Fall der diskriminierenden, aber schützenden Mauern des Gettos aus den Fugen geraten. Zu Beginn des Jahrhunderts hatten die italienischen Juden ihren Stammesstolz noch nicht verloren. Im gleichen Maße, wie sie sich finanziell bereicherten und religiös verarmten, weil sie den Kontakt mit den Wurzeln ihrer kollektiven Identität verloren hatten, bestätigten sie ihre Existenz durch den Bau prachtvoller Tempel. Doch deren Kult ahmte nach außen hin den christlichen nach, und sie unterschieden sich atmosphärisch zutiefst von den kleinen Gettosynagogen, in denen noch ein ernsthaftes Studium der Schriften betrieben worden war. In Turin ging man sogar so weit, für eine Gemeinde von weniger als dreitausend Personen, die bereits die Traditionen ihrer Väter vergessen hatten, einen Tempel von einer Größe zu entwerfen, die mit der des Eiffelturms konkurrierte. Nur weil die Mittel fehlten, wurde die Mole Antonelliana nicht zum Gebetshaus der Turiner Juden.

Das Bedürfnis, mit den infolge der Emanzipation erworbenen neuen Reichtümern die langen Jahrhunderte des Elends und der Unterdrückung aufzuwiegen, veranlaßte die italienischen Juden, wann immer sie konnten, Ländereien und Schlösser zu kaufen. Sie taten das nicht so sehr, um ihr Geld anzulegen; es war vielmehr eine natürliche Reaktion von Menschen, die sich jahrhundertelang hatten unterlegen fühlen müssen. Ein Schloß der Herzöge von Genua im Albese zu erwerben, wie es mein Urgroßvater getan hatte, war mehr als ein Geschäft — es war eine Art Weihe. Ein gesellschaftlicher Aufstieg, wie er in jener Zeit allen Juden Westeuropas gemeinsam war, und die Ursache des neuen, nicht von der Kirche gesteuerten Antisemitismus von rechts und links, dessen Ausmaße die Israeliten offensichtlich nicht abzuschätzen vermochten.

Die nationalistischen Rechten sahen in den Juden Eindringlinge, die Linken gesellschaftlich Ausgegrenzte, die die bürgerliche Identität der proletarischen vorzogen. In Italien, wo sich der politische Erfolg und die soziale Integration der Juden in die nichtjüdische Gesellschaft schneller und grundlegender vollzogen hatte als in allen anderen Ländern, einschließlich Amerikas, verwies die Tatsache, daß es überhaupt keine Feindseligkeit gab, auf in jeder Hinsicht einmalige Bedingungen. Es war wirklich kein Zufall, daß der neue einheitliche Nationalstaat einen Kriegsminister — den ersten in der modernen israelitischen Geschichte überhaupt —, zwei Ministerpräsidenten und einen Generalsekretär im Außenministerium unter seiner jüdischen Bevölkerung rekrutierte. Wenn der Anteil an Juden in den Freiwilligentruppen Garibaldis proportional gesehen dreißigmal größer war als der der übrigen Bevölkerung, war das dem Umstand zu verdanken, daß die Juden sich in den dreißig entscheidenden Jahren des Risorgimento, also in der Zeit von 1840 bis 1870, paradoxerweise italienischer fühlten als die (christlichen) Italiener. Sie waren ja durch kein Treueverhältnis an jene italienischen Staaten gebunden, in denen ein aristokratisches und/oder katholisches Regime dafür gesorgt hatte, daß sie abgesondert leben mußten. Indem sie die Sache des Risorgimento unter der Führung von Männern wie Mazzini, Cavour, Garibaldi und Vittorio Emanuele II. verfochten, unterstützten sie eine politische Bewegung, die sich, um die Eroberung und Einigung der italienischen Regionen zu rechtfertigen, nicht nur als nationalistisch, sondern auch als liberal und antiklerikal erklärte — politische Positionen, die die Juden begeistert befürworteten.

Andererseits konnte die piemontesische Regierung insbesondere nach den militärischen Niederlagen des Jahres 1848 nicht mit der Sympathie der breiten Bevölkerung rechnen. Neapolitaner, Römer, Florentiner, Modeneser und Venezianer waren alle seit Jahrhunderten an regionale Identitäten gebunden; die Juden waren dagegen eine Art Stamm ohne Vaterland und nur zu gerne bereit, einem neuen Staat zu dienen, in dem sie die gleichen Rechte wie die übrige Bevölkerung beanspruchen konnten. Für das Risorgimento legten sie deshalb eine grenzenlose Begeisterung und Treue an den Tag, die auf einer überdurchschnittlichen kulturellen und ökonomischen Grundlage beruhten und oft noch durch ihre wertvollen internationalen Beziehungen verstärkt wurden. Die Wechselbeziehung zwischen den dynastischen Interessen der Savoyer und den Interessen der israelitischen Gemeinden öffnete den italienischen Juden wie keiner zweiten jüdischen Gemeinde Europas sämtliche Tore zur politischen, kulturellen und wirtschaftlichen Macht. Und so fühlten sich Juden vom Schlag meiner Großeltern und Urgroßeltern einige Jahrzehnte lang nicht einfach nur als Untertanen, sondern als Gründerväter des neuen Einheitsstaates.

Diese vorübergehende, aber höchst aufregende Entwicklung verhalf der Mehrheit der piemontesischen Juden zu einer psychologischen Kompensation und lieferte ihnen die moralische Rechtfertigung dafür, daß sie von ihren angestammten Traditionen abrückten. Ihr wirtschaftli-

cher Erfolg steigerte noch ihren Stolz, »echte Italiener«
und zugleich »Volljuden« zu sein. Eine zwiespältige, aber
einzigartige Situation auf dem alten Kontinent, aus der
jene »Faszination« erwuchs, die in den dreißiger Jahren
einen Mann wie Chaim Weizmann, den späteren Präsi-
denten des Staates Israel, in Staunen versetzen sollte.
Er konnte sich einfach nicht erklären, wie eine so stark
assimilierte Gemeinschaft von dem »oberflächlichen Dün-
kel der sogenannten Franzosen oder Deutschen mosaischen Glaubens« frei sein konnte. So jedenfalls schreibt
er in seinen Erinnerungen.

Mein Großvater väterlicherseits war Bankier, mein
Großvater mütterlicherseits Viehhändler und Grundbesitzer geworden, ohne irgendwelche herausragenden
Positionen in der Politik oder in der Armee innezuha-
ben. Beide waren feiste Großbürger geworden (wie die
Bilder von damals bezeugen) — mit sämtlichen Wertvorstellungen, Vorurteilen, Aspirationen, gesellschaftlichen Konventionen und moralischen Schwächen einer
neuen Generation von Italienern, die von der neuen
Größe Italiens in erster Linie persönlich profitieren wollten.
    Ihr Judentum unter diesen Bedingungen am Leben zu
erhalten war für diese Leute eine undankbare, ja unmög-
liche Aufgabe. 1898 bat eine Gruppe jüdischer Studenten
aus Turin anläßlich des fünfzigsten Jahrestages der Judenemanzipation Max Nordau, einen französischen Roman-
cier und glühenden Zionisten, der damals sehr in Mode
war, einen Beitrag für eine ihrer Publikationen zu schreiben. Nordau ließ ihnen eine Antwort zukommen, die die
soziale und moralische Situation der italienischen Juden
sehr treffend wiedergab: »Bis 1848 wart ihr italienischen
Juden Juden Italiens; seither seid ihr jüdische Italiener.
Was werdet ihr in Zukunft sein? Nur noch schlicht und
einfach Italiener, ohne auch nur das Epithet ›Jude‹, das
heute noch an eure Vergangenheit erinnert? Manche sind

felsenfest davon überzeugt. Es heißt, daß die Mehrheit der italienischen Juden — oh, Verzeihung! —, der jüdischen Italiener ihre Herkunft vergessen habe, sich überhaupt nicht mehr für das Judentum interessiere, die Geschichte ihres Volkes nicht mehr kenne und sie auch nicht kennen wolle und gleichgültig sei gegenüber dem Leiden ihrer Brüder in anderen Ländern. Ja, sie wolle nicht einmal die Existenz einer Glaubensbruderschaft anerkennen und wünsche keine Kontakte mit jenen Stammesbrüdern, die unter einem weniger blauen Himmel und einer weniger strahlenden Sonne leben. Trifft das zu? Ich will es nicht glauben.«

Doch zumindest für die Juden unserer Familie traf es genau zu. Damit möchte ich nicht behaupten, daß meine Großeltern sich der Tatsache, Juden zu sein, schämten. Ganz im Gegenteil. Aber ihr Judentum verlor von Tag zu Tag an Inhalt und erstarrte im rein Formellen. Eine Mischehe galt für sie noch als Verbrechen. Dennoch besuchten die jungen Damen aus guter Familie, wie meine Mutter und ihre Schwester (übrigens nur für kurze Zeit und mit sehr mäßigem Erfolg), Klosterschulen, denn man glaubte, daß sich ihre Erziehung dort am besten verfeinern lasse. Keine jüdische Familie, die etwas auf sich hielt, hätte gewagt, während der sieben Tage des Pessachfestes, an denen die Juden zur Erinnerung an den Auszug aus Ägypten ungesäuertes Brot essen müssen, normales Brot zu esssen. Meine beiden Großmütter waren stolz auf ihr sogenanntes Pessachservice, das nur bei dieser Gelegenheit benutzt werden durfte. Aber niemandem wäre es in den Sinn gekommen, das Brot, das das Personal weiterhin aß, oder die verbotenen Weine und die Spirituosen, die den Gästen angeboten wurden, so, wie die Bibel es vorschreibt, aus dem Haus verschwinden zu lassen. Wenn darüber hinaus aus Achtung vor irgendeinem älteren und bigotten Verwandten noch das eine oder andere Detail der mosaischen Religion beachtet wurde, handelte es sich um völlig sinnentleerte Rituale, deren

Wert assimilierte Familien wie die meine jedoch bei jeder Gelegenheit lobend hervorhoben.

Niemand hatte zum Beispiel meiner Mutter Hebräisch beigebracht, abgesehen von ein paar vagen Begriffen, die sie bei der Vorbereitung auf ihre religiöse Initiation gelernt hatte. Mein Vater, der morgens und abends einen kleinen Abschnitt aus der Bibel, das Schema — eine zentrale Passage der täglichen Liturgie — auswendig rezitierte, bewahrte in seiner Brieftasche den Text des Kaddisch auf, bereits in lateinischer Schrift gedruckt, auf einem kleinen Stück Pappe. Die Namen der Verstorbenen und ihren Todestag nach dem jüdischen Mondkalender und dem Gregorianischen Sonnenkalender konnte man in eigens dafür vorgesehene Kästchen eintragen. An diesen Jahrestagen machten es sich auch die weniger strenggläubigen Juden zur Pflicht, die Synagoge zu besuchen. An dem Sabbat, der den Jahrzeit am nächsten war, das heißt den Sterbetagen seiner engsten Angehörigen, ging mein Vater ins Bejt-Sefer: Er betrat das Podium der Synagoge und stellte sich neben den Rabbiner, um diesem bei der Lesung eines Abschnitts des biblischen Wochentextes zu assistieren. Am Ende der Lesung erinnerte er an den Namen des oder der Verstorbenen, indem er öffentlich bekanntgab, wie hoch die Summe war, die er zu seinem oder ihrem Gedenken gespendet hatte.

Obwohl mein Vater stolz darauf war, Jude zu sein, wußte er über dieses wenige hinaus praktisch nichts von der jüdischen Kultur. Man konnte nicht einmal behaupten, daß er bewußt gegen die Traditionen verstoßen hätte. Weder er noch meine Mutter waren je darüber informiert worden. Auch wenn ihm klar war, daß Schwein und Hase, deren Fleisch ihm besonders gut schmeckten, Tiere waren, deren Genuß den Juden verboten ist, wäre er doch baß erstaunt gewesen, wenn er erfahren hätte, daß man am Sabbat kein Feuer anzünden darf. So hatten sich seine Generation und die meiner Mutter in Ermangelung eines Besseren eine Reihe eigener »Riten« geschaffen, um die Feste würdig begehen zu können. Wehe, wenn am Ende des Kippurfastens, das nur mein Vater nach wie vor einhielt, die *bruscadela* — eine traditionelle Speise der piemontesischen Juden, die aus in Wein getunkten, gerösteten Brotscheiben bestand — nicht auf den Tisch gekommen wäre! Wegen der Sabbatruhe eine Arbeit zu unterbrechen, auf ein Geschäft oder eine Reise zu verzichten wäre ihnen aber nie in den Sinn gekommen.

Wir Jungen hatten alle die sogenannte *entrata da minian* vollzogen. Mit diesem verballhornten hebräischen Ausdruck war die religiöse Initiation gemeint, dank deren die Knaben mit dreizehn Jahren Teil des Minjan oder der Gruppe werden, die mindestens zehn Männer umfaßt und ohne die die meisten synagogalen Riten nicht durchgeführt werden können. Aus diesem Grund schickte man uns jeden Donnerstagnachmittag zur Talmud-Tora-Schule, wo man uns die Grundbegriffe des Judentums beibrachte. Man hatte sich für den Donnerstag entschieden, weil das Studium so nicht mit einem sonntäglichen Tennismatch oder Skiausflug kollidieren konnte. Zwischen der feierlichen Verpflichtung, die Vorschriften des Judentums zu respektieren, die die Jungen am Tag ihrer religiösen Initiation im Angesicht ihrer aufgeregten Familien eingingen, und ihrem tatsächlichen Verhalten im täglichen Leben bestand natürlich keinerlei praktische oder theoretische Beziehung. Und das bereitete niemandem Gewissensbisse, denn das »jüdische Leben« und das »Alltagsleben« spielten sich bereits auf zwei völlig verschiedenen Ebenen ab. Was mich anbelangte, so vermischten sich die beiden Ebenen allenfalls dann, wenn zu Beginn jedes neuen Schuljahres die Bitte um Befreiung vom Religionsunterricht eingereicht wurde — und diese Freistellung erfolgte immer völlig problemlos.

Meine Mutter und mein Vater waren also ohne echtes Judentum, aber als echte Italiener — mit all deren Sitten und bürgerlichen Vorurteilen — aufgewachsen. Dieses

Schicksal teilten sie mit einer ganzen Generation selbstsicherer, wohlhabender Israeliten, die eine tausendjährige Vergangenheit über Bord geworfen hatte und die nach wie vor lauernden Gefahren völlig verkannte. Wie es sich für junge Damen aus gutem, reichem Hause schickte, hatte meine Mutter keine richtige Ausbildung absolviert. Sie konnte Klavier spielen und sticken, hatte erfolglos versucht, malen zu lernen, konnte ein bißchen Französisch und Deutsch, las Modezeitschriften und begeisterte sich für Romane, die sich mit religiösen Themen beschäftigten. Ihr Interesse für Glaubensfragen entsprang ihrem innersten Wesen. Es war von den Nonnen des Instituts kultiviert worden, in das meine Großmutter sie geschickt hatte. Meine Großmutter war überzeugt gewesen, daß die *munie* und ihre Lebensweise, die sich so sehr von der einer schönen, für die Freuden dieser Welt bestimmten jungen Frau unterschied, sie gegen jede religiöse »Phobie« immunisieren würden. Dieses Kalkül ging in gewisser Hinsicht auf, denn meine Mutter wurde niemals bigott. Aber nachdem sie auf das Gut meines Vaters im Albese gezogen war, erschien es ihr natürlich, die Stunden der Langeweile — wenn sie etwa darauf wartete, daß ihr Mann von der Jagd oder von der Inspektion der Felder zurückkehrte — mit der Lektüre von Geschichten über Heilige und Märtyrer zu füllen. Sie las sie nicht weniger gern als die etwas pikanten Romane über das Hofleben in Frankreich, die mein Vater als Junggeselle in seiner Bibliothek gesammelt hatte.

Solange sie lebten, bestand zwischen ihr und ihrem Mann ein Ungleichgewicht in der Intensität der Gefühle, die sie füreinander empfanden. Von dem Tag an, an dem er ihr zufällig auf einem Doktorandenempfang begegnete, war seine Liebe zu ihr seine *raison d'être*, die im Laufe der Zeit auch den härtesten Prüfungen standhielt. »Keiner von euch beiden«, pflegte er halb im Spaß, halb im Ernst zu uns Kindern zu sagen, »ist mir soviel wert wie ein Fingernagel eurer Mutter.« Sie dagegen hatte eine

ganz andere Vorstellung von der Ehe mitgebracht: Die
Ehe bedeutete für sie eine Verpflichtung zur Treue und
gegenseitigen moralischen Unterstützung, entbehrte aber
jeder Leidenschaft. Obwohl sie in all ihren Gesten unendlich sanft war, war sie im Grund ihres Wesens von einer
Kälte, die die eheliche Liebe niemals mildern konnte.
Diese Kälte veranlaßte sie vielmehr, nach starken geistigen Empfindungen zu suchen und die physischen auf
jene Sphäre vertraglich abgesicherter Interessen zu
beschränken, auf die sich, ihrer gesellschaftlichen und
ökonomischen Schicht zufolge, glückliche Verbindungen
gründen sollten.

Seltsamerweise hatte es zwischen den beiden Familien
nicht viele Kontakte gegeben. Die eine, ursprünglich aus
Spanien stammende, kam aus Ivrea; die andere war aus
Frankreich eingewandert und hatte sich in Settimo
Torinese niedergelassen. Mein Vater mußte sich deshalb
um die Zustimmung meines Großvaters mütterlicherseits
zur Heirat regelrecht bemühen, denn dieser sah die Verbindung seiner »schönen, zarten und unschuldigen« und
vor allem mit einer Mitgift von dreihunderttausend Gold-
dukaten ausgestatteten Tochter mit einem *plandrun,*
einem Nichtstuer, wie meinem Vater nicht sonderlich
gern. Die Ambitionen meines Vaters waren, wie allgemein bekannt, auf den landwirtschaftlichen Bereich aus-
gerichtet — ein Interesse, das nicht nur als unjüdisch,
sondern auch als unbürgerlich angesehen wurde. Man
wußte auch, daß er alle Hebel in Bewegung gesetzt hatte,
um seiner Mutter auszureden, daß er ins Bankfach gehen
müsse wie sein Vater, der mit nur siebenundvierzig Jahren
gestorben war. Er wollte vielmehr die Militärlaufbahn
einschlagen. Als Kompromiß hatte er dann ein Jura-
studium akzeptiert und war sogar in die Kanzlei eines
berühmten Anwalts eingetreten, um dort praktische
Erfahrungen zu sammeln. Doch als er sah, daß manche
seiner Klienten — kleine Diebe — durch seine Plädoyers
nicht vor saftigen Strafen bewahrt werden konnten, zog

er sich aufs Land zurück. Mein Großvater mütterlicherseits, ein umsichtiger Getreidehändler und Grundstücks-
makler, argwöhnte, daß mit dieser Flucht in die Provinz
irgend etwas vertuscht werden sollte. Schlecht gekleidet,
wie es sich für einen Makler gehörte, fuhr er in das Dorf
im Albese, wo mein Vater Bürgermeister und Großgrund-
besitzer war. Er bezog im Gasthaus des Schlosses Quartier und begann zwischen einem Glas Barbera und einer
Frage über den Viehpreis wenig freundliche Anspielungen
auf jene Juden zu machen, die zu Führern der örtlichen
Verwaltung aufgestiegen waren. Beinahe hätte er Prügel
bezogen. Beschämt, aber erleichtert kehrte er nach Turin
zurück. Er war nun davon überzeugt, daß mein Vater
zwar ein etwas merkwürdiger junger Mann, aber recht-
schaffen und imstande sei, sich um die öffentlichen Be-
lange genauso zu kümmern wie um seine privaten. Zum
Besitz meines Vaters gehörten über vierhundert Hektar
besten Landes, ein Jagdrevier, Wiesen am Tanaro und
eine Ziegelei. Meine Mutter hatte ihren Bewerber ohne
Begeisterung, aber auch ohne Vorbehalte akzeptiert, weil
sie froh war, einen Haushalt gründen und damit der Angst
ihrer Eltern ein Ende bereiten zu können, die immer
befürchtet hatten, daß sie eines Tages mit einem Nichtjuden durchbrennen könnte.

Sicher wuchs nach der späten Geburt von uns beiden
Kindern ihre Zuneigung zu meinem Vater von Jahr zu
Jahr. Doch im Juni 1908, als die Hochzeit mit großem
Pomp in der Synagoge von Turin gefeiert wurde, ent-
sprachen die Gefühle, die die beiden Eheleute füreinander
empfanden, keineswegs der romantisch-schwärmerischen
Aufschrift auf der goldenen Medaille, die anläßlich ihrer
Heirat geprägt wurde. Zu den ersten nennenswerten Mei-
nungsverschiedenheiten gehörte die Weigerung meiner
Mutter, sich auf der Hochzeitsreise von ihrem Spitz zu
trennen, den mein Vater nicht leiden konnte, wohingegen
er nie aufhörte, seine Toscani zu rauchen, die seine junge
Frau veranlaßten, die Nase zu rümpfen.

An einem heißen Tag Ende Juli trafen sie im Gästehaus des Schlosses ein, das meine Großmutter nach dem frühen Tod ihres Mannes an die Gemeinde abgetreten hatte. Sie waren müde nach der langen Hochzeitsreise. Der innen mit Atlas ausgeschlagene und außen schwarzlackierte Landauer wurde von zwei schwarzen Trabern gezogen. Vigiu trug einen Zylinder mit gelben und grünen Fasanenfedern an der Seite sowie einen grauen Staubmantel mit goldenen Tressen und lenkte mit seinen baumwollbehandschuhten Händen mühsam die Pferde, die, vom Beifall der Bauern und den Böllerschüssen aufgeschreckt, scheuten. Zu Ehren des jungen Bürgermeisters hatte der Gemeinderat die Hauptstraße mit chinesischen Papierlampions beleuchten und in den Fenstern des Schlosses Fackeln abbrennen lassen. Eine Abordnung von Dorfnotablen überreichte eine auf Seide gestickte Glückwunschbotschaft, die, zusammen mit der Fotografie der beiden Eheleute, eingeglast und eingerahmt worden war — ein Werk der Nonnen, die den Kindergarten leiteten. In diesem Glückwunsch wurde meine Mutter als »Frau von erhabener Schönheit und hohen Tugenden« gepriesen. Der Propst hatte, gemeinsam mit den Geistlichen, zu denen auch der spätere Kardinal gehörte, einen Fackelzug vom Rione Chiabò bis zum Eingang des Schloßparks organisiert. Carabinieri hielten die Ordnung aufrecht; die Dorfkapelle spielte auf, und die Bauern meines Vaters — damals die Mehrheit der Dorfbevölkerung — drängten sich im Außenhof des Guts zusammen, festlich gekleidet, mit einem schwarzen Vierecktuch um den verschwitzten Hals und schlecht gebügelten Sonntagsjacken. Mit ihren Frauen und Kindern standen sie da, klatschten in die Hände und riefen aus voller Kehle: »Es lebe der Bürgermeister! Es lebe Madamin!« in sehnsüchtiger Erwartung der Goldmünze im Wert eines halben piemontesischen Marengo, die jedem Familienoberhaupt versprochen worden war. Sie hätten sich bestimmt nicht träumen lassen, daß mein Vater sie nur wenige Jahre

später dazu drängen würde, sich im Karstgebirge niedermetzeln zu lassen. An jenem Abend dachte niemand an
Krieg, und noch weniger hätte sich jemand vorstellen
können, daß mein Vater und meine Mutter im Verlauf
eines zweiten großen Krieges einmal aus ihrem Haus
gejagt würden, nur weil sie Juden waren.

Obwohl sie völlig assimiliert waren, waren sie sich doch
bewußt, anders zu sein als die anderen. Das wußte auch
Annetta, die bei meinem Vater noch vor seiner Heirat in
den Dienst getreten war und dann zur Zofe meiner Mutter
avancierte, deren lebenslange Vertraute sie schließlich
wurde. Annetta war eine schmächtige Frau und zutiefst
gläubig, ohne bigott zu sein. Sie erledigte ihre Arbeit, als
erfülle sie eine Mission; sie war nie müde, nie traurig. Ich
habe nie erfahren, warum Annetta nicht geheiratet hat.
Mit der kurzen Unterbrechung infolge der Rassengesetze
— einer Zeit, in der sie meiner Mutter insgeheim weiterhin half — stand sie fünfundfünfzig Jahre in unseren
Diensten, doch ich erinnere mich nicht, sie jemals mit
Tränen in den Augen erlebt zu haben. Hingegen war sie
jederzeit bereit zu lachen, auch wenn es gerade nicht
besonders gut um sie bestellt war. Als sie ihr Ende nahen
fühlte, freute sie sich darüber, in jener Wohnung sterben
zu dürfen, die ich in der Mansarde des Hauses neu für sie
hergerichtet hatte. Das einzige, was ihr nicht einleuchten
wollte, war, daß anständige Leute wie wir keine Christen
waren. Sie tröstete sich jedoch im Lauf der Zeit mit dem
Gedanken, daß es zwischen uns und Gott irgendein Band
geben mußte, denn meine Eltern fuhren an bestimmten
Tagen im Jahr nach Turin, um dort zu beten, und an
bestimmten anderen Tagen aßen sie Speisen, die etwas
Heiliges an sich hatten, wenn auch von anderer Art als
die geweihten Hostien, die sie sich jeden Tag bei der
Kommunion während der Morgenmesse reichen ließ. Aus
diesem Grund hatte sie, obwohl es ihr niemand aufgetra-
gen hatte, die Aufgabe übernommen, die »religiösen
Speisen« für uns zuzubereiten. Selbstverständlich kannte

sie keine der jüdischen Speisevorschriften, aber sie kümmerte sich mehr als jeder andere im Haus darum, daß wir, zumindest im Hinblick auf das Essen, unsere religiösen Pflichten erfüllten.

An Ostern, Pessach, machte sich Annetta natürlich besonders zu schaffen. Der Osterputz gehörte zu den ihr vertrauten christlichen Bräuchen. Obwohl sie nicht wußte, warum wir plötzlich aufhörten, Pasta, Brot und Süßigkeiten zu essen, legte sie denselben Eifer wie die Köchin an den Tag (deren Meisterwerke waren Kaninchenbraten, Hasensalami, Schinkenhäppchen und Fasan mit Trüffeln — alles Dinge, bei denen sich einem orthodoxen Juden die Haare gesträubt hätten), wenn sie die *quaietta di pitu* (gesalzenes Truthahnfleisch) und ungesäuertes Brot, begleitet von einem würzigen Sugo aus Fleisch und Erbsen, auf den Tisch brachte. An Jom Kippur war es Annetta, die uns nach Beendigung des Fastens, das ihr angesichts der Migräne meiner Mutter als unmenschliche Quälerei erschien, die berühmte *bruscadela* servierte, mit der mein Vater seine fünfundzwanzigstündige vollständige Abstinenz beendete. An Purim, dem jüdischen Karneval, der normalerweise in die christliche Fastenzeit fällt, buk Annetta kleine Vierecke aus süßem Teig; sie hatten entfernte Ähnlichkeit mit den »Haman-Ohren«, mit denen die Juden den Sieg Esthers und Mordechais über Haman, den chaldäischen Premierminister, feiern, der seit Jahrhunderten als Prototyp des politischen Antisemiten gilt.

Annetta hätte es sicher gern gesehen, wenn wir alle zum Christentum übergetreten wären. Sie hätte es aber nie gewagt, sich eine in so heikle Angelegenheit einzumischen. Wenn sie am Abend die Bettdecken zurückschlug, vergaß sie nie, mich zu fragen, ob ich schon das Schema aufgesagt hätte, ohne zu wissen, worum es sich dabei handelte. Ich glaube, sie hielt es für irgend etwas zwischen dem Paternoster und dem Avemaria in einer heidnischen Sprache. Nachdem ich ihre Frage bejaht hatte, setzte sie sich neben mein Bett und schlief immer vor mir ein. Im

Halbdunkel lauschte ich gern ihren regelmäßigen Atem-
zügen und beobachtete ihre schmächtige Gestalt, die
schlaff im Lehnstuhl hing.

Nur ein einziges Mal führte ich so etwas wie ein reli-
giöses Gespräch mit ihr, wobei die Initiative bestimmt
nicht von ihr ausging. Ich muß ungefähr sechs oder
sieben Jahre alt gewesen sein. Wir wohnten damals in
einer Villa, die meine Mutter am Stadtrand von Turin
gekauft hatte. Eines Nachmittags hatte ich mich aus den
Klauen meiner verhaßten französischen Gouvernante
befreit und es gewagt, mich auf das Stockwerk der Dienstmädchen zu flüchten — was mir streng verboten war —
und das Zimmer zu betreten, in dem Annetta sich gerade
ausruhte. Es war ein helles, ordentlich aufgeräumtes
Zimmer mit einem großen Fenster, von dem aus man das
Schloß von Rivoli, unseren Garten und das umliegende
Land aus einer neuen Perspektive sehen konnte. Annetta
erhob sich sofort von ihrem großen, schmiedeeisernen
Bett und bot mir Lakritze an, die sie aus einer auf dem
Nachtkästchen stehenden Bonbonschachtel nahm. Ich
fragte sie, wozu die getrockneten Blätter gut seien, die,
mit einem blauen Band zusammengebunden, am Kopf-
ende ihres Bettes hingen. Sie erklärte mir, daß es vom
Pfarrer geweihte Olivenblätter seien. Dann zeigte sie mir
ein Bild, das sie neben der Lakritze aufbewahrte, und versicherte mir, daß es große Macht besitze. Das habe sie
jedesmal festgestellt, wenn sie das Bild bat, ihr bei der
Suche nach den Handschuhen zu helfen, die Mamma
irgendwo im Haus verlegt hatte. Man müsse das Bild nur
in die Hand nehmen und auf Piemontesisch flüstern:
»Heiliger Antonius von Padua, hilf mir, das und das zu
finden«, und schon tauche der gesuchte Gegenstand aus
seinem Versteck auf. Ich fragte sie, ob das Bildchen nur
Piemontesisch verstehe. Sie lachte und erklärte mir, daß
so große Heilige wie der heilige Antonius von Padua alle
Sprachen verstünden, auch wenn sie sie niemals gelernt
hätten. Wie übrigens auch Jesus. Von Jesus hatte ich

schon öfter reden hören, aber immer nur leise, als handele es sich um einen pleite gegangenen Verwandten. Mir erschien das endlich eine günstige Gelegenheit, um eine Erklärung zu bitten. Annetta war verlegen und sagte, daß Jesus der Sohn Gottes sei, daß die Römer ihn, nachdem er von Judas verraten worden sei, ans Kreuz geschlagen hätten und daß er nach seinem Tod auferstanden sei. Von ihm hänge das Heil aller Menschen ab. »Auch von solchen Leuten, die gar nicht wissen, daß es ihn gibt?« fragte ich sie. Sie antwortete: »Natürlich.« Dann nahm sie mit gerötetem, ein wenig verschwitztem Gesicht das schwarzsilberne Kruzifix von der Wand und reichte es mir, damit ich es küßte. Ich fand das merkwürdig, aber keineswegs abstoßend, weil das Kreuz sehr gut nach Lakritze roch.

Auf jeden Fall war es nicht Annetta, die meine Mutter so weit beeinflußte, daß sie die Religion wechseln wollte. Vielmehr wurde sie während des Ersten Weltkrieges durch ein Mitglied unserer Familie stark verunsichert, und nach Ausbruch des Zweiten veranlaßte meine Auswanderung nach Palästina sie dann, diesen Schritt endgültig zu vollziehen.

Die Schwester meiner Mutter, die wie sie eine Klosterschule besucht hatte, war bereits zum Christentum übergetreten und hatte damit in der Verwandtschaft einen Eklat verursacht. Im Gegensatz zu meiner Mutter, die fügsam und mystisch veranlagt war, hatte meine Tante einen ungeduldigen, aggressiven Charakter. Sie hatte sich unsterblich in einen Turiner Anwalt, einen glühenden Katholiken und Sproß einer berühmten Familie, verliebt. Über seine Herkunft kursierten verschiedene Gerüchte in der Familie, die alle falsch waren und teils auf Neid, teils auf die Tatsache zurückgeführt werden konnten, daß er physisch und psychisch so ganz anders war als seine Brüder (einer, ein Arzt, stand im Geruch der Heiligkeit, und ein anderer erreichte eine Spitzenposition in der militärischen Hierarchie). Doch als er meiner Tante begegnete, hatte noch keiner von ihnen Berühmtheit erlangt — was es meinen Großeltern mütterlicherseits noch schwerer machte, die Romanze ihrer Tochter zu akzeptieren. Zu Beginn des Jahrhunderts führte dies im bürgerlich-romantischen Ambiente unweigerlich dazu, die Leidenschaft der beiden jungen Leute noch weiter anzuheizen. Meine Tante drohte immer häufiger damit, mit dem Mann durchzubrennen oder Selbstmord zu begehen. Erst nach dem Tod meines Großvaters wurde schließlich ihren Heiratsplänen zugestimmt. Meine Tante ließ sich taufen, und nach der Hochzeit wuchsen sich die Beziehungen zwischen dem jungen Ehepaar und dem Rest der Familie erst so richtig zum Problem aus.

Dieser angeheiratete Onkel, ein unheimlich magerer, von rheumatischen Schmerzen geplagter Mensch, der so autoritär war, wie es sich für einen bedeutenden Anwalt gebührt, brachte den Juden keine Sympathien entgegen. Er war sicher kein Antisemit, und sein Bruch mit dem Faschismus gleich nach der Ermordung Matteottis zeugte von seinem politischen Weitblick. Es war unter anderem auch das utilitaristische Verhalten gegenüber dem Regime, das viele Mitglieder unserer Familie als gute Bürger an den Tag legten, was ihm »einen gewissen Typ von Juden«, wie er sich auszudrücken pflegte, unsympatisch machte. Ich kannte ihn zu wenig und wußte zu wenig über die Familienintrigen, um mir ein Urteil über ihn bilden zu können. Sein ausgemergeltes Gesicht, seine meist herablassende Art zu sprechen und seine Wutanfälle, von denen ich oft gehört, von denen ich aber nie einen erlebt hatte, machten ihn mir seinerseits unsympathisch. Ja, ich hatte regelrecht Angst vor ihm. Eine unangenehme Bemerkung über die Juden an dem Tag, an dem ich vor meiner Abreise nach Palästina nach Turin fuhr, um mich von ihm zu verabschieden, lieferte mir — wie ich heute meine, zu Unrecht — den Vorwand zum Bruch mit ihm.

Nach Kriegsende habe ich ihn nicht wiedergesehen, obwohl er mich wissen ließ, daß er gern das schmerzliche Mißverständnis klären wollte, das zwischen uns entstanden war. Er hatte zu den ersten gehört, die der faschistischen Partei beitraten, war aber auch, wie gesagt, einer der ersten, die ihren Parteiausweis zurückgaben, und das muß für einen Mann in seiner Position weder leicht noch bequem gewesen sein. Er hätte mir viele Fragen in bezug auf die Politik und unsere Familie beantworten können, über die mich die Familienkorrespondenz im dunkeln läßt. Ich hätte seine Einladung annehmen sollen. Aber ich habe es nicht getan und bereue es. Doch es gab noch einen anderen Grund, der eine Barriere zwischen uns aufgerichtet hatte: Dieser Onkel hatte sich nämlich massiv in das Leben meiner Mutter hineingedrängt.

Beim Ausbruch des Ersten Weltkrieges war mein Vater vom Militärdienst freigestellt gewesen, weil er Bürgermeister und Sohn einer Witwe war. Zuvor hatte ihn der Gehorsam, den er ihr als Sohn schuldete, daran gehindert, sich seinen Traum zu erfüllen und in die Militärakademie von Modena einzutreten. Doch 1916, nachdem der Krieg in Italien in seinen siebten Monat gegangen war, war er, der Kriegsbegeisterte, nicht mehr imstande, den »Drückeberger« zu spielen. Er wollte seine Tage nicht nur damit verbringen, die immer häufiger eintreffenden Verlustmeldungen der Militärbehörden an die Dorfbewohner weiterzugeben. Was ihn dann aber endgültig dazu veranlaßte, sich freiwillig zu melden, war der Tod seines Lieblingspferdes.

Das Heer hatte gleich nach dem Kriegseintritt Italiens drei seiner Pferde beschlagnahmt. Er hatte sie der Reihe nach gebührend gestriegelt und sie dann, fügsam und vor Energie strotzend, zur Front abreisen sehen: die Grigia, mit der er zur Jagd geritten war, sowie Bayard und Arlecchino, die als Gespann den Landauer gezogen hatten. Ihm war nur noch der Moro geblieben, ein schöner sechsjähriger Rappe, der in den Stallungen des Guts geboren und aufgewachsen war. Es war ihm gelungen, ihn als Zugpferd auszugeben, obwohl der Moro niemals einen Wagen oder einen Pflug gezogen hatte. Wozu das Heer, das bereits in den Schützengräben festsaß, so viele Reittiere brauchte, ist mir bis heute nicht klar. Jedenfalls wurden die Pferde meines Vaters sofort an die Front geschickt. Nacheinander trafen dann Feldpostkarten ein, auf denen meinem Vater der Tod seiner Pferde mitgeteilt wurde. Ein unbekannter, melancholischer und romantischer Offizier hatte auf diesen Karten — die ich immer noch aufbewahre — Worte des Trostes an meinen Vater gerichtet, die eher geeignet gewesen wären, das Leben eines Menschen zu betrauern als das eines Tiers. Aber in jenem ersten Kriegsjahr zählte das Leben der Bauern, von denen die Schützengräben wimmelten, wenig. Auch Italien schien, wie die anderen Länder Europas, die der vierzigjährige Frieden fett gemacht hatte, einen ordentlichen Aderlaß zu vertragen — um es mit Churchill zu sagen.

Der Moro wurde dann Anfang 1916 abgeholt. Vor seiner Abreise ließ ihn mein Vater fotografieren. Eine auf Lebensgröße vergrößerte Kopie wurde eingerahmt und an gut sichtbarer Stelle in dem nunmehr verwaisten Pferdestall angebracht. Dieses Foto ist mit den anderen Bildern auf dem Dachboden gelandet, aber immer noch in meinem Besitz. Unter dem Glas steckt — von der Zeit vergilbt — eine Feldpostkarte im Rahmen, vom 12. April datiert und von einem gewissen De Paoli, Oberst eines Kavallerieregiments, unterschrieben. Der Text lautet: »Hochverehrter Herr Anwalt! Ich bedaure, Ihnen mitteilen zu müssen, daß der Moro den Heldentod gestorben ist. Er ist von einer Granate getroffen worden und starb zusammen mit sieben Mann und einem Unterfeldwebel. Er war ein tapferes und treues Tier, und auch er hat für das Vaterland sein Bestes gegeben. Mit dem Ausdruck meiner aufrichtigsten Anteilnahme ...« Drei Wochen später meldete sich mein Vater freiwillig beim Wehrbezirk Cuneo.

Da er nicht sehr groß war, schickte man ihn zur Infanterie. Nachdem er einige Wochen als Rekrut gedient hatte, entdeckte man, daß er Akademiker war, schickte ihn eiligst zu einem Offizierslehrgang und dann an die Front. Wie für so viele Mitglieder des kriegsbegeisterten italienischen Bürgertums waren auch für ihn die Erfahrungen im Schützengraben und die Teilnahme an einem Krieg, der kurz und heroisch hätte sein sollen und statt dessen in ein sinnloses Gemetzel ausgeartet war, ein furchtbarer Schock. Er erduldete ihn — ebenfalls wie viele andere — stillschweigend und in der Überzeugung, seine moralische Pflicht zu tun.

Ich besitze keinen Brief von ihm aus dieser Zeit. Es steht auch fest, daß er kein Tagebuch geführt hat wie seine nicht minder kriegsbegeisterten Cousins. Für diese Zurückhaltung bin ich ihm heute noch dankbar. Wenn ich nämlich die Briefe lese, die andere Mitglieder unserer Familie publizierten — einige von ihnen waren »Drückeberger«, andere standen an der Front —, überkommt mich eine tiefe Verlegenheit, denn es sind Leute, die ich geachtet und an deren Tisch ich oft gesessen habe. Es fällt mir schwer, sie mit den affektierten Banalitäten, dem forcierten Romantizismus und der geistigen Leere, die sich hinter ihren schwülstigen Phrasen verbirgt, in Verbindung zu bringen. Viele Jahre vor den Rassengesetzen bewiesen diese Schriften aus dem Krieg, wie hohl und wurmstichig die Moral einer bestimmten jüdischen bürgerlichen Gesellschaft war, zu der auch meine Famile gehörte, und in welchem Umfang echte gesellschaftliche, kulturelle und religiöse Überzeugungen bereits verlorengegangen waren.

Vom traditionellen Judentum wußten diese Verwandten, wie gesagt, nichts mehr. Das Feuer der patriotischen Leidenschaft, das die vorhergehende Generation veranlaßt hatte, das italienische Risorgimento für den heroischen Epilog einer tausendjährigen Diskriminierung der Juden zu halten, war mit dem politischen Triumph der nationalen Einheit erloschen. Das epische Italien eines Mazzini, Garibaldi und Cavour — das nur in Schulbüchern existiert — hatte sich wieder in das Italien von eh und je zurückverwandelt, das heißt in ein Land großer Spekulanten und Skandale. Wenn die Juden weniger opportunistisch zu sein schienen als die anderen, dann nur, weil sie als Neulinge davor zurückscheuten, die großartigen Möglichkeiten zur Bereicherung, die sich der italienischen Finanzwelt boten, ganz auszuschöpfen. Trotz ihres Abrückens von der tausendjährigen Tradition behielten sie — ich denke vor allem an meinen Vater und seine Cousins, die Bankiers — eine Lebensführung bei, die von Resten eines idealisierten Nationalismus und einer noch älteren jüdischen Disziplin geprägt war.

Ich weiß nicht, welches dieser komplexen kulturellen Versatzstücke — deren Studium manchem Anthropologen Spaß machen dürfte — bei den Gewissensentscheidungen und bei den täglichen Verrichtungen meines Vaters ausschlaggebend war. Es gibt allerdings einen Hinweis darauf, daß das jüdische Element überwog: Im Angesicht des Todes, im Schützengraben, suchte er auf seine Weise verzweifelt die Berührung mit seinen jüdischen Wurzeln. Unter den Gebetsbüchern, die ich von ihm geerbt habe, befindet sich nämlich ein zerknittertes Büchlein mit Schweiß- und Erdflecken, dessen Anmerkungen beweisen, daß es ihn während der beiden ersten Kriegsjahre ständig begleitet hat. Es gehört zu jenen linguistisch trickreichen Büchern, mit denen die Rabbiner damals versuchten, das Judentum zu retten, so als könnte eine schlechte italienische Übersetzung wundersamerweise den Eifer eines erloschenen Glaubens neu entfachen. In diesem Buch fanden sich Auszüge täglicher Gebete. Dabei war im hebräischen Text jedes Wort durch einen Schrägstrich vom nachfolgenden getrennt; in der Zeile darunter stand, Wort für Wort, die italienische Übersetzung. Wie es möglich war, mit einem derartigen Text zu beten, ist mir schleierhaft, denn

Hebräisch schreibt man von rechts nach links, Italienisch von links nach rechts. Die übersetzten Wörter folgten einander also nicht nur in einer unstimmigen Reihenfolge, sondern auch in der »falschen« Richtung — es sah aus, als würden sich zahllose Ameisen aneinanderklammern. Daraus ergab sich eine Diskrepanz der Optik und der Vokabeln, daß man hätte meinen können, die Texte seien für geistig zurückgebliebene Stotterer zusammengestellt worden. Und doch waren sie von meinem Vater wie kein zweites Buch aus seiner Bibliothek gelesen und mit Anmerkungen versehen worden. Ich habe ihn mir oft vorgestellt, wie er in einem morastigen Laufgraben auf einem Stein sitzt und auf einen Angriff wartet oder während der Wache im Lichte eines abgeschirmten Flämmchens liest, um aus der Magie dieses Durcheinanders von lateinischen Buchstaben und hebräischen Hieroglyphen Mut und Hoffnung zu schöpfen. Diese Texte hatten im Original jeden Sinn und in ihrer Übersetzung jeden Rhythmus verloren, aber für ihn verwandelten sie sich vielleicht in Zauberformeln, die ihn auf geheimnisvolle Weise mit einer alten, fernen und ihm gänzlich unbekannten Welt verbanden. Angesichts dieser europäischen Welt, die sich in einem sinnlosen, auch von ihm selbst propagierten Krieg zerfleischte, erschien ihm die verlorene Welt seiner Vorväter vielleicht als die solidere und wahrere. Fest steht, daß mein Vater an Jom Kippur 1916 allen Aufforderungen, zu essen und zu trinken, widerstand und dann seine Abteilung zum Sturm führen mußte. Er hat mir öfter über diesen furchtbaren Tag berichtet. Sie zogen mit dreißig Mann los und kehrten zu sechst zurück. Deshalb gewährte man ihm einen kurzen Fronturlaub. Doch im Dorf erwartete meine Mutter ihn mit einer bestürzenden Nachricht: Sie hatte beschlossen, zum Christentum überzutreten.

Erst ein paar Tage vor meiner Abreise nach Palästina, im Jahr 1939, als meine Mutter, über die Rassengesetze erschüttert und verzweifelt über die bevorstehende Trennung von mir, erneut in eine religiöse Krise verfiel, entschloß sich mein Vater, mir zu erzählen, was damals passiert war. Bis dahin hatte ich mich mit bruchstückhaften Andeutungen meiner Verwandten zufriedengeben müssen.

Sobald er den Schützengraben verlassen hatte — immer noch erstaunt darüber, daß er überlebt hatte —, war er zur Entlausung nach Pordenone gefahren und hatte meiner Mutter ein langes, aufgeregtes Telegramm geschickt, in dem er ihr seine baldige Ankunft ankündigte. Er wunderte sich, daß sie ihn nicht an der Bahnstation von San Damiano abholte, wo ihn statt ihrer eine Kalesche mit Carlin, dem Hufschmied, erwartete, der zu alt war, um noch am Krieg teilzunehmen. Er war ein Bauer, der in einem unserer Häuser geboren und aufgewachsen war und sich selbst als zur Familie gehörig betrachtete — und von uns wurde er auch als Familienmitglied betrachtet. Meinem Vater, der ihn ungeduldig über die Gesundheit meiner Mutter ausfragte, konnte Carlin keine erschöpfenden Antworten geben. Er sagte nur, daß Madamin in letzter Zeit etwas nervös gewirkt habe, daß sie oft mit Annetta spazierengegangen sei und für ihn in der Kirche gebetet habe. Der Gemeindesekretär habe ihr eine Zeitung mit einem Bericht über den Angriff und die schrecklichen Verluste seines Regiments gezeigt. Es müsse ein schrecklicher Tag gewesen sein. Doch die Gebete von Madamin seien erhört worden. Er erzählte ihm auch, daß im Hause Priester ein- und ausgingen, daß Madamin viel tue, um den aus dem Veneto evakuierten Flüchtlingen zu helfen, daß sie »viele Sachen« an die Armen im Dorf verteilt und Stunden damit verbracht habe, mit den Nonnen des Kindergartens Näharbeiten anzufertigen. Mein Vater kannte die religiösen Neigungen meiner Mutter. Doch als sie ihm — statt ihn mit dem Überschwung zu empfangen, der einem Soldaten, der eine Schlacht überlebt hat, gebührt — voll innerer Anspannung sagte, daß sie keine

Jüdin mehr sein wolle, war das einer der schrecklichsten Augenblicke seines Lebens. Er versuchte nicht, mit der Frau, die er mehr liebte als alles auf der Welt, zu diskutieren. In seinem Stolz als Mann und Jude verletzt, schloß er sich einen Tag und eine Nacht in seiner Bibliothek ein und weigerte sich, zu Annettas Bestürzung, im Speisezimmer zu essen und die Freunde und die Bauern zu empfangen, die ihm ihre Aufwartung machen wollten. Als er dem Gärtner befahl, eiligst den Propst zu holen, verbreitete sich im Dorf das Gerücht, daß auf dem Gut etwas wirklich Schwerwiegendes passiert sein müsse.

Der Propst, ein Freund unserer Familie, mit dem mein Vater ganze Abende beim Schachspiel verbracht und manche Flasche Barbera geleert hatte, war der einzige, der sich nicht von sich aus gemeldet hatte. Mein Vater, der ihm voll vertraute, begriff, daß er darauf wartete, von ihm gerufen zu werden. Er fragte ihn also, was in seiner Abwesenheit geschehen sei, und erhielt mühelos die gewünschten Informationen, und zwar in allen Einzelheiten.

Ohne meinen Vater langweilte meine Mutter sich auf dem Land noch mehr als sonst. Die Unterstützung der Flüchtlinge und das Stricken von Pullovern, Wollmützen und Schals für die an der Front frierenden Soldaten konnten die Tage einer Frau nicht ausfüllen, die nach Höherem strebte und etwas Schönes und Großes vollbringen wollte. Der Krieg mit seinen ungeheuren, endlosen Massakern erfüllte alle Familien, die Angehörige an der Front hatten, mit einem Gefühl der Beklemmung, mit einer Furcht vor der militärischen und sozialen Apokalypse, für die sich das Bürgertum eher verantwortlich fühlte als die Bauern und Arbeitet. Für die Juden ging es in diesem Krieg nicht um die Verteidigung besonderer Interessen wie zur Zeit des Risorgimento. Sie mußten vielmehr die Positionen halten, die sie errungen hatten und um die sie beneidet wurden, ohne sich so wie damals der Solidarität der herrschenden Klasse erfreuen zu können. Auf der nationalen Bühne gab es keinen Nathan, der seine schützende Hand über Mazzini gehalten hatte, keinen Artom, der Cavour geholfen hatte, und keinen Ottolenghi, der sich dem Befehl Garibaldis unterstellt hatte.

Die israelitische Gemeinde, von der sich meine Mutter ohnehin bereits entfremdet hatte, konnte ihren Mitgliedern in dieser schwierigen Lage wenig bieten. In der Liturgie ahmte sie die katholische Kirche nach und ließ beispielsweise während der Gottesdienste am Sabbat und an den hohen Festen von Nichtjuden Orgelmusik spielen. Die patriotische Rhetorik klang von der Kanzel der Rabbiner noch hohler als die der katholischen Priester, weil es für einen Juden eben schwerer war als für einen Christen, zu glauben, daß ein jüdischer Soldat auf der anderen Seite der Front tatsächlich ein Feind war. Mit ihren menschlichen und göttlichen Opfersymbolen verfügte die Kirche über Botschaften der Hoffnung und des Glaubens, die den christlichen Sodaten in Fleisch und Blut übergegangen waren. Die Synagoge dagegen hatte, sobald sie die Gettos hinter sich gelassen hatte, ihren Gläubigen nichts Vergleichbares mehr anzubieten. Sie betete um die Rückkehr nach Zion, während im Karstgebirge gestorben wurde, und feierte den Auszug aus Ägypten, während Millionen von Menschen wußten, daß sie die Schützengräben nicht lebend verlassen würden. Der Krieg unterminierte die moralischen Werte, die Beziehungen zwischen den Klassen und die gegenseitige menschliche Achtung. Mein Vater, der freiwillig an den täglichen Schrecken des Krieges teilhatte, klammerte sich an die armseligen Vorteile, die ihm das Heer bot: die Autorität der Uniform, die er endlich tragen durfte, die Solidarität der Kämpfenden, die Achtung, die man ihm entgegenbrachte angesichts seiner Unverzagtheit im Angesicht des Todes, den unerschütterlichen Glauben an den Sieg der italienischen Waffen, die Schlichtheit der Parolen (Trient und Triest oder der Tod!).

Meine Mutter dagegen sah ihre ganze Welt in einer Atmosphäre wachsender Vulgarität und sozialer Promis-

kuität versinken, in einer raschen Auflösung des —
im Grunde bereits toten — aristokratischen Milieus, mit
dem die Juden der Mittelschicht sich genau wie die
übrige italienische Bourgeoisie hatten identifizieren wollen.

Durch den Krieg wurde die drückende Schwüle und
Trägheit des Dorflebens von einer Sehnsucht belebt, von
einem Bedürfnis — eher aus Langeweile denn aus einer
Laune heraus —, jenseits von Gut und Böse zu handeln.
Meine Mutter fühlte sich von Ereignissen und Leiden-
schaften mitgerissen, die größer waren als sie selbst, ohne
Rückhalt in ihrer Familie oder ihrer Erziehung zu finden.
Aus diesem Grunde suchte sie verzweifelt nach einem An-
haltspunkt, einem Zeichen, einer Gelegenheit, sich als
etwas Besonderes fühlen zu können. Und diese Gelegenheit bot ihr der Mann ihrer konvertierten Schwester, der
Anwalt. Er kam meine Mutter oft besuchen, brachte ihr
Bücher religiösen Inhalts mit und machte sie mit einem
Mönch bekannt, der mit einer großen Eloquenz begabt
war. Dieser Mann, entschlossen, eine jüdische Seele, die
von Natur aus zu religiöser Schwärmerei neigte, dem
christlichen Glauben zuzuführen, legte bei dieser Mission
die gleiche Selbstaufopferung an den Tag wie die italienischen Soldaten, die die österreichisch-ungarischen Stellungen eroberten. Er hatte begriffen, daß meine Mutter
— eine reiche, damals noch kinderlose Frau auf der Suche
nach sich selbst, im Grunde verärgert über ihren Mann,
der den Krieg der Langeweile des Landlebens vorgezo-
gen hatte — irgendeine Geste vollbringen mußte, die
nicht nur ungewöhnlich war, sondern zu der kriegsbedingten Atmosphäre eines allgemeinen Heroismus paßte.
Die Kirche konnte ihr eine Gelegenheit dazu bieten; sie
verlockte sie mit ihrer stark von der Musik geprägten
Liturgie, mit ihren Bildern, mit ihrer von Opfermut und
Inbrunst strotzenden Literatur und ihrer selbstsicheren
Hierarchie, die sich zugleich verständnisvoll und tröstend
gab und soziale Kompensationen gewährte.

Der Propst sprach lange mit meinem Vater. Er verhehlte ihm nicht, daß er mit seinen schwachen Versuchen, ihre Entscheidung mindestens so lange hinauszuzögern, bis mein Vater nach Hause zurückkehrte, gescheitert war. Aber was hätte er, ein armer Dorfpfarrer, gegen so viele so überzeugende und einflußreiche Leute ausrichten können? Im übrigen gab es Grenzen, die ihm seine Berufung auferlegte. Eine Seele zu retten, ein verirrtes Lamm in den Schoß der Kirche zu führen war eine Pflicht, der er keine Hindernisse entgegensetzen durfte, auch wenn er sich aus Freundschaft zu meinem Vater nicht aktiv an ihrer Erfüllung beteiligen wollte. Er hatte viele schlimme Stunden durchgemacht — sagte er —, hin- und hergerissen zwischen seiner Pflicht als Mann der Kirche und als Mensch. Am Ende war er zu der Erkenntnis gelangt, daß es für ihn besser sei, sich aus der ganzen Sache zurückzuziehen. Sicher, sein Gewissen ließ ihm keine Ruhe. Aber wer konnte schon ruhig schlafen bei alledem, was in der Welt passierte? Als er seine Erklärung beendete, hatte er glänzende Augen und schneuzte sich mehrmals in sein großes rotes Schnupftuch.

Mein Vater begriff, daß er unter diesen Umständen an Ort und Stelle wenig tun konnte. Er konnte nicht hoffen, meine Mutter während seines kurzen Urlaubs zu überzeugen, zur Religion ihrer Väter zurückzukehren, von der er selbst so wenig wußte. Er konnte nicht einmal darauf hoffen, durch seine Anwesenheit die monatelange Überzeugungsarbeit seines Schwagers und des Mönches zu neutralisieren. Ohne sich von meiner Mutter zu verabschieden, nahm er den Zug nach Cuneo und ließ sich beim Bischof anmelden. Mein Vater war nicht direkt mit dem Bischof befreundet, aber sie kannten sich immerhin so gut, daß man ihn im Bischofspalais nicht antichambrieren ließ. Im übrigen war seine Miene so fest entschlossen, daß niemand wagte, ihn warten zu lassen. Er legte dem Kirchenmann in aller Kürze das Problem dar und sagte ihm, daß er in den Schützengraben zurückkehren müsse und daß es ihm wenig ausmache, welchen Todes er sterben werde. Er wisse, daß der Mönch, der in seinem Haus verkehre, der Diözese unterstehe. Wenn der Bischof meinem Vater nicht *stante pede* verspreche, daß kein Priester seine Frau vor Kriegsende oder vor seinem Tod taufen werde, wenn der Bischof sich ihm gegenüber nicht in aller Form verpflichte, dem betreffenden Ordensmann das Betreten seines Hauses zu verbieten, werde er diesen persönlich aufsuchen und ihn umbringen. Dann werde er über sein weiteres Vorgehen entscheiden: entweder Selbstmord begehen oder sich der Justiz stellen oder an die Front zurückkehren, um sich dort abschlachten zu lassen. Er habe seinen Anwalt bereits schriftlich verständigt und eine Presseerklärung vorbereitet. Falls sich der Bischof weigere, werde er dafür sorgen, daß bekannt werde, wie die Kirche den Juden ihre Ehefrauen abspenstig machte, während sie fern von zu Hause weilten und für das Vaterland kämpften. Er gab dem Geistlichen deshalb fünf Minuten Bedenkzeit. Mit theatralischer Geste zog er seine Uhr aus der Westentasche. Es war eine goldene Longines mit dem Bild Vittorio Emanueles II., die er von einem seiner Onkel erhalten hatte; dieser hatte dem König einmal einen Dienst in heikler Sache erwiesen — es ging damals um die »bela Rusin«, die Geliebte des Königs, die er später in morganatischer Ehe heiratete. Die Uhr stand, wie mir mein Vater erzählte, auf zehn nach elf. Den Blick fest auf die Zeiger gerichtet, wartete er auf die Antwort der heiligen Mutter Kirche.

Ich weiß nicht, was den Bischof mehr beeindruckte — der kaum gebändigte Zorn eines Mannes, der als einer der ehrenwertesten und einflußreichsten Notablen der Provinz bekannt war, oder die Drohung mit dem Skandal. Er bat meinen Vater, Platz zu nehmen, bestellte ihm einen besonders starken Kaffee, bot ihm eine Toscano an, die er in einer Schublade versteckt hielt, und versuchte ihn mit allen Mitteln zu beruhigen. Er versprach jedenfalls, »sein Bestes zu tun«, und verfügte noch in Anwesenheit meines Vaters, den betreffenden Ordensmann in sein Palais zu zitieren. Mein Vater verließ den Bischof sicherlich nicht ganz zufriedengestellt, aber in der Überzeugung, alles getan zu haben, was er konnte. Der Gedanke, an die Front zurückkehren zu müssen, erschien ihm plötzlich beinahe angenehm. Wenn schon seine Angst vor der Rückkehr in den Schützengraben durch den Zwist mit seiner Frau gemildert worden war, dann hätte der Tod ihn erst recht und auf endgültige Weise aus einer sehr schmerzlichen Situation befreit. Während seines restlichen Urlaubs kam er zu Hause nicht mehr auf das Thema zu sprechen und versuchte, die Ruhe »vor dem Sturm« in vollen Zügen zu genießen. Vielleicht war es dieses distanzierte Verhalten eines Menschen, der sich unmißverständlich auf seinen Tod vorbereitet, was meine Mutter dann doch zögern ließ. Von den Nonnen erfuhr sie, daß der Mönch nicht mehr ins Dorf kommen durfte. Ihre Bekehrung wurde so um zwanzig Jahre hinausgeschoben, bis zu jenem Tag, an dem meine Mutter infolge der Rassengesetze und meiner Ausreise nach Palästina von einer neuen, heftigen Glaubenskrise erschüttert wurde. Doch zum Waffenstillstand zwischen den Eheleuten trug noch ein anderer Umstand bei: Mein Vater wäre nämlich beinahe wegen Hochverrats erschossen worden.

Nachdem er vom Urlaub an die Front zurückgekehrt war, hatte er bei seinem Regiment eine dringende Einbestellung zum Oberkommando vorgefunden: Das persönliche Sekretariat des Königs suchte dringend einen Chiffrier-Offizier. Dieser Posten wurde ihm nun unter der Bedingung angeboten, daß er den Nachweis erbrachte, Schreibmaschine schreiben zu können. Ohne sich eine Minute Rast zu gönnen, übte mein Vater einen ganzen Nachmittag lang und die ganze Nacht hindurch an den Tasten einer dieser neuen Büromaschinen. Am nächsten Tag bestand er die erforderliche Prüfung. Völlig übergangslos fand er sich, der gerade dem Schlamm der Schützengräben entstiegen war, in der luxuriösen Umgebung einer venetischen Villa wieder, wo er in direktem Kontakt mit dem König, den Kommandeuren der italienischen Armee und denen der Alliierten stand. Zweifellos waren es die Erlebnisse aus dieser Zeit, die ihn später veranlaßten, sich für die faschistische Sache zu entscheiden. Seiner Tätigkeit als Chiffrier-Offizier verdanke ich eine Sammlung kostbarer Fotografien berühmter Persönlichkeiten. Meinem Vater bot diese Versetzung vor allem auch die Chance, meine Mutter in seine Nähe, in die Umgebung von Udine, zu holen.

Er hatte bereits die notwendigen Genehmigungen erhalten und seine Übersiedlung organisiert, als er eines Nachts im Januar 1917 eine Nachricht Zar Nikolaus' an König Vittorio Emanuele dechiffrieren mußte, in der eine Offensive der Russen an der deutschen Front angekündigt wurde. Es ging um nichts strategisch Entscheidendes; es lief vielmehr auf ein Vorrücken der Russen in der Gegend von Riga hinaus, in dessen Verlauf sich die bereits erschöpften und vom Geist der Revolte infizierten russischen Truppen in der sumpfigen Umgebung von Tircul einiger deutscher Stellungen bemächtigten. Aber für die von den Heeren der Mittelmächte bedrängten Alliierten war das, was mein Vater dechiffriert hatte, eine gute Nachricht. Um die Geheimhaltung zu gewährleisten, hatte er es sich zur Gewohnheit gemacht, solche Botschaften nur in vier Ausfertigungen weiterzuleiten — eine an den König, eine andere an den Generalstabschef, eine dritte an General Porro, der zu jener Zeit irgendwelche mir unbekannten Aufgaben und Befugnisse hatte, und eine vierte Abschrift landete im Archiv, zu dem er den Schlüssel hatte.

Ich habe ihn die Geschichte so oft erzählen hören, daß ich das Datum auswendig kenne: Es war der 4. Januar. Viele Offiziere drängten sich in der Bar an der Piazza dei Mercanti in Udine. Ein Kriegsberichterstatter von ich weiß nicht welcher Zeitung trat an einen russischen Verbindungsoffizier heran, schlug ihm auf die Schulter und

sagte laut: »Endlich schlagt ihr mal zu!« Die Leute bildeten sofort eine Gruppe um den Reporter, der sich hinter
einem geheimnisvollen Lächeln verschanzte, während der
Russe zu seiner Dienststelle lief, um Meldung zu erstatten.

Am Abend, als mein Vater gerade am Code arbeiten
wollte, erklärten ihn zwei Offiziere für verhaftet und
führten ihn direkt zu General Cadorna zum Verhör.
»Wem haben Sie den Inhalt des chiffrierten Telegramms
sonst noch verraten?« Mein Vater verstand nicht, wovon
sie redeten, aber in solchen Situationen nützen Erklärun-
gen und Hypothesen ohnehin wenig. Es gab ja nur vier
Personen, die den Inhalt der Nachricht kannten. Es
verstand sich von selbst, daß man weder den König noch
die beiden Generäle verdächtigen konnte. Somit fiel der
Verdacht zwangsläufig auf ihn, die vierte Person — noch
dazu von niederem Dienstrang —, die das Telegramm
kannte.

Das Glück wollte es, daß unter den Gästen im Café an
der Piazza auch ein Offizier der Carabinieri in Zivil
gewesen war, der den Journalisten gut kannte. Er ließ
den Reporter verhören und erfuhr, daß er das Büro von
General Porro in einem Augenblick betreten hatte, da
dieser gerade nicht im Zimmer war, einen Blick auf seinen
Schreibtisch geworfen, das Telegramm des Zaren gelesen
und dann in der Öffentlichkeit mit seinem Wissen ge-
prahlt hatte.

Dies alles aufzuklären dauerte allerdings länger als
zwei Wochen. In der Zwischenzeit wurde mein Vater
festgehalten. In aller Eile wurde eine Verhandlung vor
dem Kriegsgericht vorbereitet, und er mußte damit rechnen, zum Tode verurteilt zu werden. Noch schwerer aber
wog die Tatsache, daß sich unter den Juden sofort das
Gerücht verbreitete, hier würde sich eine zweite Dreyfus-
Affäre anbahnen. Mein Onkel, der Bruder meines Vaters,
der in der militärischen Hierarchie bereits eine führende
Position innehatte, stürzte, sobald er von der Angelegenheit erfahren hatte, in Begleitung eines berühmten An-

walts nach Udine. Hier war unterdessen auch meine Mutter eingetroffen, die von alledem keine Ahnung hatte und jetzt vollends verwirrt war. Sie kannte meinen Vater zu gut, um an ihm zu zweifeln. Ihn zu verteidigen, ihm ihre moralische Unterstützung anzubieten war für sie nur natürlich. Es bot ihr zugleich eine Ablenkung von ihren religiösen Problemen. Einige Tage lang sah es für meinen Vater ziemlich böse aus, und meine Mutter gab sich — zumindest teilweise — die Schuld daran, indem sie aufgrund irgendeiner Logik die Schwierigkeiten, in die ihr Mann geraten war, mit ihrer versuchten Konversion in Verbindung brachte. Dann klärte sich plötzlich alles auf. Der König entschuldigte sich und brachte sein wiedergefundenes Vertrauen zum Ausdruck. Ein glückliches Ende, das zu sehr nach Wunder roch, um nicht von beiden Eheleuten als Fingerzeig Gottes gedeutet zu werden. Ausgerechnet also in Udine, dieser verschlafenen Stadt im Friaul, wo ich eines Tages meine Bar-Mizwa feiern sollte, versprach meine Mutter meinem Vater, den Plan einer Konversion zum katholischen Glauben aufzugeben. Es war ein Versprechen, an das sie sich über zwanzig Jahre gebunden fühlte und dem ich die Tatsache verdanke, als Jude geboren und Jude geblieben zu sein. Doch als die Rassengesetze kamen und die Welt um meine Eltern herum zusammenbrach, fühlte sich meine Mutter wieder zu wehrlos und isoliert, um mit Ereignissen fertig zu werden, die größer waren als sie selbst.

Meine Ausreise nach Palästina — in ein Land, das sie nicht einmal auf der Landkarte zu finden vermochte — löste in ihr erneut eine religiöse Krise aus. Dieses Mal fehlten meinem Vater sowohl der Mut als auch die Autorität, um ihr zu widersprechen. Seine Welt eines Italieners, eines treu ergebenen Dieners des Hauses Savoyen und eines Faschisten lag in Trümmern. Auch er fand in den wenigen jüdischen Riten, die er noch beachtete, keinen Rückhalt mehr, um dem Sturm zu trotzen, der ihn zusammen mit der gesamten europäischen Judenheit heimsuchte. Es blieb ihm nur die menschliche Wärme der Frau, die er liebte. Zu Beginn des Zweiten Weltkriegs, als in unserer Familie — wie bei vielen anderen italienischen Israeliten — die Parole lautete: Rette sich, wer kann!, wollte und konnte er sich ihr nicht in den Weg stellen. Wenn der christliche Glaube seiner Frau inmitten der allgemeinen Katastrophe wie ein Rettungsboot erschien, dann sollte sie sich darauf flüchten.

Eines Tages erzählte er mir in einer Anwandlung von Vertrauensseligkeit, wie er sich an dem Tag verhalten hatte, als meine Mutter, auf Anraten ihres geistlichen Ratgebers, öffentlich ihrem Glauben abschwor. Die ganze Familie (einschließlich jener Mitglieder, die bereits — heimlich — konvertiert waren) nahm diese Erklärung sehr übel auf. Sie wertete sie als Verrat, der dadurch, daß diese Erklärung unnötigerweise in aller Öffentlichkeit abgegeben wurde, einer Beleidigung gleichkam. Er hingegen schickte ihr in das Kloster, in das sie sich zurückgezogen hatte, um sich auf ihre Taufe vorzubereiten, einen großen Strauß roter Rosen, wie er es jedes Jahr zu ihrem Hochzeitstag machte. Dann sah er nach seinen Feldern.

Von diesen roten Rosen hatte meine Mutter zwei aufbewahrt. Eine hieß sie mich auf den Sarg meines Vaters legen, damit sie ihn an ihrer Statt zum jüdischen Friedhof von Turin begleitete, denn sie glaubte, ihn nicht mehr betreten zu dürfen. Die andere Rose nahm sie mit nach Israel, wo sie gewöhnlich einige Wochen im Winter bei uns verbrachte, anstatt allein an die Riviera zu reisen. Obwohl ihr im Orient alles unbekannt war, schien sie dort ihren Seelenfrieden wiederzufinden. Sonntags zog sie sich diskret zurück, um in einem Mönchskloster, in dem viele der Mönche konvertierte Juden wie sie waren, die Messe zu besuchen. Sie begann, bei ihnen Hebräisch zu lernen, und eines Abends überraschte ich sie dabei, wie sie meinen Sohn dieselben Gebete aufsagen ließ, die sie meinen Vater hatte sprechen hören. Sie liebte es, im Garten des Klosters der Schwestern von Zion spazieren-zugehen, das Ende des neunzehnten Jahrhunderts von einem reichen Bankier aus dem Elsaß, einem konvertier-ten Juden, gegründet worden war. An diesem Ort des Friedens und des Glaubens — sagte sie mir —, fand das wenige, was sie als kleines Mädchen über die jüdische Religion gelernt hatte, plötzlich seine Begründung in den Evangelien, und ihr Verständnis des Katechismus, den die Priester sie gelehrt hatten, erhielt eine jüdische Recht-fertigung.

An den heißen Nachmittagen, wenn wir beide zusahen, wie die Schatten der Olivenbäume auf den Hügeln Judäas länger wurden, wenn die Quader der Klostermauer im Widerschein der untergehenden Sonne erst in rotem, dann in violettem Licht erglühten, fühlte sie sich von einer angenehmen Mattigkeit durchdrungen. Es schien ihr, daß die Zeit sich im Nichts ihrer Zweifel auflöse; daß diese uralte Landschaft ihre Schmerzen, ihre Sehnsüchte und Ängste schrumpfen ließ angesichts der Größe des Geheimnisses, das hier mehr als anderswo auf dem Be-wußtsein der Lebenden und dem Schlummer der Toten lastet.

Als sie plötzlich erkrankte, bat sie darum, auf dem Friedhof der Nonnen begraben zu werden. Die Bitte wurde ihr erfüllt. Auf ihrer Grabplatte stehen ihr Name, ihr Geburts- und Todestag und ein Kreuz. Jedes Jahr sinkt der Stein ein wenig tiefer in den Boden, als wolle der Körper, den er bedeckt, sich enger an die Erde der Vorväter schmiegen. Eines Tages wird die Grabplatte vielleicht vollständig verschwunden sein — absorbiert von dem Frieden dieses Ortes, von dem Humus, der nach winterlichem Regen duftet, unter dem Ginster und den wilden Gladiolen, die im Frühling aufblühen und mit der ersten Gluthitze des Sommers verwelken — ein Kratzer, den ein Leben auf dem gleichmütigen Gesicht der Ewig-keit hinterließ.

Viertes Kapitel

MEINE JÜDISCH-FASCHISTISCHE KINDHEIT

Ich wurde Ende 1922 geboren, einen Monat nach dem Marsch auf Rom. Ich habe sechzehn Jahre im faschistischen Italien gelebt. Müßte ich auf der Grundlage meiner persönlichen Erfahrungen eine Analyse des Mussolini-Regimes vornehmen, das ich aus nächster Nähe kannte, ich wäre nicht dazu imstande. Jene Jahre stellten für mich eine so geregelte, normale und sorgenfreie, eine so unvergleichliche Zeit dar, daß ich nicht sagen könnte, was das Besondere am Faschismus war. Bestenfalls ermöglicht es mir diese vollständige Anpassung an die Umgebung, Situationen, die anderen unerklärlich erscheinen, besser zu verstehen. Zum Beispiel die Fähigkeit der Israelis, ungeachtet eines über dreißig Jahre andauernden Kriegszustandes ein normales Leben zu führen; das Dasein des Bürger-Soldaten, der militärische Anstrengungen unter der Bedingung erträgt, ja oft auch genießt, daß sie auf die Dauer zur Routine werden und allmählich einen regelmäßigen Rhythmus annehmen; oder die Tatsache, daß Männer und Frauen sich im Kambodscha der Roten Khmer oder in dem vom Bürgerkrieg zerstörten Libanon lieben, Kinder zeugen, arbeiten, einkaufen und verkaufen konnten.

Wer außergewöhnliche Situationen erlebt und überlebt hat, kann vielleicht den Unterschied zwischen Hell und Dunkel besser hervorheben. Mir ist das im Hinblick auf meine Zeit unter dem oder, besser gesagt, im Faschismus nicht möglich. Als vollkommen assimilierter Jude und Italiener, der in ein politisches Regime hineingeboren wurde, das Familie und Freunde guthießen, hielt ich den

Faschismus für die natürliche Form des Gemeinschaftslebens. Ich war mir seiner Existenz gar nicht bewußt, zumal ich keine Gelegenheit hatte, ihn mit anderen politischen Systemen zu vergleichen. Es mag unglaublich erscheinen, aber das erste Mal, daß ich vom Sozialismus nicht als einer historischen Gegebenheit, sondern als einer politischen Realität reden hörte, war in einem Kibbuz in Palästina. Alles, was ich über die Demokratie wußte, war, daß sie plutokratisch und dekadent war, und ich begriff nicht, wie sie trotzdem weiterexistieren konnte — aber das interessierte mich auch überhaupt nicht. Der Vater eines meiner Klassenkameraden in Udine war (in vorfaschistischer Zeit) Abgeordneter gewesen. Ich hatte lange Zeit geglaubt, daß ein Abgeordneter ein unwirkliches Wesen sei, eine Art Fossil, das nur in der Weise präsent war wie die Büste Felice Cavallottis im Garten vor dem erzbischöflichen Palais. Ich war sehr erstaunt, als ich dann einen Mann vor mir sah, der aussah wie die anderen und nicht einmal Zigarre oder Pfeife rauchte — für mich damals die Insignien hohen Alters. Die politischen Jugendorganisationen, denen ich von klein auf angehörte — Balilla und Avanguardisti —, hatten für mich den gleichen Stellenwert und die gleiche Autorität wie die Schule. Ihnen gegenüber genügte die »Entschuldigung« der Mamma, die sie mit ihrer schönen Handschrift auf eine Karte aus Fabriano-Papier schrieb, auf der ihr Name aufgedruckt war, und schon war ich ihrer Kontrolle entzogen und konnte zum Zahnarzt, zum Tennisspielen oder — ungern — zum Hebräischunterricht gehen.

Ich erinnere mich nicht, mich auch nur ein einziges Mal in der Schule oder außerhalb von ihr unbehaglich gefühlt zu haben, nur weil ich Jude war. Für mich war dieser persönliche Partikularismus eine »Besonderheit«, die sich nicht von der der Cirio-Marmelade unterschied — sicherlich auch deshalb, weil meine Mitschüler mich um das Recht beneideten, dem langweiligen Unterricht des

Religionslehrers an unserem Gymnasium »aus religiösen Gründen« fernzubleiben. Im übrigen erlegte mir das Judentum, das wir bei uns zu Hause praktizierten, keinerlei besondere Verpflichtungen auf, wenn man einmal davon absieht, daß ich Donnerstag nachmittags zum Unterricht in die Talmud-Tora-Schule gehen mußte, um mich auf meine Bar-Mizwa vorzubereiten. Jude zu sein war bequemer, als Katholik oder Protestant zu sein: Der Samstag war ein Tag wie jeder andere; am Sonntag mußte ich nicht in die Messe gehen; zu Hause wurden keine besonderen Speisegebote eingehalten; in der Fastenzeit aßen wir keinen Fisch, auch wenn Mamma freitags immer Fisch servieren ließ — aus Rücksicht auf unsere Hausangestellten. Die hohen jüdischen Feste Neujahr und Jom Kippur fielen oft in die Endphase der Schulferien. Wir verbrachten sie im Gebirge, wo wir Indianer spielten, während mein Vater in seinem Arbeitszimmer die Gebete des Tages — in italienischer Übersetzung — las und mich gelegentlich am Spätnachmittag zu sich rief, um mir die Geschichte des Jonas vorzulesen. An Pessach aßen wir ungesäuertes Brot, aber das Personal bekam natürlich sein übliches Brot. Mein erster Seder fand in Palästina statt. Von den anderen jüdischen Festen, Schawuot (Gesetzesfreude) und Sukkot (Laubhüttenfest), war gar keine Rede. Ich wußte jedoch, daß es ein Fest namens Purim gab, weil meine Großmutter mütterlicherseits uns eine runde, mit kandierten Früchten belegte Torte aufs Land mitbrachte, die *brasadel* hieß und die meine Mutter nach dem Tod meiner Großmutter vergebens nachzubacken versuchte. Channukka, das Lichterfest, war zu nahe an Weihnachten, als daß ich das Fest irgendwie von Weihnachten unterschieden hätte. Ich feierte es normalerweise in den Karnischen Alpen, wo ich zusammen mit meinem Vater und manchmal auch mit meinen Cousins die Mitternachtsmesse in der Kirche eines Dorfes besuchte. Nach einer aufregenden Schlittenfahrt durch den Schnee trafen wir dort spät in der Nacht, unter einem sternenfunkelnden Himmel, ein; unterwegs hatten wir uns in dicke Pelzdecken gekuschelt, nur Wangen und Nase schauten unter unseren Wollmützen hervor und brannten vor Kälte. Wir waren uns bei solchen Anlässen unserer sozialen Pflichten sehr wohl bewußt. Die Arbeiter der Fabrik, in der mein Vater als Geschäftsführer tätig war, sangen in den Bänken hinter uns mit lauter Stimme liebliche Weihnachtslieder in deutscher Sprache und bildeten bei unserem Auszug aus der Kirche ein dichtes Spalier. Sie standen ein wenig gebeugt da, während wir an ihnen vorbeigingen; sie hielten ihre alpenländischen Filzhüte in den knotigen Händen und trugen dicke Jacken und festliche Lodenmäntel, die Frauen schwarze Samtmieder und bauschige geblümte Röcke. Sie waren hinter den Männern aufgereiht und beobachteten uns — getaufte oder ungetaufte — Juden, wie wir uns auf dem Mittelgang zwischen den Bänken nach draußen bewegten. Neben dem spitzenbedeckten Altar wartete der Priester, bis wir gegangen waren, um dann erst die Kerzen zu löschen. Bei solchen Anlässen war mir, als würden auch die Heiligenstatuen aus Holz dieser merkwürdigen Prozession zweifelhafter Repräsentanten jenes *verus Israel* zusehen, dessen aus dem Hebräischen übersetzte Psalmen sie soeben hatten singen hören.

Da ich keine Kontakte mit dem Ausland hatte, nur Schultexte, Abenteuerbücher und gelegentlich die Lokalzeitung las, um mich über das Kinoprogramm oder die Sportveranstaltungen zu informieren, und zuerst im goldenen Käfig eines großen Gutes und dann im wattierten Klima einer Provinzstadt lebte, wo meine Familie eine wichtige Stellung einnahm, hatte ich keinen Grund, mich für Tatsachen oder Ideen zu interessieren, die nichts mit meinem Alltag zu tun hatten. Ich war mit meinen kleinen sportlichen Aktivitäten und der begrenzten Befriedigung gesellschaftlicher Bedürfnisse völlig ausgelastet. Kurzum — ich lebte sozusagen im Bauch des Ungeheuers, doch im Gegensatz zu Jonas war ich mir, da ich darin geboren war, dessen überhaupt nicht bewußt. So wird es vielleicht eines Tages den Kindern ergehen, die in einer Raumstation außerhalb der Erde geboren werden und dort aufwachsen.

Die ersten sechzehn Jahre meines Lebens waren in zwei gleich lange Phasen unterteilt: Von 1922 bis 1930 wohnte ich in der Villa meiner Mutter in Piemont, in der Nähe von Turin, von 1931 bis 1938 im Friaul, in Udine. Als wir dann in jenem Jahr infolge der Rassengesetze nach Piemont zurückkehrten, nahm mein Leben eine entscheidende Wendung.

Die Entdeckung einer Welt, die ganz anders war als die, in der ich bis dahin gelebt hatte, die erste, brutale, plötzliche Begegnung mit der Besonderheit meiner Existenz als Jude und mit einer Literatur, die im Widerspruch stand zu dem bisher Gelesenen, die ersten Meinungsverschiedenheiten — dies alles fand für mich erst in der jüdischen Schule von Turin statt, deretwegen wir nach Piemont zurückgekehrt waren. Ich lernte damals viele Leute kennen, deren Namen später in die Geschichte der italienischen Resistenza und der jüdischen Tragödie eingehen sollten — Leone Ginzburg und Emanuele Artom, Franco Antonicelli und Primo Levi, Carlo Piazza und Luciana Momigliano. Es waren für mich Zufallsbegegnungen, die weder Spuren noch Erinnerungen hinterließen — unter anderem auch deshalb, weil ich, um der neuen, unbegreiflichen Situation zu entfliehen, in die ich unversehens hineingeraten war, schon im September 1939 nach Palästina ausreiste.

Ich war nie Zionist gewesen, hätte es auch gar nicht sein können; denn mein Vater bekämpfte jene Bewegung, die seiner Meinung nach der Loyalität der italienischen Juden gegenüber der Nation abträglich war. Ich wußte, daß es blaubemalte Sparbüchsen des Jüdischen Nationalfonds gab, in die meine neuen Schulkameraden und einige Verwandte an Feiertagen Münzen steckten. Mein Vater hatte sich aber auch nach der Verkündung der Rassengesetze geweigert, einen solchen Gegenstand in seinem Haus aufzustellen. Was die jüdische Geschichte anbelangt, so war ich mit Ausnahme des wenigen, was ich in der Talmud-Tora-Schule gelernt hatte, völlig unbeleckt. Wenn ich einer der ersten war, die nach Palästina auswanderten — nachdem ich ohne Wissen meiner Familie vergeblich versucht hatte, in die Fremdenlegion einzutreten —, war das einer kindlichen Romantik und der kaum verhehlten Hoffnung zu verdanken, in einem Land, das noch keine eigene politische Identität hatte, eine Heldentat wie einst Garibaldi in Uruguay zu vollbringen. Insgeheim versuchte ich sogar, wie er die Herstellung von Stearinkerzen zu erlernen — damit soll sich der »Held beider Welten« seinen Lebensunterhalt verdient haben, während er auf die Gelegenheit wartete, Krieg führen zu können; so hatten es uns jedenfalls die Schulbücher erklärt. Und ich versuchte, die Brücken zu meiner italienisch-faschistischen Vergangenheit dadurch abzubrechen, daß ich geheime nächtliche Zeremonien veranstaltete, in deren Verlauf ich unter der großen Libanonzeder in unserem Garten meinen brünierten Avanguardista-Degen, meine Indianer-Holzaxt und meine Zinnsoldaten vergrub. In der Erwartung, eines Tages in die Militärakademie eintreten zu können, hatten sich meine kriegerischen Ambitionen jahrelang mit dieser Sammlung begnügen müssen.

Die unerwartete Berührung mit einer Vielzahl so neuer Ideen und Situationen und meine mangelhafte kulturelle, moralische und religiöse Vorbereitung auf eine so plötzliche Veränderung zuerst in Italien und dann in Palästina haben sicherlich meinen Charakter geprägt und meine späteren Entscheidungen bestimmt. Mit der Wirkung, die diese Aufeinanderfolge von Schocks auf mich ausübte, erkläre ich meine fast vollständige Amnesie im Hinblick auf die Jahre, die ich unter dem Faschismus verbracht habe. Es ist fast so, als weigere sich mein Unbewußtes, die Erinnerung an eine ruhige, glückliche, sichere Zeit zu verdrängen, und als wolle es jeden meiner Versuche, in meiner Jugend herumzuwühlen, blockieren. Dennoch muß mein Verstand auf irgendeine Weise den Widerhall der Ereignisse registriert haben, die in jener Zeit meine Familie und das ganze Land erschütterten. Zum Beispiel war da der finanzielle Ruin meines Vaters infolge des Börsenkrachs von 1929.

Es war eine schreckliche Geschichte, die die Beziehung zwischen meinen Eltern erschütterte und meinen Vater, der nun zum armen Verwandten geworden war, zwang, sich eine bezahlte Tätigkeit zu suchen, Piemont zu verlassen und ins Friaul überzusiedeln. Sie verwandelte uns mit einem Schlag in den ärmsten und folglich — nach Meinung der Familie — dümmsten Zweig unseres Clans, der damals noch steinreich war. An diese ganze Geschichte kann ich mich überhaupt nicht mehr erinnern. Was jenen Zeitabschnitt betrifft, der mit meinem achten Lebensjahr endete, so erinnere ich mich nur noch an einige Szenen, die in gar keinem Zusammenhang mit den Dingen stehen, die unsere Existenz ins Wanken brachten.

Sehr gegenwärtig ist mir dagegen noch eine Fahrt auf der noch nicht asphaltierten Straße nach Rivoli im Fiat 509 meines Vaters. Ich saß neben dem uniformierten Chauffeur, der mir erlaubte, die Zündvorrichtung am Lenkrad zu berühren. Der Anblick des Zeigers auf dem Armaturenbrett, der die siebzig Kilomerer in der Stunde überschritten hatte, versetzte mich in Ekstase. Hin und wieder drehte ich mich um, um meine Eltern an diesem außergewöhnlichen Abenteuer teilhaben zu lassen. Ich sah sie durch die Schiebefenster, die ihre Sitze von dem meinen und dem des Fahrers trennten. Doch sie waren völlig unempfänglich für meine wachsende Begeisterung. Sie redeten, untermalt von erregten Gesten, die im gleichen Rhythmus wie die Rosen zu tanzen schienen, die in einer an der Wagentür befestigten Silbervase steckten. Meine Mutter, die eine große Silberfuchsstola um die Schultern trug, zerknüllte krampfhaft ein besticktes

Spitzentaschentuch in ihrer geballten Faust. Hin und wieder nahm sie ein Glasfläschchen aus dem Necessaire an ihrer Seite, schraubte den silbernen Deckel ab und schnupperte daran. Es muß Riechsalz gewesen sein. Und es muß der Tag gewesen sein, an dem mein Vater ihr beichtete, daß er vollkommen ruiniert war, nachdem er das ganze Geld verloren hatte, das er durch den Verkauf seiner Ländereien eingenommen und in irgendwelche Aktien einer bankrotten Elektrofirma gesteckt hatte. Gerettet wurde er durch einen Kredit der Bank seines Cousins und das Angebot seines Bruders, ihn zum Geschäftsführer einer seiner Fabriken in der Carnia zu machen. Für meinen Vater war dies das Ende einer Existenz stolzer gesellschaftlicher Unabhängigkeit, eines Reichtums, der zwei Generationen lang nur zu wachsen schien. Für mich dagegen war es nur eine tolle Fahrt in unserem ersten Automobil auf der Straße nach Rivoli.

Eine andere Erinnerung aus dieser Zeit ist mit dem Biß einer Ratte verbunden.

Meine Schwester und ich waren zwei äußerst anfällige Kinder. Sie war schon früh wegen einer Mastoiditis operiert worden. Ich dagegen litt ständig an Angina und Bronchitis. Meine Eltern versuchten, dem vorzubeugen, indem sie mich Unmengen von Lebertran schlucken ließen und mir vor dem Schlafengehen Wattebäusche in die Nasenlöcher schoben, die mit irgendeinem Pferdeleberextrakt getränkt waren und deren bestialischer Gestank das ganze Zimmer erfüllte. Wenn man dann noch mein angeborenes Talent berücksichtigt, mir Verletzungen der merkwürdigsten Art zuzuziehen — so habe ich mir einmal kochendes Wasser über die Handgelenke geschüttet, ein anderes Mal die Kopfhaut mit einer Axt aufgeschlitzt, die ich umgedreht hatte, um die Pfosten meines Indianerzeltes in die Erde zu schlagen —, wird man verstehen, daß meine Eltern es während unserer Zeit in Piemont vorzogen, mich privat unterrichten zu lassen. Das bot mir die Möglichkeit, nicht ernsthaft zu lernen, nicht in Berührung mit gleichaltrigen Kindern zu kommen und wie in Watte verpackt in einer großen Villa zu leben — unter Hauslehrern, Zimmermädchen, Gärtnern und Bauern, die sich nur um ihre eigene Arbeit kümmerten.

Diese Art von Leben erstreckte sich über acht Jahre. Ich lebte im Schutz einer langen Einfriedungsmauer, die die geheimnisvolle wirkliche Welt ausschloß, von der ich nur von weitem und indirekt etwas erfuhr. Auf drei Seiten unseres Anwesens gab es wenig zu sehen, weil der Blick über weite, leere Felder ging, während das bäuerliche Leben innerhalb unseres Gutes viel intensiver und interessanter war. Die Bauern meiner Mutter hatten nichts dagegen, wenn ich mit ihnen die Wiesen mähte. Sie erlaubten mir, mich auf die mit glänzenden Messingplättchen besetzten Ledersättel der dicken Zugpferde zu setzen; sie ließen mich die Zügel der Fuhrwerke halten, die wie römische Zweigespanne auf ihren beiden riesigen, mit Eisen verstärkten Rädern daherschwankten. Manchmal erlaubten sie mir auch, den Pflugsterz zu halten, Maiskolben zu entkörnen und im Teich Frösche und Schnecken einzusammeln, die mein Vater leidenschaftlich gerne aß. Von diesen Bauern habe ich viel mehr gelernt als von meinen Privatlehrern; ihnen habe ich es zu verdanken, daß ich mich später in Palästina so leicht an die Feldarbeit gewöhnte.

Die vierte Seite der Mauer zog sich über Hunderte von Metern an der Hauptstraße des Dorfes entlang, auf die ich nur in Begleitung hinaustreten durfte. Ich durfte jedoch, so lange ich wollte, an dem großen eisernen Gittertor am Ende der Akazienallee sitzen, um wie ein Äffchen im Zoo zu beobachten, was in der Welt der freien Menschen vor sich ging.

Die Hauptstraße war mit Kieselsteinen gepflastert. In der Mitte befanden sich zwei breite steinerne Rillen, die den Fuhrwerken die Fahrt erleichtern sollten. Links vom Tor waren einige Werkstätten, darunter die des Schuhmachers meiner Mutter, der eines — noch fernen — Tages unsere Villa kaufen sollte. In diesen Werkstätten geschahen wahre Wunder: Aus verrosteten Eisenstücken entstanden Terrassengeländer, aus einem Berg von Weidenruten Körbe aller erdenklichen Formen, aus Baumstämmen unter sprühendem Sägemehlregen Bilderrahmen und Fenster, Tische und Türen und — was für mich am wichtigsten war — meine Indianerschilde und Holzschwerter. Rechts vom Gittertor gab es dort, wo die Straße einmündete, einen steilen Weg, der — wie mir Cecilia anvertraut hatte — zu einem bekannten Restaurant führte, wo man stundenweise Zimmer mieten konnte. An dieser Straßenkreuzung warteten abends die Soldaten der Garnison auf ihre Mädchen, und an derselben Stelle berichteten dann die Mädchen einander tagsüber lachend von ihren nächtlichen Erlebnissen. Auf der Hauptstraße fuhren ständig Fuhrwerke der Bauern, die mit Gras, Heu oder Getreide beladen oder leer waren bis auf einen Mann, der, eine Flasche Wein neben sich, eingenickt war, im Vertrauen darauf, daß sein Pferd den Weg nach Hause fand. Am eindrucksvollsten waren jedoch die Prozessionen der beiden maßgeblichen Vereinigungen des Dorfes — die der faschistischen Partei und die der Pfarrkirche. Ich begeisterte mich für beide wegen der Uniformen, der Fahnen, der Kerzenleuchter, der Wimpel, der Lieder, der Musik und jener eindrucksvollen Gesten, die die Zuschauer machten, während die Prozessionen an ihnen vorüberzogen — die einen streckten den Arm aus zum römischen Gruß, die anderen schlugen das Kreuzzeichen. Meine Vorliebe galt schon bald den Faschisten — zumindest seit jenem Tag, an dem mein Vater meinem Quengeln nachgab und mich zweien seiner mit Karabiner und Degen bewaffneten Milizsoldaten als »Wimpelträger« anvertraute. An der Spitze eines Haufens, der in schwarzen, verschwitzten Hemden einhermarschiert kam und mißtönend seine flegelhaften, martialischen Lieder sang, empfand ich großen Stolz. Erst viele Jahre später, als ich in Palästina zum erstenmal ein Regiment britischer Truppen vorüberziehen sah, dem eine angeleinte Ziege voranging, wurde mir klar, daß ich bei der ersten faschistischen Kundgebung, an der ich teilgenommen hatte, wohl eine ähnliche Figur abgegeben haben muß.

Zu den von der Pfarrei organisierten Prozessionen fühlte ich mich niemals im gleichen Maße hingezogen, vor allem deshalb, weil es mir nie erlaubt wurde, an ihrer Spitze zu gehen und dabei — wie einige Jungen, die ich kannte und glühend beneidete — ein Weihrauchfaß zu schwingen. Aus diesen Gefäßen drang ein dichter, wohlriechender Rauch, während es mir beim Indianerspielen nie gelang, den Rauch so hoch steigen zu lassen, daß meine Schwester ihn auf der anderen Seite der Villa sehen und auf meine Signale antworten konnte. Außerdem schüchterten mich all die goldbestickten Paramente, Kruzifixe, weißen Spitzen auf den Schultern der Geistlichen und die Schleier der Töchter Mariens mehr ein als die schwarzen, verschwitzten Hemden der Faschisten. Ein Ereignis, für das die Pfarrei allerdings nicht verantwortlich war, richtete zwischen mir und den Prozessionen der katholischen Kirche dann endgültig eine psychische Barriere auf, die mich noch heute von jeglicher Form kollektiver Liturgie fernhält.

Es war ein heißer Sommertag. Eine Weile schon läuteten die Kirchenglocken Sturm. Auf der Hauptstraße hatte sich eine große Menge versammelt. Die Carabinieri trugen ihre Paradeuniform mit schwarzem Zweispitz und blau-rotem Federbusch. Der Bischof war da und auch die Madonna mit der goldenen Krone auf dem Kopf und dem Spitzenschleier um die Schultern. Sie stand auf einer hölzernen Plattform mit dicken vergoldeten Tragestangen und wurde von acht festlich gekleideten Bauern getragen. Mit von der Partie waren die Kinder aus den Grundschulen, die Töchter Mariens, die Priester und Kanoniker und die Vereinigungen der Veteranen mit ihren entsprechend geschmückten Fahnen. Sogar ein alter Garibaldiner im roten Hemd mit einem museumsreifen Käppi auf dem Kopf war dabei, der sich mit einer Hand auf einen Stock stützte und mit der anderen auf den Arm eines anderen Greises in Zivil. Die Luft war von Weihrauch geschwängert, der sich mit dem Geruch des frischgemähten Heus vermischte. Die Dorfkapelle spielte auf. Und auch mein Vater, der soeben in seinem Amt bestätigt worden war und den man beinahe zum kommissarischen Präfekten des Dorfes ernannt hätte, war da. Er trug eine Schärpe in den Nationalfarben unter der braunen Jacke, auf deren Kragen er Miniaturausgaben seiner Orden geheftet hatte.

Unsere Bauern waren auf die Einfriedungsmauer geklettert, ließen ihre staubbedeckten Holzpantinen über den Köpfen der Vorüberziehenden baumeln und genossen von ihrem unbequemen Logenplatz aus das Spektakel. Unsere Hausmädchen hatten sich, zusammen mit der französischen Gouvernante, hinter dem Gittertor aufgereiht. Mir hatte man einen besonderen Platz zugewiesen: Ich saß zwischen ihren Beinen auf einem Korbstühlchen, von dem aus ich die Prozession aus der Froschperspektive bewundern konnte, ohne zu ermüden. Meine Schwester stand dagegen etwas abseits, unter der letzten Akazie der Auffahrtsallee, nahe der Ablaufrinne, die unter kleinen Gitterrosten von der Straße durch unser Anwesen führte, um dann in den Teich zwischen den Wiesen zu münden.

Kurz bevor der Bischof vor unserem Tor anlangte, stieß meine Schwester plötzlich einen markerschütternden Schrei aus, und alle Köpfe drehten sich in ihre Richtung. Obwohl es schon so lange her ist, erinnere ich mich ganz genau an die Szene: Sie stand da wie versteinert, beide Hände gegen ihr hochgezogenes Knie gepreßt. Sie brüllte aus Leibeskräften: »Sie hat mich gebissen! Sie hat mich gebissen!« Und in ihr Geschrei mischte sich sofort das Geheul der französischen Gouvernante, dieser häßlichen alten Jungfer, die sich einbildete, eine große Dame zu sein.

Die Ursache dieser großen Aufregung war genauso erstarrt wie eine Figur aus jenen »lebenden Bildern«, die meine Mutter für ihre Gäste inszenierte, wenn sie bemerkte, daß Klatschgeschichten und Süßigkeiten nicht mehr ausreichten, um das große Gähnen im Salon zu verhindern. Es war eine Ratte — vielleicht ein nicht einmal sehr großes Tier, das mir aber ungeheuerlich erschien. Eine aggressive Kanalratte — eine Feldmaus hätte sofort die Flucht ergriffen. Nachdem sie meine Schwester gebissen hatte, starrte sie sie und die Gouvernante unverwandt aus zwei rotgefleckten Augen an und bleckte ein paar scharfe Zähnchen, die mir wie Stoßzähne vorkamen.

Das erste menschliche Wesen, das reagierte, war Gusto, der Sohn unseres Halbpächters. Er stieß ein kräftiges *»boia fauss«* aus und stürzte sich mit der Hacke auf die Ratte, die schneller war als er und wie der Blitz im Gras der Wiese verschwand. Meine Schwester brüllte weiter, und die Gouvernante schluchzte mit ihr. Mein Vater, der draußen auf der Straße ihre Stimme erkannt hatte, war sofort aus der Prozession ausgeschert und stand jetzt beunruhigt vor dem Tor und verlangte eine Erklärung. Der Bischof hatte unterdessen unbeirrt seinen Marsch fortgesetzt, obwohl er wußte, daß hinter dem Tor der Juden etwas passiert sein mußte. Wahrscheinlich ärgerte er sich, daß die Gläubigen hinter ihm den Schritt verlangsamten, statt weiterhin dem Rhythmus der Kirchenlieder zu folgen.

Ich saß auf meinem Stühlchen und genoß durch die Beine der mich umringenden Personen hindurch das Schauspiel vor und hinter der Mauer. Allerdings hatten mich das Geschrei meiner Schwester und die Ausrufe unserer weiblichen Bediensteten, die sich mit den Gebeten der Priester und den Avemarias der Gläubigen vermischten, sehr erschreckt.

Seit jenem Tag habe ich große Angst vor Ratten. Mit diesem nun schon so weit zurückliegenden Ereignis muß meine Überzeugung zusammenhängen, daß das Leben nichts anderes ist als ein ständiges Kommen und Gehen von Prozessionen zum Tode Verurteilter, die aneinander vorüberziehen und höchstens für ein paar flüchtige Augenblicke die Existenz anderer wahrnehmen.

In den acht Jahren, die auf unsere Übersiedlung von Piemont ins Friaul folgten, drehte sich mein Leben nur um die beiden Pole Schule und Ferien.

Bis auf das strahlende Lächeln einer Aushilfslehrerin habe ich keine Erinnerungen an die vierte Grundschulklasse, die erste Klasse einer öffentlichen Schule, die ich je besucht habe. Wegen dieses Lächelns verliebte ich mich unsterblich in diese Lehrerin, nur um später von meiner Mutter zu erfahren, daß sie es einem künstlichen Gebiß verdankte. Ich war damals noch zu kränklich, um an den Spielen meiner Klassenkameraden teilzunehmen, und den größten Teil des ersten Jahres nach unserer Übersiedlung nach Udine verbrachte ich mit Fieber und Bronchitis zu Hause. Erst 1931, als wir dank der Einkünfte aus der neuen Tätigkeit meines Vaters erneut umzogen, begann ich, ein normales Leben zu führen.

Wir bezogen eine große Wohnung, die meine Mutter in den Briefen an ihre Freundinnen hartnäckig als »Zweizimmerwohnung« bezeichnete. Annetta hielt die Wohnung sauber, und Cecilia kochte. Ein Automobil hatten wir nicht mehr, aber für größere Reisen überließ man uns den Firmenwagen. Gewöhnlich empfing meine Mutter am Donnerstag, und an jenem Tag durfte ich ein paar Freunde einladen, um die Süßigkeiten aufzuessen, von denen die Damen zuvor gekostet hatten.

Mein Vater wohnte während der Woche in den Bergen. Wir sahen ihn immer erst am Samstagabend, wenn er mit dem Sechsuhrzug kam, um am Montag mit dem Siebenuhrzug wieder abzufahren. Er reiste in der zweiten Klasse mit dem ermäßigten Billett für Offiziere im Ruhestand. Der Sonntagvormittag war der Partei gewidmet, der Nachmittag mir und dem Kino. Er stand um acht Uhr auf und war um neun in seiner Uniform eines Kommandanten der faschistischen Miliz ausgehfertig. Aus einer großen roten Schachtel, die er im Laden der ehemaligen Offiziere gekauft hatte, nahm er den schwarzen Fez mit der Quaste, die an der linken Seite herabhing; an den vergoldeten Gürtel band er sich den Degen mit dem Silberknauf und dem Adlergriff; dann zog er die gespornten Stiefel an, die Annetta stundenlang poliert und die ich ihm, von tiefem Respekt erfüllt, ins Zimmer gebracht hatte. An besonders kalten Tagen warf er sich ein graugrünes Cape um die Schultern, das ihm bis unter die Waden reichte und dem wie auf Ligabues Porträt des uniformierten Faschisten etwas Mysteriöses und Sakrales anhaftete.

Meine Mutter hatte — nach langem Zögern und ständigem Druck nachgebend — das Amt einer *patronessa del Fascio* übernommen. Sie haßte es jedoch, Uniform zu tragen, auch wenn ihr breitkrempiger Hut immer der eleganteste von allen war. Um die Mittagszeit traf sie sich mit dem Vater zum Aperitif auf der Piazza.

Meine Klassenkameraden und ich besuchten — zuerst in der Uniform der Balilla und später in der der Avanguardisti — die Versammlungen unserer Organisationen. Diese begannen und endeten immer mit dem Appell, mit der Ausgabe des Tagesbefehls, in dem nie irgend etwas gesagt wurde, dem Gruß an den Duce und gelegentlich mit einigen militärischen Übungen in geschlossener Formation, einer unerläßlichen Vorbereitung auf die jährliche Turnprüfung. Auch ich besaß einen Fez und einen Degen, aber der erste war aus grobem Filz, der zweite aus viel schlechterem Stahl als der meines Vaters. Ich träumte davon, *capomanipolo,* Truppführer, zu werden, um die enganliegende Weste dieser Uniform tragen zu dürfen. Sie ähnelte nämlich der der Kadetten der Marineakademie, die meiner Schwester den Hof machten. Aber dieser Traum erfüllte sich nicht.

Von der vierten Klasse des Gymnasiums an waren faschistische Kultur und Militärgeschichte Pflichtfächer. Doch niemand nahm diesen Unterricht ernst, weil alle wußten, daß unser schulisches Schicksal von unseren Arbeiten in Italienisch, Latein und Griechisch abhing, auf die ich mich — der ich von den Lehrern ständig als »Schüler ohne Grundlagen« bezeichnet wurde — dadurch vorbereitete, daß ich von Beginn bis Ende des Schuljahres Nachhilfeunterricht nahm. Das hinderte mich allerdings nicht daran, fast jeden Tag ungefähr zehn Kilometer mit dem Fahrrad zu fahren, zweimal die Woche fechten zu gehen, am Donnerstag nach dem Mittagessen den Unterricht in der Talmud-Tora-Schule zu besuchen und ständig den Beginn der Ferien herbeizusehnen.

Wenn ich an jene für mich so glückliche Zeit zurückdenke, muß ich feststellen, daß ich die Ereignisse, die die Welt erschütterten und die Existenz unserer Familie untergruben, nur ganz oberflächlich wahrgenommen habe. Der Abessinienkrieg erschien mir als etwas ganz Normales, denn schließlich wollte Italien auch ein bißchen Grün in den Atlanten haben — zwischen all den großen roten und türkisfarbenen Flecken der englischen und französischen Kolonien. Der Bürgerkrieg in Spanien war zu weit weg und zu kompliziert, als daß er mich berührt hätte. Die Fotos von den Greueln des Bürgerkriegs fanden nicht den Weg in unser Haus, und ich konnte Annetta nicht erklären, warum in jenem katholischen Land die Truppen mit den Nonnen besonders übel umsprangen. Was mich viel mehr interessierte, waren die Briefmarken aus Spanien, die ich sammelte, oder die Neuigkeiten über die spanischen Reitpferde, die immer schon meine große Leidenschaft waren.

Ich glaube, es war im Jahr 1935, daß unsere Familie einmal aufgeschreckt wurde, als nämlich die Polizei das Haus meiner Tante, der Schwester meines Vaters, in Turin durchsuchte. Ihr Mann, ein Antifaschist, stand mit einigen *fuorusciti*, Emigranten, in Verbindung. Doch keiner unserer Verwandten wurde verhaftet. Mein Vater und sein Bruder intervenierten diskret an höchster Stelle, und damit war die Sache erledigt. Während der fünf Jahre, in denen ich das Gymnasium Stellini in Udine besuchte, erlebte ich nur einen einzigen politisch motivierten Zwischenfall: Ein Junge aus meiner Klasse, dessen Mutter Belgierin war, bezog Prügel, weil Belgien für irgendwelche Sanktionen gegen Italien gestimmt hatte. Doch wie in den Wildwestfilmen, die ich mir sonntags anschaute, trug die Gerechtigkeit den Sieg davon. Sobald der Direktor Wind von der Sache bekommen hatte, versammelte er alle Schüler in der großen Aula, rief das Opfer auf das Podium und teilte uns mit, daß sein Vater als Offizier in Äthiopien kämpfte. Mit einem rhetorischen Pathos, das mir sehr naheging, drohte er, jeden von der Schule zu weisen und »bei den zuständigen Behörden anzuzeigen«, der es wagen würde, diesen Schüler zu belästigen, dessen »Schuld« lediglich darin bestehe, eine belgische Mutter zu haben. Aus der Tatsache, daß man jemanden verprügeln konnte, weil seine Mutter eine andere Sprache als Italienisch sprach, zog ich natürlich nicht den Schluß, daß man auch jemanden verprügeln könnte, der eine andere Religion hatte.

Bis zum heutigen Tage frage ich mich, woher ich diese instinktive Sicherheit nahm, obwohl ich doch wußte, daß ich anders war als meine Kameraden. Schließlich nahm ich nicht am Religionsunterricht teil; meine Mutter begleitete mich Donnerstag nachmittags zum Talmud-Tora-Unterricht in der kleinen Synagoge von Udine, einem ehemaligen Getreidespeicher in der Nähe des Bahnhofs. Den Unterricht hielt der Rabbiner von Görz, der später in Israel und Amerika Berühmtheit erlangen sollte. Er war ein großer, dicker, bettelarmer Ungar und hatte eine vielköpfige Familie zu versorgen. Wie der Kantor, der von der Gemeinde aufgefordert wurde, an religiösen Festen die Texte zu rezitieren, trug er einen wallenden roten Bart. Ich wußte, daß er und der Kantor, obwohl Juden, anders waren als wir. Die beiden trugen schwarze, sehr schmutzige Kaftane und hatten ständig Probleme mit ihrer Verköstigung und dem Stundenplan — genau wie einige Cousinen meiner Mutter, die im jüdischen Kindergarten von Turin arbeiteten und Töchter eines gelehrten Mannes waren, der irgendwo in Italien sein Amt ausgeübt hatte. Sie waren Teil einer Welt, die in unserer Familie mit dem nachsichtigen, etwas zerstreuten Interesse angesehen wurden, das gebildete Leute Höhlenmenschen entgegenbringen. Aber die Cousinen meiner Mutter erregten kein Aufsehen, während der Rabbiner von Görz und der Kantor jenen fremdländischen, bärtigen, wie Zigeuner aussehenden Männern ähnelten, die gelegentlich an unserer Wohnungstür läuteten. Wenn die Tür geöffnet wurde, blieben sie wie angewurzelt vor der Schwelle stehen, ohne einen Ton zu sagen. Annetta, die sie mit Spitzenhäubchen und Krinolinschürze über dem weißblauen Piquékleid empfing, legte die Kette vor die offene Tür, damit sie nicht eintreten konnten. Dann lief sie zu meiner Mutter und sagte: »Madama, da ist einer von denen.« Mamma begriff sofort. Auch wenn sie gerade Besuch hatte, ging sie in ihr Schlafzimmer und holte aus einem Schränkchen einen kleinen Beutel aus schwarzer Seide, den sie von ihrer Mutter geerbt hatte und in dem sie die silbernen Zwanzigliremünzen mit dem Bild des Duce und der Aufschrift »Besser einen Tag Löwe als hundert Tage Lamm« aufbewahrte. Sie nahm eine davon und ging — jedesmal zum größten Erstaunen von Annetta, die ihr dicht auf den Fersen folgte für den Fall, daß sie Hilfe brauchte — selbst zur Tür, um die Kette auszuhängen und einem von »denen« die Münze in die Hand zu legen, die dieser meistens mit einem nicht immer ganz sauberen Taschentuch bedeckt hatte. »Die müssen aber dreckig sein!« sagte Annetta. »Aber sie haben Manieren«, konterte meine Mutter, »denn sie wissen es und wickeln sich ein Taschentuch um die Hand.« Nicht im

Traum wäre ihr eingefallen — nicht einmal nach ihren Besuchen in Israel —, daß diese Herren als gute orthodoxe Juden jede direkte Berührung mit Frauen aus einer Familie wie der unseren, die als unrein galten, vermeiden wollten.

Natürlich drang der eine oder andere Widerhall des Antisemitismus auch bis zu mir. Aber es war ein Widerhall des Dreyfus-Prozesses — der einzige, der mir erklärt wurde, wohlgemerkt, ohne daß die Auswirkungen dieses Prozesses auf Theodor Herzl erwähnt wurden —, und es war ein Widerhall aus weiter Ferne. Der, der aus der Nähe, aus Nazideutschland, kam, schien dagegen angetan, mich in meinem Sicherheitsgefühl noch zu bestärken.

Im Parteibüro der Faschisten in Udine, wo mein Vater viele Leute kannte, schienen alle offen gegen die Judenverfolgungen und gegen die Deutschen zu sein. Aber das entscheidende Urteil war das meines Onkels, der in der Finanzwelt des faschistischen Italien immer weiter aufstieg. Es war das, was er seiner Mutter über seine Begegnungen mit Mussolini schrieb oder uns persönlich erzählte, wenn wir ihn im Sommer in den Bergen trafen. Es waren immer herzliche Begegnungen, bei denen der Duce jedesmal auf den Unterschied zwischen den italienischen Juden und denen des übrigen Europa hinwies.

In Udine, Palmanova und Campoformido (dem großen Luftwaffenstützpunkt) waren Garnisonen stationiert. Dort konnte ich nach Herzenslust reiten, mich an Wettbewerben mit dem Gleitflieger beteiligen und meine Schwester oft zu den in Offizierskreisen veranstalteten Festen begleiten. Zwischen dem Glitzern der Uniformen und den älteren Herren, die hinter ihren ins Auge geklemmten Monokeln blinzelten, war es den Adligen und Bürgerlichen in Uniform und Zivil, die den Mädchen den Hof machten, geradezu eine Pflicht, mit ihrer Loyalität zur Monarchie, ihrer würdevollen Distanz zum Faschismus und ihrer Feindseligkeit gegenüber den Deutschen zu prahlen. Als Jude fühlte ich mich in diesen Kreisen keineswegs an den Rand gedrängt, sondern vielmehr geborgen in einer Atmosphäre augenzwinkernder Solidarität, die in meiner Gegenwart sogar besonders wortgewaltigen Ausdruck fand. Außerdem kommandierte ausgerechnet in diesen Jahren ein Jude das prestigereichste Kavallerieregiment, das in Udine stationiert war. Diese Tatsache genügte, um jedem, der sich kritisch gegen die Israeliten äußern wollte, das Wort auf den Lippen ersterben zu lassen.

An Jom Kippur 1937 zogen, während der Kantor zum drittenmal das Kol nidre anstimmte, drei junge Männer mit unbedecktem Kopf in die Synagoge von Udine ein in der offenkundigen Absicht, die Feier zu stören. Für einen Augenblick kam Spannung auf in dem ehemaligen Getreidespeicher, doch der Kantor setzte unerschrocken sein Gebet fort. Mein Vater blickte sich rasch um. Als er sah, daß niemand sich rührte, löste er sich von meiner Seite und trat an die drei Eindringlinge heran. Der Tallit, den er über die Schultern gebreitet hatte, bedeckte fast seine ganze Jacke. Aus ihr zog er — zum Entsetzen einiger Gläubigen — zuerst seine prallgefüllte Geldbörse hervor und dann — zur großen Erleichterung der Anwesenden — aus der Geldbörse seinen Ausweis als Kommandant der Miliz. Er zeigte ihn schweigend den jungen Männern und blickte ihnen dabei fest in die Augen. Diese nahmen das Dokument, drehten es in den Händen, gaben es ihm mit einem plumpen faschistischen Gruß zurück und zogen kleinlaut wieder ab. Es war ein Zwischenfall, der nur ein paar Minuten dauerte, aber er bestätigte mich in meinem Gefühl absoluter Sicherheit, das übrigens jedes Jahr noch durch die Art und Weise verstärkt wurde, wie ich meine Sommerferien verbrachte.

Meine Mutter hielt es geradezu für eine religiöse Pflicht, alljährlich drei Ferienaufenthalte zu absolvieren, denn sie war überzeugt, daß die beiden ersten für ihre Gesundheit und die ihrer Kinder und der dritte für das geistige Wohlergehen meines Vaters unerläßlich seien. Zuerst fuhren wir von Mitte Juni bis Mitte Juli zum Badeurlaub an den Strand von Grado, dann in die Berge, wo mein Vater arbeitete, von Mitte Juli bis September, und schließlich für eine Woche zur Weinlese nach Piemont.

Der Badeurlaub war für mich der langweiligste. Ich habe mich nie für das Schwimmen begeistern können; ich habe Angst vor dem Wasser und bekomme leicht einen Sonnenbrand. Außerdem ärgerte es mich, für meine Schwester den Anstandswauwau abgeben oder, wie man damals sagte, unter ihren unzähligen Verehrern das fünfte Rad am Wagen spielen zu müssen. Deshalb war ich entzückt, daß ich 1935 und 1936 anstelle des Badeurlaubs am Meer zwei Kreuzfahrten nach Nord- und Südamerika unternehmen konnte — an Bord der Motorschiffe *Saturnia* und *Conte Grande,* die bei dieser Gelegenheit außer Touristen und berühmten Persönlichkeiten ganze Gruppen von *marinaretti* beförderten. Diese »Jungmatrosen« waren unter den regimetreuesten Familien ausgewählt worden; ihre Aufgabe bestand darin, durch die Straßen von New York und Buenos Aires zu defilieren, um unter den Italienern, die in diesen Städten lebten, »zur Sammlung von Gold und Eisen für das Vaterland« aufzurufen. Ich hatte keine Schwierigkeiten, zu diesen Kreuzfahrten zugelassen zu werden, war aber ziemlich erstaunt, festzustellen, daß mit mir zusammen etliche andere jüdische *marinaretti* auf dem Schiff waren — ja, wir waren sogar eindeutig überrepräsentiert.

Auf einer dieser Reisen sprach ich zum erstenmal in der Öffentlichkeit und kommentierte im Verlauf der Nachmittagssitzung unserer faschistischen Kaderschulung eine Rede des Duce, die uns über Bordfunk übermittelt worden war. Es war schon deshalb kein großer Erfolg, weil unser Kommandant — ein Turnlehrer mit dem programmatischen Namen Porcu, nämlich Schwein — wünschte, daß wir uns auf das Problem der Masturbation und der

Syphilis konzentrierten, die seiner Meinung nach die italienische Rasse an ihrem Lebensnerv bedrohten. Ich dagegen las unter dem Vorwand, daß Mussolinis Worte nicht nur gehört, sondern auch kommentiert werden sollten, sehr engagiert seine Rede. Ich erinnere mich nicht an das, was ich sagte, aber es war wohl nicht sehr interessant, denn meine Kameraden gähnten ununterbrochen.

Als wir in New York eintrafen, erwartete uns schon eine Abteilung von Polizisten zu Fuß und zu Pferde, die unter unseren erstaunten Blicken — wir beobachteten sie vom Schiffsdeck aus, weil wir noch nicht an Land gehen durften — eine Menge antifaschistischer Demonstranten daran hinderte, sich dem Dampfer zu nähern. Bei dieser Gelegenheit hörte ich zum erstenmal jemanden an Bord vom »plutokratischen Kommunismus im Bunde mit dem internationalen Judentum« sprechen. Aber ich maß dem auch schon deswegen keine Bedeutung bei, weil wir kurz darauf von einer anderen, applaudierenden Menge von Italienern beinahe erdrückt wurden, die uns mit Geschenken überhäuften und uns um Fetzen von unserer Uniform als Souvenirs baten. Ein ähnlicher, vielleicht etwas weniger begeisterter Empfang wurde uns in Buenos Aires zuteil. Das Konzert, das Tito Schipa im Teatro Colón gab, war jedoch ein voller Erfolg. Auch hier geriet das Publikum in Entzücken, als wir in unseren makellosen Marineuniformen im Parkett Platz nahmen. Ich kehrte in der Überzeugung nach Italien zurück, daß die Militärlaufbahn das einzig richtige für mich sei. Nur mein Magen zwang mich, auf den Besuch der Marineakademie zu verzichten, in die ich liebend gern eingetreten wäre, schon allein wegen des Dinnerjackets und des kleinen Degens mit dem Perlmuttgriff, den die Kadetten stolz zur Schau trugen, wenn sie meine Schwester besuchen kamen.

Am Strand von Grado traf ich die ersten jüdischen Flüchtlinge aus Hitlerdeutschland. Es war die Familie

Fürst, die aus einem älteren Herrn, seiner Frau und zwei Töchtern bestand. Sie müssen sehr reich gewesen sein. Sie hielten sich mit einem Touristenvisum in Italien auf und warteten auf das englische Visum, mit dem sie nach Palästina weiterreisen wollten. Sie erzählten uns, was in Deutschland mit den Juden passierte, ohne je auf dem herumzureiten, was sie persönlich durchgemacht oder verloren hatten. Mit großem Wohlwollen und wenig Vertrauen hörten sie, was mein Vater und meine Mutter ihnen über den Unterschied zwischen Italien und Deutschland erzählten; es klang, als lebten die italienischen Juden und die deutschen auf zwei verschiedenen Planeten. Die Fürsts hatten Emil Ludwigs Buch *Gespräche mit Mussolini* noch nicht gelesen. Mein Vater besorgte es ihnen. Doch bevor er es ihnen schenkte, las er mir einige Passagen vor, in denen der deutsche Publizist wiedergab, was der Duce ihm gegen den deutschen Antisemitismus und zugunsten der Juden gesagt hatte. Die Familie Fürst verließ Grado, und obwohl ich Jahre später in Palästina nach ihnen suchte, habe ich nie wieder etwas von ihnen gehört.

In den Bergen, auf den Besitzungen, die zur Fabrik meines Onkels gehörten, waren die Unwirklichkeit und die Unbeschwertheit meiner Existenz noch offenkundiger. Der Betrieb war nicht nur der größte Kettenhersteller in dieser Region, sondern auch Besitzer eines ganzen Tales. Auf den dazugehörigen Bergen gingen wir auf Rehjagd; die beiden im Tal gelegenen Seen erzeugten elektrische Energie für die staatliche Eisenbahn. Neben riesigen Wäldern gehörte auch ein ganzes Dorf dazu, dessen Häuser die Fabrik an ihre Arbeiter vermietete. Es war also — und ist noch heute — ein regelrechter Feudalbesitz, und ich war der Neffe des Feudalherrn.

Es ist sehr schwer, jemandem, der nicht an einem solchen Ort und in dieser Zeit gelebt hat, zu erklären, was es bedeutete, zur Familie des Padrone zu gehören —

eines Padrone, der dreihundert Arbeitern Brot und Arbeit gab und sie sozial absicherte, der sich um die Güter der Kirche und den Sportplatz kümmerte und von dem der Lebensunterhalt der örtlichen Bevölkerung abhing. Und das alles in einer Zeit, in der es keine Gewerkschaften, sondern nur *corporazioni* gab, in einer Zeit, da man nicht streiken durfte und Arbeit rar und schlecht bezahlt war. Aber in unserem Falle kam noch etwas hinzu: Das Tal, dessen deutschen Namen die Faschisten durch einen wohltönenden aus der römischen Antike ersetzt hatten, bildete einen Keil zwischen Jugoslawien und Österreich, der infolge des Ersten Weltkriegs an Italien gefallen war. Die Bevölkerung sprach deutsch und slowenisch und konnte die Italiener nicht ausstehen. Und tatsächlich: Als sie die Möglichkeit bekamen, für das Dritte Reich zu optieren, hielt es nur wenige am Ort. Die meisten von ihnen kamen dann in Stalingrad um oder starben im Bombenhagel der Alliierten in Deutschland. Ich glaube, daß ihre Gefühle für die Juden nicht viel anders waren als die der Nazis. Aber mein Onkel war der Padrone des Tals, und mein Vater war nicht nur der Geschäftsführer der Firma, sondern auch der höchste Offizier der Miliz in dieser Zone, der die Luftverteidigung des ganzen Gebirgszugs oblag. Und so kam es, daß die Bewohner des Ortes nicht nur vor der bestehenden Obrigkeit Respekt hatten, sondern auch vor der völlig zufälligen Verknüpfung von politischer und finanzieller Macht.

Über all das war ich mir nicht im klaren, auch wenn ich mich mit dem ehemaligen Bürgermeister des Ortes aus österreichisch-ungarischer Zeit angefreundet hatte, einem weißhaarigen Herrn, der gleich neben dem Postamt in einem großen Haus wohnte und Streichholzschachteln und Briefmarken sammelte. Es war meine Leidenschaft für Briefmarken gewesen, die mich drängte, die Schwelle zum Haus eines Mannes zu überschreiten, der nach Ansicht meines Vaters ein Feind Italiens war. Dieser alte Herr betätigte sich auch als Hobbymaler, und an der

Wand seines Arbeitszimmers prangte ein großes Bild »eines seiner Onkel« mit einem gewaltigen Schnurrbart, der niemand anders war als Kaiser Franz Joseph, über dessen Uniform er einen schönen schwarzen Abendanzug gemalt hatte. Als ich das Porträt bewunderte, zwinkerte er mit seinen schlauen Augen, über die sich buschige weiße Brauen wölbten, und lächelte selig. Er bot mir auch von seinem köstlichen, mit Honig bestrichenen Schwarzbrot an und zeigte mir seine Erinnerungsstücke aus Kriegs- und Friedenszeiten, aus jener Zeit, als er noch das Dorf regierte. Mein Vater sah es nicht gern, daß ich in seinem Hause verkehrte. Meine Mutter aber meinte, er sei ein kultivierter, harmloser Mensch, der allein, nur mit seiner Haushälterin, lebe und sich zweifellos über den Besuch eines Jungen in meinem Alter freue. Er sei in jedem Fall ein besserer Umgang für mich als gewisse Jugendliche, mit denen ich angeln ging und die mit mir wahrscheinlich — und da hatte sie recht — über allerhand schmutziges Zeug redeten. Tatsächlich unterhielt ich mich mit dem alten Bürgermeister niemals über Sex oder Politik, und er machte auch nie Anspielungen auf meine Religion. Er wies nur bei jeder Gelegenheit darauf hin, daß die öffentliche Verwaltung vor der Besetzung durch die Italiener der Bevölkerung bessere Dienste geleistet habe, und ich hatte keinen Grund, ihm in dieser Hinsicht zu widersprechen.

In den Monaten, die ich in den Bergen verbrachte, erlebte meine ohnehin schon unbeschwerte Existenz eine weitere Steigerung, denn hier wurden alle Kinderträume Wirklichkeit. Ich ging Forellen angeln und mit den Forstaufsehern auf die Jagd und sammelte im Wald Pilze, Erdbeeren und Heidelbeeren. Ich hatte den großen Garten um das Haus zu meiner Verfügung, der an einem Wildbach endete. An dem langen Palisadenzaun, der uns als Wildwest-Fort diente, hatten wir ein Indianerlager errichtet mit Zelten, Pfeil und Bogen, Schilden und Zugbrücken und mit einer primitiven Seilbahn, die uns aus der Küche in einem Körbchen die Brotzeit brachte. Im Hause gab es keine Personalprobleme, weil zu unseren beiden Hausgehilfinnen noch die meines Onkels hinzukamen. Die Villa war immer voll mit Gästen. Während der großen Sommermanöver bewirtete mein Onkel die Offiziere vom Dienstgrad eines Obersten aufwärts, mein Vater — auch meiner Schwester und ihrer Freundinnen wegen — vom Obersten abwärts.

In der Fabrik gab es nur ein Auto und dann natürlich auch noch das meines Onkels, das dieser benutzte, wenn er sich in den Bergen aufhielt. Dafür hatten wir Zugpferde, auf denen ich nach Belieben reiten durfte. Im Winter spannten wir sie vor die Schlitten und ließen uns, auf Skiern stehend, stundenlang im Galopp über die vereisten Straßen ziehen. Es war eine Traumwelt, eine irreale, fast feudale Welt, die ich viele Jahre später in einigen Szenen des Films *Doktor Schiwago* wiedererkannt habe. Für mich aber war es eine völlig normale Welt, die ich ohne Gewissensbisse oder Zweifel akzeptierte, da mir jede Vergleichsmöglichkeit fehlte. Von außen drangen keine Nachrichten über unerfreuliche Dinge bis hierher. Und wenn die Politik sich doch hin und wieder einmal einschlich, wurde sie stets aus italienischer und faschistischer Sicht interpretiert.

In Piemont und insbesondere in unserem Dorf war das ganz anders. Ich begleitete meinen Vater immer dorthin, wenn er meine Großmutter in Turin besuchte und sie auf das Gut einlud, damit sie, die an Verstopfung litt, eine Traubenkur machte. Wir besaßen damals zwar nur noch wenige Weinberge, aber die Verträge mit den Pächtern des Gutes mußten verlängert werden, und außerdem gab es die vielen Probleme mit der Kanalisation, den Regenrinnen, den Dächern und dem Garten und so weiter, die sich im Lauf eines Jahres angesammelt hatten und zu deren Lösung unser Faktotum die Anweisungen meines Vaters erwartete.

In diesem Dorf, in dem wir heute noch wohnen, waren wir zwar nicht mehr die Padroni, aber viele Leute erinnerten sich noch an die Zeit, als das Schloß meinen Großeltern gehört hatte, und daran, daß mein Vater nach Kriegsende fast alle zum Gut gehörenden Häuser an seine Bauern verkauft hatte. Er war ein guter Bürgermeister gewesen; er kannte die Probleme jeder Familie, und viele vertrauten auf seine große Erfahrung in Rechts- und Agrarangelegenheiten. Während seiner Sommeraufenthalte kamen die Bauern in Scharen mit ein paar Flaschen Wein oder einem mit Obst und Gemüse gefüllten *cavagnin,* um ihn um Rat zu bitten und sich von ihm Verträge aufsetzen und Steuerbescheide überprüfen zu lassen. Während er sie in seiner Bibliothek empfing, deren eine Wand von einem großen Druck von Rembrandts *Rabbiner* beherrscht wurde, blätterte ich in den von Doré illustrierten Büchern oder unternahm Streifzüge durch den Dachboden, wo ich in den alten Koffern wühlte, die voller Überraschungen und ungewöhnlicher Gegenstände steckten: Ich bewunderte die Fotoalben, vor allem die aus der Zeit des Ersten Weltkriegs, auf denen die männlichen Mitglieder unserer Familie in Uniform zu sehen waren — neben Bildern von König Vittorio Emanuele, dem Prince of Wales (der, wie ich wußte, inzwischen wegen einer Signora Simpson auf den Thron verzichtet hatte), von Kitchener, Clemenceau, Díaz und Giardino, dem Herzog von Aosta mit seiner hochgewachsenen Frau, die recht streng aus ihrer Rotkreuzschwesterntracht schaute.

In diesem Dorf und in diesem Haus fühlte ich mich wohl, wenn auch auf seltsame Weise »besonders«. Nicht in meiner Eigenschaft als Jude, sondern als einer der Bewohner des Dorfes, deren Geschichten, deren Streitigkeiten und deren Art zu denken ich kannte und die sich meiner Meinung nach so sehr vom Rest der Italiener unterscheiden. Bevor wir ins Friaul zogen, hatte ich im Winter immer lange Stunden auf dem Stroh im Stall von Annettas Neffen sitzend zugebracht und Zahlenlotto gespielt, Maiskolben entkörnt und den warmen, durchdringenden Geruch des Kuhmists eingeatmet. Leute, die nicht reich genug waren, um sich eine andere Art von Heizung zu leisten, wärmten sich an ihren Kühen. Ins Bett gingen wir, genau wie sie, mit einem Wärmetopf, in dem heiße Asche lag, auch wenn in unseren Zimmern der Fußboden nicht mit groben roten Ziegelsteinen ausgelegt war wie bei den Armen. Im Sommer hängten wir wie sie an die Deckenbalken der Küche gelbe Rollen, auf denen sich seltsame Muster von Insektenleibern bildeten, die am honigbeschichteten Papier klebengeblieben waren.

Ich weiß nicht, wie viele der jungen Leute noch wissen, daß die Hauptstraße des Dorfes, die heute Via Boetti heißt, damals nur unter dem Namen Via Cornarea bekannt war. Diese wunderliche Bezeichnung ging auf die Tatsache zurück, daß die Adligen vom Hofe während des Aufenthaltes der königlichen Familie im Dorf viele Stunden des Tages damit zubrachten, nach den hübschesten Bäuerinnen Ausschau zu halten. Der alte Straßenname erinnerte daran, daß damals so manchem Bauern prachtvolle, außerordentlich noble Hörner aufgesetzt wurden.

Die Mischung von aristokratischem und plebejischem Blut muß dazu beigetragen haben, daß das Dorf so viele Persönlichkeiten hervorbrachte, mit denen es über viele Jahre in Militär, Justiz und Kirche Ehre eingelegt hat. Inzwischen ist diese ländliche Gesellschaft mit ihren kleinen Schlößchen und alten Traditionen untergegangen. Das Bezirksgericht ist in einen anderen Ort verlegt worden. Die Furcht der Dorfbewohner, die Dampflokomotiven könnten mit ihren Funken die Ernte in Brand setzen, hatte seinerzeit die Gemeinde veranlaßt, eine Petition an den König zu richten, daß die Eisenbahn einen Bogen um das Dorf machen solle. Das Ergebnis war, daß es heute sowohl von der Eisenbahnlinie als auch von asphaltierten Straßen und den noch moderneren Autobahnen abgeschnitten ist. An die Stelle der kirchlich geleiteten Schulen sind staatliche getreten, die vielleicht in einigen Jahren wegen Nachwuchsmangels ihre Pforten werden schließen müssen. Das Waisenhaus hat die seinen bereits geschlossen, da es keine Waisenkinder mehr gibt. Das große Salesianerseminar steht seit langem leer. Nur das Krankenhaus, das in ein Altenheim umgewandelt wurde, nimmt ständig neue Bewohner auf. Die Anzahl der Alten steigt im selben Tempo wie die der brachliegenden Weinberge. Wenn der Propst heute die Toten zu Grabe geleitet, psalmodiert er auf Italienisch und nicht mehr auf Lateinisch. Um den Hals hat er ein Mikrofon baumeln, und aus dem batteriebetriebenen Lautsprecher, den er unter der Soutane versteckt trägt, hallt seine Stimme über die Felder. Niemand weiß, wann jemand im Dorf im Sterben liegt, denn die Glocken läuten nicht mehr, um allen kundzutun, daß jemand die Letzte Ölung erhält oder stirbt. Während der Begräbnisse wird kürzer und regelmäßiger geläutet, weil der kleine Motor, der die Glocken in Bewegung setzt, präziser arbeitet als die Arme des Mesners.

Wenn ich in der Woche der Weinlese meinen Vater, der die Verträge verlängern mußte, und meine Großmutter, die ihre Traubenkur antrat, ins Dorf begleitete, ging man immer am Samstag- und am Sonntagabend ins Pfarrhaus, wo der Pfarrer einen Film vorführte. Manchmal passierten dann auch kuriose Dinge. Bei den Filmen handelte es sich natürlich nur um solche, die von der Kurie abgesegnet waren, doch wurde damals vor dem Hauptfilm die Wochenschau *Luce* gezeigt. Darin wurden nicht nur die Werke des Duce und der Ruhm des neuen revolutionären und faschistischen Italien gepriesen; man sah auch Modeschauen oder Szenen mit Stränden voller Tourist(inn)en. Solche Bilder waren nicht nach dem Geschmack des Pfarrers. Er ließ einen Ministranten auf einen Schemel steigen, der zwischen den Reihen aus unbequemen und quietschenden Holzstühlen stand, und der mußte dann mit einem großen roten Schnupftuch die anstößigen Szenen zudecken. Im Saal erhoben sich Protest, Getrampel, Hohnrufe und Geschimpfe. Es nützte alles nichts. Dem Pfarrer fiel zu Sex und religiösen Problemen zwar nur wenig ein, doch dieses wenige war um so dezidierter. Im hohen Alter, noch nach dem Zweiten Weltkrieg, verurteilte er die teuflische Rolle von Vespa und Lambretta und erinnerte die Pfarrkinder von der Kanzel herab daran, daß auf diesem zweirädrigen Vehikel der Versuchung die jungen Leute abends »zu zweit losfuhren und zu dritt zurückkehrten« — eine Sorge, die angesichts der schrumpfenden Bevölkerung des Dorfes wohl fehl am Platze war.

Vor dem Krieg hatte auch der Maresciallo der Carabinieri (heute gibt es nur noch einen Brigadiere) ganz eigene Vorstellungen davon, wie im Dorf die Ordnung aufrechtzuerhalten sei und wie man sich Informationen darüber beschaffte, was so alles passierte. Damals gab es noch keine Terroristen und keine bewaffneten Banküberfälle, Viehdiebstahl aber war an der Tagesordnung, aus Rache wurden Pappeln gefällt und Weinstöcke umgehackt und das Getreide am Vorabend der Ernte angezündet. Über all diese möglichen Delikte und über alles, was in den einzelnen Familien vor sich ging, hielt sich der Gesetzeshüter dadurch auf dem laufenden, daß er im Wirtshaus Karten spielte oder am Tanaro angeln ging. Am Flußufer hatten die Leute weniger Hemmungen, ihm zu erzählen, was sie an Wahrem oder Unwahrem mitzuteilen hatten. Der Rest war Sache der unteren Chargen und seiner Frau. Die einfachen Polizisten gingen mit einem über die Schulter gehängten Karabiner '91 und dem schwarzen Riemen unter dem verschwitzten Kinn auf Patrouille. Die Frau des Maresciallo saß im Sommer auf dem Balkon ihrer Wohnung in der alten Kaserne und nähte, strickte oder putzte Gemüse. Von dort aus überblickte sie fast das ganze Areal der Gemeinde. Sie kannte die Route der Patrouille besser als ihr Mann und verlor sie keinen Augenblick aus den Augen. Wenn sie merkte, daß die Männer zu lange hinter einem einsamen Haus oder in einem Wäldchen verschwanden, ließ sie einen schrillen Pfiff mit der Trillerpfeife ertönen, die sie um den Hals trug, und sofort tauchten die Polizisten wieder in ihrem Blickfeld auf.

Das Leben in den zwanziger und dreißiger Jahren war gewiß nicht so idyllisch, wie es einem Fremden vielleicht erscheinen mochte. Von meinem Vater und von Annetta wußte ich von zahllosen Prozessen, die die Bauern gegeneinander führten, von dunklen Geschichten über Liebe und Haß in den Familien, von Streitereien um jeden Zoll Land, um eine leckende Dachtraufe, um einen verstopften Brunnen. Einmal wurde mir von einem Vatermord erzählt, der jahrelang ungesühnt blieb, weil ihn niemand angezeigt hatte. Es war eine Familienangelegenheit, die in der Familie bleiben sollte, eine Frage der Ehre, in die sich kein Fremder einmischen durfte. Heute wäre so etwas nicht mehr möglich. Als aber die Deutschen nach dem 8. September 1943 auch in das Gebiet um Alba einrückten, waren es genau diese *omertà*, dieses verschwörerische Schweigen, und dieses Ehrgefühl, die meiner Familie das Leben retteten.

Nach dem Ausbruch des Krieges und meiner Abreise nach Palästina hatten meine Angehörigen die Villa meiner Mutter in der Nähe von Turin verlassen und waren zusammen mit meiner Großmutter in einen Flügel unseres Gutshofs gezogen. Die übrigen Teile des großen Hauses wurden von den Nonnen bewohnt, die sie als Sommerresidenz nutzten; es gab aber auch noch ein paar andere Mieter. Von den wenigen Feldern, die mein Vater noch im Dorf besaß, ernährte er seine Familie, und die Bäume lieferten das Brennholz für die sparsam beheizten Öfen.

Im Tanarotal war inzwischen ein großer Flugplatz für die Luftwaffe angelegt worden. Trotzdem fühlte sich meine Familie in diesem Dorf völlig sicher, denn hier kannten sie alle, hier waren ihre Eltern und Großeltern die Schloßherren gewesen, und hier war mein Vater zum Ehrenbürger ernannt worden. Jetzt flogen die Bomber der Alliierten scheinbar ganz harmlos über den Ort hinweg, um dann in Turin, Genua und Mailand die Häuser in Brand zu setzen. Die Kriegsereignisse und das Schicksal von Menschen aus unserem Stamm schienen vor der Grenze dieses anscheinend von Gott und den Menschen vergessenen Dörfchens zwischen den Hügeln haltzumachen.

Doch das war eine Illusion. Zu den ersten Maßnahmen, die die Deutschen gleich nach der Gründung der Republik von Salò ergriffen, gehörte, daß sie die faschistischen Behörden aufforderten, die Juden zu verhaften. Eines Morgens bat der Maresciallo der Carabinieri den Podestà (wie der Bürgermeister in faschistischer Zeit genannt wurde) unseres Dorfes, er solle meinen Vater warnen und ihm sagen, daß er — zu seinem größten Bedauern — am Nachmittag kommen werde, um ihn, zusammen mit meiner Mutter und meiner Schwester, festzunehmen. Von meiner Großmutter war nicht die Rede, weil ihr Name nicht in die Register der Gemeinde eingetragen war.

Weniger als drei Stunden später reisten Mamma und meine Schwester ins Mutterhaus der Nonnen in Racconigi. Es war eine Einrichtung, die mit einer Irrenanstalt verbunden war, und während der restlichen Kriegsmonate statteten die Deutschen und die Vertreter der Republik von Salò diesem Haus nur gelegentliche und sehr flüchtige Besuche ab.

Mein Vater erhielt von der Gemeinde falsche Papiere und verwandelte sich in einen Hausierer. Er hatte seit längerem mit der Möglichkeit einer Verhaftung gerechnet und hielt es für die beste Lösung, sich der Gefangennahme zu entziehen, wenn er eine Tätigkeit ausübte, die ihn zwang, unentwegt umherzuwandern. Mit klobigen Schuhen an den Füßen und einem mit Schnürsenkeln, Rasierklingen und ähnlichen Gegenständen gefüllten Bauchladen floh er über die Felder und wanderte fast zwei Jahre lang von Haus zu Haus. Er wurde dreimal verhaftet, weil seine so wenig schwieligen Hände den Argwohn der Vertreter der Republik von Salò erregt hatten, wurde aber wegen des dichten, ungepflegten Bartes, der ihn unkenntlich machte, immer wieder freigelassen. Aus der schriftlichen Bestätigung, die der Gemeindesekretär den Polizeibehörden ausgehändigt hatte, ging außerdem hervor, daß er tatsächlich die in den Papieren genannte Person sei — nicht ganz richtig im Kopf, aber harmlos.

Für meine Großmutter fand man dagegen keine Lösung. Sie war über achtzig und vollkommen verkalkt. Sie hatte nicht einmal mitbekommen, daß der Krieg ausgebrochen war, und ging in Begleitung ihrer alten Zofe Maddalena auf den Schloßalleen spazieren, als wäre nichts geschehen. Viele Monate lang grüßte sie die italienischen und deutschen Soldaten, denen sie begegnete, mit einem würdevollen Kopfnicken; wahrscheinlich glaubte sie, noch in der Zeit des Ersten Weltkrieges zu leben. Am Ende wurde sie von einer unserer Mieterinnen, der heroischen Michelina Saracco, gerettet, die sie während der letzten Kriegsmonate, als die Nazis nach ihr suchten, in ihrem Haus versteckte. Dies alles mag vielleicht einen Eindruck von der Solidarität vermitteln, die zwischen meiner Familie und den ungefähr achthundert Einwohnern des Dorfes herrschte, und vielleicht erklärt es auch, warum ich mich in diesem Ort nicht nur wohl, sondern vollkommen zu Hause fühlte.

Als ich nach der Verkündung der Rassengesetze Udine verließ, um ein Jahr vor meiner Ausreise nach Palästina in Turin die jüdische Schule zu besuchen, war es mir noch völlig unmöglich, mich von einer solchen Gesellschaft ausgegrenzt zu fühlen. Der Schock über die Vertreibung der Juden aus den öffentlichen Schulen wurde dadurch gemildert, daß ich sofort in die jüdische Schule aufgenommen wurde, die sehr wenig Jüdisches, dafür aber sehr viel Italienisches an sich hatte. Auch wenn der Kontakt mit meinen neuen Kameraden und ihren Ideen dazu führte, daß ich mich von dem faschistischen Milieu zu entfernen begann, in dem ich bis dahin gelebt hatte, und sogar anfing, mich von Italien zu distanzieren, gelang es mir weder, mich innerlich von der menschlichen Welt meines Dorfes zu lösen, noch meine Erinnerungen an das Leben im Friaul zu verdrängen. An diesen beiden Orten traten Italien und Begriffe wie Faschismus und Antisemitismus völlig in den Hintergrund und machten einem Gefühl von Zuneigung, Träumen und angenehmen Erinnerungen und einem echten Identitätsgefühl Platz. Das alles assoziierte ich weder mit Piemont noch mit dem Friaul. Es waren vielmehr lokalpatriotische Gefühle, verbunden mit einem Stückchen Erde, das zu klein war, um die Ereignisse der großen grausamen Welt zu fassen, und zu groß in seiner Generosität, um mir meine Illusionen zu nehmen. Es war, kurz gesagt, das einzige Zipfelchen Land, das wirklich mir gehörte.

Ausgerechnet aus dieser ruhigen, statischen und vertrauten Welt emigrierte ich im September 1939 nach Palästina, in ein fernes, mir völlig unbekanntes Land. Was meinen Vater veranlaßte, meinem Entschluß zuzustimmen, war ein dramatisches Ereignis, das aber in vollem Einklang mit meiner bisherigen Lebensweise stand.

Noch vor der Veröffentlichung des *Manifesto della razza* im Juli 1938 hatte die faschistische Presse auf duckmäuserische Art die Reaktionen des italienischen Publikums auf die Rassengesetze mit einer offenen Kampagne gegen die Juden getestet. Anfang 1937 hatte ein Buch von Paolo Orano mit dem Titel *Gli ebrei in Italia* die Judenfrage unter jedem nur denkbaren politischen und ideologischen Aspekt analysiert. Mit seiner Unterscheidung zwischen patriotischem und antipatriotischem Judentum, zwischen dem italienischen Nationalismus und dem jüdischen Nationalismus und seinen Angriffen auf den Zionismus, den auch Mussolini zuvor als mögliches Instrument zur Einflußnahme Italiens im Orient unterstützt hatte, löste Orano unter den italienischen Juden große Verwirrung aus. Sie führte zu offenen Polemiken zwischen den Mitgliedern der Unione delle Comunità, dem höchsten administrativen Organ des italienischen Judentums.

Über all das wurde bei uns zu Hause natürlich nicht gesprochen, und ich wußte auch nichts davon. Aber an der allgemeinen Debatte war meine Familie in der Person meines Vetters Ettore Ovazza beteiligt. Er war übrigens der einzige meiner nahen Verwandten, der, ausgerechnet noch kurz vor Kriegsende, umkam, und zwar in Intra, wo er zusammen mit seiner Frau und seinen beiden Kindern von den Vertretern der Italienischen Sozialrepublik von Salò auf grausame Weise ermordet wurde.

Ettore hatte immer schon vage literarische Ambitionen gehabt. Während des Ersten Weltkriegs, in dem er mit seinem Vater und zwei Brüdern tapfer gekämpft hatte, hatte er ein Tagebuch geführt, das er später veröffentlichte und das in seiner schwülstigen Banalität heute nur noch Befremden auslöst. Es entsprach jedoch dem Geist, der damals gerade auch im assimilierten jüdischen Bürgertum herrschte, das bewußt und unbewußt versuchte, mit italienischem Gefühlsüberschwang den Verlust der jüdischen Identität wettzumachen. Nach dem Krieg war mein Vetter natürlich bei den Faschisten gelandet und hatte die Zeitschrift *La nostra Bandiera* gegründet. In diesem Blatt wurde zum Ausdruck gebracht, was er und viele andere Juden für die einzig richtige Position der italienischen Juden hielten — nämlich Treue zu den Idealen des Risorgimento und zur Monarchie und Ablehnung des Zionismus für die italienischen Juden. Die Zeitschrift konzidierte allerdings, daß verfolgte Juden aus anderen Staaten in Palästina Zuflucht vor dem Antisemitismus finden sollten. *La nostra Bandiera* verteidigte den jüdischen Beitrag zur italienischen Sache und zum Faschismus und übte Kritik am Rassismus der Deutschen, aber auch an der Demokratie und am Liberalismus, auf den die italienischen Juden sich nicht einlassen dürften. Es war eine zwiespältige Position, die mit Mussolinis antijüdischer Politik zunehmend unhaltbar geworden war.

Ende 1938, als die italienischen Juden schon keine öffentlichen Schulen mehr besuchen und die italienischen Studenten keine von Juden verfaßten Lehrbücher mehr benutzen durften; als auf einen mit Stempelmarke versehenen Antrag hin eine standesamtlich geschlossene Ehe zwischen Juden und Nichtjuden für nichtig erklärt werden konnte (gegen kirchlich geschlossene Ehen besaß das Regime natürlich keine Handhabe); als die israelitischen Eltern die elterliche Gewalt über jene ihrer Kinder verloren, die nicht ihrer Glaubensgemeinschaft angehörten, und kein Jude mehr Militärdienst leisten durfte — zu jener Zeit gab es immer noch Leute, die sich in der Illusion wiegten, sie könnten sich beim Regime durch öffentliche Bekundungen ihrer Treue zum Faschismus und ihrer Distanzierung von jenen Juden beliebt machen, die als regimefeindlich galten.

Zu diesen Träumern gehörte auch mein Cousin. Und weil die faschistische Presse immer heftiger gegen die Zeitschrift *Israel* wetterte, die von Florenz aus mit Mut und Würde die Position der italienischen Juden und das Recht, Zionist zu sein, verteidigte, glaubte er, eine »Strafaktion« einiger Juden gegen jenes Blatt werde der Regierung beweisen, was für gute Patrioten die faschistischen Juden seien; gleichzeitig könnten sie damit der Partei einen Dienst erweisen.

An einem grauen, kalten Wintertag kam Ettore in Begleitung einiger mir unbekannter Personen in unsere Villa. Er hatte uns vorgewarnt — ob brieflich oder telefonisch, weiß ich nicht —, und mein Vater hatte mich entgegen seiner Gewohnheit gebeten, bei dieser Begegnung anwesend zu sein. Wir empfingen die Besucher im Eßzimmer. Meine Mutter war außerordentlich nervös; sie servierte uns Tee und feines Gebäck und entschuldigte sich dafür, daß sie »wegen des Gesetzes« kein Dienstmädchen mehr hatte. Nach kurzer Zeit verabschiedete sie sich mit tränen- und angsterfüllten Augen, um sich in ihrem Zimmer einzuschließen.

Sobald sie gegangen war, erklärte mein Cousin sein Vorhaben: Die Antisemiten beschuldigten die Juden, mit den Demokratien im Bunde zu stehen. Die Zahl der Antifaschisten sei unter den Israeliten leider sehr hoch und das Regime habe jetzt nur dieses Mißverhältnis im Auge, und nicht den — viel gewichtigeren — Beitrag der Juden zur Sache Italiens und des Faschismus. Man müsse aber anerkennen, daß Mussolini trotz der Rassengesetze nicht zugelassen habe, daß die Kriterien der Nazis auf die italienischen Juden angewendet würden. Von zuverlässigen Freunden, die Zugang zum Duce hätten, habe er erfahren, daß Mussolini keineswegs glücklich darüber sei, Hitler auf dem Weg des Antisemitismus zu folgen, was er nur aus politischen Gründen tun müsse. Aber ganz gewiß sei er darüber verärgert. Das beweise die Tatsache, daß selbst die faschistische Presse immer wieder hervorhebe, die Schlacht um die Verteidigung der Rasse sei eher ideologisch und politisch als biologisch begründet. Die Nürnberger Gesetze würden in der neuen antijüdischen Gesetzgebung keine Entsprechung finden; die Erleichterungen, die sie den Juden in Form einer Konversion zum Katholizismus biete, seien für die Partei eine Gelegenheit, den Unterschied zwischen der italienischen und der deutschen Politik zu unterstreichen.

Kurz und gut, sagte mein Vetter, es sei klar, daß sich Mussolini gegen seinen Willen mit den Juden anlege. Man müsse ihm also in der Weise helfen, daß man beweise, wie unbegründet die so häufig innerhalb und außerhalb der Partei gegen die Juden vorgebrachte Beschuldigung sei, sie würden dem Antifaschismus anhängen. Allerdings arbeiteten zahlreiche Juden unklugerweise ihren Gegnern in die Hände — ob Parteibonzen oder Jesuiten — und lieferten ihnen auf diese Weise viele Gründe zum Angriff gegen sie. Im übrigen hätten sich die Juden zu sehr in den Vordergrund gedrängt. In jeder Ausgabe der *Rivista della Razza* könne vorgerechnet werden, wie überproportional die Juden in den höheren Rängen vertreten seien — in der Universität, beim Militär, in der Wirtschaft und in der Verwaltung. Jahrelang hätten sie solche Posten besetzt und den Ariern »weggenommen«. In der Marine und im Heer könne man Dutzende von Generälen und Admirälen, aber nur sechsunddreißig einfache Soldaten aufzählen. Wie recht hatten doch unsere Vorväter, sagte mein Vetter, wenn sie predigten, man solle sich nicht in den Vordergrund drängen. Da man jetzt aber nicht mehr zurückkönne, sei es notwendig, auf irgendeine Weise den Unterschied zwischen jenen Juden, die regimetreu seien und es auch bleiben wollten, und den übrigen Juden deutlich zu machen.

Sein Vorschlag lautete so: In Florenz werde eine jüdische Zeitschrift herausgegeben, die sich eigentlich nur mit kulturellen und religiösen Fragen befassen sollte, sich aber zum Sprachrohr politischer Ideen gemacht habe, die der Faschismus nicht tolerieren könne. Die Zeitschrift *Israel* vertrete die These, daß man angesichts der neuen Rassengesetzgebung mit größerem Selbstbewußtsein und einer stärkeren jüdischen Solidarität jene *italianità* kompensieren müsse, von der die Juden jetzt ausgeschlossen seien — seiner Meinung nach eine These, die nicht im Interesse der Israeliten liege. Auf diese Weise anders sein zu wollen bedeute, sich von der Volksgemeinschaft zu entfernen und die Anschuldigungen der Antisemiten zu bestätigen, die in den italienischen Juden einen Fremdkörper sehen wollten. Es sei also wichtig, durch eine konkrete Aktion zu beweisen, auf welcher Seite die patriotischen und faschistischen Juden stünden. Eine Strafaktion gegen die Zeitschrift *Israel*, die früher oder später ohnehin von den Faschisten angegriffen werden würde, könne als Demonstration den faschistischen Juden mehr nützen als hunderttausend schriftliche Polemiken.

Die Operation würde Mussolini vielleicht außerdem an die heroischen Tage des Marsches auf Rom erinnern, den die Israeliten so leidenschaftlich befürwortet hätten. Sie müsse aber von Personen mit einwandfreier Gesinnung und tadelloser faschistischer Vergangenheit durchgeführt werden. Zu diesen Leuten zähle er meinen Vater. Wenn er bei der Strafaktion mitmache, könne er der Initiative Glanz verleihen.

Auf mich, der ich in politischen Dingen so unbeleckt und gleichgültig war, wirkte diese Rede zutiefst beunruhigend. Zum einen war da die Versuchung, die Lust an der Aktion, die stets so notwendig ist in einer Zeit, in der man sich verfolgt fühlt und keine Möglichkeit hat zu reagieren. Zum anderen erschien es mir ungeheuerlich, daß ausgerechnet jetzt, da die Juden versuchten, ihren Zusammenhalt wiederzufinden, da es ihnen gelungen war, im Laufe weniger Monate aus dem Nichts ein erstklassiges Schulsystem aufzubauen, da man nach Kontakten suchte, um auswandern zu können, und vor allem in dem Augenblick, in dem das faschistische Regime und die Monarchie einen Teil der italienischen Bevölkerung um seine verfassungsmäßig garantierten Rechte betrogen hatten — daß man also ausgerechnet in einem solchen Moment, noch dazu auf eine so drastische Weise, mit ihnen zusammenarbeiten könne. Mir war jedoch bewußt, daß dieses Problem von zu großer Bedeutung war, als daß ich meinem Vater mit meinem Urteil hätte zuvorkommen dürfen. Ich ahnte, wie schmerzlich die Entscheidung für meinen Vater sein würde — nicht nur aufgrund seiner Vergangenheit, sondern auch weil er keine Verbindungen zu Leuten unterhielt, die dem Regime natürlicherweise feindselig gegenüberstanden; ich dagegen hatte am jüdischen Gymnasium in Turin inzwischen solche Kontakte geknüpft.

Mein Vater antwortete nicht sofort. Er zog seine Pfeife aus der Tasche, stopfte sie sorgfältig und hantierte lange herum, bis er sie angezündet hatte. Man sah, daß diese mechanischen Gesten ihm halfen, seine Antwort zu for-

mulieren. Auch die anderen schwiegen, und in der Stille
wuchs die Spannung. Als er endlich zu reden anfing,
schwang keine Spur von Erregung in seiner Stimme mit.
Er begann damit, daß es schon sehr merkwürdig wäre,
wenn ein Mann, der so sehr von der Politik abgeschnitten
sei wie er, plötzlich bei einer solchen Aktion mitmachen
würde. Sie täuschten sich, wenn sie ihm noch irgendwelche Beziehungen zur faschistischen Führung und zum
Haus Savoyen unterstellten. Er sei nunmehr nichts als
ein armer Jude, dem man künftig wahrscheinlich nicht
einmal mehr erlauben werde, ein armer Bauer zu sein.
Aber selbst wenn er nicht dieser arme Bauer wäre, würde
er sich trotzdem weigern, sich auf eine solche Sache ein-
zulassen. Es stimme, daß wir als Italiener unserer sakro-
sankten Rechte beraubt worden seien. Aber niemand
könne uns unsere Würde und unsere Ehre als Juden
nehmen. In trostlosen Zeiten wie diesen Glaubensbrüder
anzugreifen, um uns bei einem Regime einzuschmeicheln,
das uns betrogen hatte, sei gemein und unter aller Würde.

Er hatte mit gesenkter Stimme gesprochen, als wollte
er für das, was er sagte, um Verzeihung bitten. Ein langes
Schweigen folgte. Es war mein Cousin, der es mit folgen-
der Bemerkung brach: »Wie du willst, aber wenn du es
dir anders überlegen solltest, sag mir Bescheid!« Dann
erkundigte er sich nach meinen Lernerfolgen, nach der
Arbeit auf dem Gut und nach der Gesundheit meiner
Mutter und meiner Schwester. Bevor sie weggingen,
schenkte mein Vater ihnen ein paar von seinen köstlichen
Birnen. Sie bedankten sich und beglückwünschten ihn
zu seinem Leben als Cincinnatus. Kurze Zeit später ver-
wüsteten sie die Druckerei der Zeitschrift *Israel*.

Als mein Vater davon hörte, rief er mich in sein Arbeitszimmer und sagte mir, daß er mit meiner Auswanderung
einverstanden sei. Es mache wenig aus, wohin ich ginge,
aber für einen jungen Juden gebe es jetzt in Italien keine
Hoffnung mehr. Ich erzählte ihm, daß ich von einem
»Kapitalistenvisum« gehört hätte, mit dem man nach

Palästina auswandern könne. Voraussetzung sei, daß man in einer englischen Bank tausend Pfund Sterling hinterlege. Daraufhin ging mein Vater, der die mit der illegalen Ausfuhr von Valuta verbundenen Risiken kannte, zu einem Parteibonzen, dem Federale von Turin, und fragte ihn, was ihm lieber sei: daß die Summe legal transferiert werde oder daß er, mein Vater, eine kriminelle Handlung begehe. Da half der Federale ihm, die Summe zu transferieren. Die Tatsache, daß ich mit einer Devisen-Ausfuhrgenehmigung des faschistischen Regimes nach Palästina ausgewandert bin, erscheint mir nicht nur als einmaliger Fall, sondern als ein weiterer Beweis dafür, in welch irrealer Welt ich nach wie vor lebte.

So befahl Mussolini im Mai 1939, daß an der Grenze zu Frankreich große Manöver abgehalten werden sollten. Der Podestà unseres Dorfes ließ meinen Vater holen und teilte ihm mit, daß der Duce wahrscheinlich durch unsere Hauptstraße fahren werde; deshalb müsse er unsere Einfriedungsmauer ebenso wie die Häuser entlang der Route neu weißen lassen. Weil sie so lang und so regelmäßig war, würde sie sich mehr als jede andere für einige Zitate aus Mussolinis Reden anbieten. Der Bürgermeister wußte genau, daß mein Vater Jude war, kannte aber auch seine faschistische Vergangenheit und seine Bildung und ließ ihm völlig freie Hand bei der Auswahl des passendsten Mottos. Mein Vater entschied sich für »Viel' Feind', viel Ehr'«, aber der Podestà machte die ganze Sache rückgängig — unter anderem deswegen, weil der Duce sich inzwischen entschlossen hatte, eine andere Route zu nehmen.

Am 1. September fielen die Deutschen in Polen ein. Es war ein Freitag. Am Abend bat ich meinen Vater, den Kiddusch, den Segen über den Wein, zu sprechen. Seit Beginn der Rassenverfolgungen hatten wir uns angewöhnt, dieses Ritual zu befolgen. Mein Vater fügte ihm noch den Priestersegen für meine Schwester und für mich an — wie an den hohen jüdischen Festtagen. Dabei hielt er seine beiden Hände über unsere Köpfe und sprach auf Hebräisch die aus drei Sätzen bestehende Formel mit einer Feierlichkeit, die auch meine Mutter beeindruckte, obwohl sie zu jener Zeit im Grunde ihres Herzens bereits Christin war. An jenem Abend fügte ich dem Kiddusch noch ein kurzes Gebet auf Italienisch hinzu, das mir spontan über die Lippen kam und in dem ich für uns alle um die Kraft bat, die Prüfung durch den Krieg zu bestehen, und dann, daß wir nach seiner Beendigung alle wieder gesund zusammenfinden würden.

Meine Abreise war beschlossene Sache, und meine Eltern und meine Schwester begriffen, daß dies mein Abschied war — von ihnen, von unserem Haus, von Italien und von unserem gemeinsamen Leben. Drei Tage später ging ich an Bord eines Schiffes, das vor den Rassengesetzen meinem Onkel gehört hatte und das die Strecke Triest—Tel Aviv befuhr. Für mich begann ein zweites Leben, auf das mich nichts vorbereitet hatte — höchstens meine Träume.

Fünftes Kapitel

ALS AVANGUARDISTA IN ZION

Auch nach all den Jahren muß ich noch jedesmal lachen, wenn ich an meine Ankunft in Tel Aviv zurückdenke. Ich kam mit einem kleinen Schiff, das gemischtes Frachtgut und etwa dreißig Passagiere an Bord hatte. Ich war sechzehn, und in den sechs bis acht Kabinen der ersten Klasse war ich fast der einzige Passagier. Zu meinen Mitreisenden gehörten mehrere Priester und ein Häuflein palästinensischer Juden, die wegen des Kriegsausbruchs vorzeitig die Heimreise angetreten hatten. Ich war der einzige Immigrant an Bord. Die britischen Mandatsbehörden hatten für Juden aus Europa damals schon praktisch alle Tore geschlossen. Mit der Veröffentlichung eines Weißbuchs zur Begrenzung der jüdischen Einwandererzahlen hatten sie den zionistischen Hoffnungen auf einen jüdischen Staat in Palästina insofern ein Ende bereitet, als der jüdische Bevölkerungsanteil auf ein Drittel der arabischen Einwohnerschaft im Heiligen Land festgesetzt worden war.

Infolgedessen befand ich mich in einer recht zwiespältigen Situation. Ich war ein »Luxus-Immigrant« auf dem Weg in einen Kibbuz; ich war der Neffe des Schiffseigners, aber das Schiff war kurz zuvor von der italienischen Regierung konfisziert worden, weil mein Onkel ein getaufter Jude war; ich stand unter der persönlichen Obhut des Kapitäns, an dessen Tisch ich meine Mahlzeiten einnahm, sah aber gleichzeitig einem in jeder Hinsicht ungewissen Schicksal entgegen. Niemand, geschweige denn ich selbst, wußte genau, wer ich war. Von den anderen Passagieren schien besonders eine schöne Dame über meine Anwesenheit verblüfft zu sein. Als Gattin des Besitzers der damals größten Textilfabrik in Palästina reiste sie natürlich auch erster Klasse, und wir freundeten uns rasch an.

Sie dürfte etwa fünfunddreißig Jahre alt gewesen sein und erzählte mir, daß sie einen Sohn habe, der kaum jünger sei als ich. Sie hielt sich von den anderen Passagieren fern und starrte stundenlang auf das Meer hinaus, als verfolgten sie böse Träume. Wir nahmen immer den Nachmittagstee zusammen ein, in langen, meist recht schweigsamen Sitzungen — ich zu sehr mit mir selbst beschäftigt, um mich nach ihren Sorgen zu erkundigen, sie zu sehr in ihre eigenen Gedanken vertieft. Sie hatte wohl den Großteil ihrer Angehörigen in Europa zurücklassen müssen, nachdem sie vielleicht vergeblich versucht hatte, sie zur Übersiedelung nach Palästina zu bewegen. Diese große, blonde, traurige Frau hörte mir mit einem merkwürdigen Ausdruck in den Augen zu, einem Ausdruck von Neugier und Anteilnahme. Äußerst taktvoll warnte sie mich immer wieder vor allzu großen Illusionen über das Land, das mich erwartete. Ich würde nichts vorfinden, was auch nur im entferntesten an Italien erinnere, sagte sie, weder in der Landschaft noch bei den Menschen. Nicht vor den körperlichen Strapazen solle ich mich fürchten, sondern vor der Grausamkeit in den zwischenmenschlichen Beziehungen. In Palästina seien die Menschen aufgrund des hohen Immigrantenanteils unterschiedlicher als anderswo. Ich würde mich, weil ich aus einer ganz anderen Welt käme, wahrscheinlich einsam und von anderen jungen Leuten unverstanden fühlen. Ich würde in einem Netz gespannter Beziehungen zwischen entwurzelten Menschen gefangen sein, die nun, eben weil sie entwurzelt seien, so eifrig an einer Welt bauten, in der sie ihre Vergangenheit zu vergessen hofften. Ich solle keine Anteilnahme, kein Mitgefühl und keine Freundlichkeit erwarten, wenn ich auch auf menschliche Solidarität würde vertrauen können. Aber es sei eine Art von Solidarität, die vor allem Privaten und Individuellen zurückschrecke, denn die äußere Notlage und die Ideologie räumten der Gruppe einen höheren Stellenwert ein als dem Individuum. Deshalb täte ich gut daran, so schnell wie möglich eine Gruppe zu finden, der ich mich anschließen könne. So würde ich weniger leiden, als wenn ich mich aus allem heraushielte. Um von so einer Gruppe aufgenommen zu werden, müsse ich zwar viele meiner Träume begraben, ganz zu schweigen von den Vorlieben und Gewohnheiten, die ich von zu Hause mitgebracht hätte, aber ich sollte mich dennoch lieber anpassen. Der einzige Rat, den sie mir sonst noch mit auf den Weg geben könne, sei, auf meiner Seele möglichst genauso dicke Schwielen auszubilden, wie sie sehr bald die Innenfläche meiner Hände verhärten würden. Palästina, sagte sie mir immer wieder, sei ein Land, in dem mit Sandpapier gestreichelt werde.

Natürlich konnte sie mich nicht überzeugen. Wenn ich morgens und spätnachmittags in meinem Liegestuhl an Deck lag, erfreute ich mich an dem unendlich weiten, changierenden Blau der spiegelglatten See — ein Wohlgefühl, das eine Zukunft voller Peinigungen und Erniedrigungen unvorstellbar machte. Die Irrealität, die mich immer umgeben hatte, war nach wie vor da, wenn auch in veränderter Form. Gerade war der Zweite Weltkrieg ausgebrochen, und ich machte meine erste Kreuzfahrt als Privatmensch — ohne Uniform, frei von jeder Verpflichtung und Disziplin. Ich war ein durch die Rassengesetze gebrandmarkter Jude, wurde aber stilgerecht von arischen Kellnern bedient und von einem Kapitän beschützt, der vielleicht im Zweifel war, ob mein Onkel nicht womöglich doch eines Tages wieder sein Chef sein könnte. Ich war Flüchtling, Auswanderer, auf der Flucht aus einem Europa, das in die Hölle taumelte, aber das hinderte mich nicht daran, mich frei und glücklich zu fühlen und froh darüber, daß ich dem Schauplatz des Krieges, den schulischen Zwängen und der Unterdrückung des jüdi-

schen Lebens, wie ich es in Turin erlebt hatte, den Rücken
kehren konnte. Ich war voller Hoffnung, brauchte mich
um nichts zu kümmern und genoß jede Minute meines
Lebens an Bord, das mich von morgens bis abends beschäftigte. Ich schlief, aß, plauderte; ich las Romane aus
der Schiffsbibliothek; ich streifte nach Herzenslust auf
dem Schiff herum, von der Kommandobrücke bis hinunter zum Maschinenraum; ich unterhielt mich mit dem
Bootsmann, der mir an einem Stück Tau demonstrierte,
welche Knoten er machen konnte; ich diskutierte über
die Funkmeldungen, die von deutschen Siegen sprachen,
und wurde bei alledem — ganz entgegen meinen Befürch-
tungen — nicht seekrank!

Während der Überfahrt, die selbst bei Kreta, wo die
See häufig stürmisch ist, gleichbleibend sonnig und ruhig
verlief, wurde ein Bootsmanöver durchgeführt. Der
Erste Offizier rief die Passagiere auf dem Oberdeck zusammen, überprüfte den korrekten Sitz ihrer Schwimm-
westen, erklärte die Bedeutung der verschiedenen Alarm-
signale und betonte nachdrücklich, daß das Eintreten
des Ernstfalls, der das Besteigen der Rettungsboote erforderlich machen würde, sehr unwahrscheinlich sei. Italien, sagte er, werde dank des Weitblicks des Duce neu-
tral bleiben. Niemand werde es wagen, Italien im *mare
nostrum* herauszufordern. Dennoch sollten wir nicht in
einen bequemen Leichtsinn verfallen: nicht umsonst sei
England als *perfides Albion* bekannt. Sollten wir in
Gefahr geraten, dann sollten wir ihr mit italienischem,
arischem, faschistischem Mut ins Auge sehen. Der arme
Mann, der vielleicht schon bald bei einem Marineeinsatz
ums Leben kommen würde, mußte diese Ansprache auswendig gelernt haben. Angesichts eines Publikums, das
sich hauptsächlich aus Juden zusammensetzte, kamen
seine Worte einem Gag der Marx Brothers gleich.

Es war früh am Morgen, als wir vor Tel Aviv Anker
warfen. Zur Rechten, auf dem Vorgebirge von Jaffa,
drängten sich eine Ansammlung kleiner Häuser, ein

Glockenturm und ein großes, burgähnliches Gebäude zusammen. Vor mir erhoben sich über einer ausgedehnten Sandfläche mehrere Reihen von Flachdachbauten, graue Betonwürfel mit einem Tupfer Grün hier und da. Ein paar Kähne schaukelten auf dem Wasser. Die Hafenanlagen bestanden aus nicht mehr als einem kurzen Kai, von dem aus ein Pendelverkehr zu den wenigen außerhalb der Flachwasserzone wartenden Frachtschiffen unterhalten wurde. Ein italienischer Priester, mit dem ich mich während der Überfahrt angefreundet und, zum erstenmal in meinem Leben, über die Dogmen von Juden- und Christentum diskutiert hatte, klärte mich darüber auf, daß der einzige richtige Hafen des Landes weiter nördlich, bei Haifa, liege. Die Juden hätten den Kai in Tel Aviv gebaut und kümmerten sich selbst um das Be- und Entladen der Schiffe, weil die Araber in Jaffa sich geweigert hätten, dies für sie zu tun. »Juden und Araber leben in ständigem Streit«, sagte er, »und sie werden noch lange weiterstreiten, wenn nicht irgend jemand den Bestrebungen der Zionisten nach einem eigenen Staat in Palästina ein Ende setzt.« Der soeben begonnene Krieg werde den Zionisten sicher die Flügel stutzen: Schon jetzt hätten die Engländer den Juden ja verboten, nach Palästina einzuwandern oder Land von den Arabern zu kaufen. Aber wenn die Juden für alle Zeiten eine Minderheit im Land bleiben müßten, werde die britische Regierung sich ihrer im Kampf gegen die Araber bedienen, das Land teilen und damit einen Grund haben, *ad aeternitatem* in Palästina zu bleiben. So oder so, fügte er hinzu, kämpfe im Heiligen Land, das doch eigentlich das Land des Friedens sein sollte, jeder gegen jeden. In der Grabeskirche stritten die Christen untereinander nicht weniger als die Juden mit den Muslimen. Wenn ich irgendwann einmal nach Jerusalem käme, werde er mich gerne dort hinführen, damit ich mich selbst davon überzeugen könne. Er wünschte mir viel Glück und ging mit den anderen Passagieren, meine schöne Reisegefährtin eingeschlossen, von Bord, während ich in den Händen der Einwanderungsbehörde allein zurückblieb. Diese erteilte mir kaum eine halbe Stunde später die Genehmigung, an Land zu gehen.

Sobald mich das kleine Ruderboot im Hafen abgesetzt hatte, der aus einem großen Lagerhaus und ein paar als Büros dienenden Schuppen bestand, wurde ich von einer häßlichen kleinen Krankenschwester mit schräggestellten Augen gepackt, die aus der weißen Tracht und der gestärkten Haube mit dem rot aufgestickten Davidsstern eine herrische Autorität bezog. Sie prüfte Temperatur und Puls, impfte mich ohne ein Wort der Erklärung, stellte eine Menge Fragen zu meiner eigenen gesundheitlichen Verfassung und der meiner Familie und schnappte hörbar nach Luft, als ich zu fragen wagte, wer denn der bärtige Herr sei, der mich mit traurigen Augen von der Wand her ansah. »Theodor Herzl«, knurrte sie, »der Begründer, der Prophet des Zionismus.« Und dann entließ sie mich, in höchstem Maße bestürzt und empört.

Es war natürlich niemand da, der vor dem Hafen auf mich wartete, und ich wußte nicht so recht, wie ich mich an einen der Passanten wenden und um Rat fragen sollte. Ich sprach kein Wort Hebräisch; Italienisch würde hier bestimmt niemand verstehen, und ich wollte mich nicht mit meinen mangelhaften Französisch- und Englischkenntnissen blamieren. Ich trug ein marineblaues Jakkett, graue Flanellhosen, ein Hemd mit weiß abgesetztem Kragen und Manschetten — damals der letzte Schrei bei den italienischen Dandys — sowie eine schöne Seidenkrawatte. Den Leuten, die ich vor dem winzigen Hafen herumlaufen sah, mit offenem Hemd, verschwitzt und schmuddelig, die Männer in Sandalen und Shorts, die Frauen in Sandalen und Khakipumphosen, die durch einen Gummizug gehalten wurden, muß ich wie ein Zirkusdirektor vorgekommen sein. Neben mir standen ein großer, mit Leder armierter Schrankkoffer und ein

Seesack. Der Koffer, ein Bar-Mizwa-Geschenk meiner Cousins, war innen mit Seide ausgeschlagen und trug außen meine Initialen; der Seesack enthielt ein zusammenklappbares Feldbett und ein kleines Zelt. Beides war in den Unterlagen, die ich mir beim Palästinabüro in Mailand besorgt hatte, als Grundausstattung für Einwanderer empfohlen worden. Neben vielen anderen nutzlosen Ratschlägen fand sich dort auch der Hinweis, daß man sich mit einem Pfadfinderhut ausrüsten solle. Auf der Suche nach einer solchen Kopfbedeckung hatten mein Vater und ich halb Turin abgeklappert. Schließlich waren wir in dem Borsalino-Geschäft am Bahnhofsplatz gelandet, wo wir etwas Vergleichbares im Schaufenster gesehen zu haben meinten.

Nachdem der Verkäufer sich angehört hatte, zu welchem Zweck wir den Hut benötigten, sagte er, daß er noch einige Pfadfinderhüte am Lager habe. Es sei schon lange nicht mehr danach gefragt worden, denn das faschistische Regime habe ja die Pfadfinderbewegung verboten. Er brachte mir ein paar Modelle zum Probieren — sie waren aus dickem braunen Filz und ähnelten in der Form denen der kanadischen Mounties — und versicherte mir vor dem Spiegel, daß mir so ein Hut ausgezeichnet stehe. Er freue sich, daß ich ihn in einem Land tragen würde, in dem die Menschen Uniform tragen könnten, ohne sich deswegen gleich auf den Krieg vorbereiten zu müssen. Zwischen uns entstand sofort ein konspiratives Gefühl gegenseitigen Einverständnisses. Ohne uns weiter zu unterhalten, verließen mein Vater und ich mit dem Hut in der Hand das Geschäft, aber ich bin bis zum heutigen Tag davon überzeugt, daß dieser Laden, wäre ich in Italien geblieben, für mich zu einem freundlichen Zufluchtsort geworden wäre, mit dem Pfadfinderhut als Losung für antifaschistische Aktionen.

Sobald ich in Tel Aviv gelandet war, wurde mir klar, daß ich den Hut besser schleunigst verschwinden ließe. Er war schwer und für das Landesklima völlig ungeeignet.

Und was noch schlimmer war, er ließ mich in einer Welt, in der Frauen sich verblichene Schals aus grober blauer Baumwolle um den Kopf banden und Männer Schirmmützen nach russisch-polnischer Art trugen, noch lächerlicher wirken, als ich mit Jackett und Krawatte ohnehin schon aussah. Die Hutmode der Männer war später in Israel schnell passé, aber zu jener Zeit symbolisierte sie noch das Festhalten an marxistischen Prinzipien. Den gleichen Zweck erfüllt sie übrigens auch heute wieder — und das ist rein geographisch eine recht seltsame Entwicklung — auf den Köpfen chinesischer Radikaler.

Das waren allerdings nicht die Gedanken, die mich beschäftigten, als ich in der grellen Sonne einsam neben meinem Schrankkoffer und meinem Seesack stand, inzwischen ohne Jackett, aber immer noch mit Krawatte und zugeknöpftem Kragen. Mit einem Mal blickte ich einer leeren Zukunft ins Auge. Nach Monaten der Aufregung und Vorfreude, in denen ich romantische Träume gehegt und von abenteuerlichen Projekten phantasiert hatte, überfiel mich nun plötzlich vollkommene Hoffnungslosigkeit. Wenn ich heute versuche, die Gründe für diese Hoffnungslosigkeit zu analysieren, tendiere ich vielleicht dazu, das, was ich damals wirklich empfunden habe, mit dem, was nach vielen Jahren an Erinnerungen geblieben ist, zu vermengen. Aber jener erste schmerzliche Schock hat eine bleibende Narbe hinterlassen.

Ich lehnte an meinem Schrankkoffer, der aufrecht im Sand stand wie ein meiner Vergangenheit gewidmeter Gedenkstein, und sah überhaupt keinen Sinn mehr in dem Leben, das jetzt auf mich zukam. Doch vom ersten Augenblick an spürte ich die nüchterne Vitalität an diesem Ort — die Kraft der Leute, die aus ideologischen Gründen und nicht etwa, weil sie dazu gezwungen waren, ärmer und primitiver erscheinen wollten als die Bauern meines Vaters. Sie strahlten eine provozierende Armut aus und stellten einen Lebensstil zur Schau, der mir unmißverständlich bedeutete, daß ich in eine Welt hekti-

scher Aktivität geraten war, in der es kein Wenn und
Aber und keine Rückzugsmöglichkeiten für die Seele gab.
Es war eine den Taten geweihte Welt, vom Aktivismus
ebenso aufgeheizt wie die verkommenen Flachdachhäuser,
die in der Sonne vor sich hin dörrten. In der unendlichen
Leere, die mich plötzlich umgab, kam es mir so vor, als
beäugten mich diese Häuser von der anderen Straßen-
seite her, häßlich und kaum weniger furchterregend als
die Holzbaracken am Strand, von deren Wänden Fetzen
von Teerpappe herabhingen, die grotesk im Wind hin und
her wehten.

Diese Verschläge, die wie Hexenhäuschen auf den Dü-
nen thronten, blickten auf die an der Küste entlang-
ziehenden Kamelkarawanen herab. Mit Kisten voll Sand
beladen, strebten die Tiere unsichtbaren Baustellen zu,
wobei ihr rhythmischer Schritt vom Klingeln der Glöck-
chen an ihrem Hals untermalt wurde. Von den wind-
schiefen Veranden einiger der Hütten winkte auf der
Leine flatternde Wäsche den trägen Tieren zu, und mir
drängte sich noch mehr die nackte, armselige Wirklichkeit
meiner neuen Heimat auf, die so ganz anders war, als ich
sie mir erträumt hatte. Damals konnte ich noch nicht
über die Kargheit der Landschaft hinwegsehen und die
versteckte Bedeutung des zionistischen Abenteuers erkennen: jene wundersame Verbindung zwischen dem tod-
geweihten Judentum in Europa und dem herben Stolz des
jüdischen Nationalismus in Palästina, der danach strebte,
einen neuen Typus des Juden hervorzubringen.

Irgendwie spürte ich, daß Tel Aviv keine eigene Persönlichkeit hatte, wie manche der neuen Städte, die Mussolini in den trockengelegten Sümpfen um Rom entstehen
ließ. Diese aufblühende Stadt, in der die Menschen, wie
ein Schriftsteller eines Tages sagen würde, tagsüber auf
hebräisch lachten und nachts in vielen Sprachen weinten,
war eine Reproduktion der gesamten Menschheitsge-
schichte auf kleinstem Raum. Diese mir bis dahin völlig
unbekannte Geschichte paradierte nun vor meinen Augen

als lebendiges Sammelsurium zerfledderter Stile, Sprachen, Kleidungen und Gebräuche. Sie war ein wild zusammengewürfeltes Ganzes aus den Leidenschaften, Bedürfnissen und Hoffnungen, die fanatische Idealisten und Einwanderer wider Willen aus allen vier Himmelsrichtungen mit hierhergebracht hatten. In jener kleinen Ewigkeit, die ich vor den Toren des Hafens von Tel Aviv stand, bekam ich erstmals das brutale Gefühl grenzenloser Leere zu spüren. Doch unbewußt nahm ich schon das teuflische Trugbild wahr, das dazu führt, daß der Mensch Denken durch Handeln ersetzt und Zweifel durch bedeutsame Gesten abwürgt: Handeln um des Handelns willen.

Ein Taxifahrer in einem staubigen Ford erlöste mich aus meinem Alptraum. Er war wahrscheinlich an die Begegnung mit fassungslosen Immigranten gewöhnt. Gegen ein paar Shilling erbot er sich, mich zum Busbahnhof zu bringen, dem Brennpunkt, wo alle Neuankömmlinge zusammenzuströmen schienen, bevor sie sich über eine neue Welt zerstreuten, die, für viele, noch keinerlei Anziehung besaß.

Während der kurzen Fahrt dorthin muß ich mit den Augen und mit allen Poren die Neuartigkeit dieser wenig ansprechenden Umgebung in mich aufgenommen haben. Aber ich kann mich an diese ersten Eindrücke von Tel Aviv so gut wie überhaupt nicht erinnern. Der Schock war wohl zu groß, als daß ich sie in meinem Gedächtnis hätte speichern können — aber dies ist nicht die einzige Gedächtnisblockade geblieben, die mir in meinem Leben widerfahren ist. An jenem Morgen jedenfalls begann mein Gehirn erst wieder zu arbeiten, als ich beim Busbahnhof ankam, wenn man das Chaos, das mich hier empfing, überhaupt so nennen kann.

Die Fahrzeuge der jüdischen Buskooperative — damals wie heute die wichtigsten Beförderungsmittel, da von staatlicher Seite nur ein paar kurze Eisenbahnlinien betrieben werden — parkten wahllos in den ungepflasterten Straßen, die von der nach Theodor Herzl benannten

Hauptstraße abzweigten. Die staubbedeckten, niedrigen braunen Busse waren mit harten Holzbänken versehen und hatten Drahtgitter vor den schmutzigen Fenstern, die vor den fast schon gewohnheitsmäßigen Attacken der Araber mit Steinen und manchmal sogar Bomben schützen sollten. In den Straßen wimmelte es von Menschen in jedem nur erdenklichen westlichen oder östlichen Aufzug und von Fuhrwerken, die von Eseln oder Pferden gezogen wurden. Ich stellte erschüttert fest, daß die meisten Pferde mit schwärenden Wunden übersät und nicht kastriert waren. Die Tatsache, daß ein vernachlässigter Hengst ohne weiteres vor einen Wagen gespannt werden konnte, erschien mir als symbolisch für eine Gesellschaft, in der bei Mensch und Tier die Lebenskraft in blessierten Körpern weiterpulsierte. Dann aber wurde mein Blick von einem unerwarteten Schauspiel volkstümlicher Zauberkünste gefangengenommen: Mit langem Messer und geradezu priesterlichem Gehabe schlachtete ein bärtiger Mann mit einer Art Turban auf dem Kopf an einer Straßenecke Hühner. Das unter den aufmerksamen Blicken der mit Einkaufstaschen bewehrten Frauen herabspritzende Blut versickerte im Sand.

Unweit davon schlurfte ein anderer Mann in ausgebeulten schwarzen Türkenhosen vorüber, die über seine alten, an den Fersen abgetretenen Sandalen fielen. Er trug einen gewaltigen Messingkrug auf dem Rücken, dessen verlängerter, schnabelartiger Ausguß hoch über seine Schulter hinausragte. Von drei Fingern seiner einen Hand baumelte eine Metallkanne herab; die andere hielt einen flachen Metallkorb am Henkel, in dem sich ein paar schmutzige Gläser befanden. Mit Daumen und Zeigefinger der einen Hand schlug er metallene Kastagnetten gegeneinander, um die Kundschaft auf sich aufmerksam zu machen. »Tamarindi, Tamarindi«, rief er, während er sich langsam seinen Weg durch die Menge bahnte. Hin und wieder streckte ihm jemand eine Münze hin, die in der Mitte ein Loch hatte. Dann beugte der Tamarindi-Verkäufer sich leicht vor, bis sein Rücken genau den richtigen Neigungswinkel hatte, um aus dem Schnabel des Kruges über seiner Schulter eine gelbe Flüssigkeit herauslaufen zu lassen. Er fing das Getränk mitten in der Luft in einem der Gläser auf, das er zuvor mit etwas Wasser aus der Kanne gespült hatte. Der Kunde trank und gab das Glas an den Tamarindi-Verkäufer zurück, der es wieder mit etwas Wasser befeuchtete und mit dem Daumen die von den Lippen des Kunden hinterlassenen Spuren abwischte. Dann bewegte er sich zum Geklapper seiner Kastagnetten weiter. Es war ein Araber, und er trug ein grau-weiß gemustertes Tuch um den Kopf. Als er den Tamarindensaft einem Juden ausschenkte, der mit Schirmmütze und in ausgeblichenen Shorts, die seine sonnenverbrannten, behaarten Beine sehen ließen, vor ihm stand, sahen beide aus wie bizarre Tiere, die durch den gefärbten Boden des Glases stumme Botschaften austauschten.

Ich hatte auch Durst, und da mein Fahrer ein Trinkgeld ausgeschlagen hatte, lud ich ihn zu einer Erfrischung ein. Er führte mich in ein Restaurant namens Istanbul, wo er mir an einem wackligen, mit einem Wachstuch bedeckten Tisch die erste Lektion in vergleichender Geschichte, Geographie und Psychologie des Landes gab, in dem ich nun heimisch werden sollte.

Er trug ein Khakihemd und Shorts und dazu, ebenso wie die Busfahrer, die in dem Restaurant ein- und ausgingen, Kniestrümpfe und braune Schuhe. Im Gegensatz zu einigen der anderen hatte er aber keine automatische Mauserpistole in einem über der Brust befestigten Halfter und auch keine dieser merkwürdigen Vorrichtungen für Münzgeld am Gürtel. Dieser eigenartige Apparat bestand aus drei Metallzylindern von unterschiedlichem Durchmesser, die jeweils mit einem runden Plättchen von der Größe einer bestimmten Münze versehen waren, das von einer Feder hochgedrückt wurde. In diese Zylinder füllten die Fahrer, die auch die Fahrkarten verkauften, die entgegengenommenen Münzen oder entnahmen per Daumendruck das Wechselgeld. Mein Vater hatte eine ähnliche, kleinere und kastenförmige Vorrichtung in seinem Arbeitszimmer. Diese hatte zwei Fächer mit Feder am Boden, in denen er ganze beziehungsweise halbe Marenghi aufbewahrte. Er nahm das Kästchen mit, wenn er nach Monte Carlo ins Casino fuhr und beschrieb mir seine Benutzung einmal so, als handele es sich bereits um eine altertümliche Rarität. Unter den Daumen der Busfahrer sah ich nun Silbershillings und perforierte Blechpiaster ganz prosaisch in diese Behälter hinein- und wieder daraus herausgleiten.

Auf den Piastern war das Wort »Palästina« in Englisch, Arabisch und Hebräisch zu lesen. Dem hebräischen Wort folgte eine Klammer, die zwei Buchstaben in der von den Juden aus der Babylonischen Gefangenschaft mitgebrachten Quadratschrift enthielt: ein Alef und ein Jod, die Anfangsbuchstaben der Wörter »Erez Israel« (Land Israel). Mein Fahrer hielt mir eine dieser Münzen unter die Nase und erläuterte ihre politische Bedeutung. Die Araber, sagte er, hätten etwas dagegen gehabt, daß die Juden die Bezeichnung »Land Israel« in voller Länge auf die Münzen geprägt bekamen. Die Juden wiederum hätten nicht gewollt, daß das Land ihrer Vorväter nur den arabischen Namen »Filastin« (das heißt »Land der Philister«) trüge, was, abgesehen von den derzeitigen politischen Überlegungen, seiner Ansicht nach ein Anachronismus sei, da die Philister schon vor langer Zeit von Simson erschlagen worden seien. Die Engländer aber hätten in salomonischer Weisheit die Klammer mit dem Alef und dem Jod hinter das hebräische »Palästina« gesetzt. Zusammen ausgesprochen klinge das wie »Ai!«, wie der Schmerzensschrei von jemandem, dem man auf die Hühneraugen tritt — eine, so meinte mein Ad-hoc-Lehrer, äußerst treffende Umschreibung der Situation, in der sich die Juden gegenwärtig befänden.

Der Taxifahrer stammte aus Rußland und war nach der Revolution mit seinen Eltern nach Palästina ausgewandert. Er sprach Italienisch und ein paar Brocken Ladino — Jüdisch-Spanisch —, die er während seiner sommerlichen Pendeltouren zwischen Saloniki und Venedig geschnappt hatte. Auf dieser Route war er einem ganz besonderen Geschäft nachgegangen — Scheinehen mit jüdischen Mädchen, denen die Engländer die Einreisepapiere verweigerten. Durch eine Heirat mit ihm, einem Bürger Palästinas, erwarben sich die Mädchen das Recht auf die Einreise und konnten anschließend, nach einer raschen Scheidung, ihren eigentlichen Verlobten, soweit vorhanden, aufsuchen oder sich an Ort und Stelle nach einem passenden Ehemann umsehen. Die Engländer waren ihm schließlich auf die Schliche gekommen und hatten derartige Arrangements verboten, und damit war es aus gewesen mit dem kostenlosen Sommerurlaub in Europa, wo die Menschen jetzt, wie er sagte, wegen Hitler und dem Krieg in großer Bedrängnis seien. Nur gut, daß es nicht lange dauern werde; er kenne Frankreich gut und wisse, daß die französische Armee die schlagkräftigste der Welt sei. Die Nazis würden geschlagen werden, nachdem sie sich die Köpfe an der Maginot-Linie eingerannt hätten. Inzwischen, fuhr er fort, werde den Juden in Polen das Leben schwergemacht; man höre schreckliche Dinge über ihr Schicksal. Aber sie hätten es ja nicht anders gewollt; sie hätten in den Jahren, als es noch keine Einwanderungsbeschränkungen gab, nach Palästina kommen können, aber sie seien lieber unter ihren Feinden geblieben.

Besonders hart urteilte er über die frommen Juden, die den Zionismus für Teufelswerk hielten. Jetzt bekämen sie einen Vorgeschmack auf die Hölle, sagte er, und könnten sehen, was dabei herauskomme, wenn man dreimal täglich für die Rückkehr der Juden nach Zion bete und doch in seinem Viertel in Lodz oder Warschau hocken bleibe. Wenn sie wenigstens massenhaft nach Amerika ausgewandert wären! Statt dessen hätten sie gewartet, bis die Deutschen da waren. Genau wie die Juden im Westen Europas hätten sie sich sicher gefühlt, weil die

Gojim ihnen per Gesetz gleiche Rechte eingeräumt hätten. »Alles bloß Papier«, brummte der Taxifahrer und nippte an seiner Limonade. »Ein Fetzen Papier, den jede Regierung irgendwann einfach zerreißen wird, wie es in Deutschland und Italien bereits geschehen ist.« Die Juden Europas säßen jetzt mit all ihrem Geld und ihren Häusern voller Schätze, die sie nicht mehr verschwinden lassen könnten, in der Falle. Dabei hätten sie, wenn sie nur ein wenig mehr *sechel* (gesunden Menschenverstand) besessen hätten, vielleicht mit einem Bruchteil dieses Geldes Villen und Orangenhaine in Erez Israel kaufen und Fabriken und Theater bauen können und hätten auf diese Weise nicht nur ihre eigene Haut gerettet, sondern auch den Zionismus unterstützt. Aber so seien die Juden nun einmal, seufzte er resigniert; das würde ich selbst noch früh genug feststellen. Die Juden, erklärte er, seien schlau, aber nicht klug. Ein schlauer Mann sei einer, der Auswege aus einer unangenehmen Situation finde, in die ein kluger Mann sich niemals hineinbegeben hätte. Ich solle versuchen, klug zu sein, nicht schlau, riet er mir, denn er brauche mich nur anzusehen, um zu wissen, daß ich es unter den Schlauen niemals zu etwas bringen würde.

Wie auch immer, jetzt, da ich in Sicherheit sei, könne ich ein neues Leben anfangen. Doch dazu müsse ich mich entschieden von der Vergangenheit abwenden. Für die Juden gebe es kein Zurück mehr: Der Krieg werde die noch bestehenden physischen Bande mit Europa durchtrennen, und der Zionismus solle die kulturellen und spirituellen Verbindungen mit ihm kappen und Schluß machen mit der Diaspora-Mentalität. Nach diesem Krieg würden der alte Kontinent und das alte Judentum in Trümmern liegen. Für die Zionisten bleibe, genau wie für Cortés' Spanier in Mexiko, nur der Weg nach vorn — allen Widerständen der Engländer und Feindseligkeiten der Araber zum Trotz. Sie sollten sich von Flüchtlingen in Konquistadoren verwandeln. Jabotinsky (der Führer des nationalistischen rechten Flügels) und seine revisionistische

Partei hätten ganz recht — man könne keinen Staat aufbauen, wie die Sozialisten es versuchten, indem man einfach eine Kuh nach der anderen, einen Dunam Land (das für einen »goldenen« Preis von den Arabern erworben worden sei) nach dem anderen aufkaufe. Nur wenn sie Stärke bewiesen, werde es den Juden gelingen, in Erez Israel in Sicherheit zu leben. Die Jewish Agency — die zionistische Verwaltung in Palästina — und die zionistische Bewegung in aller Welt irrten sich, wenn sie glaubten, daß man die Araber durch *hawlaga*, eine Politik, die nur Vergeltungsaktionen, aber kein offensives Vorgehen erlaube, friedlich stimmen könne. Nein, ganz im Gegenteil, man müsse als erster angreifen, die Zähne zeigen, einschüchtern. Die Juden von Erez Israel müßten ihren Feinden beweisen, daß sie keine Gettojuden mehr seien; sie seien die neuen Barbaren des Ostens, die neuen Hyksos. Mohammed habe mit seinen vierhundert Reitern das Byzantinische Reich zerstört; viertausend Juden könnten nun das Britische Empire ins Wanken bringen.

Seine Worte hatten etwas Faszinierendes. Ich stellte mir Heerscharen zionistischer *arditi* vor, jener italienischen Kampfeinheiten, deren Heldentaten im Ersten Weltkrieg uns in der Schule ausführlich geschildert worden waren, angetan mit glänzender Rüstung und mit wehenden Bannern zur Eroberung Londons galoppierend. Aber kaum hatte ich mich besonnen, fiel mein Blick auf die Fliegen, die von den auf das Wachstuch perlenden Limonadentropfen tranken. Von der Straße drang kein Kriegsgeschrei herein, sondern nur Hühnergegacker und Eselsgeschrei. Um mich herum schwatzten unbekannte Menschen von höchst unkriegerischem Aussehen in mir unverständlichen Idiomen. Die Kulisse war die einer staubigen kleinen Provinzstadt, einer schmutzigen Ecke an einem Markt, von dem ein Geruch nach gekochtem Essen und faulendem Gemüse ausging, der alle Phantastereien von glorreichen Eroberungen verdrängte. Was ich sah, waren schwitzende, abgehetzte Menschen, keine Phalanx martialischer Krieger. Das unbarmherzig gleißende Licht reduzierte alles zu einer endlosen Folge schwarzer und weißer Schemen. Nichts konnte einem Schlachtfeld unähnlicher sein als dieses wahllose Durcheinander, in dem jedes Lebewesen nur darauf bedacht war, sich vor der Mittagssonne in den spärlichen Schatten zu flüchten.

Ich betrachtete mein Jackett, das von der Rückenlehne des Stuhls zerknittert war. Ich hatte bereits Kragen und Krawatte gelockert und die Ärmel meines Hemds, das der Schweiß mir auf den Rücken klebte, hochgekrempelt. Ich fühlte mich entblößt, schmutzig, wehrlos, übermannt von der stickigen Atmosphäre einer aus Sand, Lärm, Gedränge und schemenhaften Gestalten zusammengesetzten Umgebung.

Mein Fahrer mußte gehen. Er half mir noch, mein Gepäck an den Rand der Schotterstraße zu tragen, von wo der Bus zu meinem Kibbuz abfahren sollte. Ich könne ruhig alles unbewacht dort stehen lassen, versicherte er mir; in der einzigen ausschließlich von Juden bewohnten Stadt der Welt werde nicht gestohlen. Dann schüttelte er mir die Hand, wünschte mir alles Gute und fuhr in seinem staubigen Ford davon, ohne zu ahnen, wie sehr er mir geholfen hatte. Ich sollte niemals Gelegenheit haben, ihm dafür zu danken.

Die Fahrt zum Kibbuz Givat Brenner verlief ohne besondere Vorkommnisse. Ich hatte erwartet, daß man uns mit Steinen oder Bomben bewerfen und daß unser Fahrer feindliche Angriffe mit seiner Pistole abwehren würde, wie in einem Western, aber nichts dergleichen geschah. Wir fuhren abwechselnd durch jüdische Siedlungsgebiete, arabische Dörfer und weite, unbewohnte Wüstengegenden. Auf der Straße überholten wir Grüppchen arabischer Bauern, die Männer auf ihren kleinen Eseln reitend, gefolgt von den Frauen, die Bündel von Blattgemüse oder Feuerholz auf dem Kopf trugen. Die Landschaft war exotisch, aber karg, und alles zeugte von tiefer Armut.

Als wir den Stadtrand von Jaffa hinter uns ließen, kamen wir am Glockenturm einer russisch-orthodoxen Kirche vorüber, der fast genau gegenüber vom Minarett einer Moschee stand. Beide Gebäude waren von niedrigen, baufälligen Lehmhütten mit flachen Dächern umgeben, und es wimmelte von barfüßigen Kindern. Ihre Gesichter waren mit Fliegen bedeckt; bekleidet waren sie mit schmutzigen Nachthemden, die ihnen bis zu den Füßen hinabreichten. Es gab vereinzelte Palmen, einige Weingärten und jede Menge Orangenhaine, deren glänzendes Grün sich lebhaft von der sandigen, staubigen Monotonie der Umgebung abhob. Frauen kauerten vor Öfen aus Stein und getrocknetem Lehm und buken Brot. Hier und da, in einem Hof oder auf einem der flachen Dächer, trockneten Aprikosen, Tomaten und Bündel von Paprikaschoten in der Sonne. Vor den Behausungen und unter strohgedeckten Schutzdächern hockten Gruppen von Arabern, die uns nachsahen, während sie an ihren Wasserpfeifen sogen. Neben den Hauseingängen standen Wasserkrüge und Zuckerrohrbündel. Von Zeit zu Zeit nötigte ein langsam dahinschleichendes, räudiges Kamel den Bus zum Abbremsen. Hühner kamen von überallher angeflattert, während abgemagerte Hunde ein klägliches Geheul anstimmten. Es war eine häßliche und verelendete Welt, von der man seine Augen abwenden und zum klaren, blauen Himmel emporschauen mußte, um neue Hoffnung schöpfen zu können.

Neben mir im Bus saß eine dicke, schwitzende Frau mit einem Korb voll Gemüse auf dem Schoß. Von den anderen Fahrgästen ermuntert, begann sie mich auszufragen, woher ich käme, wie alt ich sei, wen ich zu Hause in Italien zurückgelassen hätte, wer mich im Kibbuz erwarte, was mein Vater von Beruf sei und wieviel er verdient habe, warum ich nicht nach Amerika gegangen sei, was ich von Tel Aviv hielte, warum ich mich für die Landwirtschaftsschule in Mikveh Yisrael und nicht für die in Kfar Tabor entschieden hätte, die viel besser sei und wo auch ihr Onkel studiert habe. Unaufgefordert erteilte sie mir allerhand Ratschläge; erkundigte sich nach meinen politischen Ansichten und ließ mich die ihren wissen; diskutierte meinen Fall mit einem Mann, der vor uns saß; fragte dreimal nach, ob der Fahrer auch wirklich wisse, wohin ich wollte; und stieg schließlich in Rehovot aus, das heute ein großes Wissenschaftszentrum ist, damals aber kaum mehr war als ein Flecken Grün mit einer Ansammlung weißer Häuser zwischen zwei Wüstenstreifen.

Einige Zeit danach fuhren wir durch ein rostiges Eisentor, dessen Flügel weit offenstanden und über einen flachen Betongraben voll weißlichem Wasser hinausragten, auf das Kibbuzgelände. Der Bus bewegte sich langsam durch das Wasser, damit die Reifen gut gegen die Maul- und Klauenseuche desinfiziert wurden, die, da sie sich unter den Viehherden der Araber ungehindert hatte ausbreiten können, auch bei den Rindern der jüdischen Siedler zu hoher Sterblichkeit führte. Eine Straße aus festgestampfter Erde wand sich durch einen dichten Orangenhain und führte zu einem kahlen, steinigen Hügel, der dicht mit Gebäuden bestanden war.

Auf dem Weg dorthin trafen wir rechter Hand zunächst auf Werkstätten voller Schweißgeräte und in Reparatur befindlicher Maschinen und auf Männer in ölverschmierten blauen Overalls. Dann folgten die Hühnerhöfe und die Ställe; weiter oben am Hang standen, in Halbkreisen angeordnet, vier verschiedene Arten von Behausungen: zunächst gab es zweistöckige, rechteckige Wohnblocks mit Außentreppe in der Mitte und zwei übereinanderliegenden Balkonen, die jeweils Zugang zu vier angrenzenden Räumen gewährten. Auf den Balkonen prangten Besenstiele, Blumen in Ölkanistern und als Schränke dienende Holzkisten. Unterhalb davon standen zahlreiche, scheinbar wahllos über die Landschaft verstreute Holzhütten, die ebenfalls in vier Räume unterteilt waren und eine offene Veranda besaßen, welche als Stauraum für Eimer und Besen, provisorische Schränke für Arbeitskleider und vor Schlamm starrende Schuhe diente. Hier und da sah man zu »Privathäusern« umfunktionierte Container. Manche waren an der Außenseite gestrichen; einer hatte ein Fenster mit Gardine und sah aus wie eine Puppenstube; ein anderer war von einem kleinen Pfad umringt, den weißgestrichene Steine und Blumenrabatten säumten. Schließlich gab es noch jede Menge Rundzelte, deren Eingangsklappen zum Durchlüften hochgerollt waren, so daß man eiserne Bettgestelle und zerwühlte, bis zum Boden herabhängende Decken und Laken erkennen konnte.

Ich brauchte eine Weile, bis mir klar wurde, daß die Aufteilung der Unterkünfte einer strikten gesellschaftlichen Hierarchie entsprach. Die älteren Kibbuzmitglieder, die in der Regel verheiratet waren, bewohnten Zimmer in den zweistöckigen Betonblocks. Die unverheirateten jungen Leute und die Neueinwanderer lebten, nach Männern und Frauen getrennt, zu viert oder sechst in einem Zelt. Einige verheiratete Neuankömmlinge hausten in den Containern, in denen sie ihre eigenen oder die Möbel ihrer Freunde nach Palästina transportiert hatten, während neue Kibbuzmitglieder ansonsten in den Hütten wohnten — Ehepaare hatten ein Zimmer für sich, Unverheiratete waren zu viert in einem Zimmer untergebracht. Fast ganz oben am Hang, auf einer Seite von Rasen eingefaßt, lag das Kinderhaus. Hier kamen die Kinder, getrennt von ihren Eltern, in den Genuß einer Ordnung und eines Komforts, von denen die Erwachsenen nur träumen konnten.

Auf der Hügelspitze thronte der Wasserturm, und um diesen gruppierten sich das Postamt, der Wachraum der Hilfspolizei, die Krankenstation, das Verwaltungsbüro sowie, etwas abseits, ein paar größere Hütten, die als Speisesaal, Küche und Kleiderladen dienten.

Das kleine Zelt, das ich aus Italien mitgebracht hatte, kam der Kibbuzverwaltung sehr gelegen, da die Quartiere für Alleinstehende bereits überfüllt waren. Man wies mir ein Fleckchen zwischen der Krankenstation und den Duschen zu, und so war ich, ohne es zu wissen, von der gesellschaftlichen Hierarchie des Kibbuz-Habitats ausgeklammert.

Meine erste Lektion in Sachen kollektives Leben lernte ich über die Latrinen und Duschen. Die Latrinen waren tagsüber leicht an ihrer hundehüttenähnlichen, langgestreckten Form und ihren im Wind klappernden Holztüren zu erkennen. Nachts ortete man sie anhand des Abwassergestanks, in den sich der noch strengere und beißendere Geruch von Lysol mischte. In diesen Einrichtungen, die innen durch Jutevorhänge unterteilt waren, erlaubten grob zusammengezimmerte Sitze, die über einem Graben auf dem festgestampften Boden standen, den freien Fall der Verdauungsprodukte — in einem Land, in dem Wasser und Dünger knapp waren, ein durchaus sinnvolles und wirschaftliches System. Neben den Sitzen standen Behälter für das benutzte Papier. Diese primitiven, übelriechenden Latrinen erfüllten wie die Duschen eine soziokulturelle Funktion, die ihrem hygienischen Nutzen in nichts nachstand. Da nämlich Toilettenpapier ein Luxusartikel war, den sich der Kibbuz nicht leisten konnte, benutzte jedermann alte Zeitungen. Und so wurden die Latrinen dank der zerknüllten Druckerzeugnisse, die über lokale und internationale, wenn auch zum Teil schon länger zurückliegende, Ereignisse berichteten, zu behelfsmäßigen Lesesälen.

Ich lernte bald, mir ganze Vorräte an bedrucktem Papier in Französisch und Englisch anzulegen. Angesichts der Tatsache, daß ich noch kein Hebräisch konnte und italienischer Lesestoff nicht aufzutreiben war, versahen diese alten Zeitungsfetzen meine körperliche Erleichterung mit einer intellektuellen Note und stellten in dieser primitiven Umgebung ein tröstendes Element dar. In den Latrinen konnte ich meinen an körperliche Arbeit nicht gewöhnten Gliedern Momente genüßlicher Erholung zukommen lassen und die schmerzenden Muskeln entspannen, während sich die Nachrichtenhäppchen, die ich ungestört lesen konnte, in eine Vielzahl von Drähten zur Außenwelt verwandelten. Durch die Juteabtrennungen hindurch nahm man natürlich die Anwesenheit anderer menschlicher Wesen in nächster Nähe wahr. Aber sobald man die Tür von innen verriegelt hatte, konnte man sich als alleiniger Herr über sein Kabäuschen fühlen. Außerdem war in den Latrinen jeder darauf bedacht, nicht auch noch das letzte bißchen Intimsphäre durch ein Gespräch mit dem Nachbarn zu verletzen, da sich im Kibbuz der Kollektivismus ansonsten schon fast aller Lebensbereiche bemächtigt hatte. Wenn zwei in eine hitzige philosophische oder politische Diskussion vertiefte Menschen gemeinsam diesem Ort der Versenkung zustrebten, unterbrachen sie ihr Gespräch, sobald sie die Latrinentüren erreichten, als wäre jede Verbindung zwischen ihnen plötzlich gekappt worden. Von einem menschlichen Rühren genötigt und ganz für sich allein in einer Kabine aus Holz und Jute, fühlte sich jeder vorübergehend von dem Zwang zum Gemeinschaftsleben befreit, in das er überall sonst im Kibbuz fortwährend eingebunden war. Wie einst bei Luther war dies vielleicht die Brutstätte großer Ideen und Hoffnungen. Hier, über den desinfizierten Exkrementen hockend, nahmen sich die Menschen jedenfalls die Freiheit, tiefer zu seufzen als in der Stille ihrer Nächte. Hier konnte der einzelne, dem Gruppenleben für ein Weilchen entzogen, seinen Körper und seine Seele ohne Scham bloßlegen. Heute sind diese Latrinen spurlos verschwunden, aber ich glaube, daß man die Atmosphäre jener Zeit unmöglich beschreiben könnte, ohne auch auf ihre Rolle innerhalb der kollektiven Gesellschaft von damals einzugehen.

Über die Kibbuzduschen ist viel geschrieben worden. Soweit ich weiß, hat aber noch niemand ihre den Latrinen entgegengesetzte soziale Rolle hervorgehoben. Die beiden hintereinanderliegenden Anlagen, die eine langgestreckt und niedrig, die andere mehr hoch als breit, fungierten als die beiden Pole des kommunalen Dynamos, der über sie, als eine Art Punkt und Kontrapunkt von Promiskuität und Privatsphäre, von biologischem Individualismus und ideologischem Kollektivismus, die gesamte Gemeinschaft antrieb.

Man betrat die Duschen, nachdem man seine schmutzige, verschwitzte Arbeitskleidung in einer Holzkiste auf der Veranda zurückgelassen hatte. Ein Handtuch um die Hüften drapiert, die Füße in Holzpantinen geschoben (ich dachte immer, sie seien eine Erfindung der Zionisten, bis ich eines Tages ein Paar in einem Badezimmer in Berlin vorfand), schlurfte man dann dem reinigenden Wasser entgegen, die vom Kibbuz gestellte Seifendose nebst Zahnbürste und Zahnpulver in einer Hand und, wenn man es sich leisten konnte, ein zweites Handtuch über Arm oder Schulter.

Die Kibbuzduschen waren Zentrum der Körperhygiene, aber auch alltäglicher Schauplatz eines wichtigen sozialen Rituals. Zwischen fünf und sechs Uhr abends verwandelten sich alle Kibbuzbewohner durch dieses Ritual von Arbeitern in Intellektuelle. Dieser Verwandlungsprozeß rief mir Machiavellis Brief an Francesco Vettori in Erinnerung, den wir in der Schule hatten auswendig lernen müssen: »Wenn der Abend naht . . ., entledige ich mich auf der Schwelle meines Hauses meiner Alltagskleider voller Schmutz und Staub und lege fürstliche, feierliche Gewänder an.« Hier fand ein vergleichbares Zeremoniell, jedoch mit anderen Vorzeichen statt: Wir warfen unsere Arbeitskleidung »voller Schmutz und Staub« ab und standen im Adamskostüm unter dem dampfenden Wasser, die Frauen auf der einen Seite der hölzernen Trennwand, die Männer auf der anderen. Das war sicherlich nicht gerade der ideale Rahmen, um sich, wie Machiavelli es nannte, »jene Nahrung, die nur mir gehört«, womit die eigenen philosophischen und politischen Schriften gemeint sind, zu Gemüte zu führen. Aber er trug dazu bei, das psychische Bindegewebe einer egalitären Gesellschaft zu verstärken, die danach strebte, in einem alten Land einen neuen Menschen zu schaffen.

Nackt wie die Würmer, aber eingebettet in die Gemeinschaft und im Vorgefühl eines Abends und einer Nacht, in der wir frei sein würden vom biblischen Fluch, im Schweiße unseres Angesichts arbeiten zu müssen, begrüßten wir die Dusche als ein wirksames Mittel zur Festigung unserer proletarischen Bruderschaft. Erfrischt vom Wasser, das, wie wir alle wußten, kostbar war, und von ideologischen Diskussionen angeregt, blieben wir noch auf den feuchten, glitschigen Bänken sitzen, um beim Füßewaschen über Politik zu reden; im Dampf, der die Konturen unserer Körper verwischte, tauschten wir Sticheleien und bissige Kommentare aus; und mit den Wassertropfen auf unserer Haut trockneten wir manchmal auch die Tränen ab, die ungesehen aus der Tiefe unseres Herzens emporgestiegen waren.

Bei diesem tagtäglichen Ritual vermengte sich das hedonistische Vergnügen, das schon die alten Griechen und Römer empfunden hatten, mit dem modernen Bedürfnis nach der Überwindung unserer Freudschen Komplexe. Und es steckte auch der Versuch dahinter, die unterschiedlichen Komponenten der elitären und egalitären Gesellschaft des Kibbuz miteinander zu koppeln: die Starken mit den Schwachen, die Introvertierten mit den Extravertierten, die Ehrgeizigen mit den Bescheidenen. In den Duschen bestand implizit das Angebot von Vertraulichkeit, das zwar beim Verlassen der Räumlichkeiten seine Gültigkeit verlor, in ihrem Innern aber dafür sorgte, daß schwierige Gespräche angeknüpft, Zweifel geäußert, Ängste überwunden und Gefühle von Wehrlosigkeit ohne Scham eingestanden werden konnten. Aus den Duschen trat man mit gereinigtem Körper und neu erweckten Lebensgeistern heraus und spürte plötzlich den unmerklichen Fluß von Ideen und Hoffnungen, der später, im Speisesaal und im »Kulturhaus« (dem

Raum, in dem Bücher und aktuelle Zeutungen erhältlich waren), in endlose intellektuelle Debatten, ideologische Streitgespräche, strategische Planspiele und politische Verschwörungen münden würde. In jener komplexen, vom Wasser beherrschten Atmosphäre kam mir erstmals der Gedanke, daß ich möglicherweise ein freier Mensch werden könnte, wenn ich einen Teil meiner Freiheit aufgab.

Wenn man sich heute Fotografien aus der Zeit vor vierzig oder fünfzig Jahren ansieht, die jeder Kibbuz in seinen Archiven aufbewahrt, fragt man sich, wie diese kollektiven Dörfer in so kurzer Zeit einem so radikalen Wandel unterliegen konnten. Heute sind Familien dort in adretten kleinen Wohnungen mit einem oder zwei Kinderzimmern untergebracht, die gut möbliert und meist sogar mit Klimaanlage ausgestattet sind und über eine eigene Dusche sowie eine Kochnische verfügen, in der sich eine Fülle mehr oder weniger nützlicher einheimischer und importierter Geräte und Apparaturen stapeln. Die Gemeinschaftskantinen sehen häufig eleganter aus als Speisesäle in einem Luxushotel. Von der Kantine aus hat man immer noch Einblick in die Küche, die allerdings inzwischen vollautomatisiert und desodoriert und mit den modernsten arbeitsparenden Geräten ausgerüstet ist. Aber ansonsten sind heute Bars, kleine Tavernen, Lese-, Musik- und andere Freizeiträume sowie von Bäumen beschattete und mit Blumen eingerahmte Swimmingpools integraler Bestandteil des ganz normalen Lebens in einem kollektiven Dorf.

Niemand geht heute mehr in eine Gemeinschaftsdusche oder -latrine. Über die betonierten Wege, die sich, weit vom Werkstattbereich und dem Geruch der Hühnerhöfe und der Kuhställe entfernt, neckisch zwischen gestutzten Rasenflächen hindurchschlängeln, spazieren oder radeln die Leute jetzt mit der Nonchalance und Selbstverständlichkeit einer Elite daher, die ihren neuen Status als reiche und gesicherte Klasse ganz und gar verinnerlicht hat. Ob die Kibbuzmitglieder heute glücklicher sind als in der Vergangenheit, kann ich nicht beurteilen. Glück ist ein Seelenzustand und nicht eine Funktion des äußeren Drumherums. Etwas aber ist ganz sicher verlorengegangen — nicht mit dem Verschwinden einer gewissen Bedürfnislosigkeit, sondern mit dem Verschwinden der Spannung, die sich durch den täglichen Gegensatz zwischen kollektiver Arbeit und individueller Freiheit, zwischen Konformismus und Aufbegehren ergab. Machiavelli hätte nicht in einem Kibbuz leben können oder wollen, aber er hätte sicher keine Mühe gehabt, die politische Bedeutung dieser freien Gemeinschaft zu verstehen und sie als die originärste, volkstümlichste Aristokratie der modernen Welt zu erkennen — eine Aristokratie ohne Fürsten, die trotz beginnender Anzeichen von Verfall, gesellschaftlicher Verhärtung und ideologischer Verknöcherung bis zum heutigen Tag stabil und lebendig geblieben ist. Als ich den Kibbuz vor nahezu einem halben Jahrhundert kennenlernte, war er noch ein von Begeisterung getragenes Experiment, von außen gefährdet, im Innern aber durch die Askese und den hohen moralischen Anspruch der Bewohner konsolidiert.

Die physischen und wirtschaftlichen Beschwernisse der damaligen Zeit — es waren kaum genügend Arbeitsplätze vorhanden, um die Grundbedürfnisse einer durch die Ankunft immer neuer Einwanderer ständig wachsenden Gemeinschaft befriedigen zu können — mobilisierten die Lebenskräfte des Kibbuz. Eine der merkwürdigsten und lebhaftesten Diskussionen, die ich zufällig miterlebte, drehte sich zum Beispiel um das moralische, philosophische, ökonomische und biologische Recht der Gemeinschaft, die Zahl der Kinder, die ein Paar haben durfte, festzusetzen. Dieses Recht räumten die »Genossen« der Vollversammlung zwar niemals ein, aber die Debatte ließ doch erkennen, mit welch schwierigen materiellen Bedingungen man damals zu kämpfen hatte und mit welcher

Offenheit und intellektuellen Strenge man ihnen begegnete.

Sieht man einmal von den ideologischen Elementen und den außergewöhnlichen Umständen ab, so lag die vornehmliche Stärke des Kibbuz in jener schwierigen Periode (und wahrscheinlich auch heute noch) wohl in seiner Fähigkeit, hinter der Maske der Gleichheit Menschen völlig unterschiedlicher Begabungen und kultureller Prägungen zu vereinen. Starke Persönlichkeiten konnten sich über andere erheben, ohne daß es nach außen hin so aussah und ohne daß sie mit äußeren Machtinsignien ausgestattet waren; die Schwächeren konnten die Geborgenheit der Gruppe in Anspruch nehmen und Verpflichtungen, denen sie nicht gewachsen waren, abgeben, ohne sich deshalb gedemütigt fühlen zu müssen. Aber für Menschen wie mich, die wegen ihrer mittelmäßigen Bildung und ihres ideologischen Desinteresses irgendwo dazwischen standen, hatte das kollektive Leben im Kibbuz ungefähr soviel Anziehungskraft wie ein Kloster, und es wirkte auf mich genauso abschreckend wie eine Disziplin, die weder Stil noch geistige Anreize besaß. Der Hauptgrund dafür, daß heute so viele junge Leute, die in den kollektiven Dörfern Israels aufgewachsen sind, nach dem Militärdienst von zu Hause weggehen, scheint mir jedoch in einem anderen Umstand zu liegen: In einer selbstgemachten elitären Gemeinschaft können die biologischen Bindungen allein das Bedürfnis nach neuen geistigen Herausforderungen nicht stillen und die moralische und seelische Leere nicht auffüllen, die durch einen zum Selbstzweck gewordenen Konformismus erzeugt wurden. Deswegen entscheiden sich viele junge Leute, die feststellen, daß sie weder schwach genug sind, um sich mit der Gruppe zu identifizieren, noch stark genug, um sich hinter der Fassade vermeintlicher Gleichheit Geltung zu verschaffen, für ein Leben in der Stadt. Der Reiz des Privaten und die Verheißungen persönlichen Erfolgs erscheinen ihnen häufig attraktiver als die Eintönigkeit einer verschleierten Oberschicht-Existenz, in der sie die Früchte ihrer Arbeit teilen müssen, ohne eine sichtbare Belohnung für ihren Einsatz zu erhalten.

Keiner von denen, die ich in Givat Brenner kennenlernte, war sich dieser bevorstehenden Zerreißprobe zwischen Wunschdenken und Realität, zwischen äußerem Schein und tatsächlichem Inhalt, zwischen hohen Zielen und Alltagsrealitäten so sehr bewußt wie Enzo Sereni. Sereni stammte aus einer der ältesten jüdischen Familien Italiens. An der Via Appia kann man noch heute Überreste eines Ladens sehen, der zu Zeiten des alten Roms einem gewissen Serenus gehört hatte. Möglicherweise war er ein Vorfahre Serenis und hat an jene römischen Legionäre Wein und Lebensmittel verkauft, die im Jahre 67 nach Christus nach Judäa zogen, um der Unabhängigkeit der Juden ein Ende zu bereiten. Sereni war Ende der zwanziger Jahre mit seiner Frau, die ebenfalls aus einer alten römisch-jüdischen Familie stammte, nach Palästina gekommen, und zwar vom gleichen Widerstandsgeist gegen den Faschismus getragen wie sein Bruder Emilio, einer der historischen Führer des italienischen Kommunismus. Serenis philosophischer Rationalismus war aber auch gefärbt von einem starken Hang zu religiösem Eifer. Alfonso Pacifici, einer der führenden Köpfe des Zionismus in Italien und späterer Wortführer der radikalsten antizionistischen Orthodoxie in Israel, erzählte mir einmal, daß Sereni in seiner Jugend eine tiefe religiöse Krise durchgemacht habe. Er habe Pacifici gestanden, daß er drauf und dran gewesen sei, zum Christentum überzutreten, weil das Klosterleben eine solche Faszination auf ihn ausgeübt und er eine solche Sehnsucht nach innerer Einkehr verspürt habe. Die Kombination von Antifaschismus und Askese im sozialistischen Zionismus hatte ihn daher für das Pionierleben im Kibbuz empfänglich gemacht. Dort wurde er dank seines politischen Scharfsinns, seiner sozialistischen Überzeugung und seines geistreichen Realismus nicht nur zum unangefochtenen Führer der kleinen Gruppe jüdisch-italienischer Einwanderer, sondern auch zu einem der vielversprechendsten Arbeiterführer Palästinas.

Sereni war klein, dicklich, kurzsichtig, verfügte über eine sprühende Intelligenz und eine kolossale Bildung und wirkte auf den ersten Blick keineswegs wie ein Politiker. Er sah eher aus wie ein Lehrer, der sich etwas gehemmt bewegte und sich in seinen Kleidern nie ganz wohl fühlte. Er erinnerte mich an das Porträt Silvio Pellicos, des von den Österreichern eingekerkerten Risorgimento-Patrioten, aus dessen Tagebuch wir in der Schule mit viel Pathos und Gefühl deklamiert hatten. Aber sobald Sereni den Mund aufmachte — ob in der Öffentlichkeit oder im privaten Rahmen —, wurde dieses romantische Bild von der unmittelbaren psychischen Spannung, die er in seinem Gesprächspartner erzeugte, überlagert. Faszinierender als die Logik seiner Thesen und seine humanistische Bildung waren sein Glauben an den Menschen und seine messianische Vision des zionistischen Sozialismus. Mit seinem im griechischen und christlichen Denken verankerten Judentum besaß er die Leidenschaft, die Strenge — aber auch den Humor — des Neophyten. Wie Antäus aus der Erde, so schöpfte er aus der täglichen Konfrontation mit den gewaltigen Problemen bei der Schaffung einer neuen hebräischen Gesellschaft in Palästina frische Energie.

Über Enzo Sereni sind zahlreiche Artikel und Bücher geschrieben worden. Ich mag sie nicht lesen, weil ich bis heute Gewissensbisse habe und es bedaure, daß ich zu ihm nur ein sehr widersprüchliches Verhältnis entwickeln konnte. Eine ernsthaftere und gründlichere Auseinandersetzung mit diesem außergewöhnlichen Menschen wäre sicher eine Bereicherung für mich gewesen und hätte mein Leben vielleicht in ganz andere Bahnen gelenkt. Ich will aber auch nicht mehr über ihn erfahren, weil ich das Bild, das ich mir von ihm gemacht habe — sicher ein ausgesprochen persönliches Bild, das erheblich von dem abweichen dürfte, das in diesen Publikationen geschildert wird —, nicht zerstören möchte. Es ist das eines Prismas, das, den wechselnden Realitäten eines sehr komplexen Lebens ausgesetzt, für andere das verwirrende Licht einer zwiespältigen Persönlichkeit abstrahlt. Diesen — wie gesagt sehr persönlichen und möglicherweise falschen — Eindruck trage ich seit jener einzigen Begegnung mit ihm herum, als ich ausführlich mit ihm reden konnte, ohne in Streit zu geraten oder mir seine flammenden ideologischen Reden und seine — für mich — irritierenden Ansichten in verdrossenem Schweigen anzuhören, da er in mir stets Minderwertigkeitsgefühle auslöste.

Ich war gerade erst in Givat Brenner angekommen. Während des jüdischen Neujahrsfestes veranlaßte mich ein plötzliches starkes Heimweh, nach einem Ort zu suchen, wo ich einer Feier, wie wir sie in Italien abhielten, beiwohnen konnte. So kam es, daß ich eines schönen Spätnachmittages neben Sereni bei einer Holzbaracke saß, die als Küche und Synagoge für die betagten Eltern von Kibbuzmitgliedern diente. Das war eine kleine Gruppe gebrechlicher alter Leute, die, im Gegensatz zu ihren Kindern, an den »abergläubischen Bräuchen« des Judentums festhielten und deshalb in einer separaten Küche nach den biblischen Speisegeboten kochen durften.

Die Sonne ging gerade unter, was, unter den gegebenen Umständen, erst recht Anlaß zu melancholischen Reflexionen gab. Wir warteten darauf, daß noch einige weitere Juden kämen, damit wir einen Minjan für die Rezitation der Abendgebete bilden konnten. Währenddessen hockten wir dort draußen auf einer wackligen Bank, neben uns eine in osteuropäische Kleider gehüllte alte jüdische Babuschka, die mißbilligend auf unsere unbedeckten Köpfe starrte, und unterhielten uns in unserer Muttersprache, wobei wir ein paar alte Männer, die in der Nähe Psalmen rezitierten, möglichst nicht zu stören versuchten. Die durch die Feiertage kaum gebremste Kibbuzaktivität rundum vermittelte uns ein Gefühl vorübergehenden Ausgeschlossenseins.

Sereni war niedergeschlagen und nachdenklich, ganz und gar nicht so optimistisch wie sonst, und grübelte laut — wenn auch mit gedämpfter Stimme — über die heraufdämmernde Tragödie der europäischen Judenheit. Er war vor kurzem in politischer Mission in Deutschland gewesen, und nur sein italienischer Paß hatte ihn vor ernstlichen Schwierigkeiten bewahrt. Er ahnte, welche Katastrophe über unserem Volk schwebte, und war sich der ungeheuren Verantwortung bewußt, die wir, die Juden Palästinas, für den Rest der Nation trugen. Er fragte mich — oder vielmehr sich selbst — in einem Monolog, den ich nicht zu unterbrechen wagte, inwieweit wir überhaupt am Schicksal von Millionen von Menschen teilhaben könnten, die in Europa der Gewalt der Nazis ausgeliefert seien, nur weil sie Juden waren. Ja, es stimmte, daß sie nicht an die zionistische Botschaft geglaubt hatten; es stimmte, daß sie jetzt einen furchtbaren Preis für ihre gesellschaftlichen Präferenzen und ihre mangelnde Entschlußkraft zahlten. Aber wir, die wir klüger oder schlauer gewesen seien oder einfach nur mehr Glück gehabt hätten, drohten zu Parasiten unserer nationalen Tragödie zu werden, wenn wir ihrer Vernichtung untätig zuschauten. Was sollten wir später unseren Kindern erzählen? Daß wir, von den Briten beschützt, hatten überleben können, um Zeugnis davon abzulegen, was der Antisemitismus in Europa den Juden angetan hatte? In diesem Fall sei es sehr wahrscheinlich, daß unsere jungen Leute Hitler und Mussolini einfach als irgendwelche historischen Persönlichkeiten betrachten würden, die von der Wirklichkeit ungefähr so weit entfernt seien wie Dschingis Khan. Sie würden vielleicht denken, daß unser Schicksal das irgendeines Volkes sei, von Nachkommen einer Rasse, deren Schicksal durch den bloßen Umstand, daß ihre Eltern nach Asien emigriert seien, eine andere Wendung genommen habe — vergleichbar den englischen Kriminellen, die nach Australien deportiert wurden, oder den spanischen Eroberern, die nach Amerika gingen. Wenn wir nicht mehr in der Lage seien, ihnen die Bedeutung des Judentums zu vermitteln, würden sie niemals wirklich begreifen, warum ihre Eltern Zionisten genannt wurden.

Die Arbeitshypothese vieler Zionisten unterscheide sich in nichts von der der Assimilationsbefürworter, die der Auffassung seien, daß es auf der Welt zu viele Juden und im Judentum ein Zuviel an Tradition gebe. Aber wenn der Kern der Nation in Europa physisch vernichtet und die uralte Seele vom Feuer nichtjüdischer Ideologen ausgedörrt werde, was solle dann aus dem zarten Pflänzchen der jüdischen Kultur werden, die wir gerade wiederbeleben wollten? Die Irreligiosität des sozialistischen Zionismus ließ ihn die Schaffung neuer Gettos befürchten, einer Art Indianer-Reservationen für die frommen Juden in einem hebräischen Palästina, wo diese Menschen eher Gegenstand ethnologischen Forschungsdrangs als Wahrer einer der ältesten nationalen Identitäten sein würden.

Sereni mußte damals gerade Überzeugungsarbeit bei den Neueinwanderern aus Italien leisten, von denen einige Givat Brenner verlassen wollten, weil sie zu dem Schluß gelangt waren, daß das Leben in einem sozialistischen Kibbuz nur eine neue Form der Assimilierung sei — eine Gesellschaft von Juden, die willentlich aufgehört hätten, wahre Juden zu sein. Für diese Neuankömmlinge, die — wie ich — assimilierte Juden und in der Mehrzahl frühere Mitglieder der GUF (der faschistischen Universitätsjugend Italiens) waren, hatten die von Mussolini proklamierten Rassengesetze plötzlich eine Auswanderung unumgänglich gemacht und den Anstoß gegeben, in Palästina nach den alten Wurzeln zu suchen, die im Zuge der Emanzipation für die meisten italienischen Israeliten praktisch zerstört worden waren. Sie waren noch unentschlossen, ob sie in einen religiösen Kibbuz umziehen sollten — was viele von ihnen später taten —, aber an der Art, wie sie, oft sehr verwirrt, ihre Zweifel äußerten, merkte Sereni, daß die marxistisch-nationale Alternative in Gestalt der sozialistischen Bewegung, der er seine ganze Kraft und sein ganzes Denken widmete, ihren spirituellen Bedürfnissen nicht gerecht werden konnte. Ihm war nicht daran gelegen, neue »Seelen« für seine Partei hinzuzugewinnen, denn er war schon zufrieden, daß diese italienischen Juden durch die Immigration in das Land ihrer Vorväter überhaupt den ersten entscheidenden Schritt auf dem Weg zur »zionistischen« Wahrheit getan hatten. Ihm schien es vielmehr darum zu gehen, sich selbst davon zu überzeugen, daß der ideologische Weg, den er eingeschlagen hatte, kein Irrweg war, der früher oder später durch die Schaffung einer neuen jüdischen *galut* (Diaspora) im Land Israel in einer Sackgasse enden würde.

Am Vorabend jenes religiösen Feiertags, bei jener baufälligen Synagoge, die, wie gesagt, auch als Küche und Speiseraum für das armselige Häuflein menschlicher Wracks diente, die den diversen, dem Untergang geweihten Gettos Osteuropas entflohen waren und deren einziger erkennbarer Bezug zum Kibbuz ihre Blutsverwandtschaft mit einigen seiner Mitglieder war, erwog Sereni die Probleme, mit denen der zionistische Staat eines Tages zu kämpfen haben würde. Insbesondere fragte er sich, ob der Judenstaat in der Lage sein werde, ein Staat der Juden zu bleiben, ohne den Pluralismus zu verlieren, der seine Stärke ausmachte. Und er fragte sich auch, ob der Preis für die nationale Wiedergeburt nicht womöglich die Zerstörung des überkommenen kollektiven Bewußtseins sein werde, das wir eines Tages bitter nötig hätten, damit das Land Israel nicht zum Land der Zuflucht statt zum Gelobten sozialistischen Land werde. Hier hörte ich wohl zum erstenmal jemanden den Gedanken formulieren, daß die Zionisten für das Judentum das darstellten, was die Barbaren für die römische Zivilisation gewesen waren, nämlich ein Instrument zur physischen Erneuerung durch einen Prozeß der moralischen Barbarisierung; eine erzwungene Kanalisierung in die Normalität, damit man die nötige Stärke wiedererlangte, um seine Einzigartigkeit in einer Welt verteidigen zu können, die darauf aus war, diese störende Einzigartigkeit zu zerschlagen. Sereni hoffte, wenn er auch nicht sonderlich davon überzeugt zu sein schien, daß der zionistische Sozialismus diese Rolle erfüllen könne. Für ihn war er wie die Wurzel eines alten Baumes, aus dem neue Triebe der Hoffnung, des sozialen und moralischen Fortschritts sprießen würden, und das nicht nur für die Juden. Er glaubte, daß der jüdische Sozialismus eines Tages die gleiche Dynamik entwickeln könnte wie der sowjetische Marxismus oder der faschistische Nationalismus, die seiner Meinung nach beide, trotz aller Gegensätze, gewisse Parallelen zum Zionismus erkennen ließen. Er könnte seiner Ansicht nach zu dem werden, was Mazzinis Version des italienischen Risorgimento nicht gelungen war: ein Nationalglaube, basierend auf den Pflichten und nicht auf den Rechten des Menschen; ein neuer Ansatz zur Lösung alter Probleme; die Transformation der Schwäche eines uralten Volkes in eine neue, zivilisierende Kraft.

Die Schmiede für diese neue moralische und kollektive Bewegung konnte in seinen Augen nur der Kibbuz sein. Aber es werde nicht leicht sein, den jüdischen Flüchtlingen aus Europa, die weniger aus Idealismus denn aus der Notwendigkeit, dem Antisemitismus zu entgehen, nach Palästina gekommen seien, zu vermitteln, daß der Kibbuz eine neue Art von weltlichem Kloster sei, mit dessen Hilfe das altneue Israel Zerstörung und Wiedergeburt überstehen könne. Das werde Zeit brauchen, und gerade davon bleibe uns nicht mehr viel.

Mir kam es an jenem Nachmittag so vor, als lauschte ich dem Abt eines noch nicht gegründeten Klosters, dem Stifter eines neuen Mönchsordens, der Givat Brenner am liebsten in ein jüdisches Monte Cassino oder ein hebräisches Cluny verwandelt hätte. Leider habe ich dann nie mehr die Gelegenheit gehabt, nachzuprüfen, ob mein Eindruck richtig war oder nicht. Wir waren im Laufe der Zeit beide so sehr beschäftigt — er mit seiner hektischen politischen Aktivität, ich mit meinen romantischen Träumereien —, daß wir uns immer nur kurz und unter eher unerfreulichen Umständen begegneten. Dabei gewann ich den — möglicherweise falschen — Eindruck, daß Sereni sich über mich eine unfaire, voreingenommene Meinung gebildet hatte. Ich hatte das Empfinden, daß er mich verachtete, weil ich nicht im Kibbuz bleiben wollte und mich emotional offensichtlich immer noch nicht von meiner alten bürgerlichen Welt loslösen konnte. Er muß mich für den unreifsten und am wenigsten motivierten von allen italienischen Neueinwanderern in Givat Brenner gehalten haben. Meine Unwissenheit setzte ihn immer wieder in Erstaunen. Wenn wir auf dem Rasen vor dem »Kulturhaus« saßen, wo er gewöhnlich über den Sozialismus, über Labriola und Lasalle, Marx und Rosa Luxemburg, Engels und Lenin dozierte, konnte er mir vom Gesicht ablesen, wie fremd und bedeutungslos diese Namen für mich waren.

Bei solchen Anlässen erläuterte er dann zum Beispiel die Entwicklung der Arbeiterbewegung in Palästina und die moralischen und politischen Probleme, die sich aus dem Zusammenleben mit den Arabern ergaben, und ließ sich über die Unrechtmäßigkeit der Wettbewerbswirtschaft aus — ein Thema, an das ich mich besonders gut erinnere. »Es kann keinen Frieden in der Welt geben«, behauptete er, »wenn sogar wir Sozialisten um Fröste beten, die die spanische Orangenernte vernichten sollen, nur damit wir hier in Palästina überleben können.« Er verstieg sich dann in komplizierte Darlegungen von Sachverhalten wie der Ausbeutung der Arbeiter und der Schaffung von Mehrwert, prangerte die Kapitalisten an, die die Rolle der alten Feudalherren übernommen hätten, die arabischen Landbesitzer, die, ohne im eigentlichen Sinne Bourgeois zu sein, in Palästina den historischen und politischen Status der europäischen Bourgeoisie für sich beanspruchten, die Briten, die zu Hause Liberale und im Ausland Imperialisten seien, und die Faschisten, die mit Hilfe ihrer Geheimagenten versuchten, die Araber für die Unterstützung ihres spätkolonialistischen Expansionsdrangs zu gewinnen.

Ich hörte zu, obwohl ich oft kein Wort von dem, was er sagte, verstand. Die anderen Italiener überboten sich mit Fragen und Kommentaren, um zu beweisen, daß sie die Texte, über die Sereni sprach, kannten und daß sie ihm bei seiner historischen und dialektischen Gehirnakrobatik folgen konnten. Ich hielt mich zurück, stumm, verlassen und verwirrt und erfüllt vom Groll des Unwissenden, der gerne mitreden würde, aber nicht weiß, wie. Damals war ich noch nicht dahintergekommen, daß nichts ungeeigneter ist, einen einzelnen von seinen Zweifeln zu befreien, als von anderen aufgedrängte intellektuelle und moralische Vorstellungen. Andeutungsweise nahm ich wahr, daß in all diesem Gerede über absolute soziale Werte, die Verbrüderung der Arbeiter, den politischen Überbau, bewußte und unbewußte Komplexe, historischen Materialismus und nationale Mythen etwas Falsches, Zweifelhaftes, Unklares mitschwang. Man brauchte sich nur anzusehen, wie die Juden mit den wenigen Arabern, die in den Kibbuz kamen, umgingen, dann wurde sofort deutlich, daß die menschlichen Beziehungen nicht so leicht zu kategorisieren waren. Aber ich fand weder die Worte noch die passenden Argumente, um Einspruch zu erheben. Meine italienischen Kibbuzkameraden, wie wahrscheinlich auch Sereni, müssen mich für einen oberflächlichen, antriebsschwachen Schnösel gehalten haben, aufgewachsen in einem politisch wie sozial pervertierten Milieu, dem die »Hammelbeine langgezogen« gehörten und dem ideologische Disziplin und harte körperliche Arbeit verordnet werden mußten — beides Dinge, denen ich mich, wie jeder wußte, zu entziehen versuchte —, damit sein Charakter gefestigt würde. Kurz gesagt, ich war ein hoffnungsloser Fall, mit dem die anderen im Kibbuz ihre Zeit nicht vergeuden wollten — zumindest hatte ich diesen Eindruck. Es mußte also als enormes Entgegenkommen des Kibbuz gewertet werden, daß er mir gegen drei Pfund pro Monat (damals eine beachtliche Summe) Essen, eine Hebräischstunde am Tag sowie vier Stunden Arbeit im Hühnerhof und später im Gemüsegarten gab.

Die Isolation, in die ich durch meine gewaltsame Verpflanzung in eine mir völlig fremde Welt gestürzt war, steigerte sich aufgrund der Gleichgültigkeit und der vermeintlichen Verachtung, von denen ich mich umgeben fühlte, von Tag zu Tag. Wenn ich in der Abenddämmerung zu meinem Zelt zurückkehrte, das kaum mehr Raum bot als eine Hundehütte (und tatsächlich fand ich auch einmal einen großen Knochen vor dem Eingang), fühlte ich mich von widerstreitenden Gefühlen zerrissen. Ich wollte mich an diese neue Gesellschaft, in der ich lebte, anpassen und gleichzeitig vor ihr davonlaufen. Ich litt entsetzlich unter meiner Unwissenheit, die mich vor den anderen als kleines Kind dastehen ließ, während ich instinktiv wie ein Tier witterte, daß die ideologischen Systeme, denen ich mich unterwerfen sollte, unsichtbare Schönheitsfehler aufwiesen. Je weniger ich Serenis Argumente analysieren konnte, desto unverdaulicher wurden sie durch diese Widersprüche. Ich hatte fortwährend das Gefühl, in einem absurden Theaterstück mitzuspielen, aus dem ich auszusteigen versuchte, indem ich mich über alles, was ich nicht verstand, lustig machte. Das Ergebnis war eine Spaltung meiner Psyche, manifestiert in einem Stottern, das ich dadurch in den Griff zu bekommen versuchte, daß ich auf die Felder hinausging und aus vollem Halse Gedichte von Carducci rezitierte oder, nach meinem Eintritt in die britische Armee, Befehle brüllte.

Die Seelenqualen, die hinter diesem Stottern steckten, verfolgen mich bis zum heutigen Tag. Häufig ertappe ich mich dabei, daß ich laut mit mir selbst rede oder einen Gedankengang mit vulgären Kasernenflüchen unterstreiche, die ich sicherheitshalber in mich hinein murmele, damit sie niemand mitbekommt. Außerdem habe ich, wenn ich vor Publikum sprechen muß, manchmal Schwierigkeiten, mich richtig auszudrücken, vor allem auf Hebräisch. Das sei völlig normal, versichern mir befreundete Psychologen immer wieder. Aber ich muß gestehen, daß das Bedürfnis, die Spaltung meiner noch jungen Persönlichkeit zu reparieren, mich dazu getrieben hat und auch heute noch dazu treibt, Unzulänglichkeiten in geistiger und kultureller Hinsicht durch Hyperaktivität zu kompensieren. Auf die Dauer hat dieser Hang zum Aktivismus mit Sicherheit eine geordnete Herauskristallisierung von Gewohnheiten und eine sinnvollere Bündelung von Erfahrungen verhindert. Und infolgedessen habe ich jahrelang mit einem zweiten, eingebildeten Selbst gekämpft, das die Realitäten des Lebens und des Alters nicht wahrhaben will und der Faszination von Abenteuer und Wandel erliegt. Die Dichotomie zwischen meinen beiden Ichs hat mich in den Augen anderer und auch in meiner eigenen Auffassung oft als Schwätzer erscheinen lassen, als »Rauchverkäufer«, wie man in Italien sagt, wenn auch die Zeit und der Verlauf der Ereignisse mir schließlich recht gegeben haben.

Heute weiß ich, daß ich den Fehler beging, Ereignisse forcieren und Projekte, für die ich moralisch, intellektuell oder wissensmäßig nicht reif genug war, unbedingt realisieren zu wollen. Aber ich bedauere nicht, daß ich, wo mir doch nur das eine Leben gegeben ist, von so vielen Leben gekostet habe. Ich weiß jedoch auch, daß diese Ungeduld in bezug auf Zeitpläne und Sachzwänge, dieser Hang zum Übertreiben, diese leidenschaftliche Begeisterung für Abenteuer und Wandel nicht nur eine Besonderheit meiner Person sind. Sie sind vielmehr charakteristisch für die gesamte zionistische Bewegung und für den Staat Israel, in dem die Menschen, aus ihrer Zwangslage und ihrer Unerfahrenheit heraus, zuviel in zu kurzer Zeit erreichen wollten und nicht bereit waren, den Preis zu zahlen, den die Zeit für das verlangt, was man ohne ihre Mithilfe getan hat.

Vielleicht hatten die Juden Palästinas, die den Holocaust überlebten, keine andere Alternative. »Die jüdische Bevölkerung«, läßt der Schriftsteller S. Y. Agnon einen seiner Protagonisten sagen, »hat so viel durchgemacht, daß sie keine Geduld mehr hat, auf den Messias zu warten.« Mit dem Versuch, sein eigenes messianisches Zeitalter zu schaffen, habe das Volk von Israel, so Agnon, die Ankunft des Messias verzögert. Diese dichterische Interpretation erscheint mir als treffende Beschreibung des Epos der sozialistischen Zionisten, wie ich es miterlebt habe und wie es sich in gewisser Hinsicht auch in meinen eigenen Erfahrungen widergespiegelt hat. Heute müssen wir alle in Israel anscheinend dafür büßen und uns verzweifelt bemühen, den Messias näher an uns heranzuholen. Ohne die damalige Anmaßung hätte unser Drama sich jedoch in ein banales Schaustück verkehren können, und in dieser Rolle haben sich die Juden nie gern befunden.

Nach annähernd einhundert Jahren befindet sich der Zionismus, eine Bewegung, die doch eigentlich die »Normalisierung« der jüdischen Existenz bewirken wollte, weiterhin im Dilemma zwischen Exil und Gelobtem Land, zwischen dem Holocaust und Hitler, zwischen dem Profanen und dem Erhabenen, ohne einen Mittelweg zu finden — den Weg, den Maimonides den »goldenen« nannte und den ein berühmter chassidischer Rabbiner, der Rabbi von Kotsch, »den Pferden vorbehielt«. Die Kluft zwischen dem Realen und dem Phantastischen, dem Möglichen und dem Unmöglichen, dem Echten und dem Schein, die mir bei der Entwicklung meiner Persönlichkeit solche Qualen bereitete, erscheint mir heute als Teil eines Gesamtzusammenhangs, als Ausdruck einer Unausweichlichkeit, als durchaus gültige Manier, das singuläre Schicksal dieses Volkes, dem ich angehöre, zu teilen.

Jetzt, da Alter, Erfolg und Enttäuschungen die Leidenschaften und Ambitionen gedämpft haben, kann ich mich mit der Tatsache aussöhnen, daß ich mich, wahrscheinlich früher als andere, in der Heimat, in die ich aus eigenem Wunsch zurückgekehrt war, im Exil gefühlt habe. Ich bin nicht mehr der einzige, der erkannt hat, daß der Staat Israel — die natürliche, aber nicht vollkommen geglückte Umsetzung eines hehren Ideals — selbst zu einer der vielen jüdischen Diasporas geworden ist, die der historischen und kulturellen Wiege der jüdischen Zivilisation zwar physisch nahe, moralisch jedoch weit von ihr entfernt ist. Nicht zuletzt, weil ich aufgrund meiner Vertrautheit mit dem italienischen Faschismus gegen die vulgäreren und groteskeren Aspekte des israelischen Nationalismus gefeit war (die, genau wie in Italien, nur vorübergehender Natur und letztlich ohne größere Bedeutung sein werden), kann ich heute mit Genuß feststellen, wie süß harte, aufregende, widersprüchliche Erfahrungen für Leute wie mich sein können: Sie geben ihnen die Chance, das Leben — mangels anderer Talente — wie eine *Commedia dell'arte* zu leben.

Sechstes Kapitel

GERÜCHE
UND
ÄNGSTE

Lange Zeit wurden meine Beziehungen zu anderen italienisch-jüdischen Einwanderern in Palästina von meinem Magen bestimmt. Selbst heute noch kann ich mich, wenn ich an diesen Lebensabschnitt als junger Immigrant zurückdenke, deutlich an die Küchengerüche der Häuser, in denen ich zu Gast war, erinnern, an die Langatmigkeit der Gespräche und der Gebete, die ich vor und nach den Mahlzeiten über mich ergehen lassen mußte, damit ich meinen Hunger stillen konnte, an meine nur schwer zu verbergende Verärgerung, wenn meine Gastgeber nicht schnell genug merkten, was der eigentliche Grund meines Besuches war. Zwei Küchen aber haben mich niemals gelockt: die der diversen Kibbuzim, in die es mich verschlug, und die von Frau Levi in Tel Aviv — was jedoch ganz andere Gründe hatte.

Die Kibbuzküchen tischten damals vorzugsweise zusammengeklebte Spaghetti auf, bei denen es sich wohl um Kreationen von Bewunderern der Borgias handelte. Sie süßten das ohnehin schon ungenießbare Gericht zu allem Überfluß noch mit Vanillesauce, was meiner Meinung nach einer Sublimation jüdischer Selbstmordkomplexe gleichkam. Fleisch bekam man in jenem ersten Kriegsjahr nur selten. Kartoffeln, die man in Palästina gerade anzupflanzen gelernt hatte, waren knapp. Aber Grieß, Oliven und Tomaten gab es zur Genüge. In Kombination mit einer Scheibe Schwarzbrot, die mit Margarine und Marmelade bestrichen wurde, halfen sie zwar, den ärgsten Hunger zu vertreiben, doch der Mund blieb trocken und der Magen leer.

Frau Levis Küche dagegen wartete mit Köstlichkeiten auf, die über jedes Kibbuzessen weit erhaben waren. Sie waren jedoch so teuer, daß ich sie mir unmöglich leisten konnte. Ich werde heute noch ganz melancholisch, wenn ich an die Stunden denke, die ich mit hungrigem Magen in Frau Levis Erdgeschoßwohnung in der Karl Netter Street verbrachte, einer kurzen Straße im Herzen Tel Avivs, die heute noch genauso still ist wie damals, als sie für viele aus Italien geflohene Juden eine erste Zufluchtsstätte darstellte.

Frau Levi war Witwe. 1939, als ich ihr zum erstenmal begegnete, kann sie noch nicht sehr alt gewesen sein, denn einer ihrer Söhne ging noch zur Schule. Auf mich aber wirkte sie wie eine Greisin: Sie war klein und hager, hatte ein spitzes Gesicht und besaß eine schrille, blecherne Stimme, mit der sie mich ziemlich einschüchterte. Stets in tadelloses Schwarz gekleidet, mit einem sorgfältig frisierten Haarknoten auf dem Kopf, kam sie mir wie die Inkarnation der Vorsteherin einer Besserungsanstalt vor. Sie bot mir nie etwas zu essen an, überhäufte mich aber mit Komplimenten. Sie hatte meine Mutter in ihren besten Jahren gekannt und schilderte mir immer wieder deren Schönheit, Anmut und vor allem Reichtum — Dinge, die alle längst vergangen waren. Aber Frau Levi, die so gut wie jeden italienischen Juden in Palästina und etliche derer, die in Italien geblieben waren, persönlich kannte, schien über die finanziellen Verhältnisse meiner Familie erstaunlich uninformiert zu sein. Sie behandelte mich weiterhin so, als wäre ich ein wohlhabender Immigrant, und ermahnte mich auf die ihr eigene Art, meine Vergangenheit nur ja nicht zu vergessen. Sie zeigte großes Interesse an meinen landwirtschaftlichen Studien, über die sie mit der Hochachtung sprach, die einem bereits zu Ruhm und Ehren gelangten Forscher gebührt hätte. In ihrem Eßzimmer stand ein Sofa unter einem Erkerfenster, auf dem sie mich jedesmal sehr förmlich Platz nehmen hieß, um mir dann eine Limonade oder ein Täßchen Kaffee anzubieten. In gepflegtem Plauderton ließ sie sich bei diesen Anlässen darüber aus, wie bitter und ungewohnt es doch für sie sei, eine Pension führen zu müssen. Dennoch machte sie mit kompromißloser Würde weiter, sparte, wo immer sie konnte, hielt aber einen kulinarischen Standard aufrecht, der mir, bei den einzigen beiden Malen, da ich tatsächlich genügend Geld zusammenkratzen konnte, um in seinen Genuß zu kommen, im Vergleich zu dem der Restaurants, die ich sonst besuchte, wie ein Wunder erschien. In meinem Bekanntenkreis war sie die einzige, die mir, als ich ihr von meinem beabsichtigten Eintritt in die Armee erzählte, versicherte, ich würde es in meiner militärischen Laufbahn noch weit bringen. Sie behielt unrecht, wie sie sich auch in den meisten anderen Urteilen über mich und meine Familie irrte, aber zum damaligen Zeitpunkt bereitete sie mir mit ihrer Prognose eine ungeheure Freude.

Frau Levi hatte zwei Söhne. Der jüngere sollte sich zu einem angesehenen Mitglied der Kibbuzbewegung entwickeln und unterrichtete später Sozialwissenschaften. Der ältere — er hatte Agrarwissenschaften studiert — war ein begabter Musikwissenschaftler und Journalist, sollte aber in zunehmendem Maße unter geistigen Störungen leiden, die seinen glänzenden Verstand schließlich zugrunde richteten. Schon damals hatte sein gelegentlich recht seltsames Verhalten ihn unter den italienischen Zionisten zum Exzentriker gestempelt.

Diverse Geschichten waren über ihn im Umlauf. Im Juni 1940, als die Engländer jeden Inhaber eines italienischen Passes für kürzere oder längere Zeit als feindlichen Ausländer internierten, wurde auch dieser Levi eines Tages von der englischen Polizei im Zentralgefängnis von Jaffa eingesperrt. Der Ort an sich war schon alles andere als gemütlich, aber Herrn Levi schockierte vor allem die Tatsache, daß einige seiner besten Freunde nicht da waren. Also gab er den Engländern eine detaillierte Liste der Leute, mit denen er sein Schlafzimmer zu teilen wünschte, und die Engländer kamen seinem Wunsch nur allzugern nach. Kaum verwunderlich, daß einige dieser Freunde noch lange Zeit danach nicht sonderlich gut auf ihn zu sprechen waren.

Jahre zuvor hatte Levi auch einmal im Gefängnis von Turin gesessen unter dem Verdacht, aktiver Antifaschist zu sein. Damals war er wegen seines Bartes zu einer gewissen Berühmtheit gelangt. Es hatte damit begonnen, daß er die Dienste des Gefängnisbarbiers zurückwies, der ihm am Sabbat, einem Tag, an dem sich Juden — wie er zu Recht behauptete — nicht rasieren, den Bart abnehmen wollte. Das war im September, als auch der zweite Besuch des Barbiers ergebnislos verlief, da Levi ihm mit dem Kalender in der Hand verdeutlichte, daß es einem Juden an den beiden ersten Tagen des neuen Jahres, die in ebendiese Zeit fielen, nicht erlaubt sei, sich zu rasieren. Der Gefängnisdirektor — so besagt die Geschichte — bestellte Levi daraufhin zu sich, um sich mit ihm auf einen Termin zu einigen, an dem es dem Gregorianischen Kalender zufolge keine religiösen Hindernisse für die Verrichtungen des Barbiers gab. Levi geruhte, einen Tag auszuwählen, um sich dann, als der bewußte Zeitpunkt gekommen war, erneut der Rasur zu widersetzen. »Ein Jude«, behauptete er im Brustton der Überzeugung, »darf sich niemals rasieren.«

An der Landwirtschaftsschule von Mikveh Yisrael, wo ich mein Studium begann, war Levi als Ausbilder, politischer Kommissar, Erzieher und Beichtvater einer Gruppe frommer italienischer Jungen tätig, die von der Youth Aliyah, der Jugendsektion der Jewish Agency, nach Palästina gebracht worden waren. Mit diesen Jugendlichen hatten wir Privatschüler, die den vollen Satz für Unterricht und Verpflegung zahlten, wenig Kontakt. Sie waren in großen Schlafsälen untergebracht, die über der Küche lagen. Wir wohnten jeweils zu viert in einem Zimmer über den Getreidespeichern und der Ölpresse der

Schulfarm, Gebäuden, die Ende des letzten Jahrhunderts im französischen Kolonialstil errichtet worden waren. Sie lebten nach einer strengen religiösen Disziplin; wir genossen das freie Leben der Ungläubigen. Für sie stand fest, daß sie alle einem Kibbuz beitreten würden; wir konnten uns jede beliebige Beschäftigung oder Laufbahn erträumen. Wir begegneten einander im Klassenzimmer bei einigen gemeinsamen Unterrichtsveranstaltungen, auf den Feldern bei der Arbeit und von Zeit zu Zeit in der Schulsynagoge, wenn ich mich freitags abends manchmal zu ihnen gesellte. Ich mochte die gemütliche Atmosphäre des alten, ebenfalls im französischen Kolonialstil errichteten Gebäudes mit seiner rot-blau gestrichenen Decke, seinen Bleiglasfenstern und den marmornen Gedenktafeln für wohltätige Stifter und gefallene Schüler an den Wänden.

Aber im großen und ganzen blieben die beiden Gruppen für sich, zumal der Wohnbereich der »Privatschüler« noch nach weltlicher Parteizugehörigkeit untergliedert war. Ich hatte mich dafür entschieden, in den Räumen der General Zionist Party zu schlafen, weil dies die politische Bewegung war, die mir das geringste ideologische Engagement abverlangte. Unmittelbare Folge meiner Parteinahme war, daß mir meine Brieftasche mit vielen persönlichen Erinnerungen an zu Hause gestohlen wurde. Das war ein ziemlicher Schock für mich, der durch die Tatsache, daß ich nicht an langen und langweiligen politischen Zusammenkünften teilnehmen mußte, nie ganz kompensiert werden konnte. Langfristig hatte meine Wahl die Konsequenz, daß sich zwischen mir und den besonders Aktiven in der Schule eine ähnliche Distanz entwickelte wie — aus purem Snobismus — zu den italienischen Jungen, die dem religiösen Lager angehörten. Das einzige, was mich mit diesen entfremdeten Mitschülern verband, war unser Kampf gegen die Wanzen, über den wir uns täglich auf dem laufenden hielten. Trotz der enormen Petroleummengen, die wir über unsere

Strohmatratzen sprenkelten, und obwohl wir die Beine unserer Betten in mit Kerosin gefüllte Blechdosen stellten, die einmal Rindfleisch enthalten hatten, konnten wir die Wanzen nie ganz aus dem Felde schlagen.

Levi war sich dieser »Klassenunterschiede« bewußt und bedauerte sie zutiefst. Jedesmal, wenn wir uns auf dem Schulgelände begegneten, machte er spitze Bemerkungen über das feudalistische Gehabe von mir und meinen Zimmergenossen. Manchmal setzte er sich mit mir unter die Bäume beim Grab des Schulgründers Karl Netter, des Vaters der jüdischen Landwirtschaft in Palästina. Das Kenotaph, das Netter und zwei kleinen, in den 1880ern offensichtlich an Typhus gestorbenen Jungen gewidmet war, stand in einer Kaskade von Bougainvilleen inmitten eines Eukalyptuswäldchens. Der Sandweg dorthin schien ans Ende der Welt zu führen: Die Stille hier wurde nur vom Summen der Insekten, dem Schwirren von Vogelflügeln, dem Schreien unsichtbarer Esel in der Ferne, dem Rascheln der Blätter in einer verhaltenen Symphonie des Naturorchesters untermalt. Wir saßen meist auf dem Sockel des Kenotaphs und unterhielten uns leise, mit langen Schweigepausen dazwischen. Ich weiß nicht mehr, worüber wir sprachen, und seine Argumente haben mich, glaube ich, auch nicht sonderlich beeindruckt. Aber wenn ich an diese Begegnungen zurückdenke, bin ich immer wieder verblüfft, wie sehr sie trotz aller Andersartigkeit denen mit Pavese, dem großen Schriftsteller aus Piemont, glichen, mit dem ich später auf den Hängen der Turiner Hügel saß. Ich wurde Pavese kurz nach meiner Entlassung aus der britischen Armee von Professor Monti, einer der herausragenden Persönlichkeiten des italienischen Widerstands, vorgestellt. Genau wie mit Levi in Palästina unterhielt ich mich mit Pavese in Italien stundenlang über Gott und den Krieg, über Frauen und Religion, Demokratie und Antifaschismus, über die falschen Hoffnungen, die der Krieg geweckt hatte, und die Seelenqualen von Leuten wie uns, die den

Lauf der Geschichte mit ansehen mußten, ohne an den vorweggeträumten Realitäten teilhaben zu können.

Bei beiden — Levi und Pavese — erstaunte mich die Frustrationsbereitschaft. Diese beiden zwar sehr unterschiedlichen, doch gleichermaßen brillanten Köpfe waren völlig außerstande, ihre Talente so umzusetzen, wie es ihnen lieb gewesen wäre. Pavese beging Selbstmord; Levi endete in einer psychiatrischen Klinik, wo sein klarer Verstand allmählich von Paranoia umnebelt wurde. Pavese reagierte auf die Banalität des Lebens mit der Traurigkeit seiner Werke; bei Levi kollidierte die Ungeduld seines Verstandes mit der Trägheit des Alltagslebens, was datz führte, daß er mit Clownerien und exzentrischen Verhaltensweisen nach Berühmtheit trachtete.

Eine der — wahrscheinlich apokryphen — Geschichten, die man sich über ihn erzählte, handelte von seiner Zusammenarbeit mit einem Kabbalisten, der entschlossen war, die Rückkehr des Messias zu beschleunigen. Dieser Rabbiner hatte den Plan entworfen, an einem bestimmten Tag und einem bestimmten Ort im Heiligen Land ein Tier zu opfern. Seinen kabbalistischen Berechnungen zufolge sollte das Opfer bei Tagesanbruch vollzogen und das Blut des Tieres auf der Spitze eines einsamen Berges mitten in der arabischen Zone versprengt werden, die Juden nicht ohne ein gewisses Sicherheitsrisiko betreten konnten. Dieses Problem wurde gelöst, indem man sich eines kleinen Flugzeugs bediente und das Opferkamel durch einen stattlichen Hahn ersetzte. Levi wurde mit der Aufgabe betraut, die rituelle Schlachtung vorzunehmen, während der Rabbiner anhand seiner mystischen Zeichen Zeit und Örtlichkeit koordinierte. Levi verzögerte aber das Kommen des Messias, weil er nicht in der Lage war, den Hahn zu bändigen, der in dem kleinen gecharterten Flugzeug partout keine Ruhe geben wollte und sich auch für die Ermahnung des Rabbiners unempfänglich zeigte, der immer wieder verzweifelt seine eigene Landkarte mit dem Flugweg des stoischen britischen Piloten verglich. Wie gesagt ist die Geschichte wahrscheinlich frei erfunden, aber Levis Extravaganzen wurden mit der Zeit Legende. Ich habe nur eine seiner Überspanntheiten selbst miterlebt.

An einem kalten Wintertag ging ich ihn in der kleinen Hütte besuchen, die ihm als Wohnung und Werkstatt für die Herstellung von Grissini diente. Die Hütte stand am Rand der Siedlung Ramat Gan, die heute Tel Aviv eingemeindet ist, damals aber noch durch einige Kilometer offenes Land von der Stadt getrennt war. Die Idee, das schmackhafte piemontesische Backwerk gerade zur Zeit der kriegsbedingten Rationierungen in die jüdische Pioniergesellschaft einzuführen, stammte von Levis Frau. Sie ließ sich in ihrem Bemühen, die schon damals sehr große Familie über die Runden zu bringen, alle möglichen Unternehmungen einfallen, worunter ihre handgemachten Ziegel nicht unbedingt zu den erfolgreichsten gehörten. Auch die Herstellung der Grissini war anfangs gefährdet, weil sie in dem nicht ganz funktionstüchtigen Ofen während des Backens einen intensiven Heizölgeruch annahmen. An dem Tag, als ich sie besuchte, wollte das Ehepaar Levi gerade nach Tel Aviv aufbrechen, wobei ihnen ihr Kinderwagen als Lastenfahrzeug dienen sollte. Levi hatte seine Frau anhand von mathematischen Berechnungen davon überzeugt, daß sie beide die Stadt mit geringerem Kraftaufwand erreichen könnten, wenn abwechselnd einer im Kinderwagen sitzen und der andere schieben würde. So sah ich sie also auf Geschäftsreise gehen, er mit seinem wehenden schwarzen Bart im Kinderwagen sitzend, die Füße in den Sandalen über den Rand ragend und die Grissini-Päckchen im Schoß, sie, stolz und energisch den Wagen schiebend, der unter dem Gewicht fast zusammenbrach — verfolgt von den ungläubigen Blicken der Passanten.

In Ramat Gan lebte eine Gruppe italienischer Juden, deren Benehmen dem der Levis völlig entgegengesetzt war. Bis auf wenige Ausnahmen waren sie alle Mitglieder der faschistischen Partei gewesen, und zwar eher aus Trägheit denn aus Überzeugung. Aber das war nicht ihr wesentlichster Charakterzug. Was sie innerhalb der jüdischen Gesellschaft der damaligen Zeit besonders kennzeichnete, war die Tatsache, daß sie in diesem sozialistischen Pionierland sorgsam den Lebensstil der italienischen Provinzbourgeoisie aufrechterhielten.

Die meisten von ihnen waren mit einem guten finanziellen Polster nach Palästina eingewandert, und wenn nicht, dann kamen sie in der Zeit der blühenden Kriegswirtschaft und danach, als es mit der Gesellschaft rapide aufwärts ging, durch harte Arbeit schnell zu Reichtum. Ihre zahlreichen Söhne und Töchter nahmen alle an den späteren militärischen Auseinandersetzungen mit den Arabern teil. In ihren mit schweren Möbeln, Nippes, Miniaturen, Spitzendeckchen und edler Tischwäsche ausstaffierten Wohnungen herrschte die gleiche geordnete und wohlbehütete Atmosphäre, wie man sie auch in Venedig und Florenz antreffen konnte: eine patriotische Gesinnung ohne ideologische Grundlage, aber voll von argwöhnischem Respekt vor dem Establishment. Sie waren fleißig, doch knauserig, anständig, doch ohne Eleganz, stolz auf ihren neuerworbenen Status als Antifaschisten, aber den Klassenvorurteilen, die in Italien einem Regime zum Aufstieg verholfen hatten, gegen das sie nie aufbegehrt hatten, immer noch fest verhaftet. Sie waren langweilige, geistlose Leute, die sich hinter religiösen Ritualen verschanzten, welche nur ihre völlige Unkenntnis des Judentums verbergen sollten; sie hatten den italienischen Synagogen-Gottesdienst zu einer Art Stammeskult und zu einem gesellschaftlichen Unterscheidungsmerkmal umfunktioniert. Sie waren in jeder Hinsicht mäßig, von der Freude am Essen bis hin zum politischen Engagement, und waren froh, im Zionismus die Lösung für das Problem ihres eigenen physischen Überlebens und ihrer eigenen geistigen Leere gefunden zu haben. Wenn ich im Anschluß an den Sabbat-Gottesdienst bei den Kiddusch-Partys in einem ihrer schönen Häuser ihrem Geplauder zuhörte, fragte ich mich oft, wie sie diesen zweifachen, gegensätzlichen Assimilationsprozeß mitmachen konnten: den des italienischen Nationalismus, der sie betrogen hatte, und den der neuen Gesellschaft in Palästina, die nun dazu aufgerufen war, die Überreste einer dem Tode geweihten Judenheit mit ihrem Brauchtum und ihrer Liturgie zu absorbieren. Die Folge war ein Überschwenken von einem Nationalismus zum nächsten unter Beibehaltung der alten Vorurteile — des romantischen Patriotismus und des sozialen Konformismus, die sie beide aus Italien mitgebracht hatten.

In dieser protzigen und betulichen kleinen Gesellschaft von Ramat Gan fühlte ich mich nur bei einer Mailänder Familie griechischen Ursprungs wirklich wohl. Da man sie der eigenen Kinder beraubt hatte, nahm sie sich jedes jungen Menschen an, der vorübergehend oder für längere Zeit des Schutzes bedurfte. An ihrem Tisch konnte ich immer ohne Scheu meinen Hunger stillen, selbst wenn ihr eng bemessenes Budget sie nötigte, die Portionen zu reduzieren. In ihrem Haus lernte ich auch die Bedeutung des Tischgebets über das bloße Verstehen hinaus zu würdigen; ich verbrachte dort die am wenigsten trübseligen Ferien von Schule und Armee. Bei diesen Menschen konnte ich meine Träume, meine Hoffnungen, alles, was mich quälte, frei äußern, ohne fürchten zu müssen, daß ich ausgelacht würde, und immer waren ein behagliches Bett, eine warme Dusche und ein sauberes Handtuch für mich da. Nur wer bohrenden Hunger und soziale Entwurzelung kennengelernt hat, wer das entwürdigende Gefühl kennt, inmitten gutgekleideter Leute mit einem schmutzigen Hemd herumlaufen zu müssen, das schlaflose Ausgestrecktsein auf einem Bett ohne Matratze oder Laken, das Frösteln unter einer eiskalten Dusche im Winter und den Durst eines Sommers ohne Schatten, nur der weiß bedingungslose Gastfreundschaft wirklich zu schätzen, kann nachempfinden, warum der Groll über nichtgewährte Hilfe — der in meinem Fall ganz ungerechtfertigt war, weil ich aus Stolz und Schüchternheit einfach nicht um Hilfe bat — so langlebig ist.

Das Haus dieser italienisch-griechischen Familie stand auf einem kleinen, heute ganz mit Hochhäusern zugebauten Hügel, der lange Zeit von einem Maulbeerbaum beherrscht wurde. Wenn ich in der Hitze eines Sommersabbats im Schatten seiner Zweige saß, sah ich oft eine seltsame Gestalt die unter mir liegende Straße überqueren und eine als Synagoge dienende Holzhütte betreten. Es war ein junger Mann in den Zwanzigern, groß und sonnengebräunt. Er hatte schulterlanges Haar und trug ein am Saum ausgefranstes, schmutziges weißes Hemd, das ihm weit über die Hosen hing. Wegen seiner wäßrigblauen Augen mit dem in die Unendlichkeit gerichteten Blick und seinem absonderlichen Benehmen, das ihn wie einen harmlosen Geisteskranken wirken ließ, nannte man ihn »Messias«. Irgendwann mitten im Krieg war er dann plötzlich verschwunden. Manche sagten, er sei von den Engländern verhaftet worden, die ihn als gefährlichen Terroristen entlarvt hätten. Andere meinten, er sei von einem Auto überfahren worden, und wieder andere, er sei in eine Nervenheilanstalt eingeliefert worden. Solange er aber in den Straßen von Ramat Gan herumlief, übte er eine merkwürdige, mir unerklärliche Anziehungskraft auf mich aus.

Zweifellos war er verrückt. Aber er hatte, oder besser gesagt verkörperte, eine Art von Verrücktheit, die damals in den verschiedenartigsten Erscheinungsformen bei den meisten Juden in Palästina zirkulierte wie ein kollektives Narkotikum. Wie sie schien der »Messias« von einer Art apokalyptischen Manie besessen zu sein. Der Krieg, der die Welt in Stücke riß, wurde zum Krieg von Gog und Magog. Die jüdische Tragödie, deren Schrecken noch gar nicht in vollem Umfang bekannt war, wurde gleichgesetzt mit einer Strafe Gottes, die über die Juden verhängt wurde, weil sie die politische und soziale Götzenanbetung von Europa übernommen hatten. Das Weißbuch, durch das die Briten der jüdischen Einwanderung Einhalt geboten und alle Hoffnungen der zionistischen Bewegung zunichte zu machen suchten, wurde zu einem Plan des Teufels; er würde zwar letztlich scheitern, sollte aber dennoch auch als himmlische Warnung an die Juden gewertet werden, nur ja nicht vom rechten Weg abzuweichen. Der »Messias« und viele orthodoxe Juden sahen eine Verfehlung darin, den Bund mit Gott durch weltliche Ideologie und das Vertrauen in die göttliche Vorsehung durch menschliche politische Anmaßung zu ersetzen. Was auch geschehen würde, predigte er, das Land Israel würde immer das Land bleiben, von dem Gott »niemals den Blick abwandte«. Die frommen Juden, jene, die — so sagte er — »die persönlichen Leibwachen des Herrn der Welt, gesegnet sei Sein Name« bildeten, würden alle Prüfungen bestehen und schließlich Zeugen der großen Wunder sein, die da kommen würden.

England war für ihn das letzte Rom, das zum Sterben verurteilte »unreine Tier«. Die Araber waren der feindliche Bruder, den die Juden bekämpfen mußten — nicht aus Haß, sondern im Wissen um das im Himmel beschlossene Schicksal, das die Nachkommen von Isaak und Ismael, Jakob und Esau auf ewig aneinanderkettete. In jeder Generation würden Juden und Araber um ein gemeinsames Erbe Krieg führen, und das mache ihre Koexistenz auf ein und dem gleichen Grund und Boden schwierig, wenn nicht gar unmöglich.

Auf einer wackligen Bank mit abblätternder Farbe sitzend, den Rücken an die mit Teerpappe verkleidete Wand der Synagogenhütte gelehnt, erging sich der »Messias« in Abhandlungen über Metapolitik, wobei er immer von einem bestimmten Problem der talmudischen Kasuistik ausging — zum Beispiel, ob es erlaubt sei, am Sabbat mit den Fingern beider Hände einen Knoten zu binden. Von einer derartigen, mir völlig irreal erscheinenden Frage ausgehend, diskutierte der »Messias« dann — mit Argumenten, die sich manchmal auf die bloße Verschiebung einer Silbe in einem Bibelwort gründeten — die Verpflichtungen des Menschen gegenüber den Tieren oder die Verantwortung eines Bürgers gegenüber dem Staat. Ich hatte den Eindruck, einen politischen Verschwörer vor mir zu haben, der sich als Derwisch oder als Jünger eines Propheten getarnt hatte. Sein von einem dichten schwarzen Bart eingerahmtes Gesicht wurde bleich und angespannt. Während er seine Thesen entwickelte, schien es, als konzentrierten sich sein Blut und die Kraft seiner Muskeln auf einen unsichtbaren Punkt seiner inneren Passion. Seine langbewimperten Lider schlossen sich fast und ließen seine Augen wie schmale Schlitze erscheinen. Von seinen Pupillen ging ein stechendes, wildes Funkeln aus, das vielsagender und aufwühlender war als alle Worte. Es war der Blick eines gequälten, besessenen Mannes, der der Welt entrückt und doch gleichzeitig ihrer Existenz vollkommen bewußt und ganz in ihre Realität einbezogen war. Eine Welt, in der die Substanz des Körpers und die der Seele — so erklärte der »Messias« — an ihrer Basis und an ihrem Scheitelpunkt auf rätselhafte Weise mit der Substanz von Welten verbunden seien, die zwar anders, aber nicht weniger konsistent seien als die unsrige. Der Mensch sei der Schnittpunkt all dieser unsichtbaren Verbindungen, die die Existenz der gesamten Schöpfung bestimmten. Der Mensch könne nur existieren, weil Gott sich gewissermaßen auf sich selbst zurückgezogen und Raum für seine Geschöpfe »offengelassen« habe. Erst viele Jahre später wurde mir klar, daß der »Messias« seine Theorien aus der Kabbala bezog. Damals aber wurde ich Zeuge, wie Rinnsale uralten esoterischen jüdischen Gedankenguts über die Samen des politischen Messianismus rannen, die zu gegebener Zeit aufkeimen und ein größeres Terrain des weltlichen sozialistischen Zionismus bedecken sollten.

In jenen ersten Kriegsjahren gab es keine politischen Erfolge der Juden, die auch nur den geringsten Optimismus erlaubt hätten. In Europa und in Palästina schien alles gegen die Errichtung einer jüdischen nationalen Heimstätte zu sprechen. So war es nur natürlich, daß in einer politisierten Gesellschaft wie dem Jischuw, der jüdischen Gemeinschaft Palästinas, Ideen eines nationalen religiösen Mystizismus zu kursieren begannen, der vierzig Jahre später die Legitimität des weltlichen Zionismus offen in Frage stellen sollte.

Diese Möglichkeit kam mir natürlich nie in den Sinn. Und ich verstand auch die Zeitungsmeldungen nicht zu deuten, die von den Aktivitäten »fanatischer Juden« berichteten. Sie seien bereit — so hieß es in den Zeitungen —, mit den Nazis zu kollaborieren, um die britische Mandatsmacht zu zerschlagen, weil sie den in höchster Verzweiflung aus Europa fliehenden Juden mitleidlos die Tore nach Palästina verschlossen hatte. Ich begriff nicht, warum »religiöse Irre« sich mit »weltlichen Banditen« zusammentaten — so schrieben die Zeitungen —, um die Autorität der nationalen zionistischen Institutionen zurückzuweisen und sich in einen »wahnsinnigen, unverantwortlichen« Terrorismus gegen die britische Regierung und die Araber zu stürzen. Aber im Grunde war mir das alles ziemlich egal. So schenkte ich selbst 1942 (ich war damals bereits ein Jahr in der Armee) einer Zeitungsmeldung, daß ein gewisser Abraham Stern, ein Student der Hebräischen Universität von Jerusalem, der zahlreiche Verbrechen verübt hatte, von den Briten getötet worden sei, keinerlei Beachtung. Ich brachte diese Geschichte — die in meinen Augen eindeutig krimineller Natur war — natürlich nicht in Zusammenhang mit jener jüdischen Widerstandsbewegung, die wenige Jahre später die britische Herrschaft in Palästina bedrohen und ernstlich gefährden sollte.

Der »Messias« gehörte wahrscheinlich irgendeiner dieser neuen Geheimsekten an. Aber weder die Gerüchte, die man nach seinem Verschwinden über ihn erzählte, noch die politischen Ideen, die ich ihn in der kleinen Synagoge von Ramat Gan hatte vortragen hören, machten irgendeinen Eindruck auf mich. Ganz im Gegenteil. Mich verblüfften nur seine Theorien über die Engel und die Teufel, die — seiner Meinung nach — jeder von uns durch sein Denken und Handeln, ob nun heilig oder profan, heraufbeschwor.

In manchen meiner Wachträume sah ich — ohnmächtig und vor Schreck gelähmt — den wilden Tänzen der Wesen zu, die ich durch meine Worte und meine Phantasien, meine Ängste und meine unterdrückten Ambitionen heraufbeschwor. Engel waren nur wenige darunter, und sie sahen recht schwächlich aus; die Teufel dagegen betäubten mich mit ihren schrillen Schreien und ihren Vorwürfen, daß ich zu feige und dem Todeskampf unserer in Flammen stehenden Welt gegenüber zu gleichgültig sei. Während dieser Alpträume kam es mir vor, als schwebte ich über ganzen Seen von Tränen und Blut; sie verwandelten sich plötzlich in Pappmaché-Figuren nach Art der Doré-Illustrationen zu Dantes *Inferno*, das mein Vater in seiner Bibliothek unter Verschluß hielt. Von Teufeln gejagt und von Engeln geleitet, segelte ich wie ein Papierdrachen auf dem Strom meines Traums und tauchte plötzlich in die Welt der Menschen hinab, die mir wie eine einzige Folge scharfer Ecken und spitzer Winkel erschien. Rund um mich her wandten Menschen, die meine Hilfe erbeten hatten, mir den Rücken zu und bewegten sich in geordneten, disziplinierten Reihen auf ein Labyrinth von Glaubensüberzeugungen und Denkweisen, Leidenschaften und Interessen zu, dessen Eingang mir versperrt war. Ich sah Scharen von Menschen an mir vorüberziehen, die mich keines Blickes würdigten, alte Schulkameraden in den Uniformen der Faschistischen Jugend und neue Kameraden aus dem Kibbuz in britischen Uniformen. Ich rief sie beim Namen, aber sie schienen mich nicht zu hören; wenn sie den Mund öffneten, verstand ich nicht, was sie mir zuriefen. Ich stand ganz alleine da und wartete, ohne zu wissen, warum. Dann plötzlich fühlte ich mich verurteilt — von der Stimme des »Messias«, der verkündete, daß es einer Entweihung des Sabbat gleichkäme, wenn man ihn nur zu achtzig Prozent einhielte; oder von der Stimme eines Tutors in der Landwirtschaftsschule, der erklärte, warum es ein Akt verschleierter Prostitution sei, wenn man der britischen Armee beitrete; oder von der Stimme des Taxifahrers, der mich am Hafen von Tel Aviv eingeladen hatte und jetzt murmelte, daß von politischen Kompromissen kein Heil zu erwarten sei. Das waren nicht nur Alpträume. Für jemanden wie mich, der gerade erst aus einer Welt der Kompromisse und des gesellschaftlichen Konformismus gekommen war, stellten das seltsame Verhalten des »Messias« und das weniger extravagante, aber gleichermaßen rigide Verhalten vieler anderer Leute den krampfhaften Versuch dar, alles Handeln fortwährend nach radikalen Ideologien auszurichten.

Das galt für keinen Ort so sehr wie für die Kreuzung Rothschild Boulevard und Allenby Street in Tel Aviv, wo ich manchmal an einem Kiosk ein Glas Orangensaft trank. Hier konnte man auf der Straße die Diskussionen mit verfolgen, die von der Terrasse des nahen Café Atara, einem Treffpunkt gutgekleideter Herren und hemdsärmeliger Aktivisten, herüberwehten. In Deutsch, Polnisch, Englisch und Hebräisch diskutierten sie lauthals über die Zukunft der Welt, während sie ihren Tee oder Eiskaffee schlürften. Sie wußten alles, sagten alles voraus, hatten eine griffige, maßgebliche, logische Antwort auf alle Fragen. Sie waren allesamt Propheten, die ihre Urteile aufgrund ihrer persönlichen Überzeugung und individuellen Ignoranz fällten, ohne den Argumenten anderer Leute Gehör zu schenken.

Sie waren nicht die einzigen. Diskussionen dieser Art hielten mich oft die ganze Nacht lang wach. Auf meiner pikenden Strohmatratze liegend, mußte ich dann die aggressiven Verlautbarungen meiner Zimmergenossen oder der Bewohner der angrenzenden Räume mit anhören. Das ging stundenlang, gewöhnlich ohne daß es zu einer Einigung kam: Jeder Sprecher hatte seine eigenen Vorstellungen, wie das jüdische Volk zu verteidigen sei, wie man einen Beitrag zu den Kriegsanstrengungen leisten könne, wie Kapitalisten zum Marxismus zu bekehren seien, wie man mit Arabern umgehen solle, wie man die Engländer für die Idee eines jüdischen Staates gewinnen könne, wie man es sich zunutze machen könne, daß die Alliierten auf unsere Kooperation angewiesen seien, wie ein neuer Typ des Juden in Palästina geschaffen werden könne.

Ich fand mich in das drückende Klima dieser endlosen Diskussion versetzt, ohne mich dazugehörig zu fühlen, ohne unter der Spannung zu leiden, die gegensätzliche Überzeugungen, Persönlichkeiten und Kulturen fortwährend erzeugten. Ich wußte, daß ich mich betroffen fühlen sollte, wenn auch nur aus dem Grund, daß meine Familie in Italien inzwischen selbst in die Tragödie des jüdischen Volkes einbezogen war. Aber diese leidenschaftlichen Reden standen nicht nur im Gegensatz zu den Erinnerungen an die behütete Welt, aus der ich kam, sondern auch zur langweiligen Alltagsroutine auf der Landwirtschaftsschule, in der das Läuten der Schulglocke das Leben regelte. Sie weckte uns morgens um Viertel vor sechs und rief uns um acht ins Klassenzimmer. Sie versammelte uns — hungrig — mittags im Speisesaal und zerstreute uns — schläfrig — nachmittags auf die Felder zur Arbeit, und sie forderte uns um zehn Uhr abends zum Schweigen auf. Um diese Zeit begannen dann viele von uns mit sich selbst zu reden.

In all den Nächten, an die ich mich noch lebhaft erinnere, war der Himmel mit Sternen übersät. Eine samtene Dunkelheit, aufgefrischt von leichten Brisen, liebkoste mein Gesicht. Das Rascheln der Eukalyptusbäume wurde vom Heulen der Schakale übertönt; die nahen Klänge einer Mundharmonika kontrastierten manchmal mit dem Ruf der Muezzins von den Minaretten Jaffas.

In den Nächten, wenn melancholische Erinnerungen und das Schmerzen der von der Arbeit steifen Muskeln das Einschlafen erschwerten, hüpften meine Gedanken unentschlossen von den Knoten, die man am Sabbat binden durfte oder nicht, zu den Pferden, auf denen ich über die grünen Wiesen Piemonts geritten war; von den Kugeln, die wir dem jüdischen Prinzip der Defensive zufolge im Falle eines arabischen Angriffs abfeuern durften oder nicht, zu meinem Hund Bizir, der nach dem Bankrott meines Vaters zur Bewachung des Hauses meines Onkels nach Triest geschickt worden war. In jenen Nächten spürte ich, daß sich mein persönliches Dilemma — die Unfähigkeit, meine Vergangenheit zu vergessen und die Gegenwart ohne Vorbehalte zu akzeptieren, während ich von einer unmöglichen Zukunft träumte — zuspitzte und immer unentwirrbarer wurde. Vergebens versuchte ich, zwischen den gegensätzlichsten Loyalitäten einen Weg zum Erfolg zu finden, dem Schulalltag zu entfliehen und mich der ungewissen Schicksalhaftigkeit des Krieges zu überlassen. Gleichzeitig sehnte ich mich nach einer Nische, in der Weinen keine Schande war, nach weiten Ebenen, über die ich auf silbernen Rössern reiten konnte. Ich träumte davon, daß schöne Frauen mich sanft in den Schlaf lullten, daß ich schwerbewaffneten imaginären Feinden die Stirn bot, patriotische Gedichte in Italienisch rezitierte, ohne mir dabei lächerlich vorzukommen, daß ich wieder mit meinem Hund spielte, ohne den Zwängen eines Vaterlandes, einer Familie, einer Fahne unterworfen zu sein. Ich träumte davon, den Rest meines Lebens schlafend zu verbringen, neben meiner Mutter in ihrem roten Abendkleid, mit der großen Seidenrose am Dekolleté und einer dreireihigen Perlenkette um den Hals, während der Rest der Menschheit, die Guten und die Bösen, die Juden und die Gojim, die Lebenden und die Toten, sich in Luft auflösten.

In jenen Nächten, wenn ich mich, vor Verwirrung den Tränen nahe, von meiner Strohmatte erhob und mich auf die Brüstung oben auf dem Getreidespeicher setzte, traf ich gelegentlich auf einen ein Jahr älteren, sehr scheuen Schulkameraden. Er las mir seine Gedichte vor. Sie waren in Hebräisch und Polnisch geschrieben und erzählten von der Kraft Israels und den Wäldern Schlesiens, von errötenden Jungfrauen und ausgehungerten Wölfen, von Ruhm und Liebe, von Menschen, die zu Göttern wurden, und Göttern, die zu Menschen wurden. Diese Bilder hatten nichts mit der Erde zu tun, die wir am Tage mit der Hacke bearbeiteten, oder mit dem schlammigen braunen Wasser, das wir zwischen die Orangenbäume leiteten. Es war eine Sprache von Träumen, von Hoffnungen, von unterdrückter Angst, die viel mit dem in mir wachsenden Gefühl zu tun hatte, ein Spatz im Käfig geworden zu sein. Stundenlang hielt Kantarovitch — so hieß er — bei diesen Gelegenheiten durch, las und hielt inne, las und starrte mit mir in den Sternenhimmel. Einmal hörte ich ihn leise seufzen: »Warum wurden wir als Juden und nicht als Bulgaren geboren?« Weder er noch ich hatten eine Antwort auf diese Art von Fragen. Ich hätte nicht antworten können, wenn mich irgend jemand gefragt hätte, was ich von den Engländern und den Arabern hielt, den beiden Realitäten, mit denen wir in unserem täglichen Leben ständig konfrontiert waren, die aber gleichzeitig so weit weg und feindlich, so rätselhaft und unfaßbar waren, als lebten sie auf einem anderen Planeten.

Bis 1941, als ich ihrer Armee beitrat, hatte ich keinen direkten Kontakt zu den Briten. Einige Tage, nachdem Italien im Juni 1940 in den Krieg eingetreten war, rief man mich in das Büro des Schuldirektors, wo ein Sergeant des britischen CID (Criminal Investigation Department) und ein NCO, ein Unteroffizier, der Jewish Auxiliary Police auf mich warteten. Sie waren in die Schule gekommen, um mich als Bürger eines feindlichen Landes zu überprüfen. Wahrscheinlich wußten sie nicht, daß der italienische Konsul in Jaffa wenige Wochen zuvor schriftlich bei mir nachgefragt hatte, ob ich die von der faschistischen Regierung angebotene Möglichkeit einer Rückführung nach Italien nutzen wollte. Als Mitglied einer Familie, die »dem Regime große Dienste geleistet« habe, könne ich in eine Liste von »Ariern« aufgenommen werden. Hätten die Briten davon gewußt, wäre ich sicherlich vorübergehend interniert worden, denn sie hatten schon viele andere italienische Juden mit geringeren »Qualifikationen« als den meinen in Lager gesteckt. Nachdem der englische Sergeant mir — freundlich und sarkastisch — einige Fragen gestellt hatte, durfte ich, verwirrt und beunruhigt, in meine Klasse zurückkehren. Er muß zu dem Schluß gelangt sein, daß ich für die Sicherheit des Empire keine Gefahr darstellte und daß ich als Minderjähriger nicht in die Kategorie jener fiel, die automatisch zu verhaften waren.

Aus dieser kurzen Begegnung bezog ich einen flüchtigen Eindruck von der britischen Mandatsmacht und ihren Vertretern. Im Gegensatz zu dem, was die hebräischen Zeitungen — die ich mittlerweile lesen konnte — täglich schrieben, konnte ich nichts Zynisches daran finden, daß eine halbkoloniale Verwaltung jüdischen Flüchtlingen die Tür nach Palästina vor der Nase zugeschlagen hatte. Ich war mir natürlich darüber im klaren, daß die Engländer damit ihre Versprechen gegenüber der zionistischen Bewegung brachen, aber abgesehen davon, daß ich keine Ahnung hatte, wie sich dies auf die Zukunft der jüdischen nationalen Heimstätte und der Diaspora auswirken würde — da ich nie Zionist gewesen war und mir die Not der Juden in Europa nicht vorstellen konnte —, fand ich nicht, daß sie uns wie Angehörige einer untergeordneten Rasse behandelten. Ich war Engländern noch nie zuvor begegnet; ich war von ihnen nie mißhandelt oder schikaniert worden. Ich konnte auch nur schwer nachvollziehen, wieso wir — das brachte man uns in der Schule bei — Hitler bekämpften, als sei das Weißbuch nicht veröffentlicht worden, und das Weißbuch bekämpften, als gäbe es keinen Hitler. Darüber hinaus beeindruckte und faszinierte mich das Gefühl völliger Sicherheit und Überlegenheit, das irgendwie schon physisch von ihnen ausging, selbst wenn sie nur durch die Straßen patrouillierten. Später, als ich tagtäglich engen Kontakt mit den Soldaten hatte, die aus allen Bevölkerungsschichten des Vereinigten Königreichs rekrutiert worden waren, sollte ich rasch merken, daß die Engländer beileibe keine Halbgötter waren; sie waren ganz gewöhnliche Menschen, von den gleichen Ängsten heimgesucht, von der gleichen Beschränktheit und gleichermaßen kulturell geprägt wie Juden, Araber, Italiener oder Franzosen mit ähnlichem Bildungsniveau. Ende der dreißiger Jahre gehörte der überwiegende Teil des in Palästina stationierten britischen Personals noch einer Generation von Kolonialbeamten an, die inzwischen völlig ausgestorben ist. Auf allen Ebenen agierten sie mit großem Pflichtgefühl und waren sich ihrer imperialen Verantwortung stets sehr — manchmal zu sehr — bewußt. Die Tatsache, daß sie nur eine kleine Gruppe darstellten — bei Ausbruch des Krieges bestand die Truppenstärke in Palästina aus weniger als zehntausend Soldaten —, erhöhte nur ihre Umsicht.

Was sie auch von den Juden halten mochten, sie legten — zumindest nach außen hin — Wert auf ein äußerst korrektes Verhalten. Ich war beeindruckt von der Vornehmheit ihrer Haltung, von der distanzierten Höflichkeit, mit der sie uns gewöhnliche Sterbliche behandelten, wenn wir sie auf der Straße oder in einem Büro ansprachen und um Auskunft baten. Noch offenkundiger wurden ihre Höflichkeit und ihre Autorität, die sich in ihrer Art, sich zu kleiden und zu benehmen, zu sprechen oder zu rauchen, äußerten, wenn man sie mit den Bemühungen der ihnen nacheifernden »Einheimischen« verglich. Diese Nachäfferei war damals in Palästina auf allen sozialen Ebenen zu beobachten: Sie reichte von den »englischen« Schnurrbärten jüdischer und arabischer Polizisten bis hin zum Pfeiferauchen, von den Hüten der Damen bis hin zur affektierten Aussprache jener, die »besser« englisch zu sprechen versuchten als die Engländer. Diese einheimische Version der Sprache Shakespeares war so lächerlich geworden, daß dafür eine spezielle Bezeichnung kreiert wurde: »Pinglish« — eine Zusammenziehung aus »Palestine English«. Ein in Palästina lebender jüdischer Lord stellte sogar ein höchst amüsantes Wörterbuch dieser Sprache zusammen. Was er seinen Lesern allerdings mitzuteilen vergaß, ist, daß auch Spanisch und Französisch aus der Verhunzung des Latein, der imperialen Sprache des klassischen Altertums, hervorgegangen sind. Tatsächlich drängten sich mir, wenn ich diese modernen Vertreter der herrschenden Macht aus einer gewissen Distanz beobachtete, ganz automatisch Assoziationen mit den alten Römern auf. Ich erkannte, daß in ihren Umgangsformen ein Teil des Geheimnisses ihrer politischen und moralischen Macht lag, einer Macht, die mich die Faschistische Jugend in Italien zu verspotten gelehrt hatte, die hier aber deutlich spürbar in der Luft lag.

Ihre verborgene Stärke zog mich zwar auf andere Weise, aber mindestens genausosehr an wie die zweier anderer Bevölkerungsgruppen in Palästina: die der arabischen Bauern und der orthodoxen Juden. Obwohl sich beide Gruppen völlig voneinander — und erst recht von den Briten — unterschieden, schienen sie sich in ihrer gesellschaftlichen Abschottung gegen fremde Einflüsse, der Originalität ihrer Kleidung, ihrem sozialen Zusammenhalt und ihrer offenkundigen Gleichgültigkeit gegen ihre Umgebung doch auch sehr zu ähneln.

Zu den Arabern hatte ich überhaupt keinen Kontakt. Ich begegnete ihnen auf der Straße, wenn ich zum italienischen Konsulat in Jaffa ging — solange es das noch gab — oder zur Hauptpost, wo man internationale Antwortscheine für die vom Roten Kreuz vermittelte Korrespondenz mit Verwandten in feindlichen Ländern erwerben konnte.

Zu jener Zeit war Jaffa — und in gewisser Hinsicht ist es das immer noch — eine Art städtische Müllkippe.

Schmutz sammelte sich an den Rändern ungepflasterter Straßen, Hunde durchstöberten die mit Abfall vollgestopften Ölkanister, Pferde ließen Heu aus ihren Futtersäcken fallen, und ganze Wolken von Fliegen fielen über die Tiere her, um ihr Blut zu saugen und sich an ihren Exkrementen gütlich zu tun. Genauso schmutzig und jämmerlich waren auch die barfüßigen Araber, die ziellos durch die nachts nur spärlich beleuchteten Straßen mit den rußgeschwärzten Kalksteinhäusern schlurften. Jaffa profitierte Ende der dreißiger Jahre von den diversesten Geschäften, Lastern und Rivalitäten. All das verbarg sich hinter dem scheinbaren Müßiggang von Männern, die in den Cafés herumhockten, ihre Wasserpfeifen rauchten und mit gelangweilter Selbstzufriedenheit durch halbgeschlossene Augen vorübergehende Fremde und Frauen beobachteten, die ihre zweifelhafte Schönheit hinter ihren *jaschmaks* versteckten.

Am Ende des King George Boulevard stand ein hohes Gebäude mit zwei schwarzen, höhlenartigen Eingängen. Es diente als Bordell, zunächst für die Araber und später für die alliierten Truppen. Wenn ich an diesem Haus vorüberging und einen verstohlenen Blick auf die Frauen in den Fenstern — alle dick und ungepflegt — warf, erschauderte ich jedesmal vor Abscheu und Neugier. Ich blieb nie stehen und sah sie auch nie direkt an, was weniger mit Scham zu tun hatte als mit der zwanghaften Vorstellung, daß Tausende von Augenpaaren auf mich gerichtet waren. Wenn ich durch Jaffa schlenderte, erwartete ich stets, mit plötzlichen Gewaltentladungen konfrontiert zu werden, wie sie — so hatte man uns in der Schule erzählt — Ende der zwanziger Jahre in Hebron und Jerusalem aufgetreten waren, wo man damals Hunderte von Juden umgebracht hatte. Aber mir geschah niemals etwas — nicht, weil ich so viel Glück hatte, sondern einfach, weil die Lage absolut ruhig war. Die Engländer hatten nach dreijährigem Guerillakrieg, unterstützt von speziellen jüdischen Hilfstruppen, die meisten der an den Auseinandersetzungen — die Araber sprachen von »Revolte«, die Mandatsmacht von Unruhen — beteiligten Banden niedergeschlagen. Der größte Unruhestifter, der Mufti von Jerusalem, Amin al-Husseii, war Tausende von Kilometern weit weg; er war vor seinem geplanten Bündnis mit den Deutschen rechtzeitig von den Engländern exiliert worden. Die Abreise vieler deutscher und italienischer Agenten unmittelbar nach Ausbruch des Krieges und die gewandelte politische Einstellung der meisten arabischen Regierungen gegenüber Großbritannien infolge des Konflikts und der Präsenz schlagkräftiger Armeen sorgten für die Beendigung des gewaltsamen Widerstands gegen die Mandatsregierung. Nie habe ich irgendwelche Feindseligkeiten von arabischer Seite miterlebt, und ich war immer überrascht, mit welcher Freundlichkeit die Leute in Jaffa antworteten, wenn ich sie in meinem schlechten Englisch nach einer Straße oder einem bestimmten Laden fragte, in dem ich meine heißgeliebten Sesamkringel kaufen konnte. Dennoch atmete ich jedesmal erleichtert auf, wenn ich einen Polizisten um eine Straßenecke kommen sah oder einen anderen Juden entdeckte, der wie ich durch die Straßen dieser elenden Stadt wanderte. (Tel Aviv war übrigens lange Jahre nichts weiter als ihr jüdisches Wohnviertel gewesen.)

Einen ganz anderen Eindruck bekam ich von den Arabern, die an unserer Schule vorüberkamen oder uns auf dem Schulgelände ihre Produkte oder ihre Dienste anboten. Sie waren Bauern und Beduinen und machten auf mich großen Eindruck. Wenn ich nachts Wache hatte und den Schulzaun abschritt — zunächst mit einem Stock, später mit einem schweren Enfield-Gewehr mit nur zehn Schuß Munition bewaffnet —, beobachtete ich diese Araber, wie sie einzeln oder in Gruppen auf der an unserer Schule vorbeiführenden Straße nach Jerusalem unterwegs waren. Zu Fuß, auf Pferden und Eseln vor ihren Frauen herziehend, die ihnen mit Bündeln auf den Köpfen und rotznäsigen Babys auf dem Rücken folgten, sahen sie aus wie geheimnisvolle und unnahbare Scherenschnittfiguren vor einer von orientalischer Armut und Ausmergelung geprägten Landschaft. Wir konnten sie in der Stille der Nacht schon von weitem kommen hören. Ich sah zu, wie sie mit gedämpften Schritten vorbeidefilierten, meiner Gegenwart sehr wohl bewußt, mich aber keines Blickes würdigend, als sei ich für sie überhaupt nicht vorhanden. Die schwarz-silbernen, zum Gürtel hochgerafften Kaftane, die über den Knöcheln gepufften sackförmigen schwarzen Türkenhosen, die *keffija* — ein schwarz-weißer oder bunter Schal, der mit dem doppelreihigen Kordelreifen der *abbaja* auf dem Kopf gehalten wurde — verliehen den Männern ein würdevolles Aussehen, das den Juden, vor allem den neu eingewanderten, sichtlich fehlte. Im Gegensatz zu den schmuddeligen Händlern, die ich in ihren Läden in Jaffa sitzen sah — manche von ihnen wirkten durch die unästhetische Mischung aus europäischer und orientalischer Kleidung noch vulgärer —, traten diese Bauern, und insbesondere die Beduinen, wie Prinzen auf. Ich beneidete sie um ihre Pferde, die ich gerne selber geritten hätte, um ihren Lebensstil, der mir so harmonisch und romantisch erschien, um ihre augenscheinliche Unempfänglichkeit für fremde Einflüsse. Das waren natürlich reine Phantasien, die dadurch zustande kamen, daß ich weder ihre Sprache beherrschte noch irgendeinen Kontakt zu ihnen hatte. Trotzdem war ich ihnen dankbar dafür, daß sie sich selbst treu blieben.

Meine Gefühle gegenüber orthodoxen Juden waren ganz anderer Natur. In Tel Aviv bekam man damals nicht viele von ihnen zu sehen. Auf unserer Landwirtschaftsschule gehörten die »Religiösen« einer Jugendbewegung namens Bnei Akiwa an. Ihr Motto war »Tora we Awoda« (Thora und Arbeit), ein Wahlspruch, der in meinen Ohren wie das »Ora et labora« der Benediktinermönche klang. Mönche waren diese Schulkameraden ganz sicher nicht, aber sie arbeiteten härter als die »weltlichen« Schüler, um — wie ich glaube — ein Minderwertigkeitsgefühl gegenüber den weltlichen Zionisten zu überwinden, die damals den Jischuw regierten und stolz darauf waren, sich vom Joch des Herrn befreit zu haben.

Das Problem der Bnei Akiwa in meiner Schule (und später der religiösen Zionisten in Israel) bestand also darin, den anderen und sich selbst zu beweisen, daß sie mit den weltlichen Zionisten in jeder Hinsicht konkurrieren konnten: Sie konnten kollektive Dörfer bauen und Gewerkschaften beitreten, mit Waffen genausogut umgehen wie mit Pflügen, über Marx und Roosevelt genauso kompetent diskutieren wie über die Bibel und den Talmud. In ihrem Bemühen, den anderen nachzueifern, noch dazu im Kielwasser der damals im jüdischen Palästina vorherrschenden marxistischen Strömungen, fühlten sich diese jungen religiösen Zionisten jedoch unbehaglich, gewissermaßen als Randfiguren, und legten daher häufig eine Arroganz an den Tag, die ihrer Unsicherheit in nichts nachstand.

Nicht so die orthodoxen Juden. Ihre Liebe zu Zion war nicht das Produkt eines aus Europa importierten nationalistischen Gedankenguts; ihre Anwesenheit in Palästina war keine Reaktion auf den faschistischen Antisemitismus. Ihr Bestreben war nicht, dem Schicksal ihres Volkes eine andere Wendung zu geben und einen neuen Typus des Juden im Land der Vorväter zu schaffen. Die mosaische Tradition war das A und O ihres Daseins. Sie war Ausdruck ihrer kollektiven Identität, die Antwort auf alle Probleme. Die Tradition war die goldene und unabänderliche Richtschnur, der sie im Dienste Gottes folgten. Sie begann schon vor ihrer Geburt, im Leib ihrer Mutter, und war für ihre Seelen auch dann nicht beendet, wenn sie ihre sterbliche Hülle verlassen hatten. Die Welt konnte sie der Verfolgung aussetzen, sie aber nicht dazu bewegen, ihre selbstgerechten, elitären Ansichten zu ändern. Ihre Pflicht lag darin, das unvollendete Werk

der Schöpfung durch einen unaufhörlichen Prozeß der
Heiligung jedes Augenblicks, jeder Geste im Leben zu
verbessern; dem legten sie einen Verhaltenskodex zugrunde, den sich jeder durch kontinuierliche Diskussion
anzueignen hatte, den aber nur der Erlöser deuten
konnte. Aktuellen Fragen zollten sie wenig Beachtung,
nicht, weil sie für das Tagesgeschehen blind waren, sondern weil sie fest daran glaubten, daß sie die wesent-
lichen Inhalte des Lebens besser verstanden als weltliche
Menschen — irregeführte, von irdischen Leidenschaften
geblendete Wesen. Wie bei echten Aristokraten, die
selbst noch auf ihre Peiniger herabsehen, wenn sie bei
lebendigem Leibe von Kannibalen geröstet werden, legten
diese orthodoxen Juden gegenüber der politischen —
englischen, arabischen oder jüdischen — Macht eine
bewußte Distanziertheit und soziale Indifferenz an den
Tag. Ein Rabbiner, der als Zeuge vor die von der Londoner Regierung eingerichtete Royal Commission zur
Untersuchung der immer wieder aufflackernden Gewalt
in Palästina geladen worden war, lieferte ein anschauli-
ches Beispiel für die intellektuelle Haltung dieser orthodoxen, antizionistischen Juden, als er die Mitglieder der
Kommission — in Hebräisch — daran erinnerte, daß die
Israeliten »bereits eintausend Jahre, bevor Ihre Ahnen
von den Bäumen herabstiegen« in Palästina eine hoch-
zivilisierte Gesellschaft geschaffen hätten. Dieser Ausspruch wurde von dem zionistischen Anwalt, der als
Dolmetscher fungierte, folgendermaßen übersetzt: »Der
Rabbiner hat einige persönliche Überlegungen von histo-
rischem Interesse zur Vergangenheit des jüdischen Volkes
angestellt.«

Obwohl ich mich im Judaismus überhaupt nicht aus-
kannte, spürte ich doch, daß diese Juden, die sich nicht
anfechten ließen von den nichtigen Lappalien der Welt,
die sich in ihren schäbigen Wohnvierteln drängten, erfüllt
von einem nervösen, animalischen Mystizismus, ein
Traditionsbewußtsein und eine Würde ausstrahlten, die

stärker waren als bei irgendeiner anderen Gruppe in Palästina. Genauso wirkten auf mich ihre Frauen, die sich aus Sittsamkeit ihre Köpfe kahlschoren und sie mit Perücken oder wie die Mitglieder der Kongregation der Töchter Mariens in meinem Heimatdorf mit albernen Tüchern bedeckten, und ihre Kinder, warm eingepackt in die von älteren Geschwistern geerbten Kleider, mit engelsgleichem Ausdruck auf dem von Schläfenlocken, die unter einer Art Zipfelmütze hervorbaumelten, eingerahmten Gesicht — sie alle waren seltsam faszinierende und gleichzeitig abstoßende, rege Bewohner der orthodoxen Welt Jerusalems. Als Außenstehender beobachtete ich dieses in sich geschlossene, perfekt integrierte Milieu mit einer Mischung aus neugieriger Bewunderung und Ablehnung — ein Milieu übrigens, von dem ich mich in stärkerem Maße ausgeschlossen fühlte als von dem der Araber, der Briten oder der zionistischen Aktivisten in der Schule, die mich mit ihrem ideologisch bedingten Atheismus zur Weißglut brachten.

Zwischen denen, die am Gott Israels festhielten, und den rebellischen Neuerern, zwischen den Juden, die sehnsüchtig auf den Messias warteten, und denen, die, am Ende ihrer Geduld und Leidensfähigkeit angekommen, die Überzeugung gewonnen hatten, daß die Juden keinen Messias mehr brauchten, gab es einen gemeinsamen kulturellen Nenner, der mir fremd war. Wenn ich durch die Gassen des getto-ähnlichen orthodoxen Viertels von Jerusalem ging oder in einem politischen Seminar saß und durch die Jalousien kümmerlicher Talmudschulen spähte, in die ich nicht hineinzugehen wagte, oder wenn ich zum Rhythmus eines Liedes, dessen hebräischer Text der Melodie russischer Volkslieder angepaßt worden war, durch die Felder marschierte, fühlte ich mich immer wie ein Eindringling und schämte mich meiner Fremdheit genauso wie meines Unbehagens, das in meiner Körpersprache deutlich zum Ausdruck kam. Ich war mir bewußt, daß ich zu keiner dieser Gruppen gehörte, weder zu den Juden noch zu den Arabern, weder zu den Religiösen noch zu den Weltlichen, weder zu den Sozialisten noch zu den Nationalisten, weder zu den Italienern noch zu den Engländern. Diese Einsamkeit in Ermangelung einer Privatsphäre in der Schule, dieses Alleinsein in einer fremden Gesellschaft, in der ich keine Rückzugsmöglichkeiten fand, machte meine Suche nach irgendeinem Halt dringlicher und schmerzlicher als je zuvor.

Bei dieser Suche pendelte ich zwischen Gefühlen plötzlicher Abneigung gegen die eine oder andere Person und heftiger Zuneigung, zwischen vorübergehender ideologischer Begeisterung und tiefen Vorbehalten gegen jegliche politische Strömung. Das machte mich bei meinen Schulkameraden, die in Sportgruppen, in der Jugendbewegung, bei paramilitärischen Aktivitäten oder in religiösen Zirkeln besser integriert waren als ich, verdächtig und nicht besonders gut gelitten, und ich war häufig Zielscheibe ihres Spotts. Heute, vierzig Jahre später, sind ihre Gesichter, die zum Teil weltweit bekannt wurden, genauso verblaßt wie die Probleme, die mich damals so beherrschten, und geblieben ist nur die plötzliche Erinnerung an Gerüche, die im Laufe der Zeit konserviert wurden: der Knoblauchgeruch, den sozialistische Aktivisten anderen Leuten mit der Heftigkeit ihrer Argumentation ins Gesicht bliesen; der moschusartige Geruch der Holzkohle, der den Kleidern der Araber anhaftete und einem beim Durchqueren ihrer Dörfer in die Nase stieg; der Geruch nach heißem, ranzigem Öl, der aus öffentlichen Kantinen drang; der Geruch von *jasch*, dem starken Schnaps, und der »Kugel«, die am Sabbat in den Synagogen am Ende des Morgengottesdienstes gereicht wurde; der Geruch von Schweiß und Menstruationsblut, den Frauen manchmal im Bus verströmten, und der noch durchdringendere, irritierendere, den die Waschungen in rituellem Badewasser hinterließen.

In einem heißen Land, in dem die Mehrzahl der Frauen, mit denen ich in Berührung kam, keinerlei Parfüm benutzten und sich mit harter Kernseife wuschen, riefen diese natürlichen weiblichen Gerüche, die sich in mein Bewußtsein stahlen, bei mir, der ich so unerfahren und unbedarft in sexueller und religiöser Hinsicht war, eine permanente Spannung hervor, mit der ich vor meinen Mitschülern prahlte und über die ich manchmal in verschleierter Form mit meiner Englischlehrerin zu sprechen versuchte.

Mit ihrer Hilfe bereitete ich mich damals auf die London Matriculation vor, die ich aber nie absolvierte. Ich schrieb mir meine Träume und meine Geruchserfahrungen in Aufsätzen von der Seele, deren fehlerhafte Rechtschreibung und Syntax sie korrigierte, ohne sich jemals anmerken zu lassen, ob sie sich der Zweideutigkeit dieser Botschaften bewußt war. Ich hatte mit ihr — einer wesentlich älteren Frau von verhaltener Schönheit — einen stockenden Dialog aufgenommen, der sich aus abgehackten Sätzen, improvisierten Redan und Phantasiegeschichten zusammensetzte. In den schwierigsten Momenten unserer Unterrichtsstunden, wenn ich die Tränen in meinen Augen zu verbergen suchte, indem ich einem vorbeifliegenden Vogel oder einer am Himmel dahinsegelnden Wolke nachschaute, bekam ich einen Eindruck davon, wie sehr sie meine unterdrückten Gefühle nachempfinden konnte. Sie machte dann den Vorschlag, daß ich ihr ein Gedicht laut vorlesen oder versuchen sollte, eine auswendig gelernte Shakespeare-Passage vorzutragen. Ich willigte dankbar ein und registrierte, wie ihre Hand zu ihrer Halsbeuge wanderte, um sich zu vergewissern, daß ihre Bluse auch ja bis obenhin zugeknöpft war.

Eines Tages, gegen Ende des Sommers 1940, als wir gerade gemeinsam eine Stelle aus *Othello* lasen, warf ein einzelnes feindliches Flugzeug plötzlich eine ganze Traube von Bomben auf Tel Aviv ab. Eine davon schlug direkt vor ihrer Wohnung ein, wo der Unterricht stattfand. Es war der erste Luftangriff, den ich je mitgemacht hatte.

Ich erinnere mich noch genau an das Geräusch der Explosion und die Hitze des Feuersturms, das Rütteln der Fenster, das Krachen der Tür, die von der Detonation aus den Angeln gehoben wurde, das plötzliche Gefühl von Leere in meinem Magen, das ich danach noch so häufig zu spüren bekommen sollte. Wir hasteten die Treppe hinunter in den Keller, wo sich bereits ein kleines Grüppchen zu Tode erschreckter Menschen versammelt hatte.

Damals machte sich zum erstenmal die Spaltung meiner Persönlichkeit bemerkbar, die mich in Momenten großer Anspannung mein ganzes Leben lang begleiten sollte: Ich sah mich selbst wie ein Außenstehender, sah, wie ich zusammenhangloses Zeug redete, um mir vor den Leuten meine physische Angst und die noch viel größere Angst, diese Angst zu zeigen, nicht anmerken zu lassen.

Meine Lehrerin saß im Zustand völliger Entrückung in einer Ecke unseres improvisierten Luftschutzkellers und gab sich mit seligem Staunen der Beobachtung dieser kakophonischen Szenerie um sie herum hin. Als die Sirenen Entwarnung heulten, stürzten wir auf die Straße hinaus, wo das Leben schon bald wieder seinen normalen Gang nahm. Auf dem Boden lag ein Pferd, das graue Fell mit Blut besprenkelt, die Zunge hing zwischen zwei Reihen langer gelber Zähne heraus, der Körper steckte verdreht im Geschirr eines Wagens, der durch die zur Straße geneigte Deichsel auf seinen Tod zu blicken schien. Es war eine makabre Szene.

Passanten streiften sie mit einem flüchtigen Seitenblick, blieben aber nicht stehen. Ich war fasziniert, weil ich noch nie mit dem Bild gewaltsamen Todes konfrontiert gewesen war. Die Luft war geschwängert vom Geruch der Detonation, aber die Vögel hatten in den Bäumen schon wieder zu zwitschern begonnen. Meine Englischlehrerin legte ihren Arm um meine Schultern — viele Monate später erzählte sie mir, daß sie mein Zittern bemerkt habe —, schob mich sanft die Treppen hinauf, drückte mich in ihrer zerbombten Wohnung in einen

Sessel und bot mir eine Tasse Tee an. Ich trank und stützte mich dabei auf dem Tisch ab, von dem sie gerade einige Glassplitter entfernt hatte. Sie stand vor mir. Ich registrierte, daß meine Hände immer noch zitterten und daß sie diskreterweise vorgab, es nicht zu sehen. Nach einem langen, angespannten, stummen Kolloquium murmelte sie, fast ohne den Mund zu öffnen: »Angst zu haben ist keine Schande.« Ihre Augen waren von Tränen verschleiert, aber es kann auch sein, daß das nur eine Spiegelung des Lichts war. Als sie ihre Hände auf die meinen legte, empfand ich eine leicht verlegene Freude. Etwa eine Minute lang verharrten wir so. Dann erhob ich mich, brachte irgendeine Entschuldigung und ein Lächeln zustande und wandte mich zur Tür, um zu gehen. Sie blieb an den Türrahmen gelehnt stehen und folgte mir mit den Augen die Treppe hinunter, den Kopf leicht zur Seite geneigt, die Bluse achtlos aufgeknöpft. An jenem Tag begann ich ernsthaft zu erwägen, die Schule zu verlassen und der Armee beizutreten.

Siebtes Kapitel

VOR DEM KRIEGSGERICHT

Die Verhandlung vor dem Kriegsgericht fand in einem Bungalow in Ramla statt, der in dem Kolonialstil erbaut war, den die Briten genauso wie die Strafrechtsverfahren, den Tropenhelm und das Polospiel aus Indien nach Palästina importiert hatten. Es war ein E-förmiges Holzgebäude mit vier Räumen in der Mittelachse und zwei weiteren in den Seitenflügeln, wo die Wache und die Toiletten untergebracht waren. An den Ecken der Veranda, deren Holzbrüstung mit schwarzverbranntem Öl eingelassen war, um Läuse abzuhalten, fluteten zwei Bougainvillea-Kaskaden in Rot und Violett herab, die dem in eine Landschaft aus Disteln und Sand gepflanzten Gebäude ein wenig Farbe und Anmut verliehen.

Ansonsten gab es in Ramla nichts, was das Auge hätte erfreuen können. Die wenigen Verwaltungsgebäude, welche die Engländer neben die von den Türken errichteten älteren Bauten gestellt hatten, ließen die anderen kleinen, schäbigen Häuser — manche aus Beton, andere aus Lehm — nur noch ärmlicher wirken. Es war schwer zu glauben, daß dies einst die Hauptstadt eines arabischen Königreichs gewesen war, das gegen die Kreuzritter gekämpft hatte. Von der einstigen Größe zeugte nur noch ein hoher, zwischen den Orangenhainen versteckter viereckiger Turm. Dies war der »Weiße Turm«, der auf den Briefmarken der Mandatsregierung so majestätisch in den Himmel ragte; aus der Nähe betrachtet, schienen seine Fensterbögen jedoch wie aus leeren Augenhöhlen auf die Ebene zu starren.

Nur wenn der Zug vorüberratterte, ließen sich die Fliegen für einen Moment von ihren massierten Angriffen auf die Rücken der Esel und Kamele ablenken. Zähe Kämpfe wurden zwischen den Fliegen und den rosigen Wangen der britischen Soldaten, zwischen dem Körperschweiß und der von sudanesischen Boys sorgfältig gebügelten und gestärkten Uniform, zwischen den rhythmisch schlagenden Schwänzen der Tiere und den *command sticks* der Offiziere, die diese stets unter die Achsel geklemmt hatten, ausgetragen.

Auf einer Holzbank nahe dem Ende der Veranda sitzend, hing ich traurigen Gedanken über mein militärisches Dasein nach, das so weit von dem entfernt war, was ich angestrebt hatte, als ich der Armee beigetreten war. Am meisten irritierten mich meine Hosen. Während die Engländer Shorts trugen, die mit Bedacht so zugeschnitten waren, daß ihre sportlichen Knie gut zur Geltung kamen, und während von den Gummibändern, die ihre Kniestrümpfe hielten, die Regimentsfarben herabbaumelten, steckten meine unteren Extremitäten in zwei entwürdigenden Khakischläuchen, die mich wie einen Clown aussehen ließen. Diese Kolonialshorts waren eine jener genialen Ausgeburten des Erfindungsgeistes, wie sie nur das Militär hervorbringen kann. Der Quartiermeister hatte auf diese Weise nicht nur Geld gespart, sondern auch noch die Malaria bekämpft. Damit tagsüber eine gewisse Einheitlichkeit der Uniformierung gewahrt und nachts die Beine vor Moskitostichen geschützt waren, bestückte man uns lieber mit dieser Mehrzweckausführung der militärischen Mode, anstatt uns zwei Paar Hosen — eine lange und eine kurze — zu geben. Dieses praktische »Aus-eins-mach-zwei«-Kleidungsstück konnte tagsüber hochgeschlagen und mit vier Metallknöpfen (je zwei waren auf Oberschenkelhöhe außen und innen angenäht) befestigt und nach Sonnenuntergang wieder bis zu den Knöcheln herabgelassen werden. Die Knöpfe versagten jedoch ihren Dienst. Die an der Innenseite wurden beim Gehen weggescheuert; dafür hielten die an der Außenseite länger — mit der Folge, daß die Hosen ständig zwischen den Beinen herumschlotterten. Bei Tag in diesen hin- und herschwingenden Schläuchen herumzulaufen, die immer wieder dem Boden entgegenstrebten, war ein Schauspiel, das, wie es schien, eigens dazu inszeniert war, deutlich sichtbar zwischen Dienern und Herren, zwischen Soldaten der Kolonie und solchen des Mutterlandes zu unterscheiden. Unter dieser unausgesprochenen Diskriminierung litt ich wesentlich mehr als unter der offiziellen Trennung der Latrinen von Offizieren, NCOs und einfachen Soldaten oder unter der Anweisung, während unseres Dienstes innerhalb der Grenzen Palästinas nicht die blau-weißen Farben der Zionisten am Ärmel zu tragen, um Ärger mit den Arabern zu vermeiden. Welche Ironie: Meine Familie in Italien war zu jenem Zeitpunkt vielleicht schon gezwungen, den Davidsstern zu tragen, während ich hier daran gehindert wurde, das Abzeichen meines Volkes auf der entwürdigenden Uniform zu präsentieren, die ich in dem Bestreben, für die Freiheit zu kämpfen und dem Trott der Landwirschaftsschule zu entfliehen, so bereitwillig angezogen hatte.

Neun Monate lang hatte ich Depots bewacht, zu denen nur Engländer Zutritt hatten, oder Nahrungsmittel- und Munitionstransporte eskortiert, die durch monotone, ausgedörrte Landschaften in Palästina führten, nur gelegentlich belebt von Grüppchen ärmlicher Häuser oder leuchtenden Orangenhainen und bewässerten Kibbuzfeldern. Das große Ereignis, von dem wir in der Mannschaftsmesse noch wochenlang sprachen, war eine Fahrt nach Damaskus gewesen, wo ich ein einziges Mal Gelegenheit hatte, von dem staubigen Transitcamp aus, in dem wir übernachteten, einen Blick auf die ferne Hauptstadt der Abbasiden zu werfen.

Es war noch nicht ganz acht Uhr, und in der Luft hing noch etwas von der erfrischenden Feuchtigkeit der Nacht. Die Richter der Kriegsgerichtsverhandlung, zu der ich als Zeuge geladen war, würden sicher nicht vor zehn Uhr eintreffen. Ich hatte also jede Menge Zeit, meine Beurlaubung vom drückenden Garnisonsdienst auf Kosten eines angeklagten Waffenbruders zu genießen. Gegenüber von der Veranda lag ein kleines Stück kümmerlichen Rasens, wo ein arabischer Soldat auf den Fersen hockte. Er war direkt aus dem Gefängnis hierhergekommen und trug einen ölverschmierten Khaki-Overall, aber die Schnalle an seinem Armeegürtel glänzte, und auf seinem frischrasierten Schädel saß schief ein Käppi. Ein schottischer Corporal mit Tropenhelm, dunkelgrünem, von Tapferkeitsabzeichen blinkendem Flanellhemd, dem rotbraunen Kilt der Cameron Highlanders, der seine Hüften umspielte wie ein Pfauenschwanz, und fest vor den Bauch geklemmter Felltasche beanspruchte gegenüber meinen lächerlichen Kolonialhosen und dem fleckigen Overall des Arabers die ganze überlegene Eleganz der Weltmacht.

Der Araber trug keine Handschellen, wurde aber von zwei Soldaten seiner Einheit bewacht. Die herrische Miene ihrer schnauzbärtigen Gesichter verriet, daß sie sich der Überlegenheit, die ihnen ihr Auftrag und ihre Gewehre über einen anderen Menschen verliehen, vollauf bewußt waren. Die Scheiden ihrer Bajonette glänzten in der Sonne. Sie hatten sie wahrscheinlich über Nacht in einem Eimer voll Urin eingeweicht, dachte ich, und das schwarze Leder dann im Schatten trocknen lassen, damit es nicht schrumpelte. Danach dürften sie die Scheiden mit Kiwi-Politur, verdünnt mit Spucke, gebürstet und stundenlang mit einem rot-weiß gestreiften, zwölf mal fünf Zentimeter großen Flanell-Lappen blankgerieben haben, der, wie ich wußte, eigentlich nur für das Säubern des Gewehrlaufs bestimmt war. Ich hatte die gleiche Prozedur schon selbst durchexerziert und kannte die gängigen Tricks, von denen unser achtundvierzigstündiger Urlaub häufig abhing. Das war die ganze Herrlichkeit eines Militärlebens, das mich — so jedenfalls hatte ich es mir erträumt — auf die Zinnen eines Forts im

Himalaja oder zu wilden Abenteuern im Herzen Afrikas entführen würde. Statt dessen saß ich nun hier in Ramla, zu Tode gelangweilt und beschämt über meine lächerlichen Hosen, und wartete darauf, daß man mich als Zeugen zu einer Kette von Ereignissen befragen würde, über die ich gezwungenermaßen nicht die Wahrheit sagen konnte.

Die Vorstellung, auf die Bibel schwören und dann einen Meineid leisten zu müssen, quälte mich schon seit einer ganzen Woche. Es schien, als sei dieser Akt, den ich aus jüdischem Patriotismus und Solidarität mit einem Kameraden zu begehen im Begriff war, der letzte Schritt auf dem Weg meiner enttäuschten Hoffnungen. Während meines ersten Kriegsjahres hatte es keinen einzigen militärischen Einsatz gegeben; ich war nur immer wieder auf Wellblechdächer gestiegen, die wir für den höchst unwahrscheinlichen Fall eines Luftangriffs des nie in Erscheinung tretenden Feindes mit Schlamm zu tarnen hatten. Unser walisischer Sergeant Major, ein schlaksiger Typ, dem weniger das mühsame Geschäft, jüdische Rekruten zu befehligen, zu schaffen machte als das ihn plagende Magengeschwür, hatte eine besondere Vorliebe für diese Schikane; irgendwie schienen sich die schmerzhaften Kontraktionen seines Magens direkt in unsere Sisyphusarbeit übersetzen zu lassen. Diese bestand darin, die rote Erde Sarafands mit Wasser anzukneten, den Soldaten auf dem Dach Eimer mit dieser Masse hinaufzureichen, die Masse auf dem heißen Wellblech zu verteilen und dann abzuwarten, bis sie antrocknete und der Wind sie davonwehte, damit wir wieder von vorne anfangen konnten. Diese Technik muß von den Ägyptern erfunden worden sein und ist sicher unseren pyramidenbauenden Vorvätern zugute gekommen, aber unser Sergeant Major wollte uns standhaft weismachen, daß sie dazu beitrage, den Krieg gegen die Nazis zu gewinnen.

Wir rächten uns, indem wir zum Rhythmus spontan ersonnener hebräischer Spottliedchen auf unseren walisischen Schleifer arbeiteten. Anstifter war in der Regel ein

Soldat, der im heimatlichen Österreich eine Ausbildung zum Diplomaten durchlaufen hatte. Ein merkwürdiger Mann, dieser Komponist; hinter seinem neuen hebräischen Namen, Ben-Josef, verbarg sich eine Vergangenheit, die tiefe Spuren in sein nachdenkliches Gesicht gegraben hatte. Als wir beim gleichen Zug der Palestine Buffs dienten, hatte er noch nicht den Bart, den er einige Jahre später trug, als er bei der Verteidigung von Kfar Etzion, einem religiösen Kibbuz nahe Jerusalem, getötet wurde. Eine Salve aus einem jordanischen Maschinengewehr riß ihm den Bauch auf, während er — so will es die Legende — gerade Akkordeon spielte. Dieses Akkordeon, das in einer großen Holzkiste transportiert wurde, gehörte zur Ausrüstung unserer Einheit. Auf ihm komponierte er einige der bekanntesten Kriegslieder jener Zeit. Er war wirklich einer der letzten echten Barden. Ich fragte ihn einmal, was die Art von Musik, die er komponierte, für ihn bedeutete. »Sie lindert den Schmerz einer Seele, die verwundet ist von Erinnerungen an eine schöne, für keinen von uns je wiederkehrende Zeit«, antwortete er.

Der arabische Häftling hatte unterdessen seine Haltung geändert. Er stand jetzt mitten auf dem Rasen und massierte mechanisch seine Oberschenkel, als wollte er die Ölflecken auf seinem Overall abreiben. Wie ich hatte auch er den Wagen bemerkt, der auf den Bungalow zufuhr, und dachte wohl ebenfalls, daß es die Richter sein könnten. Aber es war nur der diensthabende Offizier, der nachsehen wollte, ob für die Kriegsgerichtsverhandlung alles vorbereitet war. Der schottische Corporal befahl uns stillzustehen. Wir standen einige Minuten stramm und versanken dann wieder in unsere Gedanken und Sorgen. Ich verließ die Veranda, um hinter einem Eukalyptusbaum in der Nähe der Bahngleise zu urinieren. Meine Notdurft so schamlos verrichten zu können — mit meinem Strahl scheuchte ich eine Ameise in einen Zuflucht gewährenden Spalt im warmen Boden — gab mir ein Gefühl von Befreiung, an das in den Garnisonslatrinen überhaupt

nicht zu denken war. Im großen Stützpunkt von Sarafand waren — wie schon erwähnt — Rang und Rassen-
zugehörigkeit bis zu einem gewissen Grad mit dem Stoff-
wechsel verknüpft: Es gab Latrinen für die Mannschafts-
grade, für NCOs und für Offiziere. Darüber hinaus gab
es getrennte Latrinen für Weiße und Schwarze, für Männer und Frauen und für Zivilisten und Militärpersonal.
Einziger Ausdruck der Gleichheit waren ihre übereinein-
stimmende langgezogen rechteckige Form mit den gleichen Holzsitzen wie im Kibbuz und die Juteabtrennungen, die den Benutzer vor neugierigen Blicken abschirm-
ten. Da diese wehenden Vorhänge nicht bis zum Boden
reichten, konnte man im Vorübergehen ein Sammelsurium von Stiefeln und Schuhen jeglicher Machart und aus
allen Winkeln des Empire besichtigen. Aber wehe denen,
die das falsche Kabäuschen betraten! Die Militärpolizei
mit ihren weißgelackten Gürteln, den blinkenden Schnal-
len und den roten Käppis schien gar nichts anderes zu
tun zu haben, als jenen aufzulauern, die sich in der Adresse
geirrt hatten. Nur die Australier verhielten sich, als seien
sie jenseits von Gut und Böse. Wenn sie dienstfrei hatten,
salutierten sie nicht einmal mehr vor den Offizieren; sie
führten ihre eigenen Einheiten, als wären sie autonome
Gesellschaften uniformierter Riesen; sie waren immer
gutgelaunt und ziemlich unverschämt. Nachdem sie
einen langwierigen Kampf gegen die Wanzen, von denen
ihre Baracken befallen waren, verloren hatten, zündeten
sie kurzerhand einen Holzbungalow an. Als wir mit der
Armeefeuerwehr herbeieilten, gaben sie uns zu verstehen,
daß wir uns nicht einmischen sollten. Derweil saßen sie
auf dem Boden, tranken Bier und freuten sich wie die
Kinder über den Anblick des riesigen Freudenfeuers, das
sie entfacht hatten.

Wir, die jüdisch-palästinensischen Rekruten, empfanden schon bald eine tiefe Bewunderung für diese australi-
schen Soldaten und hofften, daß unsere geplante nationale Armee eines Tages genauso unbefangen und undis-

zipliniert sein würde wie die ihre. Bis dahin aber waren wir nichts weiter als ein Zug unerfahrener Rekruten, die auf die Ankunft weiterer Freiwilliger warteten, damit überhaupt erst eine jüdische Kompanie gebildet werden konnte. Aus dieser sollte dann zu gegebener Zeit ein Bataillon der Kampfbrigade hervorgehen, die, den Plänen der Jewish Agency zufolge, den Kern einer späteren jüdischen Armee darstellen sollte — Pläne, gegen die die Engländer sich aus ebendiesem Grund sperrten.

Damals verstand ich noch wenig von der problematischen politischen Situation, in die ich verwickelt war. Als ich wieder auf meiner Bank auf der Veranda des Kriegsgerichtsbungalows saß, dachte ich voller Reue an den Augenblick zurück, da ich mich freiwillig zum Militär gemeldet hatte. Es hatte alles an dem Tag begonnen, als es im Radio hieß, daß die Deutschen Belgrad bombardiert hätten. Die Nachricht erreichte uns auf dem Bahnhof von Binyamina, einem von den Rothschilds erbauten Dorf nahe der Küste, wo wir auf einen Zug warteten, der uns zur Landwirtschaftsschule zurückbringen sollte. Einer meiner Mitschüler — er sollte später Generalstabschef der israelischen Armee werden — stammte aus Jugoslawien. Beharrlich erklärte er unseren Lehrern die Gründe für diesen Angriff und seine möglichen Folgen. Die Serben und die Mazedonier, sagte er, würden gegen jeden kämpfen, die Kroaten und die Slowenen sich dagegen den Achsenmächten anschließen. Jugoslawien würde am Ende zwischen Italien, Ungarn und Deutschland aufgeteilt werden.

Während ich ihm zuhörte, mußte ich an das Tal in der Region Carnia denken, wo ich meine Winter- und Sommerferien verbracht hatte, an die Spaziergänge entlang der jugoslawischen Grenze und an die unterirdischen Verteidigungsanlagen zum Schutz der Straße von Tarvisio nach Zagreb, die ich einmal zusammen mit meinem Vater besucht hatte, als er die ihm unterstellten paramilitärischen Einheiten inspizierte. Namen weit entfernter, mir wohlbekannter Orte fegten jetzt, einer nach dem anderen, um den Bahnhof von Binyamina wie die Fetzen Zeitungspapier, die der Wind durch die Luft wirbelte. Ich saß im Schatten eines Eukalyptusbaumes, folgte ihnen mit den Augen und fragte mich, was wohl auf ihnen gedruckt stand. Ein stärkerer Windstoß hob einen Papierfetzen hoch in die Luft, trug ihn erst in Richtung der Weinberge, die sich endlos an den Hängen des Karmelgebirges entlangzogen, brachte ihn dann wieder zurück, zuerst nach rechts, dann nach links, bis er schließlich auf der zum Dorf führenden Sandstraße landete. Ein grauer Esel, den Kopf tief zum Boden geneigt, die langen Ohren ständig in Bewegung, um die Fliegen zu vertreiben, wartete geduldig, daß sich jemand seiner annahm. Ein barfüßiger Araber, den Zipfel seines langen Gewandes gelüpft und unter den Gürtel geklemmt, sah vom Stamm eines abgestorbenen Baumes, den er sich als Sitzplatz gewählt hatte, mit teilnahmslosem Blick zu uns herüber.

Ich zwang mich, an den Wilden Westen zu denken und mir vorzustellen, daß ich mich zwischen Cowboys und Indianern auf einer Grenzstation befand, wo wir auf die Ankunft einer Rinderherde warteten, die sich durch das Donnern ihrer Hufe ankündigte. Um mich herum war alles still, bis auf die Stimmen meiner Mitschüler, die — müde und verschwitzt nach dem endlich überstandenen langen Marsch — damit beschäftigt waren, am Tank des Bahnhofs ihre Wasserflaschen aufzufüllen, und über die neuesten Kriegsberichte und die Ergebnisse unserer Prüfungen diskutierten.

Den Kopf gegen meinen Rucksack gelehnt, ließ ich noch einmal den dreitägigen Marsch Revue passieren, den wir gerade hinter uns gebracht hatten. Die Wanderung am Semesterende sollte unsere militärische Ausbildung abrunden und uns mit unserer Umgebung vertraut machen. Den Engländern gefielen diese Schulwanderungen ganz und gar nicht; auf der Straße zwischen dem Dorf Zichron

Ya'akov und Megiddo hatten sie uns zweimal angehalten und nach dem Zweck unseres Ausflugs gefragt. Da unsere Papiere in Ordnung waren, ließen sie uns ziehen, denn sie wußten, daß wir uns unbewaffnet nicht durch arabisches Gebiet wagen würden. Wir hatten aber Mauser-Pistolen dabei, zerlegt und in Beuteln versteckt, die sich zwei oder drei der Mädchen, die mit ihrem sittsam geflochtenen Haar und ihren unschuldigen Gesichtern ganz sicher keinen Verdacht erregen würden, zwischen die Beine gebunden hatten. Einem wachsameren Auge wären diese Mädchen sofort aufgefallen, da sie die einzigen waren, die »kapitalistische« Röcke trugen. Aber die Briten drückten mindestens ein Auge zu. Mit Kriegsausbruch war es in Palästina zu einer stets gefährdeten und nicht ganz durchsichtigen Zusammenarbeit zwischen ihnen, den Arabern und den Juden gekommen. Es war ein Frieden ohne soziale Kontakte oder Absprachen und voller Mißtrauen — jede Seite wußte, daß die anderen sich für den unweigerlich kommenden Kampf rüsteten. Das war jedoch nicht der einzige Grund, warum wir uns so sicher fühlten und uns so viel herausnahmen. Es hatte auch mit der Gedankenlosigkeit unserer Jugend zu tun und mit dem völlig ungerechtfertigten Vertrauen darauf, daß unsere eigene Stärke uns ein rosigeres Schicksal bescheren würde als den Juden in Europa. Ihre Tragödie war eine direkte Folge davon, daß sie nicht nach Palästina hatten kommen wollen, als das noch möglich war; unser Glück war die Bestätigung dafür, daß der Zionismus recht hatte; unser Selbstvertrauen beruhte auf dem naiven Glauben, daß unsere Stärke — und nicht die des britischen Empire — uns vor der Vernichtungsmaschinerie der Nazis bewahrte.

Blind für die Schrecken des Krieges, marschierten wir fröhlich, gegen Hitze und Erschöpfung ansingend, auf der Straße der Apokalypse dahin, die vom Meer nach Megiddo, dem Schauplatz von Armageddon, führte. Die Akazien und die Feigenbäume in den Feldern ließen ihre Blätter zum aufgeheizten Boden herabhängen. Der

Weizen stand hoch und reif auf den kleinen, durch Steinmäuerchen getrennten Parzellen, auf denen die Araber sich mit Holzpflügen abrackerten, die von einem mit einer murkligen, ausgemergelten Kuh ins Joch gespannten Maulesel oder Esel gezogen wurden. Das aus Seilen geknotete Geschirr schnitt häufig schwärende Wunden in die Haut der Tiere, auf denen sich Schwärme gieriger Fliegen niederließen. Es war eine reale, aber entfernte Welt, die unserer Arroganz mit einer von unterdrücktem Haß befrachteten Schweigsamkeit begegnete. So schien es jedenfalls. Vermutlich irrte ich mich — vermutlich empfanden die Araber uns gegenüber nichts als Angst und Verwirrung. Sie vermieden es, uns anzusehen. Wenn wir ihnen mit ihren Ziegenherden unvermittelt in einer Straßenbiegung begegneten, drückten sie sich an die Seite, um uns vorbeizulassen. Am meisten litten die Ziegen und Schafe unter diesen Begegnungen, denn sie wurden von den Hirten gnadenlos geschlagen, damit sie schneller aus dem Weg gingen. Gelegentlich verirrte sich eine Ziege, die offensichtlich weniger politisches Gespür hatte als die anderen, in unseren Reihen und weigerte sich, auf das wütende Gebell des Hundes zu reagieren. Wir begrüßten sie dann überschwenglich und mit wildem Gelächter, denn das war eine willkommene Unterbrechung unseres monotonen Marsches, die half, die Leere in unseren Köpfen wieder aufzufüllen.

Wir hatten eine Nacht im Jugenddorf von Shfeya verbracht, das auf der Spitze des einzigen bewaldeten Berges in der ganzen Gegend thronte. Nachmittags hatten wir mit Holzgewehren geübt und gelernt, wie man Entfernungen richtig einschätzt, mit dem Kompaß umgeht und die topographischen Gegebenheiten erfaßt. Abends, nach dem Essen, hatten wir uns im Speisesaal versammelt, um einer Ansprache des Chefmechanikers unserer Schule zu lauschen. Normalerweise sahen wir ihn nur an Traktoren herumbasteln, die Hände voller Schmiere, den blauen Overall mit Ölflecken übersät, die Ärmel über die muskulösen Arme hochgerollt, vollkommen versunken in die Arbeit, um die wir ihn alle beneideten. Hier in Shfeya hatte er sich nun plötzlich in einen Offizier der Hagana, der militärischen Untergrundorganisation der Jewish Agency, verwandelt. In einer Uniform ohne Rangabzeichen, die genauso sauber und gestärkt und fast so elegant war wie die der britischen Offiziere, stand er vor uns, umgeben von einer Aura tiefer Ehrfurcht, die durch unser Erstaunen über die plötzliche Lüftung seiner wahren Identität nur noch verstärkt wurde.

Er hielt eine kurze politische Ansprache. Wir müßten uns auf den Krieg gegen die Araber vorbereiten, der mit Sicherheit ausbrechen würde, sobald der Krieg gegen die Deutschen und die Italiener beendet sei. Die Schlacht um Großbritannien sei gewonnen; die Schlacht um den Nahen Osten habe noch nicht begonnen. Die Deutschen und die Italiener versuchten, einen Aufstand der Araber gegen die Engländer zu schüren, die aber während des Ausnahmezustands keine Unruhen dulden würden. Wenn die Engländer sich der Zionisten hätten entledigen können, hätten sie dies sicher mit Vergnügen getan, aber das konnten sie nicht — mit Rücksicht auf Amerika und die moralischen und politischen Verpflichtungen, die sie eingegangen seien, als sie sich zum Kampf gegen Hitler entschlossen hätten. Sie hätten auch begriffen, daß sie uns mehr brauchten, als sie zunächst angenommen hatten. Aus diesem Grund hätten sie notgedrungen unsere Mithilfe beim Kampf gegen das Vichy-Frankreich in Syrien und zur Niederschlagung der Pro-Nazi-Revolte im Irak akzeptiert. Sie wüßten es zu schätzen, daß die Juden überall im Nahen Osten mehr Informationen sammeln könnten als der gesamte britsche Geheimdienst, aber sie gäben das nicht gerne zu. Sie wollten die Zusammenarbeit mit einzelnen Juden, ohne sich jüdischen Institutionen gegenüber verpflichtet fühlen zu müssen. Daher müßten wir uns für gemeinschaftliche Projekte engagieren, die unseren eigenen Behörden unterstanden. Der Krieg werde lange dauern — nicht Monate, sondern Jahre. Millionen von Soldaten würden Palästina von jedem Winkel des Empire aus durchqueren. Sie würden Nahrung, Uniformen, medizinische Betreuung und jede Art von Ausrüstung, von der Nadel bis hin zu Fahrzeugen, benötigen. Palästina besitze zwar keine Rohstoffe, aber die Juden seien die einzigen im gesamten Nahen Osten, die den Engländern die Früchte ihres handwerklichen Könnens und ihrer Erfahrung auf dem Gebiet der Landwirtschaft und der Industrie anbieten könnten. Es sei daher unbedingt erforderlich, daß wir diese wunderbare Gelegenheit, die der Krieg uns biete, nutzten, um die Basis für eine moderne jüdische Wirtschaft zu schaffen, die, wenn der Krieg vorüber sei, unseren eigenen Kampf um politische Unabhängigkeit stützen könnte. Aus diesem Krieg, sagte er, würden wir entweder gestärkt hervorgehen oder mit ein für allemal zerstörten Hoffnungen auf eine nationale Identität.

Es war eine ernste, gewissenhafte Rede, ohne großes Brimborium und ohne Illusionen. Sie vermittelte mir eine größere Einsicht in das, was zu tun war; sie zeigte mir, daß es über die in der Schule angepriesenen landwirtschaftlichen Projekte hinaus andere Möglichkeiten zum Handeln gab. Ich glaubte, daß ich mich besser einer weiter reichenden Aufgabe weihen konnte, bei der für jeden Platz war und bei der jeder Ruhm ernten konnte. Während ich so im Schatten des Eukalyptusbaumes am Bahnhof lag, abseits von meinen Mitschülern, die — wie üblich — über die Lebensperspektiven in den Kibbuzim diskutierten, denen sie nach Beendigung dieses Schuljahres beitreten würden, mußte ich immer wieder an die Rede des Hagana-Kommandanten denken und spürte plötzlich, wie mich eine stille Freude überkam. Endlich würde ich die erste freie Entscheidung meines Lebens treffen: Ich würde mich zur britischen Armee melden, um mich auf den Krieg der Juden für die Juden vorzubereiten, so wie es die Italiener von Garibaldis Legion in Uruguay getan hatten. Mit meinem Abgang von der Schule hoffte ich, die Schutzhülle zu durchstoßen, die mich bis zu diesem Zeitpunkt umgeben hatte, und aus der erstickenden Atmosphäre des langweiligen Landwirtschaftsunterrichts und der kollektiven Gesellschaft, für die ich mich nicht erwärmen konnte, auszubrechen. Wenn ich zum Militär ging, sagte ich mir immer wieder, würde ich sowohl meine nationale Pflicht erfüllen als auch mein eigenes Schicksal in die Hand nehmen. Als der Zug in den Bahnhof gekeucht kam, fühlte ich mich wie ein anderer Mensch, anders als die anderen Bewohner meiner kleinen Schulwelt und als der Jüngling, der vor nicht einmal zwei Jahren Italien verlassen hatte, ohne wirklich mit seiner italienischen Vergangenheit zu brechen.

An dem Tag, als die Deutschen das serbische Königreich der Karadjordjević auslöschten, schwor ich dem König von England, Kaiser von Indien und Verteidiger eines Glaubens, der nicht der meine war, die Treue. Dafür gab er mir zehn Silbershilling, eine Khaki-Uniform, einen Tropenhelm, ein Paar Stiefel, drei Paar Wollsocken, einen kleinen Beutel mit einem Stück Seife, einer Zahnbürste, einigen Nadeln, etwas Nähgarn, einigen Metallknöpfen und einem Verbandspäckchen für Notfälle.

»Aach-tung!« bellte der schottische Corporal. Wie ein Roboter schnellte ich hoch und nahm vor den drei höheren Offizieren, die das Kriegsgericht bildeten, Haltung an. Hinter ihnen kamen die Richter, die mit ihren schwarzen Roben über dem Arm und den Perücken in der Hand für die Rechtsprechung gerüstet waren.

Der arabische Häftling und seine beiden Bewacher hatten auf der kleinen, gelblichen Rasenfläche ebenfalls Haltung angenommen. Etwas weiter weg spie ein von Militärpolizei eskortierter Lastwagen weitere Häftlinge aus, die offenbar bedeutender waren als der Araber, da man ihnen das Recht auf eine Verteidigung zugestanden hatte. Unter ihnen befand sich auch Corporal Attiah von meiner Kompanie, ein vierundzwanzigjähriger Grobian, der mit den brillantinestarrenden schwarzen Haaren und seiner frisch gebügelten Uniform wie üblich sehr proper aussah. Sein arrogantes Lächeln fand ich immer höchst irritierend, aber ihm diente es als unfehlbare Waffe bei der Eroberung von Verkäuferinnenherzen. Er ging in der sicheren Überzeugung an mir vorüber, daß ich zu seiner Verteidigung lügen würde, und warf mir einen Blick zu, der unverschämt und verächtlich auf mich wirkte.

Ich hatte ihn vom ersten Tag an, da ich zu seinem Zug gestoßen war, wegen der Streiche, die er mir als mein Gruppenkommandant spielte, und wegen seiner Witzeleien gehaßt. Als ich zum Lance Corporal, zum Obergefreiten, befördert wurde, rief er quer durch die Mannschaftsmesse, daß ich meinen Streifen gegen Makkaroni austauschen sollte. Alle lachten mich aus. Ich reagierte nicht, weil wir uns im Krieg gegen »Makkaroni-Italien« befanden und ich es nicht verteidigen konnte. Ich dachte jetzt lieber nicht mehr daran, denn wenn ich alte Animositäten hochkommen ließ, würde ich vielleicht nicht so überzeugend lügen können, wie man mir befohlen hatte. Attiah verschwand mit seiner Eskorte und den anderen Häftlingen in der Wachstube. Ich setzte mich wieder auf meine Bank, wartete, daß ich aufgerufen würde, und gab mich wieder ungehindert meinen Träumereien hin.

Die britische Armee hatte mich nicht schlecht behandelt. Sie hatte mir keinerlei inhumane Disziplin auferlegt; sie hatte mir keine Lumpen gegeben, in die ich meine Füße hüllen mußte, wie es in der italienischen Armee üblich war. Im Camp in Sarafand schliefen wir zu sechst in einem Raum in sauberen Bungalows mit warmer Dusche und Latrinen, die weniger penetrant rochen als die im Kibbuz. Das Bett bestand aus drei losen Planken, die auf zwei Holzböcken ruhten. Sie waren gar nicht einmal so unbequem, wenn man gelernt hatte, die Matratzenauflage richtig mit Stroh zu füllen. Sicher, wir waren mit regelrechten Invasionen von Insekten konfrontiert, von denen einige zweifellos in direkter Linie von jenen abstammten, die die Armeen des Empire im Ersten Weltkrieg nach Sarafand eingeschleppt hatten. Wirklich lästig aber waren eigentlich nur die Moskitos, die wir vergeblich abzuwehren versuchten, indem wir uns bei Sonnenuntergang mit Eukalyptusöl einrieben und nachts unter die Netze krochen, die über jedem Bett von der Decke herabhingen.

Ich liebte mein Moskitonetz. Es bestand aus einem feinen weißen Gewebe, durch das ich alles, was im Zimmer vor sich ging, sehen konnte, ohne selbst gesehen zu werden. Es gab mir ein Gefühl von Geborgenheit, von Intimsphäre und von Luxus, das mich für viele Unannehmlichkeiten des Rekrutendaseins entschädigte. Weder die körperliche Anstrengung noch solche Verrichtungen wie das Tragen von Fäkalieneimern oder das Säubern riesiger Kessel voll übelriechendem Fett machten mir etwas aus. Was ich nicht ertragen konnte, war die Eintönigkeit des Garnisonslebens, die alle Träume von Abenteuer und Ruhm, die ich in meinem Herzen gehegt hatte, zunichte machte.

In unserem Camp ließ man uns nach dem halbstündigen Frühsport auf einem betonierten Platz vor- und zurückmarschieren, um uns darauf zu trimmen, wie die napoleonischen Truppen in geschlossener Ordnung aufzuziehen, als würden die Schlachten des zwanzigsten Jahrhunderts immer noch mit aufgepflanzten Bajonetten ausgetragen. Wenn wir Wache schoben, waren wir selbst mitten in einer Sandwüste dazu angehalten, drei Schritte vorwärts zu machen, bevor wir das Gewehr schulterten, damit der Lauf nicht gegen das imaginäre Dach eines imaginären Wachhäuschens schlug. So machte man das nämlich in London, und so hatten es alle Soldaten Seiner Majestät überall im Empire zu machen: Fakten ändern sich nicht mit der Geographie.

In den ersten drei Monaten unserer Ausbildung brachte man uns zweimal auf den Schießplatz. Ich war ein treffsicherer Schütze, und meine Corporals brauchten mir nicht erst zu zeigen, wie ich das Gewehr zu halten und ein Ziel zu treffen hatte. Ich freute mich über das Lob meines britischen Offiziers, fühlte mich aber in meiner Ehre gekränkt, weil er die von uns benutzten Kugeln vor und nach jeder Übung höchstpersönlich nachzählte, um sicherzugehen, daß dem königlichen Waffenarsenal auch nicht eine einzige gestohlen wurde. In einem Militärcamp, das von Schotten, Australiern, Gurkhas, Bantus, für de Gaulle kämpfenden Senegalesen, südafrikanischen Buren, Arabern und Indern bewohnt wurde, waren wir, die jüdischen Mitglieder des Palestine Regiment, eher Fremde als irgend jemand sonst in unserem Land — und so fühlten wir uns auch —, und sie, die Engländer, stuften uns auch anders ein als die anderen Soldaten. Unsere Hautfarbe ordnete uns den Weißen, die politische Geographie aber den Kolonialvölkern zu; unsere jüdische Volkszugehörigkeit machte uns zu natürlichen Feinden von Englands Feind, den Nazis, aber wir stammten aus den Ländern der Achsenmächte. Wir waren die einzigen Militärs, deren nationale Identität in einer Religion begründet war; und daß wir diese zugunsten einer neuen, weltlichen Identität ablehnten, verwirrte die Engländer vollends.

Einige Tage nach meiner Aufnahme ins Militär teilte uns unser jüdischer Sergeant mit, daß wir streiken würden. Er habe unserem britischen Sergeant Major mitgeteilt, daß wir unseren Dienst verweigern, kein Essen mehr zu uns nehmen und notfalls sogar ins Gefängnis gehen würden, wenn wir nicht wie die britischen Soldaten unseren Frühstücksspeck bekämen statt der Mahlzeiten, die »im Hinblick auf religiöse Besonderheiten« zubereitet wurden. Man sollte uns nicht wie Muslime oder Inder oder andere »verdammte Eingeborene« behandeln; wir wollten genau die gleichen Rationen bekommen wie die Engländer, denn wir trugen schließlich die gleiche Uniform und kämpften (von weitem) gegen den gleichen Feind. Wir seien Zionisten und keine Getto-Juden, und es stehe den Briten nicht zu, darüber zu entscheiden, welchem abergläubischen Brauch unserer Religion wir folgen sollten und welchem nicht. Ganz offensichtlich gäben sie nur vor, unsere Religion zu respektieren, um uns unsere nationale Identität als Juden abzusprechen. Wir würden ihr Spielchen aber nicht mitspielen; wir würden unser Recht auf Speck als Bestandteil unseres Rechtes auf Gleichbehandlung verteidigen — dabei gehe es natürlich um das Symbol und nicht um ein Nahrungsmittel.

Der Streik dauerte nur ein paar Stunden. Die Engländer verstanden zwar nicht ganz, was wir wollten, aber sie sahen ein, daß es schwer zu erklären sein würde, warum sie eine ganze Einheit jüdischer Freiwilliger einsperrten, nur weil diese auf ihrer Speckration bestanden. Das Ganze war völlig absurd, aber es konnte immerhin nach London ins Unterhaus durchsickern, wo stets jemand saß, der ein offenes Ohr für die Zionisten hatte. Deshalb verkündete unser befehlshabender Offizier also, daß den London und ins Unterhaus durchsickern, wo stets jemand saß, der ein offenes Ohr für die Zionisten hatte. Deshalb verkündete unser befehlshabender Offizier also, daß den jüdischen Einheiten genauso wie allen anderen im Camp, die nichts gegen Schweinefleisch einzuwenden hätten, vom nächsten Morgen an Speck serviert werden würde, und wir feierten diesen Erfolg in unseren Bungalows, als ob wir einen politischen Sieg davongetragen hätten. Der walisische Sergeant Major gab von nun an noch bissigere und geringschätzigere Kommentare von sich. Auf dem Exerzierplatz ergänzte er seine Befehle jetzt mit Floskeln wie: »Kopf hoch, Bauch rein, nicht zu Boden sehen: Es sind zu viele Juden und Schotten in der Gegend, als daß noch Geld herumliegen könnte.«

Auf meiner Pritsche liegend, hatte ich versucht, ein wenig Ordnung in meine Gedanken zu bringen, während ich den Fliegen zusah, die über die Decke des Bungalows krabbelten. Nur noch Ben-Josef und ich waren im Raum zurückgeblieben. Während der ganzen Diskussion über den Streik hatte er schweigend neben seinem Akkordeonkoffer gehockt, und jetzt improvisierte er auf seinem Instrument eine neue Melodie.

»Welchen Sinn soll dieser Streik überhaupt haben?« fragte ich ihn.

»Gar keinen«, antwortete er, »aber es liegt nun einmal in der Natur des Schwachen, beweisen zu wollen, daß er stärker ist, als er tatsächlich ist. Auch Gandhi, der glaubte, daß die Überlegenheit der Engländer etwas mit ihrem Fleischgenuß zu tun hätte, aß Fleisch und verstieß damit gegen die religiös bedingten vegetarischen Traditionen seiner Familie. Wir werden auch irgendwann die nötige Reife entwickeln und unsere nationale Identität nicht mehr dadurch beweisen müssen, daß wir Speck essen; aber unsere Probleme sind viel verwickelter als die der Inder.«

Um zu gewinnen, erklärte er, brauche Gandhi nur zu warten; niemand könne eine halbe Milliarde Männer und Frauen in ihrem eigenen Land unter Kontrolle halten. Der Zionismus dagegen habe zur gleichen Zeit ein freies Volk und ein Land aufzubauen. Der Speckstreik sei nur ein Anzeichen dafür, wie verworren unsere Ideen immer noch seien. Die zionistische Bewegung, fuhr Ben-Josef fort, habe zwei Gesichter — eines, das nach außen, und eines, das nach innen gerichtet sei; eines, das nach politischer Unabhängigkeit schiele, während das andere nach sozialer Umwälzung Ausschau halte. »Unser Dilemma ist, daß wir nicht einfach wie die anderen sein wollen; wir wollen gleich und doch auch wieder anders sein. Wir sind mehr daran interessiert, einen messianischen Traum zu verwirklichen als einen politischen Plan. Die religiöse Tradition, gegen die wir gerade aufbegehrt haben, mag viel Aberglauben beinhalten, aber sie ist auch die Wurzel unserer legitimen Rechte in Palästina. Wer diese alte jüdische Legitimität durch eine neue, historisch und moralisch fragwürdige ersetzen will, riskiert, das Kind mit dem Bade auszuschütten, wie man so schön sagt. Wir haben keine Geduld mehr, auf den Messias zu warten, der uns aus unseren Schwierigkeiten heraushilft; die Zionisten haben deshalb beschlossen, die Sache selbst in die Hand zu nehmen.« Ob ich jemals von einem Schriftsteller namens Agnon gehört hätte, fragte er mich. Er lebe in Jerusalem und erzähle den Leuten, daß wir an dem Tag, da wir einen Staat bekämen, den Messias für immer verlieren würden.

Ben-Josef dachte lieber nicht allzuviel über diese Probleme nach; sie waren ihm zu groß. Wenn der Gott Israels ein Gott war, der sich — wie viele Leute glaubten — gern in der Geschichte offenbarte, dann würde ihm die Geschichte, die der Krieg jetzt gerade schrieb, jede Menge Gelegenheit geben, sich seinem Volk zu offenbaren. Wir lebten in folgenschweren, bestialischen Zeiten; die Seele werde nicht so sehr durch das Böse der Tat korrumpiert wie durch die Passivität des Individuums im Rahmen des kollektiven Handelns. »Gibt es etwas Unwirklicheres«, fragte mich Ben-Josef, »als die Friedfertigkeit dieses von Blumenbeeten eingerahmten Militärbungalows inmitten eines Militärcamps, in dem wir — weit von jeder Gefahr entfernt — Soldat spielen, während wir uns doch — ohne daß es uns sonderlich berührte — bewußt sind, daß das Volk, das wir in unserer Vermessenheit zu befreien vorgeben, in der Hölle schmort? Gibt es etwas Absurderes, etwas Illusorischeres? Kann man sich eine größere Sünde vorstellen als unsere Biergelage, unser Speckfrühstück, wo doch in Europa Millionen verhungern und die Juden, unser eigenes Volk, auf dem Scheiterhaufen, den die Nazi-Inquisition zu Ehren der arischen Götter errichtet hat, verbrannt werden?« Er, Ben-Josef, habe gegen all das ein ganz persönliches Gegenmittel — die Musik, die er auf seinem Akkordeon mache. »Ein Clown bleibt ein Clown«, sagte er mit seinem traurigen Lächeln, »selbst wenn er eine Khaki-Uniform trägt.«

Drei oder vier Monate nachdem ich der Armee beigetreten war und mir langsam selbst wie ein Clown vorkam, beschloß ich eines Tages, Enzo Sereni im Kibbuz Givat Brenner aufzusuchen. Ich hatte Sereni zwei Jahre lang nicht gesehen. Ich wußte, daß er sich als Freiwilliger zum britischen Geheimdienst gemeldet hatte, aber ich hatte keine Ahnung, daß er in Kairo Ärger mit den Behörden bekommen hatte. Er war jetzt wieder in seinem Kibbuz, grübelte über seine Tatenlosigkeit und heckte weitere waghalsige Operationen aus, die 1944 schließlich zu seinem Tod hinter den deutschen Linien in Italien führen sollten.

Ich traf ihn in der kleinen Kibbuz-Bibliothek an, wo er alte europäische Zeitungen studierte. Ich überfiel ihn gleich damit, daß ich den Militärdienst satt hätte und desertieren würde, wenn ich nicht in eine andere Einheit versetzt werden könnte, wo ich auf interessantere Weise etwas wirklich Wichtiges zum Kriegsgeschehen beitragen könnte. Sereni hörte mir zu, ohne mich zu unterbrechen, wurde aber immer ungeduldiger. Am Ende war er so verärgert über mein Geplapper, daß er mich fast anschrie. Er könne nichts für mich tun, sagte er, aber selbst wenn er könnte, würde er keinen Finger für mich rühren. Wer in aller Welt sei ich denn, daß ich besondere Rücksichten für mich beanspruchte? Was hätte ich denn in meinem Leben schon getan, um mehr zu erwarten als die anderen? Woher nähme ich das Recht, diesen schrecklichen Krieg, in dem das jüdische Volk und die Hälfte der Menschheit umkomme, zu meiner persönlichen Befriedigung zu benutzen? Wonach ich strebte, sagte er — und er hatte recht —, sei nicht die Unterstützung einer Sache, sondern mein eigenes Weiterkommen. Da ich unfähig sei, mich an irgendeiner kollektiven Arbeit zu beteiligen, versuchte ich jetzt, dem freiwillig gewählten Armeeleben zu entfliehen, genauso wie ich aus dem Kibbuz und meiner Schule ausgerissen sei. Dabei vergäße ich, daß nichts ohne die geduldige Demut, von der gemeinsames Handeln getragen werde, aufgebaut werden könne. Die Kathedralen Europas trügen nicht die Namen ihrer Erbauer; keiner der um uns herum wachsenden Bäume könne mit der Arbeit einer bestimmten Person verknüpft werden; der Zionismus könne sein Ziel nicht durch bombastische Ansprachen oder Paraden erreichen, wie die Jabotinsky-Revisionisten — die »orthodoxen« weltlichen Parteien der Rechten — meinten, sondern nur durch die emsige Arbeit eines aufopferungsvollen Volkes, das einsehe, daß die jüdische nationale Heimstätte nur Schritt für Schritt aufgebaut werden könne. Das sei es, was Chaim Weizmann mit seinem Aufruf »Dunam für Dunam; Kuh für Kuh« meine. Ich hätte besser als alle anderen wissen müssen, schloß er, »daß man einer Sache selbst dann dienen kann, wenn man vor einem Benzinkanister Wache steht«. Er bemerkte nicht, wie sehr er mich verletzte, als er mir diesen berühmten Ausspruch Mussolinis unter die Nase rieb.

Ich verließ Givat Brenner voller Groll gegen Sereni, den ich erst in jener Nacht in Bari wiedersehen sollte, als er meine Einheit verließ, um mit dem Fallschirm hinter den deutschen Linien abzuspringen, von wo er dann nicht mehr zurückkehrte. In meiner Wut kam ich noch nicht zu der Einsicht, die ich Jahre später gewinnen sollte: daß man nämlich dann am ehesten etwas bekommt, wenn man aufhört, darum zu bitten. Tatsächlich wurde ich nur zwei Monate nach meiner Unterredung mit Sereni, als ich gerade ein Öldepot des Elektrizitätswerks von Tel Aviv bewachte, zu meinem Kompaniekommandanten bestellt — was höchst ungewöhnlich war. Er erzählte mir, daß gerade ein Offizier des Special Intelligence Service aus Kairo eingetroffen sei und mich unter vier Augen zu sprechen wünsche. Daraufhin ließ er mich in seinem Dienstzimmer allein, und nach einer kurzen Weile trat mir ein Major gegenüber, der perfekt Italienisch sprach. Er sagte, daß er dabei sei, eine Einheit für Propagandasendungen in italienischer Sprache zu organisieren (paradoxerweise handelte es sich um dieselbe Einheit, die Sereni hatte verlassen müssen), und nach Sprechern mit guter italienischer Aussprache suche. Er war die Liste der jüdisch-palästinensischen Freiwilligen italienischer Herkunft durchgegangen und hatte mich persönlich kennenlernen wollen. Er erkundigte sich nach meiner Ausbildung und meiner Familie, und nach einem halbstündigen Gespräch — das in meiner Einheit schon einiges Aufsehen erregte — bat er mich, ihn zu einer Sprechprobe in die Rundfunkstation der Armee nach Jaffa zu begleiten.

Seit jenem Tag sind viele Jahre vergangen. Der Offizier, ein griechischer Jude namens Nakamuli, der in Kairo mit seinem Papierhandel zu Reichtum gelangt war, ist längst tot. Für mich bleibt er der beste Freund, den ich in den sechs Jahren, die ich in der britischen Armee diente, besaß. Auch nachdem ich seine Einheit verlassen hatte, half er mir mehr als einmal aus der Patsche, ohne daß für ihn irgendeine Veranlassung dazu bestanden hätte. Er scheute sich nicht, mich zum Essen mit ägyptischen Honoratioren und britischen Offizieren in seine prachtvolle Villa am Nil einzuladen, obwohl ich nur ein einfacher NCO war. Aber nichts macht ihn in meiner Erinnerung so liebenswert wie die Art, in der er mir half, den Text für meine Sprechprobe einzuüben, weil er mir dadurch zu verstehen gab, daß er mir — obwohl er nicht das geringste über mich wußte — Erfolg wünschte. Vielleicht hatte er gespürt, wie sehr ich unter dem Garnisonsleben litt und wie gern ich ihm entrinnen wollte. Ich weiß nicht, wie gut ich den Artikel aus *Il Popolo d'Italia* las, den Nakamuli mitgebracht hatte, aber ich wurde sofort eingestellt; und als ich das Studio in Jaffa verließ, wußte ich, daß mich der Zauberstab des Schicksals berührt hatte.

All dies lag jedoch noch weit in der Zukunft, als ich darauf wartete, als Zeuge vor das Kriegsgericht gerufen zu werden. Während ich auf der Veranda saß, konzentrierte ich meine Gedanken darauf, was ich antworten würde, wenn die Richter mich fragten, ob ich das Vorhängeschloß wiedererkannte.

Ein Vorhängeschloß: ein Stück Eisen, von dem die Freiheit eines von mir gehaßten Kameraden abhing und meine eigene Würde, die ich — das wußte ich genau — im Begriff war zu verlieren. Nicht, daß ich niemals zuvor gelogen hätte, aber es war eben etwas ganz anderes, ob man wegen eines heimlich stibitzten Stückchens Schokoladenkuchen log oder ob man mit der Hand auf der Bibel die Unwahrheit sagte. Und eben das würde ich gleich tun — wegen des Vorhängeschlosses, das das Tor zu Depot Nummer 6 in Wadi Sarar versperrte.

Wadi Sarar war ein großes Munitionsdepot. Man erreichte es mit dem Zug, der auf der kurvenreichen, noch unter den Türken erbauten Strecke zwischen Tel Aviv und Jerusalem verkehrte. Unsere Einheit war im Herbst 1941 dorthin geschickt worden, um einige von de Gaulles senegalesischen Truppenverbänden abzulösen. Die Wachen, bestehend aus acht Soldaten, einem Corporal und einem Lance Corporal, waren über das große Gelände neben den Schuppen mit militärischem Gerät verstreut postiert; als Wachraum diente ein Zelt. Nur die Engländer durften die Schuppen betreten. Tag und Nacht sollten wir, die Colonials, jeden, der sich dem Gelände näherte, anhalten und »Halt! Wer da?« rufen, wobei wir unsere Enfield-Gewehre mit aufgepflanztem Bajonett auf ihn gerichtet hielten. Wenn die unbekannte Person stehenblieb und antwortete: »Freund«, sollten wir entgegnen: »Vortreten zur Identifizierung«. Was danach zu geschehen hatte, sagte man uns nicht. Falls sich der Freund als Feind entpuppte, hätten wir ihn allein durch unser furchterregendes Aussehen und unsere Bajonette in die Flucht schlagen müssen, da es uns untersagt war, mit geladenem Gewehr herumzulaufen. Falls der Feind jedoch so freundlich war, uns genug Zeit zu lassen, die an unserem Kampfanzug hängende Patronentasche zu öffnen, den Ladestreifen herauszunehmen und das Gewehr zu laden, hätte er immer noch eine Überlebenschance gehabt, da wir den ersten Schuß in die Luft abzugeben hatten. Erst mit dem zweiten Schuß waren wir laut Dienstvorschrift ermächtigt, »einen tödlichen Schuß abzugeben« — eine Situation, deren Eintreten höchst unwahrscheinlich war, da sich meilenweit im Umkreis kein Feind blicken ließ. Das einzig wirklich Wichtige bei diesem Kriegsspiel war der Wachwechsel alle acht Tage, bei dem der Wachkommandant seinen Posten samt Inventar an seine Ablösung übergab.

Während des Wachdienstes von Corporal Attiah waren einige Tausend Patronen sowie das Original-Vorhängeschloß von der Tür des Depots Nummer 6 verschwunden. Attiah erzählte den Engländern, die den Diebstahl entdeckten, daß das neue Vorhängeschloß bereits an der Tür des Depots gewesen sei, als er mich bei der Wache ablöste. Da in der Zeit, als ich das Depot bewachte, nichts daraus abhanden gekommen war, konnte mir niemand einen Vorwurf machen. Aber wenn ich bestätigte, daß das fragliche Vorhängeschloß ein anderes war als das, das ich zwei Wochen zuvor gesehen hatte, würde ich damit den Verdacht gegen Attiah erhärten. Und da ich mich sehr genau an die Form des Vorhängeschlosses erinnerte, das aufgebrochen und ausgetauscht worden war, konnte meine Aussage von ausschlaggebender Bedeutung sein.

Seit dem Tag, da man Attiah verhaftet hatte, war es um meine Ruhe und meinen Frieden geschehen. In Palästina bildeten die Juden damals eine sehr kohärente, staatsähnliche Gemeinschaft mit eigenen Institutionen, Schulen und einer im Untergrund arbeitenden militärischen Organisation, und das Ganze wurde durch eine Loyalität gefestigt, die infolge der historischen Erfahrungen, der Diskriminierung und der Verfolgung auf einem starken politischen Bewußtsein basierte. Dieser Zusammenhalt war bei unseren ausschließlich aus Freiwilligen zusammengesetzten Armee-Einheiten, bei denen die jüdischen NCOs die eigentliche Autorität besaßen, womöglich noch stärker ausgeprägt. 1941 gab es auch erst wenige jüdische Colonial Officers. Und diejenigen, die die ersten für sie zugänglichen Offizierslehrgänge absolvierten, wurden Versorgungseinheiten wie dem Transport zugeteilt, als Ingenieure, Quartiermeister und so weiter, die die Engländer dringender benötigten als die Infanterie. Die wenigen »einheimischen« Offiziere in unserem Regiment kamen aus den besten arabischen und jüdischen Familien des Landes — Ben-Gurion, Margolis, Nashashibi, Dajani —, und keiner wollte ihren Aufstieg in der Militärhierarchie dadurch gefährden, daß er sie in politische Probleme verwickelte. Sie mußten möglichst aus allen Schwierigkeiten herausgehalten werden, während die NCOs, die meist auf Anraten der verschiedenen politischen zionistischen Parteien der militärischen Untergrundorganisationen der Armee beigetreten waren, mit der politischen Führung der Soldaten betraut wurden. Diese inoffizielle, aber durchaus reale Autorität, die sich stark von der der Engländer unterschied, wurde natürlich nicht jeden Tag offenkundig. Die jüdischen NCOs erfüllten auf Geheiß ihrer britischen Offiziere ihre täglichen Pflichten und verhielten sich uns gegenüber, wie NCOs sich überall auf der Welt gegenüber einfachen Soldaten verhalten. Aber wir waren uns alle bewußt, daß sie in Fragen von »nationaler Bedeutung« eine Autorität genossen, die weit über ihren Rang hinausging.

Als nun wegen der aus Depot Nummer 6 verschwundenen Munition Anklage gegen Corporal Attiah erhoben wurde, sah ich mich sofort mit den kategorischen Instruktionen »der Organisation« konfrontiert, die mir ein »einheimischer« Sergeant überbrachte. Über die Tatsache, daß ich »moralische Skrupel und Einwände« haben könnte, war er zutiefst schockiert. Sobald bekannt wurde, daß nicht feststand, was ich vor dem Kriegsgericht aussagen würde, bildete sich um mich herum eine Art luftleerer Raum. Eine eindeutige Ächtung war das noch nicht, aber man war plötzlich unempfänglich für alle meine Versuche, Kontakt zu anderen Soldaten herzustellen. In gewisser Weise hörte das menschliche Umfeld, in dem ich mich bewegte, auf zu existieren. Es reagierte nicht feindselig oder provozierend, sondern nur wortlos und abwartend. Da ich in der zionistischen Gesellschaft Palästinas ohnehin eine Randfigur war, jeglicher jüdischen Kultur entbehrte und nichts von Ideologien verstand — die romantische Vision einer nationalen Wiederbelebung, wie ich sie von Italien mitgebracht hatte, konnte ich natürlich hier mit niemandem teilen —, versetzte mich die Vorstellung, womöglich bis Kriegsende völlig isoliert inmitten einer Gesellschaft leben zu müssen, die ihrerseits vom Rest der Welt abgelehnt wurde, in Angst und Schrecken. Die Horrorvorstellung, einen Trupp Soldaten befehligen zu müssen, der sich vor versammelter Einheit meinen Befehlen widersetzen könnte, war mindestens genauso quälend wie der Umstand, daß ich gegen mein Gewissen handeln sollte. In meiner Einheit war niemand, mit dem ich mich hätte besprechen können. Die Antwort auf meine Fragen — das war mir klar — konnte natürlich nur lauten, daß es eine heilige Pflicht sei, die Engländer auszutricksen, die mit dem Weißbuch, das den Verkauf von Land an die Juden und deren Einwanderung nach Palästina einschränkte, alle ihre Versprechen gegenüber den Juden gebrochen hatten. »Wer den Dieb bestiehlt, ist frei von Schuld«, sagt ein altes jüdisches Sprichwort, gegen das ich nichts einzuwenden hatte. Was mich aber von meiner Falschaussage abhielt, war das Gefühl, daß ich den »Kristall meiner Seele«, den innersten Kern meines Gewissens, spalten würde, wenn ich im Namen Gottes einen Meineid leistete. In der Einsamkeit quälenden Nachdenkens prallten zwei Arten von Moral — die nationale und die religiöse — aufeinander, und keine von beiden konnte sich durchsetzen. Als ich schließlich den Befehl erhielt, als Zeuge vor dem Kriegsgericht zu erscheinen, und mein Sergeant mich fragte, was ich zu tun gedächte, war ich selbst überrascht, mich mit vorgespiegelter Entschiedenheit antworten zu hören: »Einen Meineid zu leisten, natürlich.«

Etwa eine Stunde lang machte mich die wohlmeinende Anerkennung, die ich in den Gesichtern meiner Kameraden zu lesen meinte, richtig glücklich; zum erstenmal bekam ich einen Geschmack von dem seltsamen, sinnlichen Vergnügen, in vollem Bewußtsein zu sündigen, von dem befreiten Gefühl im Kopf, wenn man endlich alle Zweifel über Bord geworfen hat und einfach hinnimmt, was die Zukunft bringen mag. Aber das Gefühl der Erleichterung hielt nicht lange an. Mein Gewissen begann bald wieder, gegen meine Entscheidung zu protestieren, und ich konnte die ganze Nacht nicht schlafen. Am nächsten Morgen bestieg ich, nachdem ich meinen Marschbefehl in Empfang genommen hatte, den erstbesten arabischen Bus, der am Camp von Wadi Sarar vorüberkam, und fuhr zu meinem Botaniklehrer in der Landwirtschaftsschule von Mikveh Yisrael. Ich hatte ihn seit dem Tag, an dem ich in die Armee eingetreten war, nicht mehr gesehen. Sein Name war Meshiach, und er hatte an der Universität von Neapel Landwirtschaft studiert. Er trug einen Kneifer und samstags eine Fliege, was seiner Erscheinung im unordentlichen Umfeld der Schule eine eigenartige Eleganz verlieh. Während der Monate, in denen ich diese Schule und seinen Unterricht besuchte, hatte er mich immer mit großer Freundlichkeit bei sich zu Hause empfangen.

Er hörte mir mit gespannter Aufmerksamkeit zu. Als ich fertig war mit meiner Schilderung des Schlamassels, in den ich geraten war, nahm er seinen Kneifer von der Nase und polierte ausgiebig und mit außerordentlicher Präzision die Gläser, während ich die tiefen Einkerbungen betrachtete, die der Bügel auf beiden Seiten seiner Nase hinterlassen hatte. Als er seinen Kneifer schließlich wieder aufsetzte, lag in seinen Augen der Ausdruck uralter Traurigkeit.

»Unsere Weisen wurden gefragt«, begann er, »warum in der Bibel geschrieben stehe, daß nur die Söhne Israels über Moses' Tod weinten, während über den Tod Aarons die Söhne *und* die Töchter Israels weinten. Können wir daraus schließen, daß Aaron besser oder wichtiger war als Moses? Sicher nicht. Aber Moses sagte: ›Laß **die** Gerechtigkeit — wenn es denn nötig ist — den Berg spalten.‹ Er konnte sich keine Kompromisse leisten, denn nur dann, wenn er der absoluten Gerechtigkeit folgte, konnte er gleichzeitig der Diener Gottes und der Diener seines Volkes bleiben. Aaron dagegen machte Kompromisse, weil er den Frieden liebte und eine Wahrheit, die nicht göttlich sein konnte, weil sie eine menschliche Wahrheit war. Hatte er sein Volk nicht belogen, als er das Goldene Kalb baute und verkündete: ›Dies ist dein Gott, o Israel!‹? Er tat das, weil er spürte, daß dieses Götzenbild als Banner, als einigende Zuflucht für eine Herde von Schafen dienen konnte, die vorübergehend keinen Hirten hatten. Aaron war ein großer Patriot, wahrscheinlich ein größerer als Moses, der nicht zwischen seiner Liebe zu seinem Volk und seiner Liebe zur absoluten Wahrheit trennen konnte.

Du stehst jetzt«, fuhr Meshiach fort, »vor dem gleichen Dilemma wie Aaron: Es ist das Dilemma, vor das der Teufel (du weißt, daß er für die Juden immer noch ein himmlischer Bote ist) früher oder später jeden von uns stellt. Die gesamte zionistische Bewegung, ja die Essenz unserer nationalen Wiederbelebung ist eine Art Goldenes Kalb, weil der Staat, den wir errichten wollen, ein von Menschen geschaffenes Gebilde ist, mit einer menschlichen, nicht mit einer göttlichen Moral. Wir haben uns dafür entschieden, uns mit dem Teufel zu arrangieren, mit materieller Macht, menschlichen Leidenschaften und Interessen, weil wir ganz einfach nicht mehr die Kraft haben, etwas anderes zu tun. ›Nicht die Toten preisen den Herrn‹, heißt es im Psalm, und wir stehen bereits am Rande des Grabes.

Wenn du Moses um Rat bitten könntest«, schloß er, »würde er dir vielleicht raten, den Berg mit deiner Wahrheit zu spalten. Ich kann dir das nicht empfehlen, wenn auch nur aus dem Grund, daß Gott zwar Moses sandte, um das im ägyptischen Exil moralisch und politisch verirrte Volk zu retten und zu führen, daß er aber niemanden gesandt hat, der uns und den Juden, die der Nazi-Pharao in Europa und auch hier, mit der Hilfe der britischen Despoten, vernichtet, eine hoffnungsvolle Botschaft brächte. Wir sind auf uns allein gestellt, ohne Führer, und haben die Pflicht, unser Volk zu verteidigen. Vielleicht müssen wir irgendwann mit unserem und dem Leben unserer Kinder und vieler nachfolgender Generationen für unsere Anmaßung bezahlen. Auch das könnte Teil unseres Schicksals sein. Ich kann dir nicht sagen, ob du morgen lügen sollst oder nicht; alles, was dir sagen kann, ist, daß die Wege, die sich vor dir auftun werden, was immer du auch tust, gleichermaßen beschwerlich sein werden, auch wenn der Pakt mit dem Teufel vielleicht weniger schwer zu schließen ist als der mit Gott. Ein freier Wille ist das schwerwiegendste Geschenk, das Gott dem Sterblichen gemacht hat, damit am Ende ein jeder sich selbst erlösen kann.«

Gemeinsam verließen wir seine Wohnung. Wir gingen an der stillen Synagoge vorüber, durchquerten den Park und gingen dann die lange, sandige Allee zu der Straße hinunter, die Jaffa mit Ramla verbindet, zwischen einer Kolonnade von Palmen, nur begleitet vom ununterbrochenen Summen der Insekten.

Als ich meinen Namen rufen hörte, blitzte dieses Gespräch mit meinem Botaniklehrer in meiner Erinnerung auf. Wie eine Marionette marschierte ich, dem Befehl des wachhabenden Sergeant Major folgend, in den Raum, in dem die Kriegsgerichtsverhandlung stattfand. Solange ich strammstehen mußte, konnte ich unter meinem Tropenhelm hervor nicht sehen, wer sich rechts oder links von mir befand. Ich spürte nur, daß zahllose Augenpaare auf mich gerichtet waren. Der Colonel, der zwischen zwei anderen Offizieren saß, erlaubte mir freundlich, mich zu rühren. Der Gerichtsschreiber, ein NCO der Royal Hussars, brachte mir eine hebräische Bibel und ließ mich die Eidesformel nachsprechen. Ich fühlte, wie mir der Schweiß den Rücken hinunterrann und ein feuchtes Gefühl in meinen Hosen hervorrief. Auf ein Zeichen des Vorsitzenden hin kam der Militär-Staatsanwalt mit einem Vorhängeschloß in der Hand auf mich zu. »Corporal«, sagte er, »erkennen Sie dieses Vorhängeschloß wieder?« »Ja, Sir«, antwortete ich, erstaunt, wie leicht mir diese Lüge über die Lippen kam. »Sind Sie sich vollkommen sicher?« fragte der Militär-Staatsanwalt und blickte mir direkt in die Augen. »Ich darf Sie daran erinnern, daß Sie auf die Bibel geschworen haben, die Wahrheit zu sagen, und daß Gott in diesem Augenblick im Gerichtssaal gegenwärtig ist.« »Ja, Sir«, wiederholte ich ohne die geringste Mühe und mit einem tiefen Gefühl der Erleichterung, »dies ist das Schloß, das an der Tür hing, als ich die Wache ablöste.« »Nun gut«, sagte der Militär-Staatsanwalt. Hinter mir hörte ich den Sergeant Major brüllen: »Aach-tung! Kehrt Marsch! Links-rechts, links-rechts, halt!« und dann eine vor Zorn bebende Stimme: »Entlassen, Sie können zu Ihrem Camp zurückkehren, Corporal.«

Leichtfüßig ging ich hinaus, unter der Bougainvillea-Kaskade hindurch, und schien mit meinen glänzenden Stiefeln kaum den heißen Sand zu berühren. Mein Kopf war vollkommen klar, meine Gefühle total verwirrt. Ich spürte ein seltsames Lächeln auf meinen Lippen. Ich war mir bewußt, daß ich soeben einen Pakt mit dem Teufel geschlossen hatte, und war neugierig, was ich als Gegenleistung für meine unsterbliche Seele bekommen würde.

Achtes Kapitel

JERUSALEM

Als ich vor der Wohnung in der Ibn Ezra Street in Jerusalem auf die Türklingel drückte, ahnte ich noch nicht, wie viele bedeutende Konsequenzen diese Handbewegung für mich haben sollte.

Es war eine Dreizimmerwohnung im Erdgeschoß mit zwei Eingängen: Die eine Tür an der Seite führte zu einer Treppe in das darüberliegende Stockwerk, die andere, auf der Vorderseite, auf eine Veranda. Diese war durch einen kleinen Vorgarten von der Straße getrennt, der damals voller Blumen stand, heute aber von Unkraut überwuchert ist. Über die Veranda hinweg konnte man in ein kleines, sauberes und aufgeräumtes Wohnzimmer hineinsehen, dessen Mobiliar zum Teil von den Vorhängen verdeckt wurde. Vor dem Fenster prangte in Hebräisch und Englisch der Hinweis: ZU VERMIETEN. Ich durchquerte mit wenigen Schritten den Vorgarten, betrat die Veranda und läutete, um mich nach dem Mietpreis zu erkundigen.

Es war sechs Uhr an einem jener Sommerabende, an denen ein leiser Wind Jerusalems Zypressen wiegt, die Menschen aus ihrer Nachmittagsruhe weckt und sie unter die Dusche gehen läßt und jene, die Zeit dafür haben, einlädt, den Sonnenuntergang zu bewundern. In weniger als einer Stunde würde sich der Himmel erst rot, dann violett färben und sich schließlich in das leuchtende Schwarz der Nacht kleiden.

Ich war in Zivil und genoß es, daß ich nach zwölf Monaten endlich einmal meine Uniform hatte ablegen dürfen. Ich trug graue Flanellhosen, die nicht sonderlich elegant über ein Paar schwerer schwarzer Stiefel fielen, ein kariertes Jackett, das ich am Daumen haltend über die Schulter hängen ließ, und ein weißes Oberhemd ohne Krawatte — eine Aufmachung, die irgendwo zwischen der ärmlicheren, etwas schlampigen Bekleidungsart der jüdischen Einwanderer und der besser geschnittenen, aber für die klimatischen Verhältnisse ungeeigneten Kleidung der britischen Beamten lag. Es war wirklich ein ziemlich undefinierbarer Aufzug, nichts Halbes und nichts Ganzes, aber er entsprach genau meinem neuen Status als italienischer Sprecher beim Armeesender des Nahen Ostens.

Mich brachte das nicht in Verlegenheit. Ich war gerade zum Sergeant befördert worden, und ich hatte zehn Pfund — für mich ein kleines Vermögen — in der Brieftasche. In meinem Soldbuch steckte eine von der Field Security ausgestellte Karte, die »zivile und militärische Stellen« aufforderte, mir im Bedarfsfall jede nur mögliche Unterstützung zukommen zu lassen. Ich war neunzehn Jahre alt und fühlte mich frei wie ein Vogel mitten in einem Krieg, der irgendwo in weiter Ferne wütete und — zumindest mir — den Weg zum heißersehnten Ruhm und Erfolg bahnen würde.

Eine Frau mittleren Alters erschien in der Tür. Sie hatte ein blaues Tuch um den Kopf gebunden, unter dem ein paar ausgeblichene blonde Locken hervorschauten. Ihr ungeschminktes Gesicht ließ hinter ihren feinen Zügen eine Spur von Härte und Arroganz sichtbar werden. Über einem verschlissenen Overall trug sie eine bunte Schürze. In der rechten Hand, die in einem Handschuh aus braunem Sämischleder steckte, hielt sie einen Staubwedel wie eine Reitpeitsche. Sie war ganz offensichtlich die Wohnungseigentümerin — eine typische Vertreterin des deutsch-jüdischen Bürgertums, das durch die Auswanderung nach Palästina zwar verarmt, aber dennoch entschlossen war, die äußere Form der einstigen gesellschaftlichen Position um jeden Preis aufrechtzuerhalten.

Sie sah mich mit dem Anflug eines fragenden Lächelns auf den Lippen an. Ich erklärte, daß ich daran interes-

siert sei, ein Zimmer mit Halbpension zu mieten, und daß
ich Militärangehöriger sei, der Zivilkleidung tragen dürfe,
da ich vorübergehend in der Fremdsprachenabteilung des
Rundfunks arbeitete. Ich fragte nach dem Preis und
akzeptierte ihn auf Anhieb, da er sich unterhalb dessen
bewegte, was mir als Zuschuß für mein Quartier gezahlt
wurde. Daraufhin bot sie an, sich für weitere zehn Shilling
im Monat auch meiner Wäsche anzunehmen.

Während wir uns so gegenüberstanden — sie auf der
Veranda, ich auf dem Rasen des Vorgartens — und miteinander sprachen, spürte ich, wie ihr psychischer Widerstand allmählich nachließ. Als sie sich schließlich davon
überzeugt hatte, daß ich ein palästinensischer Jude war,
der in der britischen Armee diente, und nicht einer dieser
exotischen Typen, die der Krieg im Schlepptau der alliierten Truppen nach Jerusalem gespült hatte, entspannte
sich ihr Gesicht zu einem breiten Lächeln der Zustimmung
und der Komplizenschaft. Monate später, als wir einmal
auf unsere gegenseitigen Eindrücke bei dieser ersten Begegnung zu sprechen kamen, erzählte sie mir, daß ihre
erste Regung gewesen sei, mich abzuweisen, da sie mich
für einen Agenten des britischen Secret Service oder,
schlimmer noch, der Palestine Police gehalten habe. Aber
wie ich dann so daherredete, klang ich in ihren Ohren so
kindlich-naiv und wirkte in meinem Bemühen, selbst-
sicher und bedeutend zu erscheinen, so rührend auf sie,
daß sie einfach nicht umhin konnte, mir »ein Nest« zu
geben, »in dem ich mir die Federn wachsen lassen könne«.
Ihr Mann war ziemlich mißtrauisch gewesen, bevor er
mich kennenlernte, und hatte sich gefragt, ob es klug sei,
jemanden ins Haus zu lassen, der offensichtlich mit dem
Geheimdienst zu tun hatte. Er war überzeugt, daß meine
Beschäftigung als Rundfunksprecher nur eine Tarnung
für irgendeine geheimere Betätigung war. Aber nachdem
wir uns miteinander bekannt gemacht hatten, gelangte er
zu derselben Auffassung wie seine Frau, daß ich nämlich — wer ich auch sein und was ich auch tun mochte —

vor allem ein verwirrter Junge auf der Suche nach ein bißchen Nestwärme war. So wurde ich, ohne es zu wissen, von zwei liebenswerten Überlebenden einer zerstörten Welt vom ersten Moment an wie ein noch nicht ganz flügger Vogel unter die Fittiche genommen.

Frau Luise, meine Wirtin, war sehr darum bemüht, die Würde ihres Mannes, eines Hamburger Arztes, zu wahren, der wegen der großen Zahl geflohener jüdischer Ärzte, die Palästina überschwemmten, auch 1942 noch keine Erlaubnis zum Praktizieren erhalten hatte. Dr. Wilfried lebte von Übersetzungen und kleineren geschäftlichen Transaktionen, wobei sich die Vermittlung von Silbergegenständen, antiquarischen Büchern und Miniaturen, die er oder seine Freunde aus Deutschland mitgebracht hatten, an englische oder arabische Käufer als besonders lukrativ erwies. Die Miete, die ich für das Zimmer mit Halbpension zahlte, war eine wichtige Einkommensquelle, zumal die ganze Familie von den Armeerationen leben konnte, die ich ins Haus brachte.

Daß ich elterliche Gefühle in den beiden weckte, hatte auch damit zu tun, daß ihr Sohn — er war Ingenieur und nicht viel älter als ich — von Deutschland aus nach England gegangen war. Ihre Tochter dagegen hatte sich für das Pionierleben in einem extrem linksgerichteten Kibbuz in Galiläa entschieden. Noch bevor ich sie kennenlernte, dachte ich, daß sie recht gehabt hatte, der behüteten, konventionellen Atmosphäre ihres Elternhauses zu entfliehen, in die ich mich allerdings ohne Schwierigkeiten einfügte. Ich brannte darauf, dieser Tochter zu begegnen, die — als Bäuerin aus Neigung — in ihrem abgelegenen Kibbuz wahrscheinlich gerade Kühe melkte und deren langes, nachdenkliches, anscheinend in entfernte Bilder versunkenes Gesicht in dem Silberrahmen auf dem Flügel meine Aufmerksamkeit auf sich zog. Aber in der ersten Woche, die ich in meiner neuen Unterkunft verbrachte, war ich zu sehr mit meiner neuen Arbeit im Sender beschäftigt, als daß ich mich für das Leben und die familiären Probleme meiner Vermieter interessiert hätte.

Sie hatten mir ein Zimmer am Ende des Korridors gegeben, das Ausblick auf den Innenhof gab. Es war ruhig und schattig und bot mir nach den vielen Monaten ohne Privatsphäre den Luxus einer Bettcouch mit zwei richtigen Leintüchern, die frisch gewaschen und gebügelt waren, sowie mit einem Tisch und einem Stuhl, die beide nicht wackelten. Der Kleiderschrank war viel zu groß für das eine Set Unterwäsche zum Wechseln, für die beiden Sommeruniformen, den Winter-Kampfanzug, mein einziges Jackett und das einzige Paar Zivilhosen, die drei gestreiften Oberhemden und die Wollkrawatte, die ich auf Geheiß der Rundfunkverwaltung während der Dienstzeit zu tragen hatte. Das wichtigste an meiner Unterkunft aber war das Badezimmer. Wenn ich die Dusche aufdrehte, konnte ich aus der Brause über meinem Kopf nach Belieben kaltes oder heißes Wasser herabströmen lassen. Nur wer schon einmal wochenlang in der Wüste geschlafen hat, das abscheuliche Scheuern eines vor Schweiß starrenden Armeehemdes unter den Achseln gespürt hat und mit der Peinlichkeit von Duschen und Latrinen unter freiem Himmel konfrontiert war, weiß die Intimität eines abgeschlossenen Badezimmers zu schätzen und kann das Entzücken ermessen, das Myriaden von Wassertropfen auf verschwitzter Haut auslösen, und die unbeschreibliche Wonne bei der ersten Begegnung zwischen Wasser und Haut.

In jenem Badezimmer, das mir meine Vermieter rücksichtsvoll ab sechs Uhr morgens zur freien Verfügung stellten, sang und träumte ich und genoß jede Sekunde dieses Glücks, das der Krieg mir beschert hatte. Meine Zukunft kümmerte mich wenig, und an meine Vergangenheit dachte ich nur selten. Und wenn mich nachts die Wehmut überfiel, gelang es mir in der Regel, schmerzliche Erinnerungen an Italien zu vertreiben, indem ich von meiner neuen militärischen Karriere träumte — ein psychologischer Prozeß, der von der strengen, altmodischen Atmosphäre, die in den beiden anderen Zimmern meines neuen Domizils herrschte, keineswegs beeinträchtigt wurde.

Meine Vermieter wohnten im Eßzimmer, einem kleinen Raum, der von einem quadratischen Tisch und zwei Liegesofas beherrscht wurde. Unter einem Fenster stand ein mit Spitzendeckchen geschmücktes Regal, auf dem einige Porzellanfigürchen und eine Vase mit frischen Blumen arrangiert waren. Unter dem anderen Fenster stand ein Schrank mit Geschirr und Besteck, auf dem gut sichtbar die rituellen Sabbat-Utensilien der Familie standen — zwei silberne Kerzenhalter, ein Kiddusch-Becher, die Gewürzdose für die Hawdala. An der Wand hing eine Channukka-Öllampe.

Dr. Wilfried war ein frommer Jude, aber eher im Sinne der »Konservativen« als in dem der strikt Orthodoxen. Morgens, nachmittags und abends betete er für sich allein zu Hause, und nur samstags und an den Feiertagen ging er in die Synagoge. Er hatte auch nicht ständig den Kopf bedeckt, aber beim Sabbatmahl saß er der Tafel formvollendet vor und ließ einen Stolz erkennen, der von der langen religiösen Tradition seiner Familie zeugte. Seine Frau und seine Tochter waren überhaupt nicht fromm. Aber dennoch ließ Frau Luise beim Decken der Sabbattafel die gleiche Sorgfalt walten, die sie auch auf das Bügeln der etwas fadenscheinigen Kleider und der gestärkten Hemden ihres Mannes verwandte. Für mich, der den Sabbat in Italien nie gefeiert hatte und von den Sabbatriten im Kibbuz oder bei italienischen Freunden in Palästina ganz und gar nicht beeindruckt war, offenbarten diese intimen Freitagabende, an denen es immer ein vorzügliches Essen gab, völlig unerwartet einen höchst reizvollen Aspekt des Judentums. In der friedlichen Stille des Eßzimmers, in dem die goldenen Flämmchen der Sabbatkerzen, die in der Mitte des bestickten Tischtuchs standen, noch heller strahlten als alle Lichter des Kristallüsters, konnte ich mich ganz dem Genuß und der Entspannung hingeben. Ich war dankbar für diese Gepflegtheit, die nicht nur die Kultiviertheit meiner Gastgeber widerspiegelte, sondern auch eine größere, uralte Ordnung der Dinge, der ich mich trotz aller Fremdartigkeit irgendwie zugehörig fühlte. An diesen Abenden erschien Frau Luise immer in einem eleganten, längst aus der Mode gekommenen Kostüm und mit einem alten Familienschmuck um den Hals, und bevor sie ihrem Mann durch ein Nicken bedeutete, daß er mit den Segenssprüchen beginnen könne, warf sie einen letzten prüfenden Blick auf die Gegenstände, die wie bei einer Militärparade zum »Empfang« des Sabbats im Zimmer aufgereiht waren: die goldgeränderten Teller auf dem Tisch, das Silberbesteck rechts und links davon, den mit einem Spitzentuch zugedeckten Brotkorb, den Silberbecher für die Segnung, das Salzfäßchen und all die anderen Utensilien, die in einem weiteren Kreis um den Tisch herum standen.

An diesen Freitagabenden, wenn der Lärm auf den Straßen des jüdischen Viertels verebbt war und die von den Öllampen geworfenen Schatten in den leeren Synagogen auf- und abtanzten, war Dr. Wilfrid wie umgewandelt. Zu einem tadellosen Anzug — im Sommer aus weißem Leinen, im Winter aus dunklem englischem Tweed — trug er eine seidene Fliege auf einem gestärkten Pikeekragen, der ihn bei jedem anderen Anlaß der Lächerlichkeit preisgegeben hätte. Jetzt aber trat an die Stelle der Unsicherheit und Schüchternheit, die ihm wochentags anhafteten, ein stolzes Auftreten, sowie er die Sandalen, in denen er auf der Suche nach Käufern für seine Bücher und Miniaturen durch die Straßen der Stadt schlappte, gegen ein Paar blitzblanker schwarzer Schuhe ausgetauscht hatte. Den Kopf mit einem bestickten Seidenkäppchen bedeckt, sprach er die Sabbatsegnungen mit fester Stimme und mit einem wohlwollenden Lächeln auf den Lippen. Dieses Lächeln mußte zu dem reichen und berühmten Hamburger Arzt gehört haben, der er einmal gewesen war, zu dem

Direktor des großen Militärhospitals im ersten Weltkrieg, zu einem Mann, der den Komfort der väterlichen Villa im Schwarzwald kennengelernt hatte und der jetzt, zumindest am Sabbat, seinen Flüchtlingsstatus und seine Maklerdienste vergessen wollte.

Nach dem Abendessen wechselten wir dann in das dritte Zimmer der Wohnung über, ein Wohnzimmer, in dem niemand schlief und das meine Wirtsleute sich als Insel der Kultur und des Wohlstands zu bewahren versuchten. Den größten Teil des Zimmers nahm der Flügel ein. Frau Luise spielte darauf, wenn Freunde zu Gast waren oder wenn sie zum Ausklang des Sabbats in einen harmonischen Dialog mit ihrem Mann trat. Er lauschte ihr dann von einem zerschlissenen, mit Brokat bezogenen Lehnstuhl aus, nickte in Gesten rhythmischer Zustimmung mit dem Kopf und weinte hin und wieder, ohne sich dessen zu schämen, ein paar Tränchen, die langsam unter seinen geschlossenen Augenlidern hervorkullerten.

In gewisser Weise unterhielt sich Frau Luise auch mit mir, wenn sie Klavier spielte. Mit ihrer Musik schilderte sie mir die Orte und Landschaften in Deutschland, erzählte mir Geschichten eines Volkes, das sie offensichtlich immer noch liebte, über das sie aber nur noch mit dem Ausdruck des Hasses sprechen konnte. Ich hatte die gleichen Empfindungen gegenüber Italien und teilte ihr Heimweh nach einem Land, das ich wohl niemals wiedersehen würde. Diese gemeinsam empfundene Melancholie änderte allerdings nichts daran, daß ich allmählich eine Mauer der Gleichgültigkeit in mir wachsen spürte — eine Abstumpfung gegenüber allem und jedem, die wohl auf den Umstand zurückzuführen war, daß man mich in Italien ohne mein Zutun zum Juden gemacht hatte, während ich hier, inmitten all dieser palästinensischen Juden, zum Fremden abgestempelt wurde.

Dr. Wilfrid versammelte samstags nachmittags immer ein paar Freunde aus dem deutsch-jüdischen Bürgertum in seinem Wohnzimmer. Mehrere Wochen lang wurde ich unter dem Vorwand, ich könnte ihre Sprache nicht verstehen, nicht dazu eingeladen. In Wahrheit trauten sie mir aber nicht, weil sie nicht genau wußten, wer ich war. Ich hatte meinem Vermieter erzählt, unter welchen Umständen ich Italien verlassen hatte, wie ich mich in der Landwirtschaftsschule von Mikveh Yisrael eingeschrieben hatte, wie ich — genau wie alle anderen in meiner Klasse — der Hagana beigetreten war. Ich hatte ihm geschildert, wie meine Vereidigung in der Holzhütte am Rande des botanischen Gartens der Schule vonstatten gegangen war, wie ich mit der rechten Hand auf einer Mauser-Pistole den Eid geleistet hatte, während ich gegen das Flutlicht anblinzeln mußte, das die Gesichter derjenigen, die den Eid abnahmen, verdeckte. Ich hatte Dr. Wilfrid gesagt, wie und warum ich die Schule Anfang 1941 verlassen hatte und der britischen Armee beigetreten war, nachdem ich mit meinen Kameraden und Lehrern zuvor ausgiebig darüber diskutiert hatte, welche Vor- und Nachteile und welche politische Moral und ideologischen Prinzipien damit verknüpft sein könnten, wenn ich dem König von England diente und nicht dem Palmach, den jüdischen Streitkräften, die für den Fall einer deutsch-italienischen Invasion in den Kibbuzim zusammengestellt wurden. Für meine Mitschüler war die Wahl ganz einfach: Wer den Kampf der Alliierten unterstützen, jedoch nicht Bestandteil einer ausländischen Armee werden wollte, trat dem Palmach bei. Wer, wie ich, auf Abenteuer, Geld und Karriere aus war, konnte und sollte in der britischen Armee dienen.

Trotz meiner Aufrichtigkeit machte mich meine ideologische Gleichgültigkeit in den Augen von Dr. Wilfrid und einigen seiner Freunde, die zwar selbst wenig zum eigentlichen Kriegsgeschehen beitrugen, doch gefühlsmäßig an ihm beteiligt waren, verdächtig. Sie hockten ständig vor ihren Empfangsgeräten und lauschten den Nachrichten in jeder ihnen verständlichen Sprache, und die Meldungen der Kriegsberichterstatter waren ihr wich-

tigster Gesprächsgegenstand. Unter der ruhigen Ober-
fläche brodelten in Jerusalem 1942 Verrat und Verschwö-
rung, Pakte und dunkle Machenschaften, die teils nur
Hirngespinste, teils aber auch sehr real waren. Juden,
Engländer und Araber schmiedeten Komplotte gegen-
und untereinander, jeder haßte jeden, und alle hinter-
gingen einander auf ihre eigene Weise und entsprechend
der eigenen Logik.

Die Einheit der Juden war nie vollkommen gewesen.
Seite an Seite mit den orthodoxen Juden, die sich in ihren
eigenen Vierteln zusammendrängten und den weltlich
orientierten Zionisten feindlich gesinnt waren, gab es die
linksgerichteten »orthodoxen« weltlichen Parteien, die die
»orthodoxen« weltlichen Parteien der Rechten — die
Jabotinsky-Revisionisten — haßten. Alle drei ließen kein
gutes Haar an den Bürgerlichen, verachteten die Araber
und äfften die Engländer nach. Die Weigerung der Engländer, den Flüchtlingen aus Europa die Tore Palästinas
zu öffnen, und die ersten Schreckensmeldungen, die über
das Schicksal der den Nazis ausgelieferten Juden herein-
sickerten, zersetzten allmählich die kollektive Disziplin
der Zionisten und machten es vielen palästinensischen
Juden schwer, sich an das Versprechen der Jewish Agency
zu halten, vor Beendigung des Krieges gegen Hitler nichts
gegen den arabischen Nationalismus und den britischen
Imperialismus zu unternehmen. Es war viel von Gruppen
die Rede, die zu bewaffneten Aktionen gegen die Mandatsregierung entschlossen waren. Hinter vorgehaltener
Hand wurde sogar behauptet, daß manche willens seien,
ein Abkommen mit dem Feind zu schließen, wenn die
Deutschen sich bereit erklärten, dem Massaker an den
Juden ein Ende zu machen.

Die jüdischen Kommunisten, die jahrelang darunter
gelitten hatten, daß die Sowjets den Zionismus ablehnten,
konnten jetzt offen für ihre Idee der Gründung eines
binationalen jüdisch-arabischen Staates eintreten, in dem
der Marxismus über den am »Stammesdenken« ausgerich-

teten jüdischen Nationalismus triumphieren würde. Im ganzen Land gab es politische Visionäre, militärische Propheten und ideologische Schmarotzer, menschliche Wracks und bürokratische Bonzen, naive Helden und Opportunisten, Scharlatane und Heilige. Mir kamen die meisten von ihnen wie Wahngebilde vor, die mich an die Darstellungen von El Greco erinnerten: menschliche Wesen, die sich in ganz unmenschlicher Manier grenzenlosen Horizonten der Hoffnung, des Hasses, der Verbitterung und des Aufruhrs entgegenstreckten, während sie gleichzeitig in der provinziellen Enge Jerusalems festgekettet und sich dessen bewußt waren, Zeugen des Untergangs des größten Kolonialreiches der Welt zu sein.

In dieser gerüchteschwangeren, schwärmerischen, rätselhaften und doch auch engstirnigen Atmosphäre, in der Geschichte und Glauben wetterleuchteten, mußte ich zwangsläufig verdächtig erscheinen. Ich repräsentierte »den anderen«, obwohl ich biologisch gesehen ein Mitglied der zionistischen »Familie« war. Außerdem erweckte ich Mißtrauen, weil ich eine britische Uniform trug, Begeisterung für meine Rolle als »Untergrund-Sprecher« zeigte und den »Einheimischen« gegenüber ein unnatürlich herablassendes Verhalten an den Tag legte und mir in dieser künstlichen Isolierung gefiel, die meiner unausgereiften Psyche sehr entgegenkam. Trotz meiner Selbstzufriedenheit verspürte ich jedoch recht häufig das Bedürfnis, jemanden zu haben, dem ich mich anvertrauen und dem ich sagen konnte, was ich eigentlich inmitten all dieser konfliktträchtigen Widersprüche machte. Dr. Wilfrid, mit dem ich mich oft unterhielt, war die denkbar ungeeignetste Person, mir beim Ordnen meiner Gedanken zu helfen. Dieser gute, liberale, zionistische deutsche Arzt konnte sich nichts Schöneres erträumen, als britischer Bürger in britischem Mandatsgebiet zu sein.

Manchmal, wenn Frau Luise uns nach dem Essen bat, das Eßzimmer zu verlassen, damit sie die Sofas für die Nacht zu Betten herrichten konnte, saßen wir neben dem stummen Flügel — er eine mit Schnitzereien verzierte Tonpfeife rauchend, ich auf dem Puff neben der Tür. Die über den Boden schleifenden weißen Musselinvorhänge an den Fenstern dieses friedlichen Wohnzimmers erinnerten mich an die Puppentheater, mit denen ich früher gespielt hatte; nur waren wir hier die Marionetten, die von unsichtbaren Händen, welche die Fäden unserer Existenz zogen, manipuliert wurden. Sie versteckten sich hinter Bergen von Wörtern, zu denen ich Abend für Abend mit meiner Stimme beitrug, wenn ich die Kriegsberichte und die politischen Kommentare unseres Untergrundsenders verlas. Auf diesen wenigen Quadratmetern Raum, die vollgestopft waren mit Überbleibseln und Erinnerungsstücken einer für Dr. Wilfrid zerstörten und für mich neuen Welt, ergab es sich für uns beide ganz von selbst und ganz natürlich, daß wir über die nur schlecht zu verbergenden Zweifel sprachen, die unser Gewissen plagten.

Für ihn war der Zionismus eine Option, die Entscheidung für ein kollektives Leben, das von Juden gestaltet wurde, die ihre religiöse Identität weitgehend verloren hatten und nun mühsam versuchten, um die — von den Ländern ihrer Feinde ziemlich unsystematisch übernommene — Idee einer Nation herum eine neue Identität aufzubauen. In Palästina versuchten Juden — so glaubte Dr. Wilfrid — in einer »nationalen Heimstätte« zu leben, die mit einer fremden Architektur im Land unserer Vorväter errichtet worden sei — einem Land, das wir während der Jahrhunderte unserer erzwungenen Abwesenheit anderen überlassen hätten und das wir nun in wenigen Jahrzehnten zurückgewinnen wollten. Niemand könne unter solchen Bedingungen darauf hoffen, eine eigene Zivilisation, eine eigene Kultur wiederzubeleben. Der Zionismus sei eine Utopie, die, sollte sie Wirklichkeit werden, jeder moralischen Verpflichtung entbehre. Selbst wenn wir die Araber außer acht ließen, die ja nur ein äußeres Ärgernis darstellten und paradoxerweise sogar zu unserer Einigkeit beitrügen, bestehe unser Problem in der Frage, wie wir unsere hochfliegenden Ideen umsetzen und einen wirklich neuen jüdischen Lebensstil schaffen sollten, in dem sich unsere Unzulänglichkeiten mit unseren Torheiten vereinbaren ließen. Die Assimilation, die wir in Europa so begeistert betrieben hätten, habe die Hitler-Katastrophe erst herbeigeführt. Wenn wir weiterhin nur nachahmten, was die Welt um uns herum vorgab, riskierten wir, die nationale Heimstätte, die wir für die Juden in Palästina errichten wollten, zum Vehikel einer neuerlichen kollektiven Assimilation zu machen. Und welche neue Katastrophe würde dann über uns hereinbrechen?

Das Problem bestand seiner Meinung nach darin, einen Weg zu finden, wie wir das Erbe Esaus, dem die materielle Welt versprochen worden war, mit dem Jakobs, der für ein Leben in der Welt des Geistes ausersehen war, vereinbaren könnten. Der Zionismus wolle beide Welten integrieren und sie nicht nur miteinander versöhnen, wie das Judentum es jahrhundertelang im Getto versucht habe. Das sei ein heikles Unterfangen, das niemals zuvor gelungen sei und das die Juden nun ausgerechnet zu einem Zeitpunkt in Angriff nähmen, da in Europa Chaos herrschte.

Dr. Wilfrid war nicht sonderlich beunruhigt über die Feindseligkeit der Araber. Im Ersten Weltkrieg hatte er als Militärchirurg in der Türkei gedient, und diese Erfahrung mit dem Nahen Osten hatte seine Einstellung gegenüber den Orientalen ein für allemal geprägt.

Die Türken hatten ihn gelehrt, daß Araber niemals freie Bürger, sondern immer nur Untertanen sein konnten. Und das sollten sie seiner Meinung nach auch in einem zionistischen Staat bleiben, vorausgesetzt, daß es den Juden gelinge, Beziehungen zu ihnen aufzubauen, bei denen das wirtschaftliche Interesse die politischen Gegensätze überwiege. Der Araberaufstand sei eine schöne Legende, die von Colonel T. E. Lawrence ins Leben gerufen und nach dem Ersten Weltkrieg von einer moralisch und politisch degenerierten englischen Elite wieder aufgewärmt worden sei. Die Zionisten müßten sicher für diese Legende büßen, aber letztlich würde der Mythos vom Arabertum nur eine Flut von Wörtern, vielleicht auch von Blut, produzieren und schließlich an seinen eigenen Widersprüchen ersticken. Auf jeden Fall zählten die Araber nicht viel, da sie nicht wüßten, wer sie seien und was sie wollten. Solange der Islam sie im Osmanischen Reich mit den anderen Muslimen und, in loserer Form, auch mit den Muslimen anderer Kolonialgebiete verbunden habe, hätten sie eine kollektive politisch-religiöse Identität gehabt. Aber die Beduinen Arabiens, die den Islam schufen, seien in der heutigen Zeit nicht mehr in der Lage, ihn am Leben zu erhalten und sich die Stärke der Türken zu eigen zu machen, die nötig sei, um eine auf der kollektiven Identität der Muslime basierende politische Kontrolle über alle oder zumindest die Mehrheit der Araber auszuüben. Nachdem die Einheit des Islam zerbrochen, das Kalifat abgeschafft, die Provinzen des Osmanischen Reiches in Staaten ohne nationalen Charakter, ohne gemeinsame Geschichte und soziale oder religiöse Gleichheit umgewandelt seien, bleibe die Frage, woraus die Araber noch Stärke beziehen sollten. Nein, da sei nichts geblieben, denn die Araber würden sich weiterhin nach einem vom Lawrenceschen Mythos verklärten, bereits im Sterben begriffenen Europa sehnen, während es ihnen doch ganz unmöglich sei, westliche Werte zu übernehmen, da diese Teil der christlichen Welt seien. Der zur Karikatur gewordene importierte Nationalismus würde den Arabern das letzte bißchen Kreativität nehmen, das sie noch besäßen. »Ihr Europäer«, hatte ein verwundeter türkischer Oberst einmal zu Dr. Wilfrid gesagt, »wollt einfach nicht akzeptieren, daß die Araber die Väter und nicht die Söhne der Wüste sind und deswegen auch keinen Staat gründen können. Sie sind konvertierte Christen, die sich nur die Erinnerung an die Unterdrückung und Verschlagenheit der Byzantiner bewahrt haben. Wir, die Türken, die aus den Steppen Asiens kommen, haben sie jahrhundertelang daran gehindert, sich in ihrer Rolle als Verteidiger der Legitimation des Islam — eines Glaubens, der seinen Anhängern gefällt, weil er, wenn auch auf unterschiedliche Weise angewandt, doch von Herrschern und Beherrschten gleichermaßen akzeptiert wird — gegenseitig die Gurgel durchzuschneiden. Ist die Einheit des Islam erst einmal zerstört, wird die Gemeinschaft der Gläubigen wieder zu dem werden, was sie im Orient immer gewesen ist — ein Mosaik aus Nomadenstämmen und Bauernmassen, die von Händlern oder als Herrscher getarnten Räubern ausgebeutet werden. Dem Osmanischen Reich wird ein anderes importiertes Reich oder das Chaos folgen. In beiden Fällen werden die Araber die Verlierer sein.«

Auch die Juden — so glaubte Dr. Wilfrid — würden Verlierer sein. »Wir sind keine Bande von Räubern, sondern eine Familie von Sklaven. Genau wie die Christen, die zum Islam übertraten, haben wir unser Staatsgefühl verloren. Unser Islam ist die europäische Kultur. Sie hat aus ihren christlich-antiken Wurzeln das Gift bezogen, mit dem sie sich jetzt an uns rächt, weil wir Jesus Athen und Rom überlassen haben.«

Der große Irrtum der Zionisten bestand seiner Meinung nach darin, daß sie glaubten, das materielle Überleben der Juden durch die Schaffung eines heidnischen »Hauses« außerhalb Europas garantieren zu können. Vielleicht wären sie eines Tages in der Lage, sogar einen eigenen unabhängigen Staat zu errichten. Aber er würde keinen Bestand haben und kontraproduktiv sein. Ein verwestlichter jüdischer Staat würde auf Stärke, nicht auf Gerechtigkeit bedacht sein, auf Kompromisse und nicht auf Einzigartigkeit. Dies seien alte griechische, nicht aber jüdische Zielsetzungen. Juden hätten ihre Kraft immer aus dem Gegensatz bezogen, dem Gegensatz zwischen Gott und dem Menschen, zwischen dem Reinen und dem Unreinen, dem Heiligen und dem Profanen, dem Stolz und der Demut. Durch ihre Daseinsweise hätten sie im Laufe der Jahrhunderte die Kunst entwickelt, im Gleichgewicht zwischen Sternen und Staub, dem Unbewußten und dem Über-Ich zu leben. Das funktioniere bei einem geheiligten Volk, das auf die Enge des Gettos beschränkt sei, durch dieses aber auch geschützt werde. Es würde jedoch nicht in einem modernen Staat funktionieren, in dem die *raison d'état* an die Stelle der *raison de Dieu* trete, weil Ideologie in Selbstzerstörung ende. Juden würden niemals dazu in der Lage sein, die angestrebten abstrakten Vorstellungen von menschlicher, rationaler Perfektion in die Tat umzusetzen.

Die nationale Religion, an die der Zionismus glaube, sei Juden nicht nur fremd, sie sei auch die schlimmste aller politischen Überzeugungen. Sie habe weder Grenzen noch Schranken, da die Interessen des Staates über alles gestellt würden. »My country, right or wrong«, sei ein Prinzip, das dem Geist der Zehn Gebote, die den aus Ägypten kommenden Juden gegeben wurden und sie von Sklaven zu einem auserwählten Volk machten, absolut widerspreche. »Wenn wir keinen Weg finden können, uns von assimilierten, heidnischen Juden in eine auserwählte, moderne politische Gesellschaft zu verwandeln«, sagte Dr. Wilfrid, »laufen wir Gefahr, zu sterben, bevor wir überhaupt geboren sind.« Er hatte Angst vor der Freiheit, die auf dem Prinzip der Selbstbestimmung basierte, denn sie würde eine fortwährende Opposition gegenüber Werten und Zielsetzungen beinhalten, die anderen gleichermaßen wichtig waren. Er war bereit, jüdische Nationalrechte dafür herzugeben, daß möglichst viele Juden gerettet würden und man sich die nötige Zeit nähme, sie im Staatswesen zu schulen. Das sei aber nur zu verwirklichen, wenn die britischen Hoheitsrechte über Palästina noch möglichst lange aufrechterhalten blieben. »Vielleicht wird es so sein, als lebten wir in einem Verschlag, der uns weder vor Kälte noch vor Hitze schützt«, sagte er, »aber wir werden uns wenigstens darauf vorbereiten können, unseren wahren Feinden ins Auge zu blicken: uns selbst.«

Ich hörte ihm amüsiert und gleichzeitig auch ein wenig irritiert zu. Ich konnte seinen Pessimismus nicht teilen und auch nicht in sein Loblied auf die politische Tatenlosigkeit einstimmen, aber im Hinblick auf das, was er über Großbritannien sagte, konnte ich ihm nicht ganz unrecht geben. Ich empfand Großbritanniens Präsenz im Ausland nicht — wie einige meiner Mitschüler — als grundsätzlich feindlich, als so etwas wie einen Kraken, dessen Arme wir abschlagen mußten. Für mich stellte Großbritannien das Spielfeld dar, auf das man mich zum Mitmachen eingeladen hatte, die Autorität, die im stickigen Durcheinander des Orients ein Bild von Gerechtigkeit, Ordnung und Fairneß vermittelte. Möglich, daß das alles nur imperialistischer Selbstzweck war, aber es war auf jeden Fall mehr als nur äußerer Schein. Außerdem kämpfte Großbritannien gerade gegen den schlimmsten Feind der Juden. Da konnte es doch zu Recht unsere Loyalität erwarten, und, was mich betraf, sogar noch mehr als das. Nach meinen niederschmetternden Erfahrungen in der Schule, im Kibbuz und in Kolonialgarnisonen ließ mich meine jetzige Arbeit im Bereich der psychologischen Kriegsführung von einer Zukunft träumen, in der ich, sozusagen über den »britischen Umweg«, die gesellschaftliche Sicherheit zurückgewinnen konnte, die ich in Italien genossen hatte, jedoch ohne die »lateinische« bürgerliche Zwangsjacke — eine Zukunft, in der ich mich gesellschaftlich und persönlich irgendwie für die Erniedrigungen rächen konnte, die ich in der Vergangenheit erfahren hatte.

Mir erschien Großbritannien damals als *die* Antithese zur Provinzialität, zu Mussolinis Possenspiel und zu der kulturellen Flachheit, in der ich aufgewachsen war. Immer noch besessen von den heroischen Filmen, die ich in Italien gesehen hatte, erlag ich ganz der Anziehungskraft der riesigen roten Flächen, die in den Landkarten die britischen Herrschaftsgebiete bezeichneten, dem Einfluß einer Sprache, die ich jetzt häufiger benutzte als meine

Muttersprache, der Faszination eines englischen Lebensstils, der in Palästina zum größten Teil ein Zerrbild des Viktorianismus war. Meine Bewunderung für die Engländer stand — wie bei Kipling — in direktem Zusammenhang mit meinem kolonialen, psychologischen Außenseitertum, und ich merkte gar nicht, daß ich allmählich zu einem »assimilierten Einheimischen« wurde, dem allerdings die Schläue des Levantiners abging.

In späteren Jahren sollte mir diese Erfahrung, die ich als Jugendlicher machte, dabei helfen, die Mentalität und die Entwicklungsschwierigkeiten der Völker der dritten Welt zu verstehen. Zum Zeitpunkt der Schlachten von El Alamein und Stalingrad jedoch fand ich noch nicht, daß ich zum *évolué* wurde, wie die Franzosen es nennen, also zu einem, der die Merkmale englischer Kultur — oder das, was ich dafür hielt — und Lebensart nachäffte: ein Schnauzbart, der nicht so recht wachsen wollte; der lässige Gang, den ich einigen Offizieren abgeguckt hatte; die zur Schau getragene Distanzierung von den Sorgen anderer Leute; die hochnäsige Gleichgültigkeit angesichts von dramatischen Kriegsereignissen, die ich mit der arroganten Ignoranz eines Fußballexperten diskutierte; und die völlig unangebrachte Überheblichkeit, mit der ich den »Einheimischen« — Juden und Arabern — auf den Straßen oder dem Markt begegnete. Ich war übrigens nicht der einzige, der sich so verhielt. Juden, Muslime und Christen wetteiferten damals regelrecht darin, die Briten nachzuäffen. Bei der Palestine Broadcasting Station gab es sogar eine Broschüre, die in die Geheimnisse der neuen Sprache, »Pinglish«, einführte. Diese Mischung aus einheimischen und angelsächsischen Wörtern — und vor allem die Anpassung der englischen Syntax an die einheimische Mentalität — war eines der Anzeichen für die kulturelle Zersetzung zumindest einiger jener Gruppen von Palästinensern, Arabern oder Juden, die in engen Kontakt mit einer absolut von ihrer natürlichen Überlegenheit überzeugten fremden Gesellschaft kamen.

Ich lauschte den Argumenten meines Vermieters mit der dummen Selbstgerechtigkeit, die ich von meinem vorübergehenden Status als britischer Soldat ableitete, aber auch mit dem neugierigen Interesse für ein mir völlig unbekanntes Judentum, das mir in meiner Ignoranz absolut exotisch erschien, und konnte nicht recht verstehen, worin die Gefahr des heidnischen Rationalismus liegen sollte, die ihn so beschäftigte. Der Zionismus war kein Gespenst, das mir den Schlaf raubte. Im Gegenteil, ich war so erfüllt von romantischen Träumen und von der faschistischen Ideologie, daß mir niemals der Gedanke kam, der Staat könne ein Idol, die Nation eine grausame Chimäre sein, vor denen man sich zu hüten hatte. Für mich war der Staat eine genauso natürliche Sache wie die Luft oder meine Ferien in den Bergen. Er war die Organisation, die Leute in die Schule schickte, die Straßen reinigte, Münzen prägte, Orden verteilte, Symbolen eine Bedeutung gab, Kirchen und Uniformen mit Schmuck und Abzeichen versah, Züge pünktlich ankommen ließ und die legitimen Interessen guter Familien wie der meinen in Italien wahrte. Der Staat war eine Institution, die verteidigt werden mußte. Ohne innere Ordnung und den Schutz vor äußeren Feinden konnte man die normalen Freuden des Lebens nicht genießen, die für mich vor allem in der Fuchsjagd, im Skilaufen, im Konsum von Western und in der Eroberung der einzigen Sache, die für mich damals von unschätzbarem Wert war — einer Frau — bestanden.

Und dennoch offenbarten mir die Gespräche mit Dr. Wilfrid eine Seite meines Charakters, die ich sogar vor mir selbst zu verbergen versucht hatte. In den tiefsten Tiefen meines Bewußtseins entdeckte ich so etwas wie einen Kern aus Eis: Ich konnte leiden, hassen, mit jeder Faser meines Körpers genießen; ich konnte völlig hingerissen Musik hören; ich konnte mich voller Begeisterung in irgendeine Sache hineinstürzen; ich war ein treuer Freund und verfügte über ein ausgeprägtes Ehrgefühl. Wenn ich lügen mußte (was häufig der Fall war), hatte ich tagelang

Magenschmerzen. Kurz und gut, ich wußte, daß ich sehr sensibel war. Aber ohne daß ich es wollte, übte ich mich in einer höchst eigennützigen Zurückhaltung selbst jenen gegenüber, denen ich am meisten vertraute, und verschloß mich Ideen, die mir eigentlich durchaus vernünftig und ehrenhaft erschienen. Ich war einfach nicht mehr in der Lage, mich ganz hinzugeben, als ob an der Wurzel meines Bewußtseins eine Schicht von Gleichgültigkeit, ein Kern aus seelischem Eis existierte, der es mir unmöglich machte, mich ganz und gar mit irgend etwas oder irgend jemandem zu identifizieren.

Von dieser tiefinneren Gleichgültigkeit, der ich wahrscheinlich meine Fähigkeit verdanke, sowohl körperlichen als auch moralischen Schmerz leicht zu überwinden, habe ich mich nie befreien können. Erst mit fortschreitendem Alter habe ich es nicht mehr als notwendig empfunden, Zahnwurzelbehandlungen ohne Betäubung durchführen zu lassen. Bei den wenigen Malen, da ich mir einen Knochen gebrochen habe, registrierte ich in meinem Gehirn einen merkwürdigen Mechanismus, so etwas wie eine Levitation meines Bewußtseins, die den Schmerz zwar nicht unterband, ihn aber irgendwie aus meinem Körper herauslöste.

Dieser Spaltung meiner Sinne verdanke ich mein psychisches und moralisches Überleben in Situationen, die andere vielleicht in den Wahnsinn getrieben hätten. Ein Wort oder eine Geste der Herablassung kann mich immer noch tiefer verletzen als ein Messer — um das arabische Sprichwort zu zitieren. Aber selbst das heftigste Brennen der Seele ist bei der Berührung mit jener Eisschicht schnell gekühlt. Nur die Qualen, die durch die Angst vor physischer Gefahr hervorgerufen werden, bleiben für mich ein ständiger Alptraum. Um mich davon zu befreien, habe ich häufig ganz irrationale, aber mutig erscheinende Dinge gemacht, nur um durch die Angst vor der Angst den Schrecken zu überwinden, der mich immer überfällt, wenn mir eine Gefahr droht. Dann spüre ich, genau wie wenn ich mit starken körperlichen Schmerzen konfrontiert bin, eine Aufspaltung meiner Sinne, die manchmal tagelang anhält. Ich sehe mich vor Angst und Scham zittern und um eine Chance betteln, wie ich dem allen entgehen kann, während ein anderes Ich aus imaginären, leeren Augenhöhlen gleichgültig und spöttisch zusieht.

Eine Freundin, die parapsychologische Kräfte besitzt, hat mir einmal gesagt, daß ich das Kainsmal auf der Stirn trüge. Ich sei mit einer Veranlagung zum Verbrechen geboren worden, sagte sie, vor der mich nur meine angeborene, instinktive Furcht bewahrt habe. Als ich Dr. Wilfrid die gelegentliche Spaltung in meine zwei Ichs zu erklären versuchte, hänselte er mich: »Es könnte sein, daß Kain und Abel in dir noch gar nicht getrennt sind. Du brauchst eine Frau, die für dich zwischen Leben und Tod entscheidet.«

Der Gedanke, daß dies ja auch die Entscheidung war, die Faust zu treffen hatte, kam mir einige Tage später plötzlich in den Sinn, als ich bei meiner späten Rückkehr nach Hause Dr. Wilfrids Tochter vorfand, die, ein Buch von Goethe in Deutsch aufgeschlagen vor sich auf dem Tisch, auf mich wartete. Sie war am Nachmittag in Jerusalem eingetroffen, und ihre Eltern, die an diesem Abend ausgegangen waren, hatten sie gebeten, sich um mein Abendessen zu kümmern.

Ohne aufzustehen, streckte sie mir ihre langgliedrige, warme Hand entgegen. Ich spürte den Blick dieser nachdenklichen Augen, die mich in den letzten zwei Wochen aus dem silbergerahmten Foto vom Flügel her angeschaut hatten, auf mich gerichtet, als sei ich ein Versuchstier.

»Ich heiße Berenika«, sagte sie leise. Wie noch so oft in ihrer Gegenwart, wußte ich schon damals nicht, was ich antworten sollte.

Neuntes Kapitel

INTERMEZZO BEIM RUNDFUNK

Die italienischen »Untergrund-Sendungen« des britischen Hauptquartiers im Nahen Osten wurden von den Studios der PBS (Palestine Broadcasting Station) ausgestrahlt. Unser Büro war in zwei Räumen des requirierten Klosters von Sankt Peter in Gallicantu, an den Hängen des Zionsbergs, untergebracht, einem langen, rechteckigen Steingebäude mit sechs Stockwerken, dessen Flachdach von einer eigenartigen, mit einem Blütenmuster verzierten Betonbrüstung umgeben war. Von dort oben aus sah man das gesamte Tal des Jüngsten Gerichts (das Tal von Jehoschafat) sowie am Fuße des Ölbergs das Dorf Silwan, eingebettet in das Wadi, das sich durch die Wüste von Judäa bis zum Toten Meer erstreckte.

Links unterhalb des Klosters konnte man, wenn man in östliche Richtung blickte, das von zwei Reihen Zypressen teilweise verdeckte Steinpflaster einer alten Römerstraße erkennen. Nach dem Letzten Abendmahl auf dem Zionsberg war Jesus auf dieser Straße zum Garten Gethsemane gegangen, wo er gefangengenommen wurde — eine Strecke von wenig mehr als drei Kilometern, der Geschichte und Glauben solche Ausmaße verliehen hatten, daß das Auge Mühe hat, sie mit den Bildern in Einklang zu bringen, die Legende und Religion in der Vorstellung erzeugt haben.

Der Zionsberg war ein stiller Hügel, der beinahe erdrückt wurde von der riesigen teutonischen Kirche, die Kaiser Wilhelm II. Ende des letzten Jahrhunderts zu Ehren der Jungfrau Maria und zur Beschwichtigung seiner katholischen Untertanen erbaut hatte, die den im

Heiligen Land ansässigen deutschen Protestanten ihre Vergünstigungen neideten. Die Basilika mit ihrer turmartigen, kupferplattierten Kuppel sollte schon bald zu einem ziemlich ramponierten jüdischen Militärvorposten werden, der sich den Arabern im geteilten Jerusalem zu stellen hatte. 1942 aber war sie noch einer von vielen religiösen Bauten, deren Silhouetten sich bei Tag von den sanften Konturen des Hügels abhoben und sich abends, genau wie alles andere in Jerusalem, in irgendwelche rätselhaften Schatten verwandelten.

Vom Dach meines Büros, von dem aus ich oft den Sonnenuntergang bewunderte, sah der Turm wie eine Art Tirolerhut aus, den man dem Hügel auf den Kopf gepflanzt hatte, ein wunderlicher, aus dem Norden in den Orient versetzter Steinschmuck, ein Symbol für die Metamorphose jüdischer Glaubensvorstellungen, die, von hier aus in die Welt der Griechen und Römer transplantiert, den Konkurrenzkampf zwischen dem alten und dem neuen Israel für die westliche Zivilisation zu einer Frage von Leben und Tod gemacht hatte.

Vom Kloster aus vermeinte man abends das mächtige Ziontor mit der ausgestreckten Hand berühren zu können. Durch die dunkle Öffnung des Donjons huschten orthodoxe Juden verstohlen auf die Straße hinaus. Bärtig und schlaksig, in ihre Kaftane gehüllt, mit den großen, pelzgesäumten Filzhüten auf dem Kopf, die Schläfenlocken zu beiden Seiten des Gesichts im Gleichtakt mit den nervösen Bewegungen ihrer Körper schwingend, bewegten sie sich wie Schatten zwischen den Vierteln der Altstadt hin und her und wurden von den Gassen, die zum Grab Davids führten, rasch verschluckt. Ich bewunderte ihren Mut, nachts ganz allein an Orten herumzulaufen, vor denen man uns gewarnt hatte, weil britische Soldaten hier befürchten mußten, ein Messer zwischen die Rippen zu bekommen. Ich wußte nichts über diese Juden, obwohl ich mir natürlich bewußt war, daß wir dem gleichen Volk angehörten. Sie lebten in ihrer abgeschlossenen, von Arabern umgebenen Welt und hielten sich von den modernen Juden fern, die sie wegen ihres ketzerischen hebräischen Nationalismus für unreiner hielten als die Muslime oder die Christen. Nur in der Nähe der Klagemauer, an der damals nur ein schmaler, kopfsteingepflasterter Korridor entlanglief, konnte ich das Band spüren, das zwischen mir und diesen so ganz andersartigen Menschen bestand. Hier fühlten alle Juden, die sich im Gebet vor- und zurückneigten — Orthodoxe und Liberale, Einheimische und Besucher, Junge und Alte aus Ost und West —, das Gewicht der Vergangenheit, die sie, oft gegen ihren Willen, vereinte.

Dieses Einigkeitsgefühl wurde in mir noch durch die starke Abneigung gegen die beiden britischen Polizisten verstärkt, die vor dem Gang standen und uns beobachteten. Sie hatten dafür zu sorgen, daß niemand ein Schofar — das rituelle jüdische Widderhorn — blies, um den Herrn an die Verheißungen zu erinnern, die Er Seinem Volk gemacht hatte. Wie die Araber glaubte die Mandatsregierung nicht daran, daß ein jüdischer Messias, schon gar nicht die zionistischen Juden, am Ende einen jüdischen Staat errichten würden. Aber das Blasen des Schofar galt als politische Provokation, die den prekären religiösen Status quo gefährdete. Auf mich wirkten diese beiden unbewaffneten Polizisten, die den vor der Mauer versammelten Juden gänzlich unbeeindruckt zusahen, so, als hegten sie eine tiefe Verachtung für unseren rebellischen Aberglauben. In ihren makellosen Kolonialuniformen standen sie da wie Modepuppen, höchstwahrscheinlich zu Tode gelangweilt und in ihrer nordischen, barbarischen Ahnungslosigkeit völlig blind für die Passionen, die die Geschichte an diesem Ort der Leiden und der Gebete konzentriert hatte. Mich erinnerten sie sowohl an den unerfreulichen Unterschied im politischen Status, der uns trotz der gemeinsamen Uniform trennte, als auch an die ulkigen Marionetten, die ich als Kind im Turiner Theater gesehen hatte, mit diesen über unsichtbare Fäden in Gang gesetzten eckigen, hölzernen Bewegungen. Wer war der Puppenspieler, der hier, rund um die Klagemauer, all diese Menschen mit ihren eigenen Anliegen und ihrem eigenen Gott mobilisierte? Ich fand keine zufriedenstellende Antwort auf diese Frage. Und vielleicht würde das Ausbleiben dieser Antwort auf eine ganz fundamentale Frage eines Tages dazu führen, daß wir uns allesamt, Männer und Frauen, auf der Suche nach neuen Wurzeln den Fanatikern anschlössen. Eines Tages würden wir uns, ohne den eigentlichen Grund zu kennen, aber angetrieben von einem tiefinneren Handlungsdrang, erheben, alle religiösen Gebote brechen und alle politischen Zauberformeln entmystifizieren. Wir würden die Engländer töten — die uns auf so bewundernswerte Weise vor den Arabern beschützten —, weil sie uns an der Klagemauer ihre Verachtung spüren ließen; und dann würden wir unserem perversen Wunsch erliegen, allen Juden die Bärte abzuschneiden, unseren unmöglichen Brüdern ihre stinkenden Kaftane abzustreifen, die so schwer auf unserem zionistischen Bewußtsein lasteten, und noch einmal ganz von vorne anfangen.

Und dennoch war die Klagemauer der einzige Ort, an dem ich das Gefühl hatte, daß unsere weltliche nationale Bewegung, selbst in ihren extremsten sozialistischen Ausprägungen, eine historische Bedeutung hatte; der einzige Ort, an dem man von einem Wunder träumen konnte — ohne zu ahnen, wie nahe wir ihm waren.

In jenem heißen Sommer marschierte Rommel auf Ägypten und Palästina zu, und man sprach von einem unvermeidlichen Rückzug der britischen Truppen ins Libanongebirge. Diese düsteren Aussichten konnten jedoch das Gefühl von ewigem Frieden, das unser Kloster bei Einbruch der Dunkelheit umgab und alle Spuren der Ereignisse, die die Welt beunruhigten, wegwischte, nicht trüben. In der unendlichen Stille, die nur vom Heulen der Schakale unterbrochen wurde, konnte ich meiner Phantasie freien Lauf lassen, wie es in diesen Mauern wahrscheinlich schon Propheten und Diebe, Schriftgelehrte und Sklaven, Pharisäer und Kreuzritter, römische Legionäre und Kaufleute vor mir getan hatten, ohne mich dabei als Teil der Geschichte zu fühlen, die Jerusalem zum Nabel der Welt gemacht hatte. Mir ging es nur darum, das seltsame Abenteuer, das die Judenverfolgung in Italien und der Krieg im Nahen Osten mir eröffnet hatte, in vollen Zügen auszukosten. Ich wollte jede Gelegenheit, die das Schicksal mir bot, beim Schopfe fassen und verzweifelte schier, weil es niemanden gab, dem ich hätte erklären können, warum ich ein solches Bedürfnis verspürte, nachts auf das Dach des Klosters zu steigen, um leise nach meiner Mutter zu rufen; um ohne Scham darüber zu weinen, daß mein Vater meinen Hund, ohne mich zu fragen, meinem Onkel überlassen hatte; um der Stute nachzutrauern, auf der ich in Italien geritten war, und den Zinnsoldaten, die ich zusammen mit dem Dolch der Faschistischen Jugend unter der Zeder im Garten meiner Mutter begraben hatte — und die jetzt wahrscheinlich alle, genau wie die Toten in dem zu meinen Füßen liegenden Tal von Jehoschafat, darauf warteten, daß ich die Trompete zu ihrer Auferstehung blies.

Ich überließ mich solchen kindlichen Träumereien, während unter dem Dach, auf dem ich stand, eine ganze Legion der merkwürdigsten Gestalten — unwirklicher als die, die in meiner Vorstellungswelt lebten — damit beschäftigt war, Meldungen von Feindsendern abzuhören. Durch Kopfhörer von ihren Nachbarn abgeschirmt, bestand ihre Aufgabe darin, Material zusammenzutragen, mit dem die Abteilung für psychologische Kriegsführung der Armee dann die diversen Untergrundsender beschickte, zum Beispiel auch den italienischen, für den ich arbeitete.

Auf den paar hundert Quadratmetern unter meinen Füßen waren Bulgaren und Weißrussen, Franzosen und Deutsche versammelt; da waren Kroaten, die die Serben haßten, und Mazedonier, die die Griechen haßten, Muslime, die den Juden feindlich gesinnt waren, und Armenier, die davon träumten, sich an den Türken zu rächen. Sie alle waren in Zweistundenschichten an leistungsstarke Empfänger gekoppelt. Mit einer Hand am Radioknopf, mit der anderen hastige Notizen auf Papier mit dem Kopf »On His Majesty's Service« kritzelnd, kämpften diese Männer und Frauen gegen einen fernen Feind und trugen gleichzeitig eine fortwährende Verteidigungsschlacht um ihr eigenes Sprachgebiet aus, als wäre dieses ein Teil des Landes, dem sie dienten oder das sie — je nachdem, welche politische Überzeugung sie vertraten — verrieten. Es war ein Sammelsurium entwurzelter Menschen, nur von einem Krieg zusammengehalten, der jedem von ihnen die Illusion gab, das Schicksal entfernter Heimatvölker, die womöglich nicht einmal von ihrer Existenz wußten und sich nicht für ihre Sendungen interessierten, beeinflussen zu können. Mit den meisten von ihnen hatte ich keinerlei Kontakt. Sie waren alle älter als ich und gehörten zu einer Kategorie von Leuten, denen ich mich überlegen fühlte, weil sie »feindliche Ausländer« waren. Sie wiederum schienen mich zu ignorieren, und ich merkte nicht, daß ich ihnen ein Rätsel war: der einzige als Zivilsprecher beschäftigte nicht-britische Soldat, der mit neunzehn Jahren schon politische Fragen abhandelte, die ansonsten ausschließlich höheren Offizieren vorbehalten waren.

Mit meinen militärischen Vorgesetzten hatte ich keine besonderen Probleme. Manche waren nach dem Vorstoß der Deutschen in die Libysche Wüste von Kairo nach Jerusalem gekommen. Von der ursprünglichen italienischen Gruppe, die Sereni zusammengestellt hatte, bevor er die Abteilung für psychologische Kriegsführung verlassen hatte, war nur ein einziger übriggeblieben — ein Offizier der Alpini, der italienischen Gebirgsjäger, der in Griechenland in britische Gefangenschaft geraten war und dann die Seite gewechselt hatte. Er nannte sich De Robillant, trank viel, behauptete, langsam an Tb zugrunde zu gehen, und träumte davon, Schriftsteller zu werden — was ihm später tatsächlich auch gelingen sollte. Weder mit ihm noch mit den anderen Exil-Italienern — Juden und Nichtjuden —, die in Jerusalem eine der Bewegung Giustizia e Libertà angeschlossene antifaschistische Gruppierung gegründet hatten, unterhielt ich engere Beziehungen. Dagegen freundete ich mich mit dem Direktor der italienischen Rundfunkabteilung, Renato Mieli, und seiner Frau Isa an, die als Sekretärin unseres Büros arbeitete.

Sie waren von ihrer Persönlichkeit her so ganz anders als die anderen italienischen Flüchtlinge oder zionistischen Einwanderer in Palästina. Unter all den hitzigen Charakteren wirkte Mieli wie der Inbegriff von Vernunft, Bescheidenheit und Höflichkeit. Er sprach mit leiser Stimme, nahm die Arroganz der Militärbehörden mit stoischer Gelassenheit hin und genoß es, unseren britischen Kontrolloffizier durch den Kakao zu ziehen, ohne daß dieser es je merkte. Dieser Kontrolloffizier war bei der Royal Air Force, hatte aber niemals das Cockpit eines Flugzeugs von innen gesehen oder war auch nur in die Nähe einer Frontlinie gekommen. Er stammte aus einer ungarischen Familie, die nach England emigriert war, und betonte bei jeder sich ihm bietenden Gelegenheit das Adelsprädikat vor seinem Namen. Er legte auch besonderen Wert auf das Y am Ende seines Familiennamens (das wir in unseren internen Meldungen manchmal durch ein einfaches I ersetzten), als ob dieser Buchstabe die phonetische Wasserscheide zwischen seiner balkanischen Herkunft und seinem neuerworbenen Status in England bildete.

Renato Mieli mußte täglich einen politischen Kommentar schreiben, der im Anschluß an die Nachrichten nach Italien ausgestrahlt wurde. Er versuchte dabei, möglichst alle Schlagwörter zu vermeiden, mit denen unser britischer Kontrolloffizier unsere Sendungen gerne ausschmükken wollte. Das war keine leichte Aufgabe. »Wir sind ein Untergrundsender«, sagte Mieli immer. »Rein theoretisch

operieren wir irgendwo an der Küste von Italien. Damit
wir glaubhaft wirken, müssen wir den Eindruck erwecken,
daß wir ständig mit der örtlichen Bevölkerung im Kontakt
stehen; wir müssen wissen, was in ihnen vorgeht, ihre
Probleme kennen, unsere italienischen Hörer, die die Geduld und den Mut haben, unseren Sender einzuschalten,
fesseln. Deshalb müssen wir sie mit plausiblen Nachrichten versorgen und dürfen nur von Zeit zu Zeit nicht nach-
prüfbare Propagandaelemente einstreuen oder führende
Vertreter des faschistischen Regimes an den Pranger stellen. Verleumdungen sind nur in wohldosierter Form
sinnvoll und tendenziöse Interpretationen von Fakten nur
dann glaubhaft, wenn sie auf nachweisbaren Vorkomm-
nissen beruhen.« Es sei kontraproduktiv, die Erfolge
Rommels zu verschweigen oder die Bedeutung der militärischen Rückschläge für Großbritannien, wie etwa den
Fall von Tobruk, herunterzuspielen. Im Gegenteil, sie
sollten bei jeder Gelegenheit erwähnt werden, um anhand
dieser Beispiele zu verdeutlichen, welche Folgen ein Krieg
hatte, bei dem Italien — ob es nun von den Alliierten
geschlagen oder als Satellit Deutschlands enden würde —
in jedem Falle der Verlierer sein würde. Mieli hielt nach
jeder nur erdenklichen Information über das Alltagsleben
in Italien Ausschau, nach Nachrichten, die er von faschistischen oder schweizerischen Sendern oder von Radio
Vatikan auffangen konnte, um seine politischen Kommentare darauf zu stützen und sich nicht in Spekulationen
über wichtige Ereignisse ergehen zu müssen.

Das Abhören anderer Sender gehörte zwar nicht zu
meinem Aufgabenbereich, aber es machte mir Spaß, stundenlang italienischsprachigen Programmen zu lauschen,
gleichgültig, woher sie kamen. Ich war fasziniert von den
Stimmen, die mich aus Italien erreichten, und ganz besonders von den kleinen *pep talks* des berühmten »Colonel
Steven«, die die BBC London in Italienisch ausstrahlte.
»Colonel Steven« war ein britischer Diplomat, der nach
langjährigem Dienst in Italien mit der italienischen Men-

talität bestens vertraut war. Aus der Distanz der inzwischen vergangenen Jahre kann ich heute feststellen, daß ich, da ich ja keine vernünftige schulische Ausbildung genossen hatte, durch ihn und ganz allgemein durch meine Arbeit im Kloster von Sankt Peter in Gallicantu das Journalistenhandwerk erlernt habe. Fausto Nitti, dem Neffen des früheren italienischen Premierministers, habe ich es jedoch zu verdanken, daß ich mich erstmals mit ernsthafter Lektüre befaßte — Croces *Storia d'Europa* und *Estetica* —, die mein Denken wesentlich beeinflußt hat.

Was diesen eleganten und kultivierten Gentleman nach Jerusalem verschlagen hatte, wo er mit mir für einen fingierten, von den Engländern betriebenen Untergrundsender die Tagesnachrichten verlas, weiß ich nicht. Ich bewunderte ihn für die Perfektion seiner Kleidung, für die spielerische Leichtigkeit, mit der er seinen Spazierstock handhabte, für die Würde, mit der er, der doch aus einer so außergewöhnlichen Familie stammte, seinen jetzt äußerst unsicheren Status hinnahm. Nitti haßte es, von sich selbst zu reden, und zog es vor, schweigend den Erzählungen anderer zu lauschen. Wenn wir ein Programm zu zweit zu präsentieren hatten, wenn also er die Nachrichten und ich die Ansage verlas, oder umgekehrt, war es ihm ein besonderes Anliegen, den Gong ertönen zu lassen, der unsere Sendungen einleitete und beschloß. Dieses gedämpfte Grollen des angeschlagenen Metalls, das über das Mikrofon in den Äther entsandt werden würde, bis es das Tausende von Kilometern entfernte Ohr irgendeines italienischen Zuhörers erreichte, schien für ihn von größerem Wert zu sein als jeder politische Kommentar. Ich beobachtete ihn, wie er dort neben mir im Studio stand, den Blick unverwandt auf den Techniker hinter der schalldichten Scheibe geheftet, der uns das Startsignal für die Sendung geben mußte. In der linken Hand hielt Nitti den Gong, der an einer durch zwei Löcher in seinem Rand gezogenen Kordel baumelte. Leicht vornübergebeugt, erhob er mit der rechten Hand den Schlegel und wartete wie ein Jagdhund, der seine Beute anzeigt. Wenn der Techniker das Zeichen gab, den Finger ausgestreckt, als zielte er mit einer Pistole, schlug Nitti zweimal — einmal stärker, einmal schwächer — auf den Gong. Dann reckte er sich vor, als wollte er mit seinem ganzen Körper dem soeben produzierten Ton folgen, als könnte ein winziger Teil seiner selbst durch die Lüfte fliegen und einen sicheren, niemandem von uns bekannten Ort erreichen, wo vielleicht irgend jemand auf ihn wartete. Vielleicht war es eine Frau, vielleicht ein Gleichgesinnter, vielleicht ein treuer Hund, so wie meiner, der jetzt einsam in seiner Hütte saß — genau wie ich, wie Nitti, wie all jene, die der Krieg entwurzelt, von ihren Angehörigen getrennt, in alle Winde zerstreut hatte. Vielleicht war es nur das Echo unserer Gedanken, das in ein entferntes, unwirkliches Italien geworfen wurde, ein Italien, dem wir zu helfen vorgaben und das wir angeblich für seine politische Zukunft rüsteten, in der es, seiner Bedeutung beraubt, in einer provinziellen Ecke des kosmopolitischen britischen Empire zu seinen Ursprüngen würde zurückfinden müssen.

Isa, Mielis Frau, war das genaue Gegenteil von Nitti. Klein, blond, gesprächig und übersprudelnd vor kommunistischer Begeisterung, hatte sie sich im Kollegenkreis vollkommen unter Kontrolle, schlug aber beim Verfassen ihrer Bulletins, die sie auf schmale Streifen Papier tippte, total über die Stränge. Sie war wirklich eine seltsame »Genossin«: Zu intelligent und zu sehr von der levantinischen Atmosphäre Ägyptens geprägt, um in Alltagsgespräche Zitate von Marx und Lenin einzuflechten, ließ sie, wenn sie die Rote Armee erwähnen konnte, keine Gelegenheit aus, das Attribut »heldenhaft« hinzuzufügen. Für sie war jeder Faschist ein Plutokrat, jeder Werktätige ein Held des Volkes. Das Kosmopolitentum war dem Untergang geweiht, die UdSSR rettete Europa vor den Nazis, und wirkliche Demokratie konnte ihrer Meinung nach nur in einer sozialistischen Welt existieren. Viele dieser Schlagwörter gingen auf dem Weg von der alten Underwood, auf der Isa sie herunterhämmerte, zu den Sendemanuskripten, die uns im Studio vorgelegt wurden, verloren. Nicht der britische Zensor war es, der den Stil dieser leidenschaftlichen Alexandrinerin korrigierte, sondern ihr Mann und manchmal auch Nitti, der ihre ideologischen Superlative im gleichen Umfang ausmerzte wie die arroganten Platitüden unseres britischen Kontrolloffiziers — die ihren mit leichtem Lächeln, die des Briten mit undurchdringlichem Schweigen.

Im August 1942, als die Ernennung Montgomerys zum Oberbefehlshaber der Achten Armee allen neuen Mut eingeflößt hatte, traf in unserer Abteilung die Verstärkung ein, die der Intelligence Service von seinem Pendant in Amerika angefordert hatte. Sie bestand aus zwei Italo-Amerikanern, die — wie man mir streng vertraulich mitteilte — von dem Gangster »Lucky« Luciano geschickt worden waren, um die Landung der Alliierten auf Sizilien vorzubereiten. Sie sollten uns mit verschlüsselten Meldungen beliefern, die über den Rundfunk an sizilianische Separatisten durchgegeben werden sollten. Unser britischer Kontrolloffizier, jener RAF-Offizier mit dem Y am Ende des Familiennamens, erklärte mir, daß dies zweierlei Arten von Meldungen sein konnten. Zum einen konnten es an die sizilianische Mafia gerichtete verschlüsselte Texte sein, die so geheim waren, daß niemand ihren Inhalt kennen durfte; offensichtlich handelte es sich dabei um äußerst brisantes Material, das den Kriegsverlauf — zwar nicht im gesamten Mittelmeerraum, aber zumindest zwischen den Städten Gela und Caltanissetta — maßgeblich beeinflussen konnte. Zum anderen gab es die Meldungen, die der Captain »Hintergrundmusik« nannte. Sie mußten absolut hermetisch formuliert werden, um unseren Sendungen in bestimmten sizilianischen Kreisen, die ihnen theoretisch zuhören konnten, Glaubwürdigkeit zu verleihen. Diese regional-separatistischen Instruktionen würden die Leute seiner Meinung nach auf die bevorstehende Landung vorbereiten und die Sensibilität und das Bewußtsein der Sizilianer für die Geschichte ihrer Insel schärfen. Mein Captain war ehrlich davon überzeugt, an ideologischen Bemühungen zur Förderung des politischen Bewußtseins eines probritischen, unabhängigen Sizilien beteiligt zu sein, mochte es auch stärker denn je von der Mafia kontrolliert sein.

Da ich keine Ahnung von der Geschichte Siziliens hatte — ich war auch niemals dort gewesen —, konnte ich mir keinen Reim auf die Darlegungen des Captain machen, die er mir vorzugshalber in Abwesenheit unseres Direktors unterbreitete. Es überraschte mich jedoch, daß die beiden Mafiosi, die man uns aus Amerika geschickt hatte — der eine dick, der andere dünn, der eine eher kummervoll, der andere ulkig, wie Stan Laurel und Oliver Hardy —, in unserer Abteilung so gut wie nie in Erscheinung traten. Ich kann mich nicht erinnern, je auch nur eine einzige von ihnen verfaßte Meldung, ob nun verschlüsselt oder unverschlüsselt, verlesen zu haben. Was mir sofort auffiel, war, daß die beiden »Berater« ein merkwürdiges, stark amerikanisiertes Italienisch sprachen, das keiner in unserer Abteilung verstehen konnte. Es klang eher wie die Umgangssprache der Bulgaren und Albaner, die im obersten Stock des Klosters arbeiteten, und erinnerte an keinen mir bekannten italienischen Dialekt. Ich machte überdies die Entdeckung, daß zumindest einer dieser beiden seltsamen Typen (der andere ließ sich schon bald überhaupt nicht mehr blicken) nicht einmal schreiben konnte. Als ich ihn — es war übrigens der Dicke — zum Büro des Quartiermeisters begleitete, wo er einige Formulare unterschreiben sollte, sah ich ihn ein paar Krakel auf das Papier setzen, die genauso aussahen wie die Kreuzchen, die die Bauern meines Vaters auf ihnen zur Unterzeichnung vorgelegte Dokumente malten.

Zum Glück für uns alle wußten die beiden Vertreter »Lucky« Lucianos wenigstens den Mund zu halten. Man hatte sie im American Colony Hotel, einer der elegantesten Herbergen in Jerusalem, einquartiert, wo sie ihre Tage bei Limonade und Bier verbrachten. Während der ganzen Zeit, die ich beim Rundfunk arbeitete, hat — soweit ich mich erinnere — niemand je ihre Dienste in Anspruch genommen, was zum Teil darauf zurückzuführen war, daß, wie gesagt, niemand ihre Sprache verstand. Der britische Kontrolloffizier unserer Abteilung hatte versucht, die Verständigungsschwierigkeiten dadurch zu überwinden, daß er sich der Zeichensprache bediente, die — seiner Meinung nach — ein adäquater Ausdruck für die Begriffswelt der alten sizilianischen Kultur war. Auf mich wirkte sein Gestikulieren eher wie das Herumgehampele von Kindern vor einem Affenkäfig — aber das lag wahrscheinlich daran, daß ich in Staatsgeheimnisse dieser Art nicht eingeweiht war. Später erfuhr ich allerdings, daß die beiden Mafiosi, die doch eigentlich die Sache der Alliierten in Italien voranbringen sollten, offensichtlich eher etwas für die Sache der Haschisch-Dealer in Palästina getan hatten. Offenbar hatten sie auf den Märkten Jerusalems keinerlei Verständigungsschwierigkeiten.

Während meiner Zeit beim Rundfunk habe ich nie nach dem politischen oder religiösen Credo von Mieli und seiner Frau gefragt. Erst viele Jahre später, in Rom, als ich Mieli (inzwischen Herausgeber einer wichtigen kommunistischen Wochenzeitung) im Haus eines gemeinsamen Freundes — eines adligen Landbesitzers, der sich mit dem Gedanken trug, sein Land unter seinen Pächtern aufzuteilen — wiedertraf, erfuhr ich, daß sie beide Juden waren. Es wunderte mich nicht, denn die kommunistische Partei in Ägypten wurde in den dreißiger Jahren maßgeblich von jüdischen Intellektuellen, Söhnen einiger der reichsten Familien Kairos und Alexandrias, unterstützt. (Einen von ihnen traf ich übrigens vor nicht allzu langer Zeit während eines Aufenthalts in Ägypten. Er ist ein Überlebender der Nasser- und Sadat-Ära, den Alter, Gefängnis und politisches Scheitern zu fast so einer Jammergestalt von Politiker haben werden lassen, wie Lawrence Durrell sie in seinem *Alexandria-Qnartett* charakterisiert.) Rückblickend neige ich dazu zu glauben, daß das jüdische Element in Renato Mieli selbst während seiner aktiven Mitarbeit in der kommunistischen Partei sehr lebendig blieb. Jedenfalls war er unter all den merkwürdigen Figuren, die im Kloster Sankt Peter in Gallicantu arbeiteten, der einzige, der die allgemeinen Zweifel an der zionistischen Bewegung nicht teilte. Alle anderen prophezeiten, daß der jüdische Nationalismus mit dem Ende des Krieges erlöschen und eine massenhafte Rückkehr palästinensischer Juden nach Europa einsetzen werde. Auch glaubte Mieli nicht, daß die Briten in der Lage sein würden, die Forderungen ihres Weißbuchs aufrechtzuerhalten und die Einwilligung der Zionisten zu erzwingen, für immer und ewig eine von Großbritannien geschützte Minderheit in einem arabischen Land zu bleiben.

Trotz meiner Arbeit beim Psychological Warfare Department lag mir natürlich die Zukunft der jüdischen nationalen Heimstätte weit mehr am Herzen als die des Faschismus in Italien oder der von den Engländern aufgezwungenen Demokratie, die ich nicht einmal durch die Brille der alliierten Propaganda erkennen konnte. Meine Erfahrungen mit dem Zionismus in Palästina waren — obwohl durch meine Anglophilie reichlich verwässert — meinen politischen und sozialen Kontakten mit der kosmopolitischen Welt, in der ich arbeitete, und mit der mich umgebenden Außenwelt keineswegs förderlich. Draußen, in der »Stadt«, war ich den Juden verdächtig, weil ich Beziehungen zum Intelligence Service aufrechterhielt, und innerhalb unseres »Klosters« gab mein Status als jüdisch-palästinensischer Militärbediensteter den ausländischen Zivilisten immer wieder Anlaß zu nicht gerade freundlichen, meist antizionistisch gefärbten Kommentaren. Es war seltsam, wie sehr sich diese kosmopolitischen Flüchtlinge, von denen jeder einzelne sich entschieden für die Souveränität seines eigenen Heimatlandes einsetzte, auch wenn es dadurch — wie im Falle des Balkans — zu Kollisionen mit dem Nachbarn kam, dagegen sträubten, auch Juden ihre eigene Nationalität und das Recht auf politische Unabhängigkeit zuzugestehen. Dieser Streit über die Legitimation des Zionismus als nationaler Bewegung hat auch mit der Gründung des Staates Israel kein Ende gefunden und ist seit den siebziger Jahren, seit der Herausbildung eines gegnerischen palästinensisch-arabischen »Zionismus«, wieder stärker aufgeflammt. Wenn ich an die politischen Diskussionen jener Zeit zurückdenke, scheint mir, daß der wesentliche Unterschied zwischen damals und heute nicht in der Thematik, sondern in der Heftigkeit der Argumentation liegt. In welcher Sprache die Menschen sich auch unterhielten, es lag eine Leidenschaft und — meiner Meinung nach — ein intellektuelles Niveau darin, wie es in Israel heute nur noch bei ganz wenigen Gruppierungen anzutreffen ist.

Ich kann mich nicht genau entsinnen, wie ich meine Vormittage verbrachte — wahrscheinlich schlief ich lange und erholte mich von der Nacht im Studio. Mir kommt es aber so vor, als hätte der gesamte Jischuw von morgens bis abends nur debattiert. Ein Grund dafür war sicher, daß es keinerlei andere Unterhaltung gab. Sport war in Palästina nicht sonderlich beliebt; Fernsehen gab es nicht; in den Kinos liefen nur uralte Filme; die Lebensmittel waren rationiert; im gesellschaftlichen Leben gab es eine strikte Trennung zwischen denen, die mit den Engländern zu tun hatten, und jenen (das war die Mehrheit), die sich hinter dem ethnischen, religiösen und ideologischen Sektierertum ihrer jeweiligen Gemeinschaften verschanzten: Juden, Christen, Muslime, Griechen, Armenier, Sozialisten, Orthodoxe und so weiter. In den Cafés der neuen jüdischen Viertel von Jerusalem, wo Orangensaft, einheimisches Bier, Malzkaffee und Apfelstrudel das einzig Konsumierbare waren, oder in ihren ausnahmslos zu

Schlafzimmern umgerüsteten Eßzimmern hockten die Menschen und diskutierten, träumten, heckten Verschwörungen aus und lauschten endlosen Dichterlesungen, Grammophonmusik oder ausländischen Rundfunksendungen, ohne jemals auf die Uhr zu schauen. Sie — das gilt zumindest für die jüdischen Freunde, mit denen ich mich traf — liebten, haßten und hofften und verloren sich mit leidenschaftlichen Reden in allerlei Haarspaltereien. Ängste, Hunger und Schmerzen wurden von der allgemeinen Tendenz, auch in der verzweifeltsten Lage noch zu lachen, völlig verdeckt. Wir alle genossen die apokalyptische, messianische, wenn auch provinzielle Atmosphäre in Jerusalem mit der Unersättlichkeit verantwortungsloser Jugendlicher, die sich nie ganz austoben können.

Die Thematik unserer Diskussionen variierte von strategischen Sandkastenspielen bis hin zur Planung der unmöglichsten Ausflüge; von religiösen Pflichten bis hin zu ideologischen Ketzereien; von den Funktionsmechanismen verschiedener Waffen bis hin zu freier Liebe; von subversiven Manifesten gegen die Briten bis hin zur Aufdeckung eines tatsächlichen oder imaginären Verrats; von der Kritik an Büchern, die wir studiert hatten, bis hin zur Exegese der Schriften von Marx — die die meisten von uns nie gelesen hatten. Am anregendsten waren die Streitgespräche zwischen Kibbuzniks und Städtern, also zwischen denen, die mit Worten gegen die Präsenz der Engländer rebellierten, und denen, die sich intellektuell gegen die von der zionistischen Bewegung auferlegte Disziplin auflehnten. Nur wenige handelten dabei wirklich aus eigener Initiative. Und von diesen wenigen sind mir nicht die Worte, sondern die Gesichter in Erinnerung geblieben: sonnengebräunte Gesichter junger Leute, von Trauer gezeichnete Gesichter alter Leute; Gesichter von Frauen, in deren Augen Leidenschaft und Lust leuchteten; Gesichter von Philosophen und Priestern; Gesichter mit zu Schlitzen verengten Augen über Mündern, die mit dem Zigarettenrauch die tiefe Bedeutung ihrer soeben geäußerten Worte inhalierten; Gesichter von tatendurstigen Jugendlichen; Gesichter von Feiglingen und Gesichter von Heiligen; von tiefen Gefühlen bewegte Gesichter, von denen man sich mit animalischer Kraft angezogen fühlte; Gesichter, deren Ausdruck den Sprecher Lügen strafte, deren Augen die Leere der Angst annahmen; Gesichter von Fürsten und Gesichter von Sklaven — und alle waren sie den Herausforderungen der leidenschaftlichen Glaubensüberzeugungen dieses Landes ausgesetzt.

Zwei dieser so verschiedenartigen Gesichter gehörten den einzigen nichtitalienischen Kollegen in meinem Büro, zu denen ich eine komplexere Beziehung aufgebaut hatte. Das waren Anna, eine deutsche Jüdin, die zum Christentum konvertiert war und in einem Kloster in der Jerusalemer Altstadt lebte, und Robert, ein christlicher Araber, der bei Kriegsausbruch aus London zurückgekehrt war. Was beide verband, war ihr tiefer Haß auf die Zionisten und ihr geradezu zwanghaftes Bedürfnis, diesen Empfindungen in meiner Gegenwart Ausdruck zu verleihen.

Robert verfügte zwar nicht über besonderen Scharfsinn oder große Bildung, aber es reichte aus, daß er mich mit seinen politischen Argumenten aus der Fassung bringen konnte. Seiner Meinung nach war die Sache der Zionisten — ohne den geringsten Zweifel, wie er immer hinzufügte — zum Scheitern verurteilt und von Grund auf unmoralisch. Diese Überzeugung verkündete er mit größter Selbstgefälligkeit, wobei er in seine Sätze möglichst viele Vokabeln angelsächsischer Herkunft einflocht und Wörter lateinischen Ursprungs sorgsam vermied, da sie ihm zu mediterran und folglich vulgär erschienen. Er war zwar immer tadellos gekleidet — selbst bei sengender Hitze trug er Jackett und Krawatte —, befleißigte sich aber nicht eines Oxford English und versuchte auch nicht, wie so viele Araber und Juden es taten, die Sprechweise und das Benehmen der höheren britischen Beamten zu imitieren. Trotzdem hatte sein Benehmen etwas so Schmieriges wie sein pomadisiertes Haar und etwas so Arrogantes wie die Handbewegung, mit der er meine Antworten wegzuwischen pflegte, als wären sie lästige Fliegen. Was mich vor allem gegen ihn aufbrachte, war die mir unangemessen, ja manchmal sogar beleidigend erscheinende Hartnäckigkeit, mit der er Anna umwarb. Ich litt, wenn ich beide gemeinsam das Büro verlassen sah, wenn sie abends in den gewundenen Marktgassen verschwanden, die zu Annas — für mich unerreichbaren — Unterkunft führten. Ich stellte mir vor, wie sie durch das Labyrinth des orientalischen Marktes ihrem lauschigen, in Parfümduft gehüllten Lager zustrebten, zuerst eingehakt wie gute Kollegen, später eng umschlungen im Liebesakt in ihrem von Kerzen erleuchteten, mit orientalischen Teppichen und Damastkissen ausstaffierten Nest, sie eine hinreißende Blondine, er ein Scheich à la Rudolph Valentino, der diese durch ihre Konversion von ihrer Stammesloyalität befreite Jüdin in Besitz nahm, während sie den Körper dieses Arabers mit allen Tentakeln ihrer Komplexe umklammerte wie eine Krake.

Von Anna fühlte ich mich stark angezogen. Sie war mindestens zehn Jahre älter als ich, und mit ihrem weiblichen Charme ging für mich auch eine gewisse mütterliche Ausstrahlung einher. Innerhalb unseres Büros nutzte ich jede Gelegenheit, mit ihr zusammenzutreffen, außerhalb davon wagte ich jedoch nicht, mich ihr zu nähern. Was ich für sie empfand, war eine kindliche Schwärmerei, die mich befangen machte; einerseits schüchterte sie mich ein, andererseits war sie mir so vertraut, daß ich mich in der Kantine einfach neben sie setzte, auf sie wartete, wenn sie den Abhörraum verließ, sie zum NAAFI-Shop begleitete, wo man Bier und Schokolade aus lokaler Produktion billiger einkaufen konnte. Robert, stets elegant und selbstbewußt, schloß sich uns an und legte Anna bei jeder Gelegenheit seine antizionistischen Theorien dar, und angesichts meiner konfusen Reaktionen konnte er sich in der Gewißheit wiegen, mich in meiner politischen Überzeugung erschüttert zu haben.

Anna zog es vor, das Gespräch auf religiöse Fragen zu lenken. Sie schien fortwährend das Bedürfnis zu verspüren, mir zu erklären, warum sie ihren Glauben gewechselt hatte. Sie griff das Judentum an, niemals aber die Juden selbst, so als wollte sie den weltlichen Zionismus verteidigen, der mit der jüdischen Tradition gebrochen und das Recht der Juden auf die Befreiung vom Joch ihres Gesetzes proklamiert hatte. Für sie war das gleichbedeutend mit einem Prozeß der kollektiven Assimilierung, der die erste jüdische Gemeinschaft in der Geschichte unweigerlich zu Kandidaten für den Übertritt zum Christentum machen würde. Das war eine These, die ihren Freund Robert zur Weißglut brachte, auch wenn er seinen Ärger hinter Understatements in der Sprache Shakespeares zu verbergen suchte. Die Zionisten — so glaubte er — würden, selbst wenn sie zum Christentum oder zum Islam übertraten, trotzdem irgendwie Juden bleiben, wenn man ihnen ihre Autonomie ließ. In Palästina würden ihre politischen Überzeugungen für ihn nie etwas anderes darstellen als eine neue, feige Form des europäischen Kolonialismus. Er wurde fuchsteufelswild, wenn Anna daraufhin entgegnete, daß auch die Araber, selbst wenn sie Christen seien, im Grunde ihres Herzens Muslime blieben; daß sie zwar Männer aus der Wüste seien, jedoch unfähig, das moralische Niveau zu erreichen, zu dem sich das alte Judentum in der Wüste aufgeschwungen habe. Wenn die Juden die Botschaft Christi angenommen hätten, wären sie für die Menschen wirklich ein Leitstern gewesen. Die Christianisierung des Zionismus könnte die endgültige Erlösung einläuten.

Robert und Anna waren in allem geteilter Meinung, nur in einem waren sie sich einig: daß sie jeweils in den falschen Glauben hineingeboren worden waren. Beide verabscheuten die Religion ihrer Eltern mit der Inbrunst von Neugetauften: sie als bekehrte Christin, er als neuer Verfechter des britischen Lebensstils. Besonderes Vergnügen bereitete es ihnen dabei, sich gegenseitig — und indirekt auch mir — die abergläubischen Vorstellungen der abgelegten elterlichen Religionen aufzuzählen.

Wenn Anna ihre Sicht des Judentums zum besten gab, tat sie das auf eine distanzierte, professorale Art, als beschreibe sie ein in einem Museum ausgestelltes Fossil — eine in grauer Vorzeit ausgestorbene und längst begrabene Zivilisation ohne irgendeine Verbindung zu dem jüdischen Leben, das jetzt so heftig um sie herum pulsierte, ohne irgendeinen Bezug zu den barbarischen Taten, die von den meisten christianisierten Gesellschaften in Europa begangen worden waren. Sie wetterte gegen das Judentum, während ihre Augen einer fernen Vision zu folgen schienen und sich das Pochen in ihrer Halsgrube, die der offenstehende Kragen ihrer Bluse freigab, beschleunigte. In solchen Momenten war ich überwältigt von ihrer außergewöhnlichen Schönheit und erschrak gleichzeitig über die Kälte und die Gefühllosigkeit in ihrem Blick. In ihrer Seele war — genau wie bei mir — etwas Eisiges, das ihre Worte zutiefst unmenschlich klingen ließ.

Eines Nachmittags, als wir allein auf dem Dach des Klosters standen, um den Sonnenuntergang zu betrachten, fand ich den Mut, sie zu fragen, was der Anlaß zu ihrer Konversion gewesen war. Es interessierte mich deshalb, erzählte ich ihr, weil meine Mutter denselben Weg gegangen sei. Sie antwortete nicht. Der Himmel hatte sich bereits rot gefärbt, die Luft war glasklar, und ein paar ruhelose Vögel flatterten zwischen den Bäumen herum. Die Steine der Altstadtmauern reflektierten das Violett des ausklingenden Tages. Das Läuten einer Glocke, von unsichtbaren Händen in Bewegung gesetzt, drang von einer entfernten Kirche zu uns herüber. Ich fragte, ob ihre Konversion für sie ein Weg gewesen sei, dem Joch des Judentums, wie es in ihrer Familie praktiziert wurde, zu entfliehen oder einfach ein Weg zum Anderssein. Anna blieb stumm, die schmalen Lippen kaum geöffnet, eine Hand um die Brüstung des Daches geklammert, während Daumen und Zeigefinger der anderen an einem Knopf ihrer Bluse spielten. Allein die Tatsache, daß sie mir zuhörte, war für mich ein Beweis, daß es mir schließlich doch noch gelungen war, einen wirklichen Kontakt zu ihr herzustellen, ja vielleicht sogar das Eis in ihrer Seele zum Schmelzen zu bringen. Als sie mir schließlich antwortete, tat sie es mit immer noch in die Ferne gerichtetem Blick, aber mit einem neuen Ausdruck im Gesicht, der mich an die Heiligenbildchen auf Annettas Nachttisch erinnerte. »Ich bin Christin geworden, weil ich an die Reinheit des platonischen Denkens glaube«, sagte sie schroff und ging davon. Jahre danach fiel mir diese Antwort, die ich damals nicht verstanden hatte, beim Lesen eines Artikels von Hannah Arendt wieder ein. Damals kam es mir nur so vor, als sei ich frontal mit einer Statue zusammengeprallt, der ich, wie einem Götzenbild, meine zerbrochenen Gefühle zu Füßen gelegt hatte.

Von jenem Tag an vermied Anna es, mit mir über religiöse Fragen zu diskutieren, und richtete ihre Pfeile ausschließlich gegen Robert. Er sei ein Konvertit, sagte sie ihm immer wieder mit spöttischem Unterton in der Stimme, der nicht zu einem göttlichen Glauben, sondern zu einem weltlichen Glauben — den kulturellen Werten Europas, die man ihm eingebleut habe — übergetreten sei. Alles an ihm, von der Art, sich zu kleiden, bis hin zu den Gedanken, die er äußere, sei vom Westen importiert oder beeinflußt. Er schäme sich seiner Ursprünge, seiner alten assyrisch-christlichen Familie, und wolle nicht daran erinnert werden, daß er einer Gemeinschaft angehöre, die die Muslime im Irak Anfang der dreißiger Jahre so gut wie ausgerottet hätten. Die Überlebenden hätten die Briten nur dadurch gerettet, daß sie sie für die Hilfstruppen des Empire rekrutierten. Das sei der wirkliche Grund für seinen Haß auf alles Islamische und seine grenzenlose Bewunderung für alles Britische. Aber da er weder Engländer noch Muslim sein könne, gebe er sich der romantischen Verklärung des Arabertums hin, die er aus England mitgebracht habe. So könne er den einheimischen Nationalismus teilen, ohne seine Feindschaft gegen den Islam aufgeben zu müssen, während seine Aversion gegen den Zionismus in umgekehrtem Verhältnis zu der Anziehungskraft stehe, die die britische Kultur auf ihn ausübe.

Anna hatte recht, und Robert konnte die Wahrheit, die sie ihm sagte, kaum ertragen — vor allem nicht in meiner Gegenwart. Es war mir kaum begreiflich, wie eine einzige Person mit so vielen Komplexen behaftet sein konnte. Aber andererseits war Robert nur das arabische Gegenstück zu vielen mir bekannten Juden: fanatische Nationalisten, die gleichzeitig Feinde ihrer eigenen religiösen Traditionen waren — besessen von dem Drang, ihrem Haß gegen den britischen Kolonialismus Ausdruck zu geben, und gleichzeitig fasziniert von allem, was britisch war. Roberts Arabertum war eine exotische Verklärung und Ausdruck seiner Hoffnung, daß früher oder später eine Koexistenz von Arabern und Engländern möglich sein würde. Er konnte Anna nicht beipflichten, die immer wieder behauptete, daß christlich-arabische Nationalisten wie er die ersten sein würden, die unter dem Ende der britischen Herrschaft im Nahen Osten zu leiden hätten. Daß die Muslime dann die gesamte Macht an sich reißen und allen Minderheiten in den islamischen Ländern die Hölle heiß machen würden. Daß in Palästina die Vernunft und das gemeinsame Interesse Christen und Juden im Bemühen um die Aufrechterhaltung der britischen Präsenz hätten vereinen sollen. Daß aber statt dessen beide — aus gegensätzlichen Beweggründen — gegen Großbritannien, ihren natürlichen Verbündeten, kämpften. Robert winkte bei solchen Reden lachend ab, genauso wie viele faschistische Juden, die ich in Italien gekannt hatte, sich unangenehmen Wahrheiten gegenüber taub gestellt hatten.

Seine Beziehung zu Anna, einer konvertierten Jüdin, die ihre Vision von Reinheit und intellektueller Klarheit in einer Welt konfuser, brennender Leidenschaften zu verwirklichen suchte, war für diesen christlichen Araber auf der Suche nach seinen Wurzeln vielleicht ein Versuch, seine zersplitterte Identität zu kitten, die ihn später, 1947/48, dazu veranlaßte, sich einer der bewaffneten arabischen Banden anzuschließen, die gegen die Juden Krieg führten. Auch Anna blieb auf der arabischen Seite und weigerte sich, das Christenviertel von Alt-Jerusalem zu verlassen. Sie wurde am gleichen Tag, als die Juden sich der von britischen Offizieren befehligten Arabischen Legion König Abdullahs von Transjordanien ergaben, vergewaltigt und mit aufgeschlitztem Bauch aufgefunden.

Zehntes Kapitel

BERENIKA

Berenika war keine Schönheit — in natura noch weniger als auf dem Foto. Ihre Augen standen zu weit auseinander, ihre Haare waren zu kurz. Das weiße Baumwollhemd, das sie wie alle Kibbuzfrauen am Samstag trug, erinnerte mich an die Uniform der »Giovani Italiane«, der faschistischen Mädchenorganisation. Ihre Schultern waren leicht nach vorn gebeugt, was ihrem Körper eine Krümmung gab, die nicht so ganz zu der beherrschten Leidenschaft ihrer Bewegungen passen wollte. Aber diese leicht konkave Linie ihrer Gestalt entsprach ganz ihrem Charakter: introvertiert, doch voller Tatkraft, aufnahmefähig, doch auch bereit, auszugrenzen und sich zu verschließen. Gleich beim ersten Mal, als wir uns sahen, mußte ich bei ihr an eine Wiege denken, in der man sich schaukeln lassen, aus der man aber auch beim leisesten Anstoß einer unsichtbaren Hand herausfallen konnte — ein Bild, das mir — wenn auch durch Zeit, Leidenschaft und Traumata getrübt — nicht mehr aus dem Kopf gegangen ist, ähnlich den Scherenschnitten, die hungerleidende Künstler auf den Stufen von Montmartre aus schwarzem Papier schneiden.

Natürlich war ich verwirrt, sie auf einmal vor mir zu sehen, neben dem aufgeschlagenen Buch von Goethe darauf wartend, mir das Abendessen zuzubereiten. Und, ausgelöst von ihrem Parfüm, überwältigte mich ganz unvorbereitet ein heftiges Verlangen nach einer Frau. Sie muß das gespürt haben, denn vom ersten Augenblick an führten wir ein sehr doppelbödiges Zwiegespräch, das aus Banalitäten und tiefen, unausgesprochenen Gefühlen, aus mechanischen Gesten und verstohlenen Blicken bestand. Es war ein sentimentales Ballett zweier Wesen, die sich — wie das bei jungen Leuten so häufig der Fall ist — gleichermaßen zueinander hingezogen fühlten, jedoch unfähig waren, ihren Gefühlen Ausdruck zu verleihen.

Berenika war aus ihrem noch vor nicht allzu langer Zeit gegründeten Kibbuz in Galiläa in die Stadt gekommen, weil sie glaubte, schwanger zu sein. Mit zwanzig sei es ihr als ihre »Pflicht« erschienen, in ihrem Leib einen der Zuwendung bedürftigen »Genossen« zu empfangen, obwohl sie nicht die geringste Absicht gehabt habe, eine Familie zu gründen. Das erzählte sie mir im sachlichen Ton einer Krankenschwester, die einem Patienten den richtigen Umgang mit einem Medikament erklärt. Ihr Kibbuz sei jedenfalls zu arm, um sich den Luxus neuer Kinder, vor allem solcher von unverheirateten Paaren, leisten zu können. Ihr Fall sei taktvoll, aber ohne falsche Rücksichtnahme vom Kibbuz-Sekretariat erörtert worden und man habe beschlossen, daß eine Abtreibung das beste für sie sei. Sie habe dem zugestimmt. Was hätte sie denn auch mit einem Baby anfangen sollen — selbst wenn es gemeinschaftlich im Kibbuz aufgezogen worden wäre? Der Krieg verwandele das Land, und — was noch wichtiger sei — er würde mit Sicherheit die ganze Welt verändern. Unter solchen Umständen hätten Männer und Frauen nicht mehr Recht, frei über ihren Körper und ihr Leben zu bestimmen, als die Millionen kämpfender Soldaten oder die Myriaden von Menschen, die den Krieg wie Tiere über sich ergehen lassen mußten. Der Körper einer gesunden jungen Frau sollte nützlichereren Zwecken dienen, als Babys zu bekommen, von denen wahrscheinlich viele getötet würden, bevor sie überhaupt entwöhnt seien. Der Gedanke an eine Abtreibung kam ihr allein schon wegen der Brutalität dieses Eingriffs folgerichtig vor: Er passe zum generellen Klima der Gewalt, in dem wir früher oder später leben lernen müßten.

Der Arzt, der sie untersucht hatte, sei allerdings nicht hundertprozentig von ihrer Schwangerschaft überzeugt gewesen und habe ihr geraten, noch eine Weile zu warten. Diesem unfreiwilligen Aufschub sei ihr unverhoffter Urlaub zu verdanken — ein kurzer Abschnitt ihres Lebens, den sie auf einer Art moralischem und biologischem Abstellgleis zubringe. Aber in diesem Zustand der Ungewißheit habe sie beschlossen, die Beziehung zu ihrem Freund abzubrechen und zu ihren Eltern in die Stadt zu kommen. Sie leide nicht sonderlich unter der Trennung. Es komme ihr eher so vor, als habe sie einen Patienten während einer Behandlung sich selbst überlassen. Sie hege gegenüber diesem menschlichen Wrack, mit dem sie das Kind gezeugt habe, ein eigenartiges mütterliches Gefühl, einen Beschützerinstinkt, der stärker ausgeprägt sei als gegenüber dem Wesen, das womöglich bereits in ihrem Leib heranwachse. Beide kämen ihr schwach, nackt und gehäutet vor. Sie stelle sie sich wie formlose Massen aus Blut, Sehnen und Ganglienzellen vor, die der Gleichgültigkeit der Welt hilflos ausgeliefert und leichte Beute für Raubtiere seien und daher zärtlicher Pflege bedürften, gewickelt und gebadet werden müßten — wenn auch beide in einem ganz unterschiedlichen Verhältnis zu ihr stünden. Ihr Genosse sei zwar rein physisch weit von ihr entfernt, in ihren Gedanken aber stets gegenwärtig; das andere — sie wußte nicht, wie sie es nennen sollte — sei ständig in ihrem Leib und in ihrem tiefsten, irrationalen Bewußtsein anwesend, sei ihr aber vom Kopf her fremd und besitze einen egoistischen Lebenswillen, den sie schon nicht mehr kontrollieren könne.

Ich hörte ihren Worten verlegen und verwirrt, gleichzeitig aber auch mit großer Spannung und Erregung zu. Von Anfang an — ich weiß nicht mehr, ob es noch am selben Abend war, als sie in der Wohnung ihrer Eltern auf mich wartete, oder am nächsten Tag, als wir zum erstenmal zusammen entlang den zinnenbewehrten Mauern der Jerusalemer Altstadt spazierengingen — sprach sie mir gegenüber mit solcher Offenheit und Direktheit über die Gründe, die sie in die Stadt geführt hatten, daß ich nicht umhin konnte, meine Gefühle für sie in aseptische Gedanken zu verpacken. Wenn ich in der Stille meines Büros an Berenika dachte, verglich ich sie manchmal mit solchen militärischen Informationsbroschüren, wie ich sie in meinem Seesack bei mir trug. Darin sollten Soldaten mit den Schreckensbildern des Krieges vertraut gemacht werden. Geschildert wurden sie allerdings in dem gleichen Ton, in dem Berenika mir ihre ganz persönliche Geschichte erzählt hatte: Frontlinien, an denen Menschen umkamen, wurden in farbige Diagramme übersetzt; Schlachtfelder in mit Pfeilen gesprenkelte Landkarten; tödliche Waffen in mechanisches Spielzeug. Alles bekam einen eindimensionalen Charakter; das Dasein war allein eine Frage von Ursache und Wirkung, von Lösungsmöglichkeiten, von Darstellungsweisen. Alles war klar und einfach »wie ein gedrucktes Buch«, hätte der Koch meines Onkels — der Analphabet war — gesagt, und dabei war doch alles so undurchsichtig, rätselhaft, erschütternd.

Hinter Berenikas kühler Logik steckten in einen Schwesternkittel gezwängte Leidenschaften und Launen, die ich unmöglich mit dem Mann, von dem sie sich gerade getrennt hatte, und mit dem Wesen, das vielleicht in ihrem Leib heranwuchs, in Zusammenhang bringen konnte. Dieses Mädchen, das nur ein Jahr älter war als ich, aber so erfahren wirkte, das das gefährliche Gift der Sinnlichkeit bis auf den letzten Tropfen geleert und dem animalischen Trieb, der mich nachts so oft nicht schlafen ließ, hemmungslos nachgegeben hatte, brachte mich völlig aus der Fassung. Während Berenika neben mir an den von Süleiman dem Großen erbauten Mauern entlangging, offenbarte sie mir die Geheimnisse eines Körpers, der ebenso anziehend wie abstoßend war. Von ihren Augen und der Linie ihrer Schultern empfing ich sowohl einladende Botschaften als auch Signale eisiger Reserviertheit. Ich war hin- und hergerissen zwischen dem Verlangen, mich ihr hinzugeben und mich selbst, den Krieg und die Vergangenheit zu vergessen, und der Furcht, mich in den finsteren Schleifen ihres unberechenbaren Charakters zu verlieren. Aber trotz meiner Verwirrung spürte ich die ganze Zeit, daß sich hinter der kühlen Schamlosigkeit der Logik in dieser Frau etwas Geheimnisvolles, Unaussprechliches, Seltsames verbarg. Mir fiel jedoch nichts Besseres ein, als ihr merkwürdiges Verhalten auf ihre politische Einstellung zurückzuführen oder darauf, daß sie in irgendwelche Geheimsachen verwickelt sein könnte, die sie zu diesem schwer durchschaubaren Verhalten nötigten.

Meine Zweifel und Phantasien begannen mich derart zu beherrschen, daß ich mir einredete, sie unterhalte schmutzige Affären mit irgendwelchen arabischen Beis oder britischen Beamten, denen sie Geheimnisse entlockte. Oder daß sie einige Effendis am Ort umgarnte und dazu brachte, den Juden Land in den durch das Weißbuch gesperrten Regionen zu verkaufen. Damals war ja ohnehin jedermann damit beschäftigt, irgendwelche Komplotte zu schmieden oder zu verhindern, und jeder hatte irgendein persönliches oder die Allgemeinheit betreffendes Geheimnis zu verbergen. Nur ich lebte im grotesken »Untergrund« eines Senders, der von Jerusalem aus italienische Programme ausstrahlte und womöglich gar nicht vorhandene Zuhörer glauben machen wollte, wir wären irgendwo in Italien stationiert. Nicht gerade etwas, auf das man besonders stolz sein konnte. Traurig und beschämt erzählte ich Berenika, was ich machte, warum ich der britischen Armee beigetreten sei, wie sehr es mich angeödet habe, mitten im Niemandsland Wache schieben zu müssen und dabei von Schlachten zu träumen, an denen ich niemals beteiligt sein würde. Nun sei ich durch einen glücklichen Zufall zumindest Sprecher eines getarnten Untergrundsenders geworden. Aber ich fühlte mich in meinem neuen Land immer noch als Außenseiter, den eigenartigen kosmopolitischen Persönlichkeiten, die mein

Büro bevölkerten, entfremdet und unfähig, Roberts Argumenten gegen den Zionismus und Annas Auffassungen vom Judentum etwas entgegenzusetzen, während ich durch die schmalen Hoffnungsschlitze, die sich dank der britischen Verwaltung, des Krieges und meiner Italienischkenntnisse plötzlich vor mir aufgetan hatten, nach Ruhm und Abenteuer schielte.

Berenika hörte mir mit ihrem ironischen Lächeln und dem konzentrierten Ausdruck in ihren Augen zu. Sie ließ mich stundenlang reden, ohne mich zu unterbrechen, ohne Fragen zu stellen, und schien nur über die Persönlichkeit meiner Mutter, über unser dörfliches Zuhause oder meinen Hund Bizir Genaueres wissen zu wollen. Sie fragte mich nie, was ich eigentlich im Büro machte, und ich vermied wohlweislich, sie nach ihren politischen Aktivitäten zu fragen. Ich wußte, daß sie als Mitglied einer kollektiven Siedlung irgendeiner militärischen Geheimorganisation angehören mußte. Aber ich konnte mir nicht vorstellen, welche Aufgabe man einer Frau ihres Alters, die ungebunden, attraktiv, gebildet und fanatisch war, hätte übertragen können.

Da war noch ein anderer Aspekt ihres Verhaltens, der mich beschäftigte. Genau wie ihre Mutter war auch Berenika keine praktizierende Jüdin. Trotzdem zeigte sie, mehr noch als Frau Luise, großen Respekt für die religiösen Überzeugungen ihres Vaters. Ich fragte mich, woher sie den Mut genommen hatte, dem so prüde und streng an seinen moralischen Prinzipien festhaltenden Dr. Wilfrid zu beichten, aus welchem Grund sie in die Stadt gekommen war. Und doch hatte es den Anschein, als hätten ihre Sorgen sie ihrem Vater nähergebracht. Sie war Mitglied des Haschomer Hazair, der linkssozialistischen Pionierbewegung, die keine Gelegenheit ausließ, das Judentum der Rabbiner anzugreifen, und verwendete dennoch die größte Sorgfalt darauf, die Wohnung für den Sabbat herzurichten: Stundenlang putzte sie das Silber; sie arrangierte die Blumen; sie vergewisserte sich, daß das

Tischtuch glattgestrichen und der Tisch perfekt aufgedeckt war. Mit äußerster Konzentration zündete sie die Sabbatkerzen an, und in der Küche achtete sie — die ansonsten jede Art von verbotenen Speisen zu sich nahm — noch strikter als ihre Mutter darauf, daß die Töpfe, die zum Kochen von Fleisch benutzt wurden, fein säuberlich von denen getrennt blieben, in denen Milch erwärmt wurde. Das war ihre Art, dachte ich, ihrem Vater wortlos für sein Verständnis zu danken. Aber über ihre Dankbarkeit hinaus spürte ich noch ein tieferes Gefühl, ein intellektuelles und moralisches Beteiligtsein, das nichts mit religiöser Überzeugung zu tun hatte, sondern darauf abzielte, jede Geste zu einem Akt der Ergebenheit zu machen, zu einem familiären, töchterlichen Gebet.

Wenn ich sie beim Bettenmachen überraschte, amüsierte ich mich darüber, wie pingelig sie die Ecken des Bettuchs umschlug. Einmal durfte ich ihr helfen. Dabei ließ sie mich die Wolldecke dreimal umdrehen, damit der Herstellernachweis auch ja auf der Unterseite und in der oberen linken Ecke war. Das war sein Platz, und da gehörte er hin. Für diejenigen, die einen Sinn dafür hätten, habe alles seine Ordnung, sagte sie mir, genauso wie jedes Ding seine Sprache habe: Blumen, Steine, Möbel. Die Würde der Dinge solle niemals angetastet werden. Als ich sie fragte, ob das nicht eine Art Ritual ihrer persönlichen Religion sei, wich sie einer Antwort aus. Sie bestand darauf, daß ihre Vorliebe für das Buch der Psalmen rein literarischer Natur sei, und forderte mich auf, dem Rhythmus der hebräischen Sprache zu lauschen. Als sie mir die Psalmen vorlas, nahm ihre harmonische Stimme einen metallischen Klang an, sie betonte die alten Worte, als seien sie Steinquader. Damit ich aber ja keine falschen Schlüsse zog, fügte sie jedesmal, wenn sie die Psalmen las, an: »Goethe und Schiller haben auch so schöne Verse geschrieben wie David. Schade, daß du kein Deutsch verstehst.«

Ganz anders aber verhielt sie sich in politischen Fragen. Mit ihrem Vater lieferte sie sich heftige Wortgefechte über den Kriegsverlauf. Sie verherrlichte Rußland und bezweifelte angesichts der nachlassenden Furcht vor einem Sieg der Nazis, daß der Einsatz des britischen Militärs noch wirklich ernst zu nehmen sei. Welche Kriegsziele die Vereinigten Staaten verfolgten, konnte sie nicht einschätzen. Italien interessierte sie nicht, oder vielleicht vermied sie es auch, in meiner Gegenwart darüber zu sprechen, seit ihr die faschistische Vergangenheit von mir und meiner Familie bekannt geworden war. Aber weder ihrem Vater noch mir gegenüber gab sie jemals ein Urteil über die zionistische Bewegung und ihre ideologischen Tendenzen ab. Über ihre Erfahrungen im Kibbuz sprach sie, als würde sie unschuldigen Kindern Geschichten erzählen: von ihrer Arbeit im Hühnerstall, ihren Abenteuern in der Küche, wo eines ihrer Hauptprobleme darin bestand, die Milch frisch zu halten. Simple Tatsachen des alltäglichen Lebens, die auch jede italienische Bauersfrau irgendeinem Besucher hätte erzählen können. Niemals rührte sie an die Ideen, die psychischen und moralischen Probleme, die die Bewohner dieser egalitären Gemeinschaften — in der Regel entwurzelte Menschen bürgerlicher Herkunft, die versuchten, im Rahmen einer idealistischen, kollektiven Familie ein neues, von biologischen Einengungen befreites Leben aufzubauen — verband oder entzweite.

Wenn ich sie manchmal danach fragte, welche Politik ihre Partei den Arabern und den Engländern gegenüber verfolge und wie ihr Nachkriegsprogramm aussehe, blickte sie mich nur schweigend mit einem seltsamen Lächeln an, als ob sie sagen wollte: »Das verstehst du sowieso nicht.« Nur ein einziges Mal, als ich sagte, daß der Kibbuz, seiner vorgeblichen Egalität zum Trotz, meiner Ansicht nach nichts anderes als eine kollektive aristokratische Einrichtung sei, deren Mitglieder sich früher oder später wie »kollektive Ritter der Feudalzeit« aufführen würden, warf sie mir einen wütenden Blick zu und zischte regelrecht: »So kann nur jemand denken, der in einem faschistischen Milieu aufgewachsen ist.« Doch ihre Züge entspannten sich rasch wieder, und ihr Lächeln wurde kokett und gewinnend.

Meine Situation kam mir von Tag zu Tag lächerlicher und unerträglicher vor. Ich empfand ein tiefes Verlangen nach dieser Frau, die so anziehend und mir körperlich so nahe war, und benahm mich gleichzeitig wie ein alter Freund der Familie, der stundenlang zuhörte, wenn sie über ihre persönliche Lage sprach. Ich wollte, daß sie mein Leben, meine Gedanken, mein Leid mit mir teilte, brachte aber statt dessen die meiste Zeit unseres Zusammenseins damit zu, mit ihr über Literatur und philosophische Sachverhalte zu diskutieren, von denen ich nicht die geringste Ahnung hatte und die mich zu allem Überfluß auch überhaupt nicht interessierten.

Eines Tages erwähnte Berenika mir gegenüber die finanziellen Schwierigkeiten, in die sie geraten könnte, wenn sie die Abtreibung vornehmen lassen müsse. Ich bot ihr sofort fünfzig Pfund Sterling an, eine für damalige Verhältnisse astronomische Summe, die meine gesamten Ersparnisse darstellte. Sie nahm das Angebot ohne ein Wort des Dankes an. Ich war so tief verletzt, daß ich eine ganze Nacht damit verbrachte, mir auszumalen, wie ich mich an ihr rächen könnte. Und ich war außer mir, daß ich mein Geld in einem Anfall von Großzügigkeit verschenkt hatte, der allein meinem Bedürfnis entsprungen war, als etwas zu erscheinen, was ich nicht war — nämlich reich und großzügig. Morgens kroch ich dann mit schweren Augenlidern und einem noch konfuseren Kopf als üblich, aber mit dem festen Vorsatz aus dem Bett, ihr mitzuteilen, daß wir unsere Beziehung nicht fortsetzen könnten, jedenfalls nicht so, wie sie sich bis zu diesem Zeitpunkt entwickelt habe. Ich hatte genug davon, den Kavalier zu spielen und wie ein Schuljunge behandelt zu werden. Am Frühstückstisch, wo der Toast darauf wartete, mit der Margarine aus

meinen Militärrationen bestrichen zu werden, zerbrach
ich mir den Kopf darüber, mit welchem Satz ich sie am
meisten verletzen könnte.

Berenika betrat mit einem Becher dampfender Milch
in der Hand, den sie auf den Tisch stellte, das Zimmer,
setzte sich neben mich und nahm schweigend, mit einem
Blick voller Zärtlichkeit, meine Hand. Ich hatte plötzlich
ein ganz leeres Gefühl im Magen und wurde von einem
unkontrollierbaren Hustenanfall geschüttelt, der mich
zwang, in die Küche zu laufen und einen Schluck Wasser
zu trinken. Auch als ich zurückkam, tränten mir noch
die Augen, und ich hatte Mühe zu sprechen. Berenika saß
immer noch am Tisch und rührte den Zucker in meiner
Kaffeetasse um. Sie ließ mir keine Zeit, den Mund aufzumachen. Sie nahm eine Scheibe Toast, begann sie mit
Margarine zu bestreichen und sagte — wobei sie auf den
Toast starrte, als sei er der wichtigste Gegenstand der
Welt — fast, als wenn sie ein Selbstgespräch führte:
»Heute nacht ist etwas passiert. Ich brauche nicht mehr
zum Arzt zu gehen.«

Mir fiel nichts Intelligenteres ein, als zu sagen: »Na,
siehst du, am Ende wird doch noch alles gut«, und ich war
froh, daß mein Husten mir einen Vorwand gab, die Gefühle zu verbergen, die mir jetzt wirklich die Tränen in die
Augen trieben. Berenika mußte das bemerkt haben,
obwohl ich die ganze Zeit mit den Fingerknöcheln in den
Augen herumrieb. Dabei wurde mir übrigens erstmals
bewußt, wie tief die Augen in den Augenhöhlenknochen
liegen, und während ich meine Finger über meine Wangen-
knochen streichen ließ, konnte ich die Form meines Gesichts fühlen und das Vorhandensein meines »unpersön-
lichen« Skeletts, das sich unter der Haut verbarg. Somit
ging das erste Aufflackern der Liebe bei mir einher mit
einem ähnlich heftigen Todesgefühl und dem Geschmack
eines mit australischer Margarine bestrichenen Toasts.

Da sie nun von ihrem biologischen Problem befreit war,
beschloß Berenika, noch am gleichen Morgen in ihren

Kibbuz in Galiläa zurückzukehren; sie wollte sich Aufgaben zuwenden, die sie aus dem Hühnergehege herausbringen und die Sorgen der letzten Wochen vergessen lassen würden. Wahrscheinlich würde sie ihre Genossen darum bitten, sagte sie mir, sie als Freiwillige in die britische Armee gehen zu lassen. Aber was immer auch geschah, sie würde so bald wie möglich nach Jerusalem zurückkehren, denn es gebe eine Menge Dinge, über die wir jetzt ernsthaft miteinander reden müßten. Eine kurze Trennung würde uns beiden guttun. Sie brauche ein paar Tage, um sich auf sich selbst zu besinnen; ich solle das gleiche tun. Ich stimmte ihr zu und sagte, daß ich ungeduldig auf ihre Rückkehr warten würde. In diesem Moment betrat Dr. Wilfrid das Zimmer. Berenika erzählte ihm, daß sie Jerusalem verlassen wolle. »Weiß deine Mutter es schon?« fragte er. »Noch nicht«, sagte Berenika und lächelte sanft. »Dann gehst du jetzt besser und sagst es ihr.« Und da war er wieder, dieser Anflug von unbefangener Komplizenschaft zwischen den beiden.

Bis Berenika zurück war, muß ich schon auf dem Weg zur Arbeit gewesen sein. An einer Straßenecke stieß ich mit einer älteren Dame zusammen, die gerade ihren Hund ausführte. Beide starrten mich völlig konsterniert an, als ich mich verbeugte und euphorisch pfeifend weiterging.

Von dem Morgen, an dem sie Jerusalem verließ, bis zu ihrer Rückkehr zehn Tage später dachte ich an nichts anderes als an sie, an ihren Körper und daran, was ich ihr über uns und unsere Zukunft sagen würde. Es gab Momente, in denen ich so in meine erotischen Träume versunken war, daß ich wie ein Schlafwandler gewirkt haben muß. Einmal wurde ich abends, als ich — in meiner Uniform — zum Sender ging, von einer Patrouille der Militärpolizei verfolgt. Sie hielten mich an, weil sie mich mit mir selbst hatten reden hören und dachten, ich sei betrunken. Ich erzählte ihnen, daß ich ein Gedicht rezitierte, das ich für eine Party, die wir in der Messe feiern wollten, auswendig gelernt hätte. Sie überprüften mein Soldbuch, hatten nichts auszusetzen und ließen mich gehen — noch glücklicher als zuvor.

Auch meine Kollegen merkten, daß etwas mit mir geschehen war. Ich zeigte wenig Interesse für die Nachrichtenbulletins, die sie erstellten und die ich Tag für Tag verlas; ich diskutierte nicht über den Kriegsverlauf. Die meiste Zeit verbrachte ich damit, aus dem Fenster unseres klösterlichen Büros zu schauen, die Vögel zu beobachten und die wechselnden Farben der Berge von Edom jenseits des Toten Meeres zu bewundern.

Es waren von großen Spannungen und Hoffnungen bewegte Tage. Die Briten rückten nach Tripolis vor, die Amerikaner waren in Nordafrika gelandet. Das Ende des Krieges schien plötzlich nahe und die Niederlage der Achsenmächte unabwendbar. In unserer Abteilung wurde viel darüber geredet, welches politische System das faschistische Regime in Italien ablösen würde. Ständig kursierten neue, mir völlig unbekannte Namen. In unseren Kommentaren wurden politische Gruppierungen wie der Partito Popolare, die Kommunistische Partei und Giustizia e Libertà erwähnt — Namen, die mir so unwirklich vorkamen wie die der vor Jahrhunderten in Italien herrschenden Langobarden oder Bourbonen, die man uns in der Schule beigebracht hatte. Nur Isa Mieli, die infolge dieser politischen Ereignisse und Spekulationen aufgekratzter wirkte als irgend jemand sonst im Büro, interessierte sich für meinen Gemütszustand.

Eines Nachmittags, als wir zwischen der Abendmahlskirche und dem Ziontor spazierengingen, fragte sie mich plötzlich: »Hast du Probleme mit deiner Freundin?« Ich errötete bis hinter beide Ohren, war aber dankbar, daß ich endlich Gelegenheit hatte, über Berenika zu sprechen und jemandem mein Herz auszuschütten. Ich empfand das wachsende Bedürfnis, jemandem meine Erwartungen, meine Ängste, das leidenschaftliche Gefühl des ersten Verliebtseins anzuvertrauen und zu erklären, warum ich gleichzeitig so zornig auf Berenika war. Als ich Isa antworten wollte, wurde mir erst bewußt, wie schwer ich Berenika beschreiben konnte — nicht, weil ich so wenig über ihr Leben wußte, sondern wegen dieser seltsamen, rätselhaften Seiten ihrer Persönlichkeit und des Geheimnisses, das sie irgendwie umgab. Ich hatte den Eindruck, daß Berenika Erfahrungen gemacht hatte, die ihren Charakter gespalten und ihre Seele umwölkt hatten, und daß es ihr aus diesem Grund unmöglich war, im gleichen Rhythmus zu leben wie der Rest der Menschheit. Alles, was ich Isa sagen konnte, war, daß ich tatsächlich mit einem Mädchen liiert sei und daß dieses Mädchen mir den Kopf verdreht habe wie niemand zuvor.

Wir waren gerade durch das Ziontor hindurchgegangen und stiegen nun die hohen Stufen zur Bastion hinauf, um von dort den Sonnenuntergang zu bewundern. Wir setzten uns in eine Nische zwischen zwei mächtigen Burgzinnen, und die zerbrechliche, bereits von der Krankheit, die bald ihren Tod herbeiführen sollte, gezeichnete Gestalt Isas wurde allmählich von den Schatten der hereinbrechenden Nacht verschluckt. Sie stellte mir keine Fragen, forderte mich aber durch ihr Schweigen zum Sprechen auf. So erzählte ich ihr, wie ich Berenika kennengelernt hatte und was ich über ihren Kibbuz wußte, und ich vertraute ihr an, daß Berenika ein Problem mit ihrem »Verlobten« gehabt hatte. Ich versuchte zu erklären, warum sie so anders auf mich wirkte als andere Mädchen, vor allen anders als Anna Maria, an die ich — wie mir plötzlich bewußt wurde — seit dem Tag, da ich den Boden Palästinas betreten hatte, nicht mehr gedacht hatte.

Ich hatte Anna Maria 1937 im Tennisclub in Alassio kennengelernt, der einem Engländer — ich glaube, er hieß Bennett — gehörte, den weder die nach dem Einmarsch in Äthiopien vom Völkerbund verhängten Sanktionen noch die faschistische Propaganda gegen das *perfide Albion* dazu hatten bewegen können, Italien zu verlassen. Ich spielte eigentlich nicht besonders gern Tennis; Fechten und Reiten lagen mir mehr. Aber in der Zeit des Faschismus war Tennis sehr in Mode, und an besagtem Tennisclub reizten mich vor allem zwei Dinge — Toast mit Butter und Anna Maria, die mich in die Geheimnisse dieses Sports eingeweiht hatte: Wie man den Schläger im richtigen Winkel hielt; wie man bestimmte englische Wörter, wie etwa »play« und »ready«, aussprach, die in meinen Ohren absolut lächerlich klangen, aber ohne die das Spiel gar nicht erst anfangen konnte.

Anna Maria war ein sehr umgänglicher Mensch. Sie lachte über alles, was ich ihr erzählte, ob es nun um meine Lehrer, die Pferde, die ich während meiner Ferien in den Alpen ritt, oder Annettas mir zuliebe vorgetäuschtes Erschrecken ging, wenn ich hinter einer Tür hervorsprang und hoffte, sie würde den Teller oder das Glas, das sie gerade trug, fallen lassen. Mit Anna Maria konnte ich, während wir auf den grünen Bänken des Clubs im Schatten der Hecke saßen und uns von der Mittelmeerbrise umschmeicheln ließen, über alles reden, ohne je in Verwirrung zu geraten oder mich zu langweilen.

Ein Jahr später, 1938, nach Erlaß der Rassengesetze gegen die Juden, war ich wieder in Alassio, zu einem einwöchigen Besuch bei einer ganz in der Nähe wohnenden Tante. Ganz selbstverständlich ging ich zum Tennisclub, um nach Anna Maria Ausschau zu halten und zu spielen, was Juden hier noch möglich war, weil es sich um Privatgelände handelte.

Anna Maria war vierzehn Tage zuvor in Alassio angekommen. Sie war sichtlich erfreut, mich zu sehen, und für mich wurde ihre Gesellschaft praktisch unentbehrlich. Ich wartete morgens auf sie, wenn sie vom Schwimmen zurückkam, und nachmittags, wenn sie zum Tennisspielen ging. Daß sich etwas an meiner gesellschaftlichen Stellung verändert hatte, schien sie nicht zu kümmern. Ich sprach nicht mit ihr darüber, hielt es aber für undenkbar, daß sie nichts davon mitbekommen hatte, und die Tatsache, daß sie trotzdem weiterhin so offen mit mir verkehrte, machte mir ihre Freundschaft noch teurer. Als ich ihr zum Beispiel erzählte, daß meine Familie vom Friaul nach Piemont umgezogen sei und daß ich jetzt bei meiner Großmutter in Turin wohnen würde, um weiter in die Schule gehen zu können, strahlte sie richtig und schlug vor, daß wir dann ja auf den Plätzen des faschistischen Hauptquartiers spielen könnten, die die besten in ganz Turin seien. Ich gab keinen Kommentar dazu ab, da ich mir sagte, daß sie entweder noch nichts von den antijüdischen Gesetzen mitbekommen hatte oder ganz einfach nicht wußte, daß ich Jude war. Ich hatte viel zuviel Angst, daß ich unsere Beziehung gefährden könnte, wenn ich ihr erklärte, in welche gesellschaftliche Position mich die faschistische Gesetzgebung in Italien verbannt hatte. So verhielt ich mich bis zum Ende meiner Ferien, als ob sich nichts geändert hätte, und hoffte, daß ihre Ahnungslosigkeit bis in alle Ewigkeit anhalten würde.

Als wir uns am Tag vor meiner Abreise nach einem erbitterten Match keuchend auf einer Bank ausruhten und durstig an unseren Strohhalmen sogen, fragte ich Anna Maria plötzlich: »Glaubst du, daß Leute wie Mr. Bennett in der Lage gewesen wären, das Britische Empire gegen einen Angriff der italienischen Armee zu verteidigen?«

»Warum fragst du mich das?« antwortete sie überrascht.

»Weil ich im nächsten Jahr vielleicht nach Palästina gehe«, sagte ich mit bestechender Logik, »und Palästina ist Teil des Britischen Empire.«

»Und was hast du ausgerechnet in Palästina verloren?«

Daraufhin erzählte ich ihr, daß ich Jude sei und keine italienische Schule mehr besuchen dürfe, daß mein Vater seine Anstellung verloren habe und daß ich gezwungen sei zu emigrieren. Ich dächte daher, daß der beste Ort, an den ich gehen könne, der sei, wo niemand es mir als Verbrechen anlasten könne, daß ich als Jude geboren wurde.

Anna Maria hatte zu Hause von den Rassengesetzen reden hören, aber sie hatte sie nicht mit mir oder irgendeinem anderen Bekannten in Verbindung gebracht. Sie konnte nicht verstehen, was »diese Leute in Rom« von mir wollten. Niemand in Italien könne zwischen Juden und Nichtjuden unterscheiden. Ihr Vater habe ihr erklärt, daß es ein solches Problem in Italien niemals gegeben habe und daß Mussolini es nur habe erfinden müssen, um Hitler einen Gefallen zu tun. Jedenfalls sei nicht einzusehen, wieso diese Gesetze unsere Beziehung beeinträchtigen sollten. Wir hätten nichts mit Politik zu tun, wir seien beide Mitglieder in der Faschistischen Jugend, und es komme ihr absurd, ja völlig unmöglich vor, daß es mir nicht erlaubt sein sollte, auf einem Platz des faschistischen Hauptquartiers in Turin Tennis zu spielen. Sollte dem jedoch tatsächlich so sein, dann würden wir uns eben einen privaten Tennisplatz suchen, auf dem wir spielen konnten. Sie sagte das alles mit leichter Verärgerung in der Stimme, während sie die Beine hochgezogen und die Füße auf die Bank gestellt hatte und mit dem Strohhalm Blasen in die leere Limonadenflasche blies, die sie zwischen die Knie geklemmt hielt. Wir verabredeten, uns in Turin zu treffen. Sie wohnte seitlich vom Bahnhof, ich nur ein paar hundert Meter davon entfernt, in der Wohnung meiner Großmutter.

Nicht lange danach, ein paar Tage nach Beginn des neuen Schuljahres, beschloß ich, sie anzurufen. Ich ging auf die jüdische Oberschule, die die jüdische Gemeinde von Turin eiligst eingerichtet hatte, um die große Zahl junger Juden unterzubringen, die auf einen Schlag von den öffentlichen Schulen ausgeschlossen worden waren. Anna Maria meldete sich, schien ziemlich verwirrt und erzählte mir, daß sie sehr beschäftigt sei. Ich ließ aber nicht locker, und so willigte sie schließlich ein, mich am frühen Abend unter den Arkaden vor ihrem Haus zu treffen.

Daß ich dieses Zugeständnis erzwungen hatte, tat mir leid und beschämte mich auch ein wenig. Aber ich wollte ihr ja nur sagen, daß dies unser letztes Treffen sein müsse, denn ich war mir darüber im klaren, daß sie große Schwierigkeiten bekommen würde, wenn sie mit einem Juden verkehrte. Ich wollte, daß wir als gute Freunde auseinandergingen, und sie sollte wissen, daß ich beschlossen hatte, ins Ausland zu gehen. Ich wollte mir die Erinnerung an unsere schöne Freundschaft bewahren und das Bild von einem Italien, das — zumindest unter jungen Leuten meines Alters — keinen Unterschied machte zwischen Juden und Nichtjuden und die Ansichten von »denen in Rom« nicht teilte. Ich wollte unsere Freundschaft, die sich für mich offensichtlich langsam in eine romantische Liebe verwandelte, als Ausdruck des gemeinsamen heimlichen Aufbegehrens gegen die Ungerechtigkeit, die uns trennte, begreifen — als ein Hoffnungzeichen, das ich mitnehmen konnte, damit ich meiner Vergangenheit verbunden blieb, wo immer ich auch hinging.

Es war ein regnerischer, trübseliger Abend, der irgendwie Unheil verkündete. Aber ich setzte mich dem aus, weil ich Anna Maria unbedingt wiedersehen und mich selbst mit einem jüdischen Schicksal konfrontieren mußte, dem ich bis zu diesem Tag hatte ausweichen können.

Ich sah Anna Maria aus der Haustür kommen, einen Moment zögern, sich umsehen und dann direkt auf mich zugehen. Sie war in Begleitung eines Mannes. Ich registrierte, daß er einen schwarzen Mantel, eine Baskenmütze und hellbraune Schuhe trug, auf die die Aufschläge einer schlechtgebügelten Hose fielen. Er hielt Anna Maria fest am rechten Arm gepackt, als müßte er sie gegen ihren Willen vorwärtsschieben — ein Widerstreben, das vielleicht nur in meiner Einbildung existierte. Als sie in meine Nähe kamen, sah ich, daß er einen schmalen Schnurrbart hatte.

»Mein Vater«, sagte Anna Maria. »Freut mich, Sie kennenzulernen«, sagte ich schüchtern und streckte ihm meine Hand entgegen. Er behielt die seine unter den Arm seiner Tochter gepreßt.

Ich fühlte, wie meine Kehle trocken und mein Gesicht bleich wurde. Ich dachte an den Tag, an dem mir ein Mitschüler einen Kinnhaken verpaßt hatte und ich rücklings zu Boden gestürzt war. Ich hatte keinen Schmerz gespürt, sondern nur das Empfinden gehabt, meinen Körper zu verlassen und in eine Art dunkle Höhle voller flatternder Vögel einzutreten. Wenn ich diesmal zu Boden gestürzt wäre, wäre mir niemand zu Hilfe gekommen. Ich stand ganz allein unter den Arkaden, das Gehirn blut- und gedankenleer, unfähig zu reagieren, während irgendein anderer Teil meiner selbst mich anschrie, von hier zu verschwinden, im Erdboden zu versinken.

Anna Maria ließ ihren besorgten, traurigen Blick von ihrem Vater zu mir wandern. Ich las in ihrem Blick eher Verwirrung als Mitgefühl. Plötzlich begann ihr Vater zu sprechen. Er hatte eine etwas heisere Stimme mit starkem piemontesischem Akzent. »Sie sind Jude«, sagte er, ohne einen Anflug von Verachtung oder Gehässigkeit. »Ich und Anna Maria sind Italiener. Wie ich höre, werden Sie demnächst emigrieren. Sie tun gut daran. Es wäre weder für Sie noch für meine Tochter gut, wenn Sie sich weiterhin sehen würden. Ich wollte Ihnen das persönlich sagen, von Mann zu Mann. Verstehen Sie mich?« »Ich verstehe sehr gut«, antwortete ich. Später ärgerte ich mich schwarz darüber, daß ich keine beleidigendere Antwort gefunden hatte. Vielleicht war es das Zittern von Anna Marias Lippen, das mich davon abhielt. Vielleicht war es die Angst, die mich zusammen mit blinder Wut überfallen hatte. Ich hätte ihnen die kalte Schulter zeigen sollen; statt dessen blieb ich völlig gelähmt stehen, bis Vater und Tochter ins Haus zurückgegangen waren, und schob dann die Hände mit solcher Wucht in die Manteltaschen, daß das Futter zerriß.

Ich ertappte mich dabei, daß ich genauso mit den Taschen meines Kampfanzugs verfuhr, während ich Isa die Geschichte von Anna Maria erzählte. Isa bemerkte es und sagte: »Ein solches Mädchen ist es nicht wert, daß du ihretwegen deine Hosen zerreißt. Du wirst sehen, die Zeit heilt die Wunden. In einer alten ägyptischen Geschichte heißt es, daß Gott, als er die Welt erschuf, alles klein machte, damit es im Laufe der Zeit heranwachsen konnte: das Korn zu Weizen, das Kind zum Mann, die Knospe zur Blüte. Nur die Traurigkeit wurde gleich in voller Größe erschaffen, damit sie im Laufe der Zeit abnehmen kann und der Mensch lernt, mit ihr zu leben.«

Wir kletterten von der Mauer herunter, und ich begleitete Isa durch die schmalen Gassen des Marktes zum Damaskustor, entlang der alten Römerstraße, die quer durch die Jerusalemer Altstadt verläuft. Wir kamen an Arabern vorüber, die mit Mehlsäcken beladene Esel vor sich hertrieben; an Juden, die mit niedergeschlagenen Augen, die Körper in Schwarz gehüllt, zur Klagemauer gingen. Auf der Höhe der Via crucis überholte uns ein Franziskanerpater mit wehender brauner Kutte. Zu beiden Seiten der Straße ließen die Händler ihre Rolläden herab; in den Cafés spielten junge Araber *schesch-besch*, während die älteren, die rote Fese trugen, würdevoll und selbstvergessen an ihren Wasserpfeifen sogen. Beim Damaskustor nahm eine Polizeipatrouille — der britische Constable mit eleganter blauer Schirmmütze, der jüdische und der arabische Hilfspolizist mit ihren Kalpaks aus imitiertem Astrachan — mit desinteressierter Miene die Passanten in Augenschein. Es war eine quirlige Welt, in der jeder in seine eigenen Gedanken vertieft seinen Geschäften nachging und meinen Gefühlen gegenüber genauso gleichgültig war wie gegenüber den im Lauf der Geschichte von Millionen von Füßen blankgetretenen Pflastersteinen.

Berenika kehrte an einem Sonntag nachmittag aus ihrem Kibbuz zurück. Sie erzählte mir, daß das Gemeinschaftssekretariat ihren Wunsch, sich zur britischen Armee zu melden, akzeptiert habe. Jetzt warte sie auf den Bescheid der britischen Militärbehörde, die eine neue

Kompanie freiwilliger weiblicher Fahrer zusammenstellen wollte; dann könne sie sich beim Rekrutierungsbüro melden. Nach zweimonatigem Training in Sarafand — demselben Camp, in dem ich meine Rekrutenzeit verbracht hatte — würde sie dann einem *transport command* in Ägypten zugeteilt werden. Der Krieg, sagte sie, habe jetzt endlich eine entscheidende Wende genommen: Nach El Alamein und Stalingrad sei das Schicksal der Achsenmächte besiegelt, gleichgültig, wie kampfstark sie noch seien. Nur das Schicksal der Juden bleibe ungewiß. Niemand könne vorhersagen, wie viele von ihnen in Europa noch am Leben sein würden, wenn die Feindseligkeiten ein Ende hätten. Alle Überlebenden würden Hilfe benötigen, und die Engländer würden die letzten sein, die sie ihnen zukommen ließen. Die Jewish Agency hoffe, daß London die Gründung einer Jewish Legion genehmigen würde, die sich an den Kampfhandlungen beteiligen und am Ende die Erlaubnis erhalten würde, den Überlebenden der Gettos zu Hilfe zu eilen. Das seien fromme Illusionen, sagte Berenika. Eine große jüdische Kampfeinheit würde auf dem Schlachtfeld politische Rechte erwerben, an deren Gewährung die Engländer nicht interessiert seien. Also, fuhr sie fort, müßten die Männer sich mit Geduld wappnen und sich auf den Kampf mit den Engländern und den Arabern vorbereiten, zu dem es in Palästina garantiert kommen werde, wenn der Krieg erst einmal zu Ende sei. Die Frauen in Uniform dagegen — vor allem jene, die mit dem Transport betraut seien — würden sich in den befreiten Gebieten ungehinderter bewegen können und vielleicht in der Lage sein, den jüdischen Überlebenden konkrete Hilfe zukommen zu lassen, ohne dabei Verdacht zu erregen oder Widerstand zu wecken. Das sei der Grund, warum die jüdischen Behörden in Palästina beschlossen hätten, die Rekrutierung jüdischer Frauen zu beschleunigen. Nach allem, was ihr in der letzten Zeit widerfahren war, fühlte Berenika sich mehr dazu berufen als ihre »Genossinnen«. Auch wenn sie nicht in die Armee eintreten würde, hätte sie sich ganz sicher veranlaßt gefühlt, den Kibbuz zu verlassen, und davon rieten ihr die meisten ihrer Freunde ab. Sie sei daher nach Jerusalem zurückgekehrt, um hier auf ihre Einberufung zu warten, aber in der Wohnung ihrer Eltern wolle sie nicht bleiben. Hier sei nicht genügend Platz, sagte sie mit verschwörerischem Lächeln, für uns beide. Sie würde Ende der Woche in der Nachbarschaft eine Wohnung mieten. Bis dahin würde sie nach Tel Aviv fahren, um ihre militärische »Aussteuer« zu besorgen.

In den darauffolgenden Tagen konnte ich nur noch daran denken, wie und wann wir uns treffen würden. Selbst wenn ich die Nachrichten verlas, konnte ich meine Gedanken nicht von ihrem Gesicht, ihrem Körper lösen und nicht aufhören, mich zu fragen, wie ich ihr sagen sollte, daß ich mit ihr schlafen wollte. Ich konnte nicht einfach damit herausplatzen, das stand fest. Ich mußte ein angemessenes »Ambiente« schaffen — zum Beispiel mit ihr in einen langweiligen Film gehen, damit ich einen Vorwand hatte, mittendrin mit ihr das Kino zu verlassen. Oder ich mußte sie in ein verträumtes Restaurant zum Abendessen einladen oder zu einem Ausflug ans Tote Meer oder noch besser zu einem Ausritt — was sich zwar sehr romantisch anhörte, aber sicher nicht sonderlich bequem war. Ich malte mir alles mögliche aus, bis auf den ganz unwahrscheinlichen Fall, der schließlich eintraf.

Berenika kehrte fröhlich und sonnengebräunt aus Tel Aviv zurück. Wir aßen mit ihren Eltern zu Abend und machten anschließend einen Spaziergang entlang der alten Festungsmauern von Jerusalem.

Es war einer jener warmen Herbstabende, an denen die Sterne des Ostens so hell leuchteten, daß sie wie funkelnde Schmetterlinge aussehen, die sich heftig flatternd aus dem Himmel zu lösen versuchen. Auf dem Weg zwischen Jaffator und Ziontor begegneten wir keiner Menschenseele. Ich ging neben ihr her, war aber sehr darauf bedacht, sie nicht zu berühren; meine linke Hand umklammerte den Griff meiner Pistole, die rechte schwitzte in meiner Hosentasche. Berenika ging gedankenverloren vor sich hin und wandte mir von Zeit zu Zeit mit einem merkwürdig traurigen Lächeln ihr Gesicht zu.

Ich schlug vor, auf das Ziontor hinaufzuklettern und in das Dunkel des Jehoschafat-Tales hinabzuschauen, das von den blinkenden Lämpchen in den arabischen Häusern gesprenkelt war. Sie willigte widerspruchslos ein, und ich begriff, daß es gar nicht nötig war, nach einem Vorwand zu suchen, um ihr sagen zu können, was sie offensichtlich schon wußte: daß ich sie begehrte, daß ich vorher nicht den Mut gehabt hätte, ihr das zu sagen, weil ich fürchtete, zurückgewiesen zu werden, daß ich mir nicht sicher sei, ob ich sie wirklich liebte, weil ich noch nie jemanden geliebt hätte, daß ich ihr nichts bieten könne, aber sogar bereit sei, mich einer kollektiven Siedlung anzuschließen, nur um in ihrer Nähe zu sein.

Sie hörte meinem wirren Gerede schweigend zu, und als ich schließlich den Mut fand, meine Hand auf ihre Schulter zu legen, beugte sie ihren Kopf darüber und forderte mich damit auf, sie zu küssen. Dann fragte sie mich leise, ob ich je mit einer Frau zusammengewesen sei. Errötend gestand ich, daß es das erste Mal sei, und daraufhin erklärte sie mir in ihrer kühlen, süßen und grausamen Art zu sprechen, daß Menschen sich in den Netzen der Sexualität leichter verfangen könnten als in denen der Religion. Die einzige Möglichkeit, den sexuellen Instinkten nicht gänzlich zum Opfer zu fallen, bestünde darin, sie so gleichgültig hinzunehmen wie alle anderen körperlichen Bedürfnisse, ohne alle trivialen Phantasien. Die bürgerliche Welt, in der ich aufgewachsen sei, habe göttliche Religionen durch die Religion des Geldes ersetzt, aber viele Tabus der Vergangenheit beibehalten. Darunter nehme der Sex immer noch eine Vorrangstellung ein. Sie habe sich vor geraumer Zeit davon befreit. Es sei nichts Unrechtes an meinem Verlangen nach ihr; auch sie fühle sich sehr zu mehr hingezogen. Sie würde meinen Hunger nach einer

Frau nicht ungestillt lassen, aber ich solle bei aller Leidenschaft die Vernunft walten lassen, da wir nicht darauf hoffen könnten, daß für unsere körperliche Beziehung jemals genügend Raum und Zeit da sein würden, um eine feste Bindung daraus entstehen zu lassen. Ich brauchte also keine romantischen Spaziergänge zu organisieren oder mich sonstigen Gefühlsduseleien hinzugeben, nur um meine rein biologischen Bedürfnisse zu erfüllen. Sie habe ein Zimmer, das wir jetzt gleich aufsuchen könnten, vorausgesetzt natürlich, daß ich es wollte und keine Angst hätte, diese Erfahrung mit ihr zu machen.

Ich hatte nicht einfach nur Angst, ich zitterte am ganzen Körper, und das den ganzen Rückweg über, der mir wesentlich länger vorkam als der Hinweg. Ich weiß nicht mehr, was ich zu ihr sagte, als ich so neben ihr herlief, und ich glaube, daß ich nicht einmal den Arm um sie legte. Aber ich erinnere mich fast in allen Einzelheiten an die Wohnung, deren Schlüssel Berenika mir gab, damit ich derjenige sein würde, der die Tür aufschloß.

Es war eine Holztür mit einem Schlitz in der Mitte für den Briefeinwurf. Dahinter befand sich eine Stufe, von der man in eine kleine Diele trat. Auf der einen Seite dieser Diele war eine Garderobe aus Bronze befestigt, auf der anderen Seite eine Ablage. Von einem schmalen Flur aus ging es rechts in die Küche, links ins Badezimmer. Der Flur mündete in ein großes Zimmer mit zwei vergitterten Erkerfenstern. An den Fenstern waren keine Vorhänge. Das ganze Zimmer war vollgestopft mit Bücherschränken, und in der Mitte stand ein quadratischer Glastisch mit einem großen Obstkorb — Orangen, Datteln, Nüsse, Rosinen. Eine geräumige Kiste diente als Kleiderschrank, und unter den Fenstern stand ein Eisenbett, auf dem ein grober, geblümter Überwurf lag. Eine Matte bedeckte die alten grauen Bodenfliesen. Es war sehr still in der Wohnung.

Berenika sah mich schweigend an. Und ich, noch verlegener als zuvor, blickte schweigend zurück. »Ich gehe ins Badezimmer«, sagte sie schließlich. Als sie wieder herauskam, war sie völlig unbekleidet. »Nackt wie ein Wurm«, dachte ich reichlich ernüchtert. Aber für ästhetische Betrachtungen war das weiß Gott nicht der rechte Augenblick. Als wir auseinandergingen, sagte sie: »Siehst du, die ganze Sache ist wirklich nicht so wichtig.« Ich widersprach und betonte, daß es für mich ein erhabener Augenblick gewesen sei, aber genau wie sie wußte ich, daß das gelogen war. Was mir die ganze Zeit nicht aus dem Kopf gehen wollte, war eine Anzeige für gepolsterte BHs, die ich in einer Zeitung gelesen hatte: »Wenn sie fallen, ist es ohnehin zu spät.« Was Berenika nicht wissen konnte, war, daß ich einmal mehr das Gefühl hatte, etwas in mir abgetötet zu haben.

Die emotionale Ernüchterung, die diese so lange ersehnte und dann so enttäuschend aseptisch verlaufene Begegnung in mir auslöste, rief einen Bruch zwischen uns hervor, der im Laufe der Zeit immer tiefer wurde. Er verschärfte den Kontrast zwischen dem Beben meiner Sinne und dem eisigen Kern meiner Seele. Vielleicht ist es übertrieben, wenn ich einen Geisteszustand, der offensichtlich Teil meiner Natur ist, allein auf diesen einen Vorfall zurückführe. Aber wie dem auch sei, die Beziehung zwischen Berenika und mir wurde von jener Nacht an immer unerträglicher. Ich bemächtigte mich ihres Körpers, sie riß meine Seele in Stücke. Ich sagte ihr, daß ich sie liebte, und sie antwortete, daß Liebe — als körperliche Lust — in einer Zeit, da unser Volk und die westliche Zivilisation im Sterben lägen, eine Straftat sei. Ich sagte ihr, daß ich sie nach dem Krieg mit nach Italien nehmen und Annetta vorstellen würde, die immer meine Hand gehalten hatte, bis ich eingeschlafen war. Sie bestand darauf, daß ich Freud und Marx lesen sollte, um zu verstehen, in welchem Ausmaß menschliche Regungen ein Produkt der wirtschaftlichen Verhältnisse seien. Ich erzählte ihr von meinem Dorf in Piemont, von den Pferden meines Vaters, die im Ersten Weltkrieg gefallen waren, von den Bächen, an denen wir Cowboy und Indianer gespielt hatten. Sie bestürmte mich, diese infantilen Träume sein zu lassen und mich darauf zu besinnen, daß nur die Erfüllung kollektiver Verpflichtungen wirklich adele. Ich wandte zaghaft ein, daß der Marxismus auch nichts anderes sei als eine populistische Aristokratie, die oft den einzelnen aus dem Auge verliere. Sie vertrat die Ansicht, daß der Judenstaat, der in Palästina gegründet werden sollte, seiner Natur nach einzigartig sein müsse — von Männern und Frauen entworfen, die in einem Gelobten Land nach dem perfekten Modell einer Gesellschaft suchten, die nicht, wie im Falle anderer Nationen, aus dem Chaos heraus geboren wurde. Ich konterte, daß sie sich etwas vormache, wenn sie glaubte, daß ein entwurzeltes Volk sich kraft des Sozialismus zu einer Nation von Heiligen wandeln würde. Sobald die Engländer Palästina an die Araber abtraten, würden diese »Heiligen« sich in einen allumfassenden, mörderischen Kampf stürzen — untereinander genauso wie gegen die Araber.

Wir stritten uns sogar noch, wenn wir gemeinsam ausritten. Man konnte in den Stallungen in der Nähe des Jaffators für einen Shilling pro Stunde gute Pferde mieten und in weniger als zehn Minuten draußen in den Feldern sein, abseits von der Stadt, die damals noch nicht so ausgedehnt war wie heute. Ich ritt gern im Galopp und machte mir einen Spaß daraus, die Schafe und Ziegen, die gelegentlich meinen Pfad kreuzten, unter dem wütenden Gebell der Hunde und den wilden Flüchen der Hirten auseinanderstieben zu lassen. Berenika führte ihr Pferd dann immer am Zügel, ließ mich in der sengenden Sonne auf sie warten und machte mir dann Vorwürfe wegen meines arroganten Stils. Sie wollte sich einfach nicht davon überzeugen lassen, daß die arabischen Hirten — wenn sie zu Pferd gewesen wären und ich zu Fuß — sich genauso verhalten hätten wie ich, einfach nur, um ein bißchen anzugeben; oder daß der Galopp eines gut zugerittenen Pferdes eine ganz eigene Schönheit besitze, die vor allem ein Araber anerkannte, selbst wenn dadurch eine ganze Herde auseinandergescheucht wurde. Derlei Argumente ließen sie unbeeindruckt. Solange die sozialen Unterschiede nicht aufgehoben seien, erklärte sie mir geduldig, würden Sprechweise und Lebensstil die Ungleichheit der Menschen offenbaren. Ich sei ein typisches Produkt der Klassengesellschaft und hätte noch nicht bemerkt, daß ich in meinem Tun einem Irrglauben folgte, den allein die wirtschaftlichen Beziehungen geschaffen hätten. Wenn wir, die Juden Palästinas, uns dies in dem von uns errichteten Land nicht bewußt machten, würden wir schlimmer werden als andere Völker. Es sei schon immer das Schicksal der Juden gewesen, sich entweder zu den Sternen emporzuschwingen oder Staub zu fressen — aber niemals ein Leben im Mittelmaß zu führen.

Für mich ergaben diese Gespräche — abgesehen davon, daß sie langweilig waren und sich nicht gut mit einem Ausritt vereinbaren ließen — nicht den geringsten Sinn. Ich hörte Berenika zu, während ich mein Pferd neben ihr tänzeln ließ, und schielte voller Verlangen auf ihre offenstehende Bluse. Wenn sie meine Zerstreutheit bemerkte, schüttelte sie mit dem tadelnden Ausdruck einer Lehrerin, die es aufgegeben hat, einem dickköpfigen Jungen etwas beibringen zu wollen, den Kopf. Dann stieg ich ab, nahm ihr Pferd am Zügel, führte es unter den nächsten schattenspendenden Baum, half ihr aus dem Sattel und ließ sie auf einem Stein oder der Wurzel eines alten Olivenbaums Platz nehmen, die aus dem Boden herausragte. Ich fragte sie, ob die Kreuzfahrer, die vielleicht schon ihre Pferde an demselben Baum angebunden hatten, in ihr Wirtschaftssystem paßten; ob die Ritter aus Frankreich und Deutschland, die in den steinigen Tälern von Judäa ihr Leben ließen, nur aus wirtschaftlichem Interesse heraus gehandelt hätten; ob die Frauen, die jahrelang auf sie warteten, dies aufgrund wirtschaftlicher Überlegungen getan hätten. Ich fragte sie, wo sie die Abenteurer einordne, die nach den Quellen des Nils gesucht hätten, die Einsiedler der Wüste, die nach der Botschaft Gottes gesucht hätten, die zionistische Jugend, die russische Universitäten verlassen habe, um Sümpfe trockenzulegen. Wer zwang die orthodoxen Juden, in ihren Gettos in Jerusalem zu leben? Gehorchten sie nicht einem »ökonomischen« Determinismus, der ein ganz anderer war als der, den die Marxisten der Welt weismachen wollten? Wenn — wie sie mir immer wieder einreden wollte — die Klasse, die die wirtschaftlichen Produktionsmittel beherrschte, auch die geistigen Produktionsmittel beherrschte, warum konnten dann in Rom Sklaven und Freigelassene ihre Herrn und in Europa Priester aus dem einfachen Volk die Adligen erziehen?

Während ich verärgert Steinchen gegen die Hufe der Pferde warf, ertappte ich mich gelegentlich dabei, daß ich fast schrie, wenn ich sie zum Beispiel fragte, ob es so schwer für sie zu verstehen sei, daß ein Mensch wegen einer Frau sein Zuhause, sein Vermögen und seine Macht aufgeben könne; ob es ihr nie in den Sinn gekommen sei, daß es leichter für jemanden sein könne, für eine Frau zu kämpfen als für eine Partei. Was mich betreffe, würde es mir nicht schwerfallen, ihrem Kibbuz beizutreten, aber nur um ihretwillen, nicht wegen Marx oder Freud. Jedenfalls sei ich nicht der einzige auf der Welt, der eine Frau brauche, um seine Angst vor der Dunkelheit, seine Scham über seine Armut, seine Furcht vor dem Krieg, seine Unsicherheit angesichts der Überlegenheit anderer zu überwinden. Ein parfümiertes Taschentuch könne allemal ermutigender sein als ein Parteibuch.

Berenika hörte mir geduldig zu. Manchmal gab sie einen kurzen Kommentar dazu ab, wie etwa »Wie dumm deine Kreuzritter gewesen sein müssen« oder »Was kann ein Eremit der Welt schon nützen?« Oder sie hielt mir vor, ein Träumer zu sein und immer noch nicht mitbekommen zu haben, daß wir im zwanzigsten Jahrhundert lebten. Einmal schrie sie mich fast an, daß es höchste Zeit sei, mich auf mein Judentum zu besinnen und auf meine Aufgabe, von der Welt Gerechtigkeit und Vergeltung zu fordern, und daß ich endlich aufhören solle, mich wie ein Page am Hof eines Feudalherrn aufzuführen, der nur nach einer Gelegenheit suche, einen Mohren auf seine Lanze zu spießen. Wenn wir unsere Beziehung fortsetzen wollten, müsse ich mich an den Gedanken gewöhnen, daß sie zunächst einmal ihrem Kibbuz, ihrer Partei, ihrem Volk gehöre und erst dann sich selbst. Dieser Krieg sei nicht derselbe Krieg wie der unserer Väter. Es sei wahrhaftig der Krieg, der allen Kriegen ein Ende machen würde, weil er erst dann enden würde, wenn der Baum des Nazismus und des Faschismus — beides Ableger des Kapitalismus — entwurzelt worden sei. Das Opfer, das die Menschheit jetzt darbringe, sei sinnlos, wenn nicht aus all diesen Schrecknissen des Krieges eine vollkommen neue Gesellschaft hervorgehe.

Auch unser Staat würde anders sein als die anderen. Die wahre Stärke der zionistischen Bewegung liege darin, daß die meisten ihrer Mitglieder entwurzelte Menschen seien, die nach einem Land suchten, in dem sie neue Wurzeln schlagen könnten. In diesem Sinne sei der Kampf gegen die Engländer und die Araber nur ein Nebenaspekt der zionistischen Revolution, die mit den jahrhundertealten Traditionen des Judentums gebrochen und dadurch eine Energie freigesetzt habe, die in Jahrtausenden des Betens und der Unterwerfung gedrosselt worden sei. Unsere Verwandlung von passiven Objekten der Geschichte in aktive Faktoren der Geschichte sei etwas Einmaliges. Wir seien wahrhaftig unsere eigenen Vorfahren, da wir das Leben eines ganzen Volkes von Anfang an gestalteten und einen neuen Typ des Juden schüfen, der nicht von den kulturellen Chromosomen jahrhundertelangen Leidens besetzt sei. Der Geist des Volkes könne — ja solle sogar — durch die Kasteiung des Fleisches seiner Mitglieder gestärkt werden.

Bei solchen Aussprüchen nahm Berenikas Stimme immer einen harten, metallischen Klang an. In ihm vernahm ich den blanken Haß auf alles Materielle, einschließlich des Körpers, der ihren Geist einschloß — oder vielmehr fesselte —, und einen Vergeltungsdrang, der sich gegen ihre eigenen Sinne richtete. Sie verblüffte mich jedesmal aufs neue durch ihre unterdrückte, kaum erklärliche Wut, ja, manchmal ängstigte sie mich auch damit. Aus unserem Zwiegespräch wurden dann Monologe, die mir das Gefühl gaben, ganz allein im Frieden der Olivenbäume zu stehen, für deren Schönheit Berenika offenbar unempfänglich war, so wie sie taub zu sein schien für das Summen der Fliegen, das die Pferde unruhig aufstampfen ließ.

Darüber vergingen die Tage, und wir wußten beide, daß der Zeitpunkt unserer Trennung näherrückte. Die Zeitungen meldeten die Bildung einer neuen ATS-Kompanie, einer Transporteinheit von Frauen. Berenika meldete sich freiwillig, und ich wurde nach Kairo versetzt, diesmal nicht zu einem Untergrundsender, sondern zu einer Einheit des Geheimdienstes, die die Landung der Alliierten in Sizilien vorbereitete. Beide waren wir über diese Entwicklung betrübt und erleichtert zugleich. Unser Verhältnis war zu kompliziert, künstlich und unwirklich geworden, und unsere körperlichen Beziehungen waren widerspruchsvoll und quälend. Ich schlug vor, zum Abschied einen letzten Ausritt zu unternehmen.

Morgens um halb acht standen die beiden Pferde, die ich am Tag zuvor bei Abu Selim in den Stallungen am Jaffator bestellt hatte, gefüttert und gesattelt für uns bereit. Es waren zwei schwarzgefleckte Schimmelstuten, die nicht ruhig gehen konnten und schon nach fünfminütigem leichtem Galopp schweißüberströmt waren. Es hatte nachts geregnet, und jedes Klümpchen der von der Trockenheit durstigen Erde glänzte jetzt vor Feuchtigkeit. Die unbeschlagenen Hufe der Pferde liebkosten die nassen Wege und zerdrückten hier und da das Unkraut oder die ausgedörrten Halme des wilden Hafers.

Wir trotteten hintereinander her, genossen die frische Luft, die frühe Morgensonne, die am Himmel dahinsegelnden Vögel und streuten eine Handvoll Gedanken in die Stille eines Morgens, der so jung war wie unsere Körper. Am Eingang zu einem Wadi ließ ich Berenika voranreiten, damit sie ihr lebhaftes Pferd nicht zu zügeln brauchte. Sie ließ ihre Stute galoppieren, und ich blickte voller Sehnsucht und Traurigkeit ihrem wehenden braunen Haarschopf nach.

Plötzlich sah ich, wie die Stute ausscherte und Berenika, die aus dem Sattel gerutscht war, sich am Nacken des Tieres festklammerte, das zum Glück sofort stehenblieb. Nicht weit von Berenika entfernt stand ein arabischer Hirte, der die Arme erhoben hatte und drohend seinen Stock schwenkte. In der nächsten Sekunde war ich bei ihm, erhob, ohne nachzudenken, meine Reitpeitsche und schlug heftig auf ihn ein, ich glaube, auf seinen Rücken. Dann erst sah ich, was passiert war: Berenika war drauf und dran gewesen, in eine Ziegenherde hineinzureiten, die sie wegen einer kleinen Erhebung nicht hatte sehen können, und der arabische Hirte war vorgelaufen, um sie zu warnen und ihr Pferd anzuhalten. Er hatte keine bösen Absichten gehabt, und ich hatte ihn grundlos geschlagen. Ich konnte mich nicht einmal bei ihm entschuldigen, weil er aus lauter Angst davongelaufen war.

Berenika hatte sich inzwischen wieder aufgerappelt und kochte vor Wut und Entrüstung, während ihr Pferd, das ihren Gefühlsaufruhr gar nicht bemerkte, schon wieder ganz friedlich graste.

»Es tut mir leid, daß das passiert ist«, sagte ich und half ihr wieder in den Sattel, »aber ich dachte, daß er dir etwas antun wollte.« Sie sah mich mit starrer Miene an, die Augen vor Wut zu Schlitzen verengt, und schrie zwei Worte, die noch heute in mir brennen: »Nazi! Nazi!« Dann riß sie ihr Pferd herum und ritt nach Jerusalem zurück, ohne mich eines weiteren Blickes zu würdigen.

Als wir die Pferde in die Stallungen zurückbrachten, waren wir wie zwei Fremde. Abu Selim spürte das und bestand nicht darauf, daß wir noch wie sonst eine Tasse Kaffee bei ihm tranken. Sein neugieriger Blick folgte uns, als wir in die Stadt zurückgingen.

»Eine Dusche ist doch ein wunderbares Heilmittel«, dachte ich bei mir, als ich anschließend unter der heißen Brause stand und mir mit dem Schwamm den Schweiß dieses völlig mißglückten Ausritts abwischte. Ich war entschlossen, von Berenika keine Erklärung für die — meiner Meinung nach unverdiente — Beleidigung zu verlangen. Der Vorfall, sagte ich mir, würde unsere Trennung leichter, wenn auch nicht weniger schmerzlich machen. Der Konvoi, dem ich zugeteilt worden war, würde Jerusalem am späten Nachmittag in Richtung Kairo verlassen. Ich würde um drei Uhr noch einmal in die Wohnung zurückkehren — zu einer Zeit, da Berenika ganz sicher nicht dort anzutreffen war —, um mich vom Doktor und seiner Frau zu verabschieden, meine Rechnung zu bezahlen und noch eine Tasse Tee zu trinken, die sie mir sicher anbieten würden. Ich strotzte vor Energie und mußte dabei an meinen Lehrer in Italien denken, der einmal in einer Geschichtsstunde gesagt hatte, daß die Römer die Welt erobert hätten, weil sie Wassertherapie betrieben. Kalte und heiße Wechselbäder, sagte er, hätten den Römern eine Energie gegeben, die den modernen Italienern fehle, weil sie nicht oft genug badeten. Tatsächlich roch es in unserem Klassenzimmer vor allem im Sommer immer nach ungewaschenen Jungenkörpern.

Während ich an den guten alten Mann zurückdachte und mich kräftig abrubbelte, mußte ich laut auflachen. Mir war nach Singen zumute, und ich summte den Marsch der Alpini, den ich immer angestimmt hatte, wenn ich vom See zurückkehrte, wo ich die Forellen gefangen hatte, die sich noch in meinem Fischkorb wanden.

Wie weit entfernt war nun das alles: dieser See mit seinem Pinienwald; Luza, die große alte Stute, die ich

immer reiten durfte; die Berghütte meines Vaters, in der
er am Versöhnungstag aus dem Buch Jona vorlas; die
Schlittenfahrten im tiefen Schnee; das Indianerzelt; das
alte Grammophon, das ich aufzog, während meine Schwester und ihre Freundinnen zur Zeit der Sommermanöver
mit den Armeeoffizieren tanzten. Fast unmerklich fror
die Melodie der Alpini das Lächeln auf meinen Lippen ein,
und zwei dicke Tränen kullerten mir über die Wangen.
Wie peinlich, wenn mich jemand so schamlos hätte weinen
sehen. Es war gut, daß ich noch am gleichen Tag abfahren
würde, ohne Berenika noch einmal zu sehen.

Aber sie war da, wartete vor dem Badezimmer auf
mich, gegen den Türrahmen meines Schlafzimmers gelehnt, gedankenverloren auf dem Daumennagel kauend.
Ihr Haar war immer noch zerzaust, ihre offene Bluse hatte
dunkle Ränder unter den Achseln. »Komm«, sagte sie, »so
dürfen wir nicht auseinandergehen.«

Das Zimmer war kühl, schattig und ruhig. Das Bett
war zu schmal für uns beide, aber wir schmiegten uns eng
aneinander, als wollten wir uns nie mehr trennen. Ihr
Körper war kalt, und ihre Stimme klang verändert —
rauh, nicht vor Leidenschaft, sondern vor Schmerz und
Angst. Sie sprach leise, das Gesicht halb an meiner Schulter vergraben, und sie sprach, als wäre ich nicht da.

Es sei alles an einem Sommernachmittag passiert, sagte
sie, dem letzten, den sie im Schwarzwald verbracht habe.
Das Haus war groß. Man betrat es durch eine Glastür, die
in eine Halle führte, und von dort führte eine Holztreppe
zu den Schlafzimmern im ersten Stock. Drei Männer
kamen herein; sie erinnerte sich nicht mehr an ihre Gesichter. Sie sahen aus wie Karnevalsmasken, die Wangen
schwitzig-rot, nach Bier stinkende Münder. Sie trugen
braune Hemden und Stiefel, gegen die der eine ständig
mit der Peitsche knallte. Frau Luise hatte sich ihnen
zunächst mit erstaunlichem Mut in den Weg gestellt. Ihr
Vater dagegen hatte sofort den Kopf und die Beherr-
schung verloren. Er begann zu schreien, daß er im Krieg

gekämpft habe, daß er das Eiserne Kreuz erster Klasse bekommen habe, daß sie kein Recht hätten, in sein Haus einzudringen. Sie lachten ihn nur aus, spuckten ihm ins Gesicht, warfen ihm alle möglichen Beleidigungen an den Kopf und schlugen ihn dann zu Boden. Das war zuviel für ihre Mutter; sie fing an zu schreien und nach Hilfe zu rufen. Berenika rannte die Treppe hinunter. In der Aufregung vergaß sie, daß sie nur halb angezogen war. Das brachte die Männer wahrscheinlich erst auf den Gedanken. Zwei von ihnen schleiften ihren Vater in sein Arbeitszimmer und schlossen ihn dort ein. Der dritte fiel vor ihrer Mutter über Berenika her. Jetzt hatte Frau Luise zu schreien aufgehört; sie beobachtete den ganzen Vorgang wie eine Statue, Augen und Mund weit aufgerissen. Sie rührte sich nicht einmal, als sie sah, daß sie ihre Tochter zu Boden warfen.

»Es tat sehr weh«, schluchzte Berenika, »vor allem im Rücken, als sie mich gegen die unterste Stufe der Treppe drückten. Von dem Zeitpunkt an hat mein Körper nicht mehr mir gehört. Diese Arme, dieser Bauch, diese Beine sind mir fremd. Deswegen kann ich nicht lieben, sondern nur jemandem gefällig sein. Aber ich bin zumindest keine Gefangene meines Fleisches mehr. Ich bin frei. Keiner kann mir jemals wieder ein Leid zufügen. Keiner kann meine Seele antasten. Nur Erinnerungen verletzen mich; und Peitschen, mit denen Menschen geschlagen werden. Das sind alles Nazi-Peitschen. Auch wenn sie von jemandem wie dir benutzt werden.«

Es war das erste und das letzte Mal, daß ich sie hemmungslos weinen sah.

Elftes Kapitel

BITTERES SCHICKSAL

Die Schnellboote der Royal Navy jagten mit Höchstgeschwindigkeit über das spiegelglatte Wasser der Adria. An diesem frischen Aprilmorgen war ich von einem tiefen inneren Frieden erfüllt. Die Sonnenstrahlen, der Wind und der Geruch des Meeres wurden eins mit mir und meinen neuen Zukunftsphantasien.

Das Kriegsende rückte näher. Mit diesem Einsatz würde ich meinen Militärdienst ruhmreich beenden und die Erinnerungen an die Enttäuschungen der Vergangenheit auslöschen. Wieder einmal wurden die Tore des Glücks für mich weit aufgestoßen. Mit kindlichem Stolz berührte ich die beiden funkelnagelneuen Leutnant-Sterne auf meinen Schultern. Der Dienstgrad eines Second Lieutenant war mir nur für die Dauer dieser Operation verliehen worden. Er änderte nichts an meinem Status als Warrant Officer, und da die Kapitulation der deutschen Truppen in Italien unmittelbar bevorstand, würde der zuständigen Royal Commission nicht genug Zeit bleiben, ihn auf Dauer in den langersehnten Rang umzuwandeln. Nach vier Jahren Krieg stand meine Wahl zwischen einem möglichen Besuch der Offiziersschule in England und einer raschen Demobilisierung unwiderruflich fest. Aber jetzt, auf dem Schiff, das mich nach Jugoslawien brachte, war ich genau das, als was mich meine Militärpapiere auswiesen. Schon die Art, wie der Erste Offizier mir eine doppelte Portion Rum aus dem Tongefäß angeboten hatte, ließ keinen Zweifel daran aufkommen — ebensowenig wie der Paß, den ich noch heute, inzwischen ein wenig zerfleddert, unter meinen Dokumenten aufbewahre und den mir das Hauptquartier von Titos Fünfter Armee ausgestellt hatte. Darin wird ausdrücklich festgehalten, daß ich am 9. April 1945 die Genehmigung erhielt, mich in jedem von den Partisanen beherrschten Gebiet frei zu bewegen. Er trug die Unterschrift eines politischen Kommissars, eines gewissen Major Branko Mamula. Sie stand klar und deutlich unter dem einzigen serbokroatischen Satz, den ich auswendig konnte: *Smart fascismu — Sloboda narodu* (Tod dem Faschismus — Freiheit dem Volke). Hätte der Major den wahren Zweck meiner Mission gekannt, hätte er mir diese Erlaubnis sicher nicht erteilt. Mein Befehl lautete, mich im Hauptquartier einer in Zadar stationierten Einheit der British Rangers zu melden und mit ihr weiter nach Istrien vorzurücken. Offiziell bestand unsere Aufgabe darin, den Rückzug der Truppen von General Wlassow zu stören, jenem russischen Offizier, der sein Schicksal mit dem der Deutschen verknüpft hatte. Tatsächlich aber hatten wir Order, mit der X MAS Verbindung aufzunehmen, einer Eliteeinheit der faschistischen republikanischen Armee, die unter dem Befehl des Fürsten Valerio Borghese stand. Einigen Berichten zufolge war der Fürst nämlich bereit, sich südlich von Triest zu ergeben, falls die Alliierten noch vor Titos Partisanen einträfen. Bis zum heutigen Tag weiß ich nicht, wie zuverlässig unsere Informationen waren: Wir nahmen niemals Kontakt mit der X MAS auf, weil die Partisanen, die Triest vor den Alliierten erreichen wollten, die Rangers nördlich der Stadt Pola zum Stehen gebracht hatten. Hier erfuhren wir von der Kapitulation der Deutschen in Italien und zogen uns nach Zadar zurück.

Als ich an diesem Morgen einem neuen Lebenshorizont entgegeneilte, zählte für mich die Kapitulation des Fürsten Borghese ohnehin weniger als die Tatsache, daß die mir zugeteilte Aufgabe und die damit verbundene zeitweilige Beförderung das Gefühl der Schmach abmilderten, das ich seit jenem Tag mit mir herumtrug, an dem ich mich geweigert hatte, hinter den deutschen Linien mit dem Fallschirm abzuspringen.

Wie diese Weigerung in meiner Seele brannte! Und wie leicht hätte ich den ganzen Ärger vermeiden können! Es hätte genügt, dem Sanitätsoffizier zu erklären, was ich nach meinem schrecklichen Sprung aus einem Flugzeug bei Gioia del Colle empfunden hatte. Statt dessen hatte ich geschwiegen — aus Stolz und aus Angst, zugeben zu müssen, daß ich Angst hatte. Es ging mir wie dem Pedell der jüdischen Schule in Turin, von dem ich mich vor meiner Ausreise nach Palästina verabschiedet hatte. »Ich bringe mich um«, hatte er damals zu mir gesagt, »weil ich viel zuviel Angst vor dem Sterben habe.« Ich hatte ihm ins Gesicht gelacht, und es wäre mir nicht in den Sinn gekommen, daß ich mich eines Tages in derselben Situation befinden könnte.

In den zwei Wochen im Feldlazarett in der Nähe von Bari, wo ich nach dem nächtlichen Sprung meine gebrochenen Rippen kurierte, war ich von häufigeren und heftigeren Alpträumen denn je verfolgt worden. Ich hatte mit ihnen fertig zu werden versucht, indem ich mir einredete, daß es statistisch gesehen weniger gefährlich sei, aus einem Flugzeug abzuspringen, als auf dem Landweg in einem Militärkonvoi unterwegs zu sein. Ich versuchte, meine Moral dadurch zu heben, daß ich mir selbst immer wieder die Geschichten erzählte, mit denen ich nach Beendigung meiner Mission würde prahlen können. Ich stellte mir das Gesicht meines Vaters vor, wenn er mich plötzlich in seinem Arbeitszimmer auftauchen sah — Hunderte von Kilometern hinter den feindlichen Linien. Ich malte mir aus, wie ich mich hinter einer der großen schwarzweißen Säulen in der Kirche meines Dorfes in Piemont verstecken und Annetta erschrecken würde, wenn sie früh am Morgen die Kirche betrat, um dort zu beten. Ich wollte nicht an die Gefahren denken, die am Boden auf mich lauerten, denn ich war überzeugt, daß der Krieg für mich ein schönes Abenteuer bleiben würde. Dennoch konnte ich kein Heilmittel gegen meine Alpträume finden.

Ich sah mich immer wieder am Rand der Luke im Flugzeugboden sitzen und durch die Nacht unbekannten Zielen entgegenfliegen. Ich fühlte, wie meine Beine ins Leere baumelten und ich in meinem wattierten Overall erstarrte — weniger vor Kälte als aus Angst vor dem Sprung. Ich konnte meinen Blick nicht von dem grünen Lämpchen wenden, das mir, wenn es auf Rot schaltete, signalisieren würde, daß ich mich ins Leere stürzen mußte. Und dann der Fall — ein langes, grenzenloses Hinabtauchen durch die Dunkelheit mit einem Fallschirm, der sich nicht öffnen wollte, während mir das Blut immer stärker in den Kopf stieg. Um mich herum nur Grabesstille, als würde das ganze Universum die Luft anhalten und mir bei meinem Fall zusehen. In meinen Träumen kam es nie zu dem heftigen Ruck knapp über dem Boden des Flugplatzes, der mich in der Wirklichkeit vor Schmerz und Erleichterung aufschreien ließ. Und es fragte mich auch niemand, ob bei mir alles in Ordnung sei, und niemand trug mich wie ein lebloses Bündel zu einem Jeep und fuhr mich halb bewußtlos ins Lazarett. In meinen Alpträumen gab es nur den dumpfen Aufschlag meines Körpers auf dem Boden. Ich wachte immer erst auf, wenn ich vergeblich versuchte, mich aus der schwarzen Umarmung des Schlamms herauszuwinden.

Warum vertraute ich mich nicht dem Arzt meiner Einheit an? Schließlich zwang mich ja niemand, hinter den feindlichen Linien abzuspringen; ich wollte nur unbedingt den Helden spielen. Doch die Angst, womöglich als Feigling dazustehen, war stärker gewesen als die Vernunft. Ich hatte bis zu den allerletzten Tagen vor meiner Mission geschwiegen, hatte die Ausrüstung für den Einsatz und den Gürtel mit den zweihundert Goldmünzen in Empfang genommen, den Code und das Landegebiet mit dem Geheimdienstoffizier besprochen und mit wachsender Sorge darauf gewartet, zum CO, dem befehlshabenden Offizier, gerufen zu werden, um von ihm Tag und Stunde meines Absprungs zu erfahren.

Als ich sein Büro betrat, war ich überzeugt, daß ich in jedem Fall den Auftrag würde durchführen müssen, weil mir bestimmt der Mut fehlen würde, ihm von meinen Ängsten zu erzählen. Statt dessen kam das Geständnis wie von selbst, in kurzen, stockenden Sätzen. Ich wurde mit einem lakonischen »Very well« verabschiedet, das ich noch heute wie einen Stich in die Magengrube spüre. Ich gab den Gürtel mit den Münzen, die Ausrüstung und den Code zurück und ging auf mein Zimmer unter dem Dach der Villa, in der wir stationiert waren, um meine persönlichen Sachen zu holen, bevor ich zu meiner Nachrichteneinheit zurückkehrte. Und da ereignete sich die Szene mit dem Revolver, die ich zu Beginn meiner Erinnerungen erzählt habe. Als sich der Schuß gelöst hatte, sagte ich mir, daß es nur ein — zum Glück glimpflich verlaufener — Unfall gewesen war.

Hier, auf dem Deck des Schiffes, das meiner prächtigen Zukunft entgegeneilte, begriff ich, daß das nicht stimmte, daß ich an jenem Abend in Bari in Wahrheit hatte sterben wollen. Eine unsichtbare Hand hatte die Kugel von mir abgelenkt — so wie damals, als mein Vater mir beim Reinigen der Pistole in seinem Arbeitszimmer versehentlich fast in den Kopf geschossen hatte. Offensichtlich wollte das Schicksal noch nicht, daß ich starb. In diesem Krieg, der Millionen von Männern und Frauen und Kindern verschlungen hatte, war mir vorherbestimmt, daß ich meine militärische Maskerade fortsetzen und in Offiziersmessen fässerweise Bier trinken sollte, während mein Volk starb. An jenem Abend in Bari sah ich nur noch einen Weg: verschwinden, meine Uniform wegwerfen, meinen ursprünglichen Namen, den ich beim Eintritt in die Armee abgelegt hatte, wieder annehmen und einen Schlußstrich ziehen unter zweiundzwanzig Jahre Existenz, um eine völlig neue beginnen zu können. Ich mußte mein Aussehen und meine Seele ändern, vernichten, was ich war, und ein anderer Mensch werden.

Mit diesen finsteren Gedanken und überzeugt, eine unwiderrufliche Entscheidung getroffen zu haben, verließ ich die Villa. Aber ich war noch keine fünf Minuten in Richtung Felder unterwegs, als ich Francesca in die Arme lief.

Wie verschieden waren doch Berenika und Francesca! Nicht in ihrer allgemeinen Erscheinung; es gab sogar eine gewisse Ähnlichkeit zwischen den beiden Frauen, obwohl Francesca bereits über dreißig war. Nur Berenikas Gesicht — so, wie ich es von der Treppe der Kasr-al-Nil-Kaserne in Kairo her in Erinnerung behalten hatte — war nicht mit dem ihren zu vergleichen.

Nach meiner Versetzung von Jerusalem nach Ägypten war Berenika mir als ATS-Fahrerin in einer Transportkompanie gefolgt. Wochenlang hatte ich vergebens nach ihr gefahndet, denn ich wußte nicht, daß sie inzwischen ihren Namen geändert hatte. Und als ich sie endlich wiedersah, kam es mir nicht in den Sinn, sie zu fragen, warum sie das getan hatte. Es war völlig normal, daß jüdische Freiwillige aus Palästina, die in Deutschland oder Italien geboren waren, beim Eintritt in die Armee ihren Namen änderten, um im Fall einer Gefangennahme geschützt zu sein. Ich selbst hatte das ja auch getan. Erst als ich mit einem Blumenstrauß in der Hand vor ihr stand und ihr mitteilte, daß ich fest entschlossen sei, sie zu heiraten, entnahm ich ihrer verlegenen Antwort, daß ihr neuer Name der ihres Mannes war.

Es war ein schrecklicher Schock, aber mit zwanzig ist — vor allem in Kriegszeiten — noch niemand an Liebeskummer gestorben. Trotzdem hegte ich immer noch einen gewissen Groll gegen sie und konnte den rätselhaften Ausdruck auf ihrem Gesicht nicht vergessen. Es war etwas Tragisches und Dunkles, wie ein Appell an den Tod, eine unheilbare Traurigkeit. Darin lag auch eine unerklärliche Angst, wie ich sie schon in den Augen einiger der jüdischen Soldaten gesehen hatte, die aus Palästina nach Italien gekommen waren. Wie Berenika lebten sie irgendwie in der Welt des Holocaust. Ich dagegen hatte ihr Los trotz der Tatsache, daß alle meine Verwandten in von den Deutschen besetzten Gebieten wohnten, niemals mit den Nachrichten über die systematische Vernichtung der Juden durch die Nazis in Verbindung gebracht, die uns immer häufiger erreichten. Das war wahrscheinlich darauf zurückzuführen, daß ich sie mir einfach nicht tot vorstellen konnte. Außerdem hatten mir die wenigen italienischen Juden, die ich in Bari getroffen hatte, zwar erzählt, wie gefährlich es für sie gewesen sei, die Frontlinie zu überqueren, dabei jedoch auch betont, daß die Bevölkerung ihnen überall geholfen hatte. Die Erzählungen von ihrer Flucht klangen wie Abenteuergeschichten und waren obendrein noch mit lustigen Anekdoten gewürzt. Daß mein Vater oder meine Mutter deportiert worden sein könnten, kam mir niemals in den Sinn. Und tatsächlich retteten ja beide ihr Leben.

Francesca war, im Gegensatz zu ihnen und Berenika, weder Jüdin noch Italienerin, sondern eine Jugoslawin aus Dalmatien und trug auf ihrem Gesicht keine Spuren ihrer Tragödie. Ich hatte sie mehrmals in der Straßenbahn gesehen, die an unserem Hauptquartier vorbeifuhr. Sie war mir weniger wegen ihres feingeschnittenen Gesichts aufgefallen, das von einer Fülle tizianfarbener Haare eingerahmt war, als wegen des Kontrastes, den ihre elegante Erscheinung zu der vulgären Atmosphäre bildete, die in der ganzen Stadt herrschte.

Damals roch es in Bari an allen Ecken nach Demütigung und Traurigkeit. Das Stadtzentrum war vom Krieg verschont geblieben, aber der Hafen war durch die Explosion eines mit Munition beladenen Schiffes der Alliierten völlig zerstört worden. Die verwitterten und verwahrlosten alten Palazzi sahen jetzt nicht viel anders aus als die Häuser der Armen in den alten Stadtteilen. Wenn die Sonne die Straße trocknete, verwandelte sich Schlamm in

Staub, und wenn es regnete und das Abwasser aus den zerbrochenen Rohren quoll, verwandelte sich Staub in glitschigen Morast. Ein wirrer Strang von Telefondrähten unterstrich an den längsten Mauern der Stadt die aus Mussolinis Reden entnommenen »historischen« Deklarationen, die jetzt nur noch grotesk klangen und unter der Einwirkung der Elemente langsam verblaßten.

Die italienischen Zivilisten, mit denen die alliierten Soldaten noch nicht fraternisieren durften, sahen aus wie Gespenster. Auf der Piazza vor dem Teatro Petruzelli warteten lange Schlangen von Pferdedroschken auf Kundschaft. Die ausgemergelten Pferde, deren Ohren aus den in ihre Strohhüte geschnittenen Löchern hervorschauten, schliefen im Stehen und sahen genauso erbärmlich aus wie die Kutscher.

Nur auf dem flachen Land, dort, wo die Alliierten ihre Geschütze und Lastwagen unter Tarnnetzen zwischen den Olivenbäumen versteckten, schien das uralte Volk der Apulier, das innerhalb weniger Monate den Wechsel vom faschistischen Regime zu fremder Besatzung erlebt hatte, fähig zu sein, eine gewisse Würde zu wahren. Mit diesen schweigsamen, mürrischen Leuten, deren Dialekt ich nicht verstand, hatten wir Soldaten keinen Kontakt. Die Köche, die unser Essen zubereiteten, die Frauen, die unsere Büros reinigten, die wenigen Angestellten, die genug Englisch konnten, um dafür zu sorgen, daß das Gaswerk, der Schlachthof, das Fernsprechamt und der Hafen funktionierten, waren allesamt Flüchtlinge. Sie kamen von überallher: Italiener aus dem Norden, jugoslawische Monarchisten auf der Flucht vor den kommunistischen Soldaten Titos, jugoslawische Partisanen, die Nachschub holen und ihre Kranken und Verwundeten in Bari kurieren lassen wollten, Griechen und Albaner, die über die Adria fuhren und auf ihren Schiffen Menschen, Tiere, Spione und Sprengstoff transportierten.

Jede Gruppe hatte ihre eigene innere und äußere Hierarchie, die sich durch das wechselnde Kriegsglück, durch

Haß und Elend herausgebildet hatte. Die Juden standen eine Stufe über den Italienern, die Partisanen eine Stufe über den Soldaten der sich auflösenden königlichen Armeen von Italien, Griechenland und Jugoslawien, und die britischen Offiziere fühlten sich jedem Minister der neuen, provisorischen italienischen Regierung überlegen. Und dann waren da noch die Schwarzhändler mit ihren schwankenden Karren, ihren wackligen Dreirädern, ihren wenigen alten, holzgasbetriebenen Fahrzeugen. Sie handelten mit allem — mit Frauen und mit Geld, mit Seife und mit Waffen. Man traf sie — mit oder ohne Genehmigung — mitten in Militärlagern an und in politischen Schaltstellen, wo sie wirklichen oder vermeintlichen Einfluß feilboten. Von allen verachtet, aber mit jedermann Kompromisse schließend, lenkten diese Schwarzhändler die Energien eines Volkes, das seine traditionellen Autoritätsstrukturen verloren hatte, in neue Bahnen. Und schließlich wurde alles und jeder von den Massen von Soldaten aus Übersee erdrückt, denen die Eroberung alten europäischen Bodens zu Kopf gestiegen zu sein schien.

Haß oder Gewalt brauchte die einheimische Bevölkerung von seiten der Australier, Schotten, Südafrikaner, Inder, Engländer, Juden aus Palästina, Zyprioten und Kanadier, die ziellos durch die Straßen von Bari streiften, nicht zu befürchten. Wenige von ihnen waren imstande, die Kunstwerke dieser Stadt zu schätzen; keiner hatte klare Vorstellungen vom Faschismus, zumal seit der Unterzeichnung des Waffenstillstandes mit Italien der Krieg nur noch gegen die Deutschen geführt wurde. Aber dieser Flut uniformierter Männer und Frauen, die aus den Wüsten Afrikas gekommen und gewöhnt waren, die Welt in Weiße und Farbige einzuteilen, flößten die Italiener, die ihnen die Schuhe putzten und ihnen alles verkauften, was sie besaßen, ein Gefühl von primitivem Stolz und kleinkarierter Überlegenheit ein, und sie gaben ihnen einen Vorgeschmack auf den Sieg, den die Demütigung eines besiegten Volkes nach Jahren des Krieges endlich spürbar machte.

In dieser Atmosphäre von Anmaßung und Elend fiel Francescas frische, einfache Schönheit besonders in die Augen. In ihrem kurzen, sauberen Rock, der ihre Knie sehen ließ, saß sie mir mit züchtig nebeneinandergestellten Beinen auf dem Holzsitz in der Straßenbahn gegenüber. Sie trug eine schlichte, aber elegante schwarzweiß gestreifte Bluse mit einer Samtschleife, und ihre Haltung weckte in mir Bewunderung und Respekt. Nie hätte ich gewagt, sie anzusprechen, wenn ich nicht eines Nachmittags unter ihrer dunklen Sonnenbrille zwei große Tränen bemerkt hätte, die ihr langsam die Wangen hinabrollten.

Als sie aufstand und auf den Ausgang zusteuerte, fragte ich sie ganz automatisch, ob ich ihr irgendwie behilflich sein könne. Wenn eine Frau, die ohne Begleitung unterwegs war, von einem unbekannten alliierten Soldaten so etwas gefragt wurde, konnte das zu jener Zeit leicht mißverstanden werden. Sie blickte mich auch überrascht an, ging aber ohne Zögern auf meine Frage ein — ob es daran lag, daß ich sie auf Italienisch angesprochen hatte, oder weil sie mit dem Problem, das sie quälte, einfach nicht allein fertig werden konnte, weiß ich nicht. Ihre vierjährige Tochter hatte Meningitis. Der Arzt hatte ihr gesagt, daß die Alliierten ein neues Medikament besäßen, das sie vielleicht retten könne. Es hieß Penicillin oder so ähnlich. Sie hatte den ganzen Vormittag nach jemandem gesucht, der es ihr besorgen könnte. Jetzt war sie auf dem Weg zum Arzt, um ihm zu sagen, daß sie nichts habe ausrichten können.

Ohne die Gewißheit zu haben, daß ich ihr überhaupt helfen konnte, sagte ich, daß ich ihr Problem wahrscheinlich lösen könne. Ich schämte mich für meine Aufschneiderei, freute mich aber, daß ich mit einer so attraktiven Frau ins Gespräch gekommen war. Da ich nicht wußte, was ich tun sollte, ging ich in den Jüdischen Soldatenclub. Sie folgte mir auf den Fersen, mit dem unsicheren Vertrauen eines herrenlosen Hundes, der plötzlich einen Beschützer gefunden hat.

Die Hauptattraktion des Jüdischen Soldatenclubs, der theoretisch den Militärangehörigen aller Religionen offenstand, aber in der Praxis zumeist nur von den jüdischen Freiwilligen aus Palästina besucht wurde, waren seine Käsesandwiches. Eine Gruppe jüdischer Flüchtlingsfrauen, die noch hungriger waren als wir, bereitete von zehn Uhr morgens bis zehn Uhr abends Unmengen dieser Käsesandwiches zu. Ein paar italienische Jugendliche aus Bari waren eigens dazu da, die Kaffeetassen und die leeren Flaschen vom Tisch zu räumen und die Tee- und Kaffeemaschinen mit Wasser aufzufüllen. Tee und Kaffee schmeckten hier wesentlich besser als in anderen Militärkantinen, denn im Jüdischen Soldatenclub schüttete niemand schachtelweise Sodabikarbonat in die Maschinen, um die sexuellen Gelüste der Soldaten zu dämpfen. Im Gegensatz zu anderen Kantinen wurde hier nur relativ wenig Bier, dafür aber um so mehr Sodawasser getrunken, denn das war das beliebteste Getränk der Juden in Palästina. Einem gängigen Witz zufolge ließen sich verwundete Italiener, Briten und Deutsche dadurch identifizieren, daß sie um »acqua«, »water« oder »Wasser« baten, während die Juden aus Palästina nach »Soda« riefen.

Der Jüdische Soldatenclub war spärlich eingerichtet. Neben einem Fenster stand ein stummes Radio. Ein verstimmtes Klavier wurde hin und wieder von den Händen durchreisender Musiker zum Leben erweckt. Sie spielten gewöhnlich die Lieder der jüdischen Pioniere, die die Sümpfe Zions trockengelegt hatten, und nostalgische Melodien aus Osteuropa. Bei solchen Anlässen umringten die Juden aus Palästina das Klavier und stimmten Lieder an, die jüdische Soldaten aus anderen Ländern gerührt mitzusummen versuchten. Aber das kam selten vor. In den verräucherten Räumen wurde hauptsächlich über Politik diskutiert; hier wurden die ideologischen Konflikte innerhalb der zionistischen Bewegung fortgesponnen und die Klatschgeschichten aus den Tel Aviver Cafés und den Vollversammlungen der Kibbuzim ausgeschmückt, die mit mehrwöchiger Verspätung in Bari eintrafen. Die Diskussionen endeten immer mit der Frage, was nach dem Krieg in Palästina passieren würde — ein Thema, zu dem jeder eine andere Meinung hatte.

Am anderen Ende des größten Raums im Club befand sich eine braune Tür, die zwar immer halb offen stand, deren Schwelle aber niemand ohne einen ganz besonderen Grund zu überschreiten wagte. Die Tür führte in einen Raum, der womöglich noch spärlicher möbliert war als die anderen und dem »Komitee« als Büro diente.

Niemand wußte, aus wie vielen Mitgliedern dieses »Komitee« bestand. Es waren NCOs, die den verschiedenen in dieser Gegend stationierten jüdischen Einheiten angehörten und denen sich gelegentlich geheimnisvolle Zivilisten anschlossen, die von weit her kamen. Sie vertraten die unterschiedlichen politischen Strömungen des Jischuw und die verschiedenen geheimen Militärorganisationen — die Hagana, der Irgun und der LEHI. Zu Hause mochten sie sich vielleicht gegenseitig bekämpfen und verraten; in Bari jedoch arbeiteten sie in einer Atmosphäre argwöhnischer Einsicht zusammen, die diktiert war von dem Bedürfnis, im Interesse jener Juden, die den Nazis entkommen waren, einvernehmlich zu handeln. In diesem Raum saßen die Leute allabendlich bis spät in die Nacht zusammen. Hier wurden Entscheidungen getroffen, die Militärfahrzeuge veranlaßten, mit Lebensmitteln und Decken beladen die Straßen Süditaliens hinauf- und hinunterzufahren, und es wurden Pläne geschmiedet, wie man die Briten überlisten könnte.

Ich gehörte keiner dieser Gruppen an. Das Abzeichen des Nachrichtendienstes, das ich an meiner Mütze trug, und das der Fallschirmspringer, das man mir kurz zuvor an meine Uniform geheftet hatte, machten mich vielleicht nicht gerade verdächtig, aber für die Stammgäste des Clubs war ich schwer einzuordnen. Doch immerhin hatte ich dem »Komitee« ein paarmal Geldbeträge ausgehändigt, die ich bei deutschen oder faschistischen Agenten beschlagnahmt hatte. Dieser Umstand gab mir jetzt eine gewisse Berechtigung, um Hilfe oder zumindest um Rat zu bitten. Zu meinem Erstaunen wurde mir von einem älteren Mitglied des Komitees sofort geholfen. Auf einen Zettel kritzelte er eine Nachricht für eine Krankenschwester, die in dem an der Straße nach Barletta gelegenen Lazarett außerhalb von Bari arbeitete. »Sie heißt Sara. Sara Bauman«, sagte er mit einem Augenzwinkern zu mir und fügte hinzu: »Alles Gute für die Tochter und viel Erfolg bei der Mutter!« Ich errötete bis unter die Haarwurzeln.

Darum zu bitten, daß Francesca in einem Militärfahrzeug mitgenommen würde, kam nicht in Frage. Ich mietete daher eine Kutsche. Sie wurde von einem Pferd gezogen, das noch verschlafener war als der Kutscher, der wahrscheinlich über unser Fahrtziel und das merkwürdige Schweigen des Paares im Fonds staunte. Nach einer halben Stunde im Zuckeltrab, während der Francesca und ich uns ziemlich verlegen und stockend miteinander unterhielten, langten wir am Krankenhaus an. Inzwischen war es fast Abend. Es war kalt und regnerisch.

Francesca hatte 1938 einen jugoslawischen Ingenieur geheiratet und 1941, kurz vor der Invasion der Deutschen, eine Tochter zur Welt gebracht. Ein Jahr später waren sie untergetaucht und hatten sich den Partisanen angeschlossen. Ihr Mann war auf der Jagd nach etwas Eßbarem von einer Ustascha-Bande (das waren jene kroatischen Nationalisten, die mit den Italienern und den Deutschen kollaborierten) überrascht, gefoltert und dann erschossen worden. Francesca und ihre Tochter wurden von den Partisanen zuerst in Titos Hauptquartier auf der Insel Lissa und dann auf das italienische Festland gebracht. Da sie über gute Italienisch- und Englischkenntnisse verfügte, hatte Francesca eine Stelle als Sekretärin beim Hafenamt der Alliierten gefunden. Wie die vieler anderer in dieser Zeit war ihre Geschichte eine Kriegsgeschichte voller Gewalt und Trauer.

Das Lazarett an der Straße nach Barletta bestand aus einem großen Haus, das von Nissenhütten umgeben war; diese dienten als Krankenstationen. Jemand zeigte mir die Hütte, in der ich Schwester Bauman finden würde. Es war nicht schwer, sie zu erkennen: klein, mit einer etwas platten Nase, die Haare unter der gestärkten Haube zu einem Dutt aufgesteckt — garantiert keine Angelsächsin. Als Schönheitskönigin würde man sie weiß Gott nicht bezeichnen, dachte ich bei mir und ordnete sie rasch ein: um die dreißig, russischer Herkunft, früher in einer Kibbuzküche beschäftigt, ideologisch festgelegt.

Als ob sie meine Gedanken gelesen hätte, erwiderte Schwester Bauman meinen hebräischen Gruß mit eisiger Kälte. Dann warf sie einen argwöhnischen Blick auf den Zettel, den ich ihr entgegenhielt, und fragte mich, während ihre Augen mich regelrecht durchbohrten, wofür ich die Medizin bräuchte. Ich sagte ihr die Wahrheit. Mit hochgezogenen Augenbrauen fragte sie: »Jehudia?« »Nein«, entgegnete ich und spürte sofort, daß ich verspielt hatte.

Ohne ein Wort zu sagen, wandte sich Schwester Bauman von mir ab und verschwand in der Krankenstation. Ich blieb niedergeschlagen und wütend neben ihrem Tisch stehen und wartete auf ihre Rückkehr. Ich scheute mich wegzugehen, ehe ich noch einmal mit ihr gesprochen hatte, denn ich schuldete der Frau, die draußen in der Kutsche wartete, eine Erklärung. Ich hatte sie stundenlang von ihrer kranken Tochter ferngehalten, hatte ihr Hoffnungen gemacht, und jetzt mußte ich eine Entschuldigung finden, um ihr zu erklären, warum ich ihr nicht helfen konnte. Aber was mich noch wütender machte, war der Gedanke, daß ich hier wie angewurzelt herumstehen und mich dem hartherzigen Urteil einer Krankenschwester aussetzen mußte, die mich mit gutem Recht wie einen Schwarzhändler behandeln konnte. Sie glaubte bestimmt, daß das Medikament für irgendein dubioses Geschäft gebraucht wurde, das nichts mit jüdischer oder zionistischer Solida-

rität zu tun hatte. Beschämt und ungeduldig stand ich
am Eingang der Station und verfluchte den Augenblick, in
dem ich einer unbekannten Frau meine Hilfe angeboten
und das »Komitee« um Unterstützung gebeten hatte.
Jetzt war ich dafür der Verachtung dieser gefühllosen,
häßlichen Frau ausgeliefert, der es eindeutig Spaß machte,
mich dadurch zu bestrafen, daß sie mich in meiner Verwirrung schmoren ließ.

Nach einer halben Ewigkeit tauchte Schwester Bauman
wieder auf. Sie trug ein Tablett, beladen mit Mull und
Thermometern und einer runden Metalldose, die den
Blechnäpfen ähnelte, wie sie in der amerikanischen Armee
verwendet wurden. Sie stellte das Tablett auf den Tisch,
nahm ihr marineblaues Cape vom Bügel, warf es sich über
die Schultern, wobei sie die runde Dose zudeckte, und gab
mir ein Zeichen, ihr zu folgen. »Ich habe vier Ampullen
genommen«, flüsterte sie mir zu. »Ich habe sie in ein
Thermosgefäß getan — es ist eine doppelte Dosis —, de-
stilliertes Wasser und Pulver. Du mußt sie mischen — sie
müssen kühl gelagert werden. Ich gebe sie dir draußen.
Hier besteht die Gefahr, daß irgendein Arzt dich anhält.
Das Zeug ist nämlich mehr wert als Gold.«

Erst jetzt wurde mir klar, daß ich in der Einschätzung
ihrer Person sehr ungerecht gewesen war. Insgeheim
betete ich, daß der Kutscher etwas weiter vom Lazarett-
eingang entfernt wartete, damit sie nicht sehen konnte,
daß ich eine Frau bei mir hatte. Doch er stand mit seinem
schlafenden Pferd noch genau an der Stelle, an der ich ihn
zurückgelassen hatte — ungefähr zwanzig Meter vom Tor
entfernt. Francesca war im Fonds der Kutsche kaum zu
sehen; sie hatte sich fröstelnd zusammengekauert und die
Arme um die Schultern geschlungen, um die Kälte abzuwehren.

Als ob sie meine Verlegenheit und die Vorsicht der
Krankenschwester völlig durchschaut hätte, rührte sich
Francesca nicht, sondern sah uns nur mit hoffnungsvollen
Augen an. Als wir uns ihr näherten, fragte Schwester

Bauman mich auf Hebräisch: »Versteht sie Englisch?« Ich nickte, und daraufhin begann sie, auf Francesca, die immer noch in der Kutsche sitzen blieb, einzureden, wobei sie einen völlig anderen Ton anschlug als zuvor mir gegenüber. Sie fragte sie, um welche Krankheit es sich handele, wie alt das Kind sei und in welchem Allgemeinzustand es sich befinde. Sie schüttelte mitfühlend den Kopf und wiederholte, jedes einzelne Wort betonend, die Anweisungen, die sie bereits mir gegeben hatte. »Und jetzt nichts wie nach Hause! Und gehen Sie schnell zu einem Arzt oder einer Krankenschwester, damit Ihre Tochter die Spritze bekommt. Sie werden sehen, es wird alles gut.« Francesca streckte die Hand aus, um das Thermosgefäß in Empfang zu nehmen. Einen Augenblick lang waren beide etwas unsicher, doch dann umarmten sie sich — zu meinem größten Erstaunen. Die Schwester lächelte Francesca an, drehte mir den Rücken zu und marschierte mit einem knappen »Schalom« zurück ins Lazarett.

Ich fuhr mit Francesca nach Bari zurück. Sie ließ nicht zu, daß ich den Fahrer bezahlte, weil sie, wie sie sagte, direkt zum Arzt weiterfahren wollte. Also trennten wir uns vor den Toren der Stadt — sie, gerührt, aber in großer Eile; ich, froh, daß ich ihr hatte helfen können, aber schon von dem Verlangen erfüllt, sie wiederzusehen. Wir hatten uns weder den Familiennamen noch die Adresse genannt, nur unsere Vornamen hatten wir uns verraten. Wir hatten beide das Bedürfnis verspürt, die Schönheit einer uneigennützigen Begegnung nicht zu zerstören, die ihr Hoffnung gegeben und mich für einen Moment meine Alpträume hatte vergessen lassen. Jetzt, nach über zwei Wochen, just in dem Augenblick, da ich aus lauter Selbstmitleid im Begriff war, etwas Unbesonnenes zu tun, stand sie plötzlich vor mir, als habe das Schicksal sie gesandt.

Sie begrüßte mich mit einem strahlenden Lächeln. Sie hatte mich seit längerem gesucht, um sich bei mir zu bedanken. Das Medikament hatte ihrer Tochter das Leben gerettet; die Kleine war jetzt zur Erholung in einem

Kinderheim des Jugoslawischen Roten Kreuzes. Francesca hatte sich gemerkt, an welcher Straßenbahnhaltestelle ich ein- und ausstieg, und versucht, mich auf diese Weise ausfindig zu machen. Sie wollte den Namen der Krankenschwester wissen, um ihr wenigstens einen Blumenstrauß schicken zu können. Wir hatten nicht nur das Leben eines Kindes gerettet, sondern ihr auch den Glauben an eine Welt zurückgegeben, in der sich die Menschen nicht mehr wie wilde Tiere benahmen. Plötzlich blieb sie stehen, blickte mir ins Gesicht und fragte: »Geht es Ihnen nicht gut?« Da ich nur mit einem Kopfschütteln antwortete, sagte sie freundlich, aber bestimmt: »Ich wohne nicht weit von hier. Kommen Sie, ich mache Ihnen eine gute Tasse Tee oder Kaffee. Das wird Ihnen guttun.«

Vom stampfenden Schiff geschaukelt, lächelte ich vor mich hin, während ich an das Zimmer zurückdachte, in das Francesca mich an jenem Tag mitgenommen hatte, als ich, unfähig, mich umzubringen, aus dieser Welt hatte verschwinden wollen. Ohne sie wäre ich bestimmt in große Schwierigkeiten geraten. Ich wäre auch nicht von Bari nach Rom versetzt worden; ich hätte meinen Onkel nicht wiedergesehen; ich hätte nie mehr Verbindung mit der italienischen Gesellschaft aufgenommen. Ich hätte nicht, ich wäre nicht ... Wieder einmal fühlte ich mich von meinem kleinen Stern beschützt und fragte mich, warum bei mir alles so ganz anders verlief als bei den anderen; warum mir jedesmal, wenn ich in Schwierigkeiten war, ein Engel oder ein Teufel zu Hilfe eilte. Für andere war das Leben ein Drama, für mich nur ein Spiel. War es immer noch das Ergebnis des faustischen Paktes, den ich geschlossen hatte, als ich vor dem Kriegsgericht einen Meineid auf die Bibel schwor, um einen mir verhaßten Kameraden zu retten? Würde ich nicht doch am Ende dafür bezahlen müssen?

Am Horizont tauchte langsam die dalmatinische Küste aus dem ruhigen Meer auf. Der Erste Offizier, dessen

Gesicht von einem schwarzen Bart, der aussah, als entstamme er einer Packung Players-Zigaretten, eingerahmt war, redete nur von der Route, der wir folgten. Weder von ihm noch vom Meer, noch von dem in der Ferne liegenden Land bekam ich eine Antwort auf meine Fragen. Also beschloß ich, mich einfach der Freude am Leben hinzugeben, ohne an das Morgen zu denken und ohne unbedingt verstehen zu wollen, warum auf dieser Welt die einen leiden und die anderen glücklich sind.

Der Anstoß zu diesem Entschluß kam freilich direkt aus Francescas Zimmer. Es lag im ersten Stock eines von Flüchtlingen bewohnten Hauses und war mit den anderen Räumen durch einen Außenflur verbunden, auf dem eine Gemeinschaftslatrine einen leichten Uringeruch verströmte. Während sie in ihrer Handtasche nach dem Schlüssel suchte, bemerkte ich die Augen zweier Kinder, einer alten Frau und eines Mannes, die mich durch die geöffneten Türen, deren Glasfüllungen durch Pappe ersetzt worden waren, neugierig und neidisch anstarrten. Ein Soldat der Alliierten — das bedeutete Dosenmilch, Zigaretten, Wäsche waschen und ein paar andere kleine Chancen, etwas Geld zu verdienen. Ich schenkte ihnen keine weitere Beachtung. An jenem Abend verspürte ich nur ein einziges großes Bedürfnis: mich zu verstecken, zu schlafen, zu vergessen und jemandem meinen Schmerz anzuvertrauen. Mit großer Erleichterung hörte ich, wie Francesca die Tür hinter uns schloß.

Das Zimmer war groß, dürftig möbliert und spärlich beleuchtet, mit einem roten Ziegelboden und einer schlechtgetünchten Decke, die von groben Holzbalken gestützt wurde. Dagegen stach das Weiß zweier Kissen ins Auge, die auf einem mit einem roten Überwurf zugedeckten Bett gegenüber vom Eingang lagen. Am Fußende des Bettes stand eine Kommode mit einem Kippspiegel, ein paar Toilettenartikeln und einem Kerzenhalter. Zwischen der Kommode und den Stühlen befand sich ein grobgezimmerter Tisch, über den ein rotweiß kariertes Wachstuch gebreitet war. Neben dem Bett standen eine große Bauernwiege, eine Schüssel und eine kleine Kinderbadewanne aus Email. In einer Nische war eine Feuerstelle mit einem Gitterrost, auf dem sich ein paar Töpfe und Pfannen stapelten. Hinter einem Vorhang konnte man ein Waschbecken mit Wasserhahn erkennen. Es herrschte tiefe Stille, ein Gefühl von Frieden und Ordnung — es roch nach Frau und nach einem Zuhause.

Francesca zog zwei Stühle an den Tisch und forderte mich auf, Platz zu nehmen. Sie nahm ein Tablett und eine Keksdose aus dem Schrank und zog hinter dem Vorhang zwei Tassen hervor. Dann machte sie Feuer und setzte Wasser auf. Sie bewegte sich lautlos und mit gemessenen Gesten. Ihre Natürlichkeit und Unbefangenheit erfüllten mich mit unendlicher Melancholie. Ich wippte auf dem Stuhl vor und zurück, lehnte mich schließlich gegen die Wand, schloß die Augen und döste ein. Als ich die Augen wieder aufschlug, stand Francesca mit einer dampfenden Tasse Kaffee in der Hand und mit besorgter Miene vor mir. »Ich habe den Eindruck, daß Ihnen etwas Schlimmes widerfahren ist. Wenn Sie es mir erzählen wollen, können Sie ruhig offen mit mir reden, genau wie ich das neulich in der Straßenbahn getan habe. Wir leben in einer grausamen Welt, aber manchmal können Menschen einander doch noch helfen.« Sie sah mich mit großer Freundlichkeit an, während ich langsam meinen Kaffee trank, der ein wenig bitter schmeckte und nicht von bester Qualität war. Aber er flößte mir eine wohltuende Wärme ein, und wohltuend war auch die ganze Stimmung in diesem Zimmer. Meine ersten Worte waren: »Ich habe eine Schandtat begangen.« Sie dachte offenbar automatisch an die Schandtaten, die in Kriegszeiten begangen werden, und erwiderte mit einem spitzbübischen Lächeln: »Es fällt mir schwer, das zu glauben. Mir gegenüber jedenfalls nicht.« Das brachte mich zum Lachen und befreite mich ein wenig von dem übergroßen seelischen

Druck, der seit dem Morgen auf mir gelastet hatte. Es fiel mir nicht leicht, den Mund aufzumachen, aber sobald ich einmal in Fahrt gekommen war, konnte ich nicht mehr aufhören, und ich weiß nicht, ob ich nun eine halbe oder eine ganze Stunde redete.

Ich sprach in unzusammenhängenden Sätzen. Manchmal gingen meinen Worten Erinnerungen voran, manchmal zogen meine Worte Erinnerungen nach sich. Ich erzählte von meinem Dorf in Piemont, von meiner Schulzeit in Udine, von meinem Hund, den Hühnern im Kibbuz, der Kriegsgerichtsverhandlung in Ramla, von den Juden hinter den Linien, die zu retten ich nicht den Mut gehabt hatte; ich erzählte, wie ich zur Armee gegangen war, und von meinem nächtlichen Fallschirmsprung. Ich erzählte von meinen Träumen, meiner Einsamkeit, meinen Ängsten und von den roten Blumen, die meine Mutter an ihr Abendkleid gesteckt hatte. Ich erklärte ihr, warum ich mich hatte umbringen wollen; warum ich beschlossen hatte, zu desertieren, zu verschwinden, in der Welt umherzuziehen mit dem Kainsmal auf der Stirn, das die zweiundzwanzig Jahre vergeudeten Lebens markierte; nein, nur sechzehn, denn die Jahre meiner Kindheit zählten nicht; nein, eigentlich nur neun, denn wir Juden werden erst mit dreizehn Jahren zu verantwortlich handelnden Menschen. Ich redete und redete, ohne wirklich zu wissen, was ich sagte, und sie hörte mir zu, fast ohne zu blinzeln und ohne das Gesicht zu verziehen, das Kinn auf die gefalteten Hände gestützt, die Ellbogen auf dem Wachstuch — konzentriert, sehr schön, gepflegt und mütterlich. Nur ihre Nasenflügel bebten leicht.

So saßen wir uns in der Stille des Zimmers gegenüber, und noch lange, nachdem die Flut unzusammenhängender Sätze versiegt war. Als es an ihr war, etwas zu sagen, klang ihre Stimme so distanziert, als spräche sie von einer dritten Person.

»Wenn ich im Alter von acht Jahren geheiratet hätte — was manche muslimische Mädchen in Jugoslawien tun —, könnte ich mich jetzt, mit über dreißig, leicht wie Ihre Mutter fühlen. Doch mit den Millionen von Minuten, die ich schon voller Angst, Scham, Tränen und enttäuschter Hoffnungen zugebracht habe, komme ich mir in diesem Augenblick eher wie Ihre Großmutter vor. Nicht nur müde . . . geradezu altersschwach. Ich habe so viel durchgemacht, daß ich glaube, über niemanden mehr ein Urteil abgeben zu können — ganz gewiß nicht über Sie. Ich kenne Sie erst viel zu kurz, um das zu können. Aber ich werde Ihnen etwas erzählen, was auch mir noch immer Alpträume bereitet.

Sie wissen, daß mein Mann von den Ustaschi gefangengenommen wurde. Sie folterten und ermordeten ihn, zusammen mit einigen Bauern, die nichts mit den Partisanen zu tun hatten — aus purer Grausamkeit, aus Rache und weil sie ihre eigene Autorität dadurch beweisen mußten, daß sie andere Menschen quälten. Bevor ich nach Lissa gebracht wurde, griffen die Partisanen einen deutschen Konvoi an und nahmen ein paar Leute gefangen, darunter einen Ustascha-Anführer und seine Begleiterin — ob sie seine Frau oder seine Geliebte war, weiß ich nicht. Sie befahlen mir und anderen Leuten aus der Gegend, bei ihrer Hinrichtung zuzusehen, weil die beiden, wie sie sagten, Bestien in Menschengestalt seien und auf exemplarische Weise liquidiert werden müßten.

Sie sperrten die beiden in ein Haus am Waldrand. Dort wuchsen Blumen vor den Fenstern, ein klarer Bach floß zwischen den Bäumen hindurch, durch das Gras, durch das Moos. Ein Ort, an dem der Tod eigentlich nichts zu suchen hatte. Mit von den Schlägen geschwollenen Gesichtern saßen der Ustascha und die Frau dort und warteten resigniert — er in einer zerschlissenen Uniform, sie in einem Kleid, das irgendwann einmal ziemlich elegant gewesen sein mußte, jetzt aber nur noch grotesk aussah.

Die Holzfäller kamen. Sie trugen ihre Äxte auf den Schultern. Einer von ihnen sagte mir, daß der Ustascha zwei Söhne des alten Mannes, der sie anführte, umgebracht habe. Im Gänsemarsch gingen wir mit anderen Bewohnern des Ortes, die die Partisanen zusammengetrommelt hatten, in den Wald. Es war ein herrlicher Tag, die Sonne schickte goldene Strahlenbündel durch die Kiefern, und die Vögel sangen. Als wir am Sägewerk anlangten, setzte der alte Mann, der den Marsch angeführt hatte, die Kreissäge in Gang. Das Sägeblatt drehte sich, glänzte in der Sonne und gab einen so schrillen metallischen Laut von sich, daß einem das Trommelfell weh tat. Als sie den Ustascha bei den Schultern packten und statt eines Baumstamms auf den Schlitten banden, fing der Mann, der bis zu diesem Augenblick Haltung bewahrt hatte, wie ein wildes Tier zu brüllen an. Sie schlugen ihn auf den Kopf, um ihn zum Schweigen zu bringen. Dann wurde die Frau ungefähr einen Meter neben ihm festgebunden. Sie schwieg. Sie machte ihren Mund nicht einmal dann auf, als der alte Mann einen Hebel nach unten drückte und der Schlitten sich auf das Blatt zubewegte.

Die beiden festgebundenen Körper sahen aus wie aufgerollte Teppiche, die man über einen Balken gehängt hatte. Die Leute um mich herum hielten den Atem an. Ich hatte das Gefühl, zu einem Steinblock erstarrt zu sein. Das verwundete Fleisch quietschte kurz auf und verstummte, während das Blut des Ustascha auf das Sägemehl spritzte. Jetzt wurde die Frau auf das Sägeblatt zugeschoben. Sie schwieg noch immer. Als sie einen halben Meter vom Blatt entfernt war, gelang es ihr, sich auf die Seite zu drehen und uns den Kopf zuzuwenden. Ihr Mund stand weit offen, ihre Augen waren starr, und ihr Körper bewegte sich, wie von einem krampfhaften Orgasmus geschüttelt. Da ging ein Partisan zu dem alten Mann und stellte den Hebel hoch, um den Schlitten anzuhalten. Zwei Männer wateten durch das blutgetränkte Sägemehl und banden die Frau los. Auf der anderen Seite des Sägeblatts sahen die beiden Teile des Körpers des Mannes aus wie Marionetten, deren Fäden losgelassen worden waren.

Die Frau versuchte sich aufzusetzen, stützte sich zuerst auf den Schlitten, zog dann die Knie an und übergab sich. Mit einem Tritt zwangen sie sie zum Aufstehen. Sie wankte auf die Wiese zu. Zwischen den Bäumen ließ die Sonne ihre Strahlen noch immer über das Gras fluten, und die Vögel sangen unbeirrt weiter. Als die Säge aufhörte sich zu drehen, herrschte plötzlich tiefe Stille, erfüllt vom Duft nach Kiefern und Moos. Die Frau taumelte und fiel mit dem Gesicht voran zu Boden. Sie ließen sie dort liegen. Später hat man mir erzählt, daß sie den Verstand verloren hat.«

Francesca hatte die Arme auf den Tisch gelegt. Sie krampfte die Hände zusammen, während sie in ihrer nüchternen Art zu reden fortfuhr, als würde sie über ein x-beliebiges Ereignis berichten. »Ich habe Ihnen diese Geschichte erzählt«, sagte sie, »weil selbst um die schrecklichsten Dinge herum das Leben weitergeht. Gott hat jedem Lebewesen die Gabe der Angst verliehen, aber die Tiere haben sie besser zu nutzen gelernt als die Menschen. Wenn mein Mann Angst gehabt hätte, wäre er vielleicht noch bei mir. Hätte dieser Ustascha Angst gehabt, hätte er die Verbrechen, die ihn im Augenblick seines Todes zittern ließen, nicht begangen. Wie können Sie wissen, wie das Abenteuer ausgegangen wäre, auf das Sie sich einlassen wollten, nur um anderen zu beweisen, daß Sie keine Angst hatten? Vielleicht wird Ihnen die Angst, für die Sie sich heute so schämen, eines Tages noch wie eine Tugend vorkommen. Aber das ist nicht das wichtigste, was ich Ihnen sagen wollte. Wichtig ist eigentlich nur, daß dieser verdammte Krieg endlich aufhört. Die, die ihn wie wir überlebt haben, haben die Pflicht, so lange wie möglich zu leben, um die Katastrophen wiedergutzumachen, die Menschen ohne Angst — große und kleine — heraufbeschworen haben, weil sie glaubten, das Recht zu haben, das Gesicht dieser Welt zu verändern. Wenn wir gesündigt haben, werden wir für unsere Sünden dadurch büßen, daß wir leben, und nicht dadurch, daß wir den Tod suchen. Sonst gäbe es keinen Grund und keine Ursache für Sie und die Krankenschwester, Penicillin für ein Kind zu stehlen, das Sie gar nicht kennen.«

Sie sprach leise, voller Warmherzigkeit, mit glänzenden Augen. Ich atmete ihren Duft ein und konnte meinen Blick nicht von ihrer bis zum Hals hochgeknöpften Bluse wenden, unter der sich ihre Brust hob und senkte. Ich spürte ein großes Verlangen, sie zu berühren, hatte aber nicht den Mut dazu. »Es ist spät«, sagte ich, »und ich muß gehen. Es hat mir sehr gutgetan, mit Ihnen zu reden.«

Sie sah mich an und murmelte: »Wenn du willst, kannst du bleiben.« Der plötzliche Wechsel zum Du versetzte mir einen Stich. Mein Kopf war leer, und mein Gesicht, glaube ich, sehr blaß, als ich ihr die Hände auf die Schultern legte. So blieben wir lange Zeit, regungslos, auf Armeslänge voneinander entfernt, stehen. Später, als ich neben ihr lag und die vergehende Zeit an ihren Herzschlägen maß, hörte ich sie in mein Ohr flüstern: »Hab keine Angst, mein kleiner Soldat. Das Leben ist stärker als das Böse.«

Nachbemerkung

Diese Erinnerungen, Auszüge aus verschiedenen Tage-
büchern, die ich seit 1940 täglich oder sporadisch geführt
habe, hätten sich ohne die Ermutigung durch meine
Freunde Francesco Rosso und Amos Oz niemals zu einem
Buch verdichtet. An sie richtet sich deshalb mein auf-
richtiger Dank. Doch sicherlich wäre ihr ganzes Zureden
umsonst gewesen, hätte ich nicht den Winter 1983 in der
zauberhaften Stille der Villa Serbelloni verbringen dürfen.
Die Rockefeller-Stiftung, der ich diese großzügige Einladung verdanke, wird wahrscheinlich nie erfahren, in
welchem Maße ihr schöner Park in Bellagio dazu beigetragen hat, daß sich die Gespenster meiner Vergangenheit in Lettern einfangen ließen, die Rosetta dann geduldig und mit teilnehmender Distanz auf Schreibmaschinen-
papier bannte.

Inhalt

Inge Deutschkron
im dtv

Foto: Stefanie Herken

Ich trug den gelben Stern

Ein unprätentiöser Bericht über
das verzweifelte Leben und Über-
lebenwollen eines jüdischen
Mädchens in Berlin. Entrechtet
und verfolgt, befürchtet die
Familie jeden Moment Depor-
tation und Tod. Ein Leben in der
Illegalität beginnt, unter fremder
Identität, lebensbedrohend auch
für die Freunde, die ihnen in
beispielhafter Solidarität Beistand
gewähren. Nach Jahren quälender
Angst vor der Entdeckung haben
Inge Deutschkron und ihre
Mutter den bürokratisierten
Sadismus des nationalsozialisti-
schen Systems überlebt: zwei
unter den 1200 Juden in Berlin,
die dem tödlichen Automatismus
entronnen sind.
dtv 30000

Mein Leben nach dem Überleben

Die Fortsetzung von ›Ich trug den
gelben Stern‹. Wie richtet sich
Inge Deutschkron ihr Leben
nach 1945 ein? Wie geht ihre
Geschichte weiter? »Ich malte mir
ein Idealbild vom neuen Deutschland aus – ein Deutschland, in
dem es einen neuen Geist geben
würde. Erfahrung hatte ich zwar
im Kampf ums Überleben, aber,
wie sich bald zeigen sollte, war ich
sehr naiv, was des Lebens Wirklichkeit betraf.« Die streitbare
Journalistin gibt in diesen Auf-
zeichnungen ein spannendes Zeit-
zeugnis der fünf Jahrzehnte von
Kriegsende bis in die Gegenwart,
die gerade auch in ihren persönlichen Erlebnissen und durch ihre
unbestechliche, ungewöhnliche
Sichtweise begreifbar werden.
dtv 30460

Who´s who
Von Abraham, Kassandra, Hamlet und Schneewittchen

Who´s who in der antiken Mythologie

An die 800 Figuren aus der griechischen und römischen Antike - ihre Geschichten sowie ihr Fortleben in bildender Kunst und Literatur.
dtv 30362

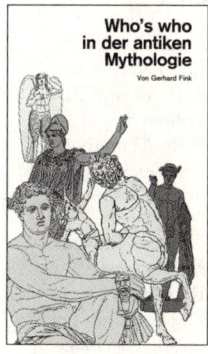

Who´s who in der Bibel

Die Geschichten von mehr als 450 biblischen Gestalten und ihr Nachleben in Kunst und Literatur.
dtv 30012

Who´s who bei Shakespeare

Alles was man über Hamlet & Co. wissen muß. Informatives und Unterhaltsames zu über 300 Figuren: Frauen und Männern, Königen und Schurken, Göttern und Geistern.
dtv 30463

Who´s who im Märchen

Über 330 Gestalten - ihre Geschichten und Deutungen sowie Parallelen zu Figuren anderer Märchentraditionen.
dtv 30503

Deutsche Geschichte der neuesten Zeit

Naturgeschehen
Naturerkenntnis
Naturwissenschaft

Schämen sollen sich die Menschen, die sich
gedankenlos der Wissenschaft und Technik
bedienen und nicht mehr davon geistig erfaßt
haben als die Kuh von der Botanik der
Pflanzen, die sie mit Wohlbehagen frißt.

Albert Einstein

Timothy Ferris:
**Das intelligente
Universum**
dtv 30479

Karl Grammer:
Signale der Liebe
Die biologischen
Gesetze der Partner-
schaft
dtv 30498

Philip Johnson
Laird:
**Der Computer im
Kopf**
dtv 30499

Was ist Zeit?
Zeit und Verant-
wortung in Wissen-
schaft, Technik und
Religion
Hrsg. von Kurt Weis
dtv 30525

Jeanne Ruber:
**Was Frauen und
Männer so
im Kopf haben**
dtv 30524 (März)

Paul Davies /
John Gribbin:
**Auf dem Weg zur
Weltformel**
Superstrings, Chaos,
Komplexität
Über den neuesten
Stand der Physik
dtv 30506

What´s What?
Naturwissenschaft-
liche Plaudereien
Herausgegeben von
Don Glass
dtv 30511 (Dez.)

Jean Guitton/Grichka
u. Igor Bogdanov:
**Gott und die
Wissenschaft**
Auf dem Weg zum
Meta-Realismus
dtv 30516
(Januar)

Darwin lesen
Eine Auswahl aus
seinem Werk
Herausgegeben von
Mark Ridley
dtv 30519
(Februar)